LE LIVRE

DES

PROVERBES FRANÇAIS.

II.

PARIS. TYPOGRAPHIE DE HENRI PLON,

IMPRIMEUR DE L'EMPEREUR,

8, RUE GARANCIÈRE.

LE LIVRE

DES

PROVERBES FRANÇAIS

PRÉCÉDÉ

DE RECHERCHES HISTORIQUES

SUR LES PROVERBES FRANÇAIS

ET LEUR EMPLOI

DANS LA LITTÉRATURE DU MOYEN AGE ET DE LA RENAISSANCE

PAR

M. LE ROUX DE LINCY

SECONDE ÉDITION

REVUE, CORRIGÉE ET AUGMENTÉE

TOME SECOND

PARIS

ADOLPHE DELAHAYS, LIBRAIRE-ÉDITEUR

4-6, RUE VOLTAIRE, 4-6

1859

LE LIVRE

DES

PROVERBES FRANÇAIS.

SÉRIE N° VIII.

PROVERBES HISTORIQUES.

BLASONS. — DEVISES. — SURNOMS.

AGOULT. Hospitalité et bonté d'Agoult.

Voyez PROVENCE dans cette série.

AILLY. Ailly, Mailly, Créquy.
Tel nom, telles armes, tel cry.

Ces trois familles ont des armes parlantes et criaient leur nom pendant la bataille. (Voyez au sujet des familles qui avaient le droit de crier leur nom au moment de la mêlée, le chap. 2 des *Recherches du Blason* du père MENESTRIER, 2e part.)

ALLEMAN. Gare la queue des Alleman.

« Dans quelques endroits du Dauphiné on dit proverbialement à ceux qui s'engagent dans une entreprise difficile : *Gare la queue des Alleman.* En d'autres termes : prenez garde aux conséquences. La splendeur de toute une race héroïque survit dans cette locution familière. Voici comment l'histoire en explique l'origine.

» Durant le XIIIe et le XIVe siècles, la région montagneuse » qui s'élève entre le Drac et l'Isère, vers la jonction de » ces deux torrents, était presque en totalité le domaine » d'une immense famille de seigneurs qui portaient tous » le nom de Alleman. Vizille, Sechilienne, Uriage, Vaul- » naveys et les forêts de pins de Champerousse et de Cha- » lanches, et les cimes glacées de la Belledonne étaient » de ce côté les points principaux de leur domination. A » eux encore appartenaient une partie de l'Oisans, Valbo- » nais, la rive droite de la Grèze, des châteaux sur toutes » les grandes rivières qui se précipitent des hautes Alpes. » Jamais souche féodale ne produisit plus de rameaux, et » nulle part les membres d'une même famille ne se grou- » pèrent autour de leurs chefs avec un soin plus jaloux. » Tandis que dans la plupart des maisons nobiliaires la » discorde, ou au moins l'indifférence, séparait les cadets » des aînés, une tradition de famille, peut-être une as- » sociation secrète et jurée de père en fils, retenait les » *Alleman* dans l'affection mutuelle et dans la concorde. » Les premiers-nés, nourris dans les armes, perpétuaient » la famille et défendaient le patrimoine; les plus jeunes, » voués à la cléricature, peuplaient les presbytères et les » prieurés du pays dans le commerce et sous la protection » de leurs frères. Entre tous égalité parfaite. Ils se ma- » riaient entre eux, jugeaient entre eux leurs différends, » et en toute circonstance se prêtaient les uns aux autres » un infaillible appui. Malheur à l'imprudent voisin qui eût » troublé dans son héritage ou dans son honneur le plus » humble des Alleman. Sur la plainte de l'offensé un con- » seil de famille était réuni, la guerre votée par acclama- » tions, et l'on voyait bientôt déboucher dans la plaine de » Grenoble les bandes armées que guidaient au châtiment » de l'agresseur les bannières d'Uriage et de Valbonais. » (*Revue historique de la Noblesse*, 6e livraison, article de M. Jules Quicherat, *sur la famille des Alleman.*)

De l'ardeur avec laquelle cette famille vengeait la plus petite injure, est encore venu le proverbe *faire une querelle d'Alleman.* Oudin, dans ses *Curiosités françoises*, p. 462, écrit avec raison « *Querelle d'Alleman*, fondée sur peu de sujet et facile à appaiser. »

ALINGE-COUDRÉ. Grandeur d'Alinge Coudrée.
Voyez VAUD dans cette série.

AMBOISE. Le cardinal Georges d'Amboise.
Laissez faire à George, il est homme d'âge.

« Le cardinal Georges d'Amboise, ministre du roi » Louis XII, avoit une grande autorité sur l'esprit de son » maître. Lorsqu'on estoit embarrassé sur quelques affaires » importantes, ce cardinal avoit coutume de dire, parlant » de luy-mesme : Laissez faire Georges, il est homme » d'aage; comme s'il eust voulu dire qu'il avoit assez » d'expérience pour s'en tirer, parce que l'expérience est » le fruit de l'aage. »

(FLEURY DE BELLINGEN, *Étym. des Prov. franç.*, p. 37.)

ANGOULÊME. Pautes, Chambes et Tisons,
Sont d'Angoulesme les anciennes maisons.
(MENESTRIER, *Recherches du Blason*, p. 88.)

APERIOCULOS. Riche d'Aperioculos.
Voyez PROVENCE dans cette série.

ARCES. Le bois est vert et les feuilles sont arses.

« La maison d'Arces a pris ceste devise du mot d'arses » qui est le mesme que son nom. Arses signifie bruslé. » Apparamment que ceste maison a voulu marquer qu'il » y avoit en elle de la vigueur et de la force, quoyque » la signification de son nom ne dénote qu'une chose con- » sommée. »

(MENESTRIER, *Recherches du Blason*, t. II, p. 83.)
Voyez DAUPHINÉ dans cette série.

ARCUSSIA. Gravité d'Arcussia.
Voyez PROVENCE dans cette série.

ARVILARS. Visage d'Arvilars.
Voyez DAUPHINÉ dans cette série.

ASNOIS. Le sire d'Asnois
Est la fleur du Nivernois.
(MENESTRIER, *Recherches du Blason*, p. 91.)

ASPERLINS. Indifférence des Asperlins.
Voyez VAUD dans cette série.

AUBERJON. Maille à maille se fait le haubergeon.

(RABELAIS, liv. III, ch. 42.)

« Le haubergeon estoit une espèce d'armure ancienne » qui se faisoit de la mesme matière que l'on a fait depuis » les chemises de maille. Ces mailles sont de petits an- » neaux de fer ou d'acier, tenant l'un dans l'autre, pour » en faire un habillement de telle grandeur que l'on veut; » et parce qu'il faut beaucoup de temps et de patience » pour faire un semblable ouvrage, on s'est servy de ce » proverbe pour marquer qu'il n'y a rien qu'on ne puisse » achever peu à peu en ne se rebutant point. »

Maille à maille un aubergeon,
Et peu à peu le borgeon.

La maison d'Auberjon a pour devise :

« Maille à maille se fait l'auberjon. »

(MENESTRIER, *Recherches du Blason*, 2e part., *De l'usage des Armoiries*, p. 53.

AULBONNE. Hospitalité d'Aulbonne.

Voyez VAUD dans cette série.

AURAISON. Ingéniosité d'Auraison.

Voyez PROVENCE dans cette série.

BARAS. Del Puechs en iou
Garde te del Barascou.

Du Puy en bas garde-toi du petit Baras.

« Un seigneur de Baras qui commandoit en Quercy » depuis la ville du Puy jusques à l'entrée du Languedoc, » a donné occasion à ce proverbe, parce qu'il y estoit » craint et absolu, d'ailleurs de fort petite taille. Ce qui » est exprimé par le mot Barascou, qui veut dire le petit » Baras. La maison de Baras est bonne et noble dans le » haut Quercy, vers Figeac. »

(*Manuscrits* GAIGNIÈRES, *Prov. franç.*, t. II.)

BARRAS. Fallace et malice des Barras.

Voyez PROVENCE dans cette série.

BARONAT. Vertu à l'honneur guide.

(MENESTRIER, *Recherches du Blason*, 2e part. p. 60.)

BAUX. Inconstance de Baux.

Voyez PROVENCE dans cette série.

BEAUFORT. Desloyauté de Beaufort.

Voyez PROVENCE dans cette série.

BEAUFREMONT. Riche de Chalon, noble de Vienne,
Fier de Neufchatel, preux de Vergy;
Et la maison de Beaufremont
D'où sont sortis les bons barons.

(MENESTRIER, *Recherches du Blason*, p. 83.)

Baleuvre ajoute à ses rimes : « Avant que nos ayeuls » fussent au monde, deja un commun langage courait par » la bouche des Bourgongnons, et disoit-on, etc. »

(*Mélanges hist.* de BALEUVRE, etc., p. 295.)

BEAUMONT. Amitié de Beaumont.

Voyez DAUPHINÉ dans cette série.

BEAUJEU. A tout venant beau jeu.

« La maison de Beaujeu a pris ce proverbe pour devise, » à cause du nom de Beaujeu. »

(MENESTRIER, *Recherches du Blason*, t. II, p. 56.)

BERANGERS (famille des).

Voyez DAUPHINÉ dans cette série.

BERZÉ. Les males gens de Berzé.

« Le chef de cette famille est cité tous les ans à la grande » messe de saint Vincent de Mascon, le jour de la feste » de ce saint martyr, et on les appelle à haute voix en ces » termes : *Mala gens Berziaci.* »

(MENESTRIER, *Recherches du Blason*, p. 85.)

BLACCAS. Vaillance de Blaccas.

Voyez PROVENCE dans cette série.

BLÉ. En tout temps du blé.

On disait aussi à propos de la maison de Lahaye, alliée à celle de Blé :

— Bonne est la haye autour du Blé.

(MENESTRIER, *Recherches du Blason*, p. 53.)

BLONAY. Antiquité de Blonay.

Voyez VAUD dans cette série.

BOLIERS. Fidélité de Boliers.

Voyez PROVENCE dans cette série.

BONIFACES. Vanité des Bonifaces.

Voyez PROVENCE dans cette série.

BOUCICAUT-SAINTRÉ.

Quand vient à un assaut
Mieux vaut Saintré que Boucicaut;
Mais quand vient à un traité
Mieux vaut Boucicaut que Saintré.

Ou bien encore dans cette rédaction plus ancienne :

Assez plus vault en un assault
Saintré que ne fait Bouciquault,
Mais trop mieulx en un traité
Bouciquault que ne fait Saintré.

Ce dicton fait allusion au caractère de deux chevaliers français du règne de Charles V. Le premier fut maréchal de France fort expert au conseil, et l'un des négociateurs du traité de Bretigny.

Le second, Jéhan de Saintré, fut sénéchal d'Anjou et du Maine, et prit une grande part aux guerres contre les Anglais. Il eut dans sa jeunesse quelques aventures galantes avec une princesse de la maison de France, ce qui donna lieu à un roman fort connu, intitulé *Histoire du petit Jehan de Saintré et de la Dame des belles cousines*. Au chapitre 47 de ce roman, il est parlé de l'amitié qui liait entre eux Boucicaut et Saintré; et l'auteur, Antoine de Lasalle, qui écrivait ce roman vers 1459, cite ce proverbe comme étant en usage parmi les hérauts d'armes. « Et » jaçoit que ce Boussiquault fust très vaillant chevalier, » outre plus estoit-il subtil et attrempé plus que Saintré » n'estoit. Et aussi au faict d'armes, Saintré estoit tenu le » plus vaillant; et pour ce les héraulx et les roys d'armes » en firent un commun proverbe. »

BOUILLÉ. Riche Bouillé
Noble Vassé.

(MENESTRIER, *Recherches du Blason*, 2e part., p. 89.)

BULONDE. Dieu nous garde du feu et de l'onde,
Et du régiment de Bulonde?

CABASSOLE. Prud'homie de Cabassole.

Voyez PROVENCE dans cette série.

CANDOLE. Envieux de Candole.

Voyez PROVENCE dans cette série.

CASTELLANE. Dissolution de Castellane.

Voyez PROVENCE dans cette série.

CASTILLON. Bonté de Castillon.

Voyez PROVENCE dans cette série.

CÉRIAT. Politique de Cériat.

Voyez VAUD dans cette série.

CHALON (famille de).

Voyez BEAUFREMONT dans cette série.

CHAMBES (famille de).

Voyez ANGOULESME dans cette série.

CHANDIEU. Piété de Chandieu.

Voyez VAUD dans cette série.

COEUR (Jacques). A cœur vaillant et montant
Rien difficile ne pesant.

(GABR. MEURIER, *Trésor des Sentences.*) XVIe siècle.

— A cueur vaillant rien impossible.

(*Prov. communs.*) XVe siècle.

Jacques Cœur, argentier du roi Charles VI, célèbre par les grandes richesses qu'il avait amassées et le procès qui fut cause de sa ruine, avait pris pour devise ce proverbe.

COLIGNY (l'amiral de).

CONDÉ. Louis de Bourbon, prince de Condé.

Dieu me garde de la douce façon et gentile du

prince de Condé, et de l'esprit et du cure-dent de l'amiral.

Ce proverbe fut dit à propos de Louis de Bourbon, prince de Condé, et premier chef des huguenots en France, et de l'amiral de Coligny. Le premier était de petite taille, mais vigoureux et adroit aux armes, soit à pied, soit à cheval. D'un abord doux et facile, Louis de Condé avait le visage toujours riant, même quand il punissait; aussi avait-on fait sur lui cette chanson en forme de vaudeville, citée par Brantôme :

Ce petit homme tant jolly
Tousjours cause et tousjours rit
Et tousjours baise sa mignonne.
Dieu garde de mal le petit homme.

Telle est l'origine de ce proverbe. Quant au cure-dent de l'amiral, Brantôme nous dit : « qu'il en portoit tou- » jours ung, fust en la bouche, ou sur l'oreille, ou en la » barbe. »

(Brantome, *Capitaines françois*, t. III des Œuvres complètes, p. 314.)

Noël Dufail, dans ses *Contes d'Eutrapel*, fol. 107 1°, rapporte ainsi ce proverbe :

« De quatre choses Dieu nous garde :
» Des patenostres du vieillard,
» De la grand'main du cardinal,
» Du cure-dent de l'amiral
» Et la messe de l'Hospital. »

D'ennemy à grand ennemy il n'y a qu'à se garder.

Ce proverbe est cité par Brantôme à propos de la haine qui existait entre Louis de Bourbon, prince de Condé, et le duc d'Anjou (depuis Henri III). Ce dernier ayant appris que Montesquiou, le capitaine de ses gardes-suisses, avait déchargé son pistolet sur le prince qui s'était rendu prisonnier « n'en fut nullement marry, mais très-joyeux, car » il avoit opinion qu'il luy en eust fait faire de mesmes, » dit Brantôme, qui ajoute ce proverbe. (*Capitaines françois*, t. III des Œuvres complètes.)

COUCY. Je ne suis roy ne prince aussy,
Je suis le seigneur de Coucy.

On disait encore :

Prince je ne daigne, roi je ne puy,
Je suis le sire de Coucy.

On peut consulter sur la maison de Coucy l'*Essai sur la Vie et les Chansons du châtelain de Coucy*, publié en 1830 par M. FRANCISQUE MICHEL. On peut voir aussi les *Mémoires historiques sur Raoul de Coucy*, Paris, 1781, 2 vol. in-18.

CRÉQUI (famille de).

Voyez AILLY dans cette série.

DAUPHINÉ (famille du).

Arces, Varces, Granges et Comiers,
Tel les regards qui ni les ose ferier (*frapper*),
Mais gare la queue d'Alleman et des Brangiers.

Vulson de La Colombière rapporte les attributs de quelques familles du Dauphiné, et dit qu'il les a lus derrière une vie manuscrite du chevalier Bayard.

Paranté d'Alleman.
Prouesse de Terrail.
Charité d'Arces.
Sagesse de Guiffrey.
Loyauté de Salveing.

Amitié de Beaumont.
Bonté de Granges.
Force de Commiers.
Mine de Theys.
Visage d'Arvillars.

DÉBANDER l'arc ne guérit pas la playe.

« Ce proverbe vient de René, duc d'Anjou, surnommé le
» Bon roy de Sicile. Ce prince ayant perdu Isabelle de
» Lorraine, sa première femme, qu'il aimoit éperduement,
» laquelle mourut le pénultiesme février 1453, prist pour
» devise un arc à la turque dont la corde estoit rompue,
» avec ces mots :

» *Arco perlantare plaga non sana*,

» Débander l'arc ne guérit pas la playe, voulant marquer
» par là que la mort de la reine sa femme n'avoit point
» effacé de son cœur l'amour qu'il avoit pour elle. Cette
» devise, qui depuis a passé en proverbe, s'applique aussy

» aux chagrins, aux injures et à une infinité d'autres » choses dont la mémoire ne s'efface pas avec le sujet qui » les a causées. »

(*Manuscrits* GAIGNIÈRES, *Prov. franç.*, t. I.)

DISEMIEU. Il n'est nul qui dise mieux.

(MENESTRIER, *Recherches du Blason*, p. 54.)

ENNEZEL. Vivacité d'esprit des Ennezel.

Voyez VAUD dans cette série.

ESPIARD. Qui a affaire aux Espiard
Il s'en repand tost ou tard.

« C'est une famille de Dijon, qui est dans la robe, dont » on a fait proverbe, apparemment au sujet de quelque » mécontentement qu'ils ont donné à quelqu'un. Le sieur » Paillot, historiographe et imprimeur à Dijon, le cite à » l'occasion d'un procès qu'il avoit avec eux, en 1693, » pour estre payé d'une généalogie qu'il leur avoit faite. »

(*Manuscrits* GAIGNIÈRES, *Prov. franç.*, t. II.)

ESTAVAYE. Noblesse d'Estavaye.

Voyez VAUD dans cette série.

FORCALQUIER. Communion de Forcalquier.

Voyez PROVENCE dans cette série.

FOURBINS. Vivacité d'esprit de Fourbins.

Voyez PROVENCE dans cette série.

FRANÇOIS Ier, roi de France.

Faire comme le roy François fit devant Pavie, tirer jusqu'à la dernière pièce.

« Francois Ier, roy de France, donna la bataille de Pa- » vie le 24 février 1524. Il s'engagea si avant dans la » meslée qu'il y fut fait prisonnier. La prise de sa per- » sonne fut la dernière pièce tirée en ceste fatalle journée, » parce qu'elle cousta beaucoup d'or et de sang à la » France. Depuis, quand on a voulu marquer quelqu'un » qui jouait de son reste en quelque occasion, on s'est » servi de ce proverbe. »

(FLEURY DE BELLINGEN, *Étym. des Prov. franç.*, p. 106.)

GADAGNE (la maison de).

Voyez GROLÉE dans cette série.

GARD. Chicane de du Gard.

Voyez VAUD dans cette série.

GENDRE (le). Qui a des filles aura des gendres.

La famille de Le Gendre, tombée avec substitution dans celle de Neufville de Villeroy, porte pour armes d'azur à la face d'argent accompagnées de trois testes de filles chevelées d'or. Le père Menestrier prétend que ces armes font allusion au proverbe *qui aura des filles aura des gendres.* (Voyez *Usage des Armoiries*, t. I, p. 37.)

GENOS (famille de).

Voyez MALAINS dans cette série.

GERENTE. Subtilité de Gerente.

Voyez PROVENCE dans cette série.

GINGINS. Hautesse du cœur de Gingins.

Voyez VAUD dans cette série.

GLANDEVEZ. Témérité et fierté de Glandevez.

Voyez PROVENCE dans cette série.

GOJON. Jamais Gojon, fut ou poisson ou homme, ne valut rien.

Brantôme raconte que madame de Dampierre, qui n'aimait pas le maréchal de Matignon, s'en allait disant partout « que *son haleine puoit plus qu'un anneau de retraict,* » et qu'elle ne comprenoit pas comment la reine pouvoit » s'en servir comme chevalier d'honneur en l'absence de » M. de Lansac. Elle ne l'appeloit jamais que *Gojon,* » ajoute Brantôme, parce que c'étoit son surnom, et que » *Gojon, fût ou poisson ou homme, ne valut rien.* » (*Capitaines françois*, Œuvres compl., t. IV, p. 38.)

GRANGES. Bonté de Granges.

Voyez DAUPHINÉ dans cette série.

GRANSON. A petite cloche grand son.

« La maison de Grandson a pris ceste devise qui a » passé en proverbe, et que l'on aplique à ceux qui avec

» de petites apparences sont capables de faire de grandes » choses. »

(MENESTRIER, *Recherches du Blason*, t. II, p. 53.)

GRASSE. Sottise de Grasse.

Voyez PROVENCE dans cette série.

GRAVILLE (les sires de).

Syre en Graville premier
Que roy en France.

« Haut et puissant seigneur messire Louys Malet, admi- » ral de France, le dernier en ligne directe de ceste tant » renommée et très ancienne famille, dont il est dit qu'il » y a eu *premier syre en Graville que roy en France.* »

(*Hist. manuscrite du monastère et des seigneurs de Marcoussy.*) XVIIe siècle.

GRIMAUDS. Finesse de Grimauds.

Voyez PROVENCE dans cette série.

GROLÉE.

On dit dans le Lyonnais, de ceux qui dissipent beaucoup de biens, que

Quand ils auraient les biens de Grolée et de Gadagne, ils les mangeroient.

(MENESTRIER, *Recherches du Blason*, 2e part., p. 80.)

Ces deux maisons étaient riches et puissantes.

GUIFFREY. Sagesse de Guiffrey.

Voyez DAUPHINÉ dans cette série.

GUISE. Ceux de Guise mettent les rois de France et leurs enfants en chemise.

Brantôme prétend que François II avait dit ce proverbe parce que le grand duc de Guise s'était fort enrichi sous son règne, sous celui de Henri II son père, et de Charles IX. (*Hommes illustres françois.*)

GUISE (DE). La devise de M. de Guise : A chacun son tour.

« Ceste devise, que prit la maison de Guise dans le » temps de la Ligue, fut interprétée diversement. Ceux

» qui n'estoient pas de leurs amis, l'attribuoient au dessein » qu'ils avoient formé de s'emparer de la couronne de » France, qu'ils publièrent leur appartenir, parce que » Hugues Capet, dont estoit la maison régnante, l'avoit » enlevée à Charles, duc de Lorraine, dont ils préten- » doient descendre. Mais le peuple qui estoit attaché à la » maison de Guise, et qui ne pénétroit pas si avant, » l'attribuoit à l'inconstance des choses du monde. Il la » regardoit comme si elle avoit voulu dire : Si tu as au- » jourd'huy l'avantage sur moy, si tu me bats, si tu » m'abaisses, je tâcheray de m'en revancher et de te batre » à mon tour. »

(*Étym. des Prov.*, par Fleury de Bellingen, p. 199.)

Gumoens. Amitié de Gumoens.

Voyez Vaud dans cette série.

Harcourt. Harcourt fit comte neuf
L'an mil trois cent trente neuf.

« La baronnie d'Harcourt fut érigée en comté dès le » mois de mars 1338, en faveur de Jean IVe du nom, » baron d'Harcourt, vicomte de Chastellerault, baron » d'Elbeuf, etc. » Ce qui donna lieu à ce proverbe rapporté par Laroque. (*Histoire d'Harcourt*, t. I, p. 357.)

— Honny soit qui mal y pense.

« Édouard III, roy d'Angleterre, estant un jour avec » Alix, comtesse de Salisbury, qu'il aimoit beaucoup, la » jarretière de cette dame tomba; le roy la ramassa, quel- » ques-uns de ses courtisans se prennent à rire. Édouard » indigné dit aussitôt : Honny soit qui mal y pense, pour » montrer qu'il n'y avoit rien que d'honnête dans l'incli- » nation qu'il avoit pour la comtesse; et pour donner plus » d'esclat à l'action qui venoit de se passer et mortifier » en mesme temps ceux qui avoient eu la hardiesse de » s'en moquer, il institua, en 1350, un ordre qu'il ap- » pela de la Jarretière, à cause de la jarretière qu'il avoit » ramassée, et ordonna que les mots qu'il avoit dits : Honny » soit qui mal y pense, seroient mis en broderie dessus.

» Depuis quand quelqu'un n'a point de mauvaises inten- » tions en faisant quelque chose est raillé ou accusé, on

» dit en commun ce proverbe : Honny soit qui mal y » pense. »

(*Manuscrits* Gaignières, *Prov. franç.*, t. I.)

Hospital (le chancelier de l').

Dieu nous garde de la messe de M. de l'Hospital.

« Michel de l'Hospital, chancelier de France, estoit un » grand homme et justice et fort homme de bien et d'hon- » neur et très sévère. On le tint pour huguenot encore » qu'il allast à la messe. Ce qui faisoit dire le proverbe : » Dieu nous garde, etc. »

(Brantôme, *Hommes illustres françois*, t. II des Œuvres complètes, p. 381.)

Voyez plus haut Coligny, Condé.

Imbercourt. La fraischeur de M. d'Imbercourt.

Voici l'origine de ce proverbe comme elle se trouve dans Brantôme, qui le premier en a fait mention : « Le » seigneur d'Imbercourt, qui servit les roys Louis XII et » François Ier dans toutes leurs guerres, avec la réputation » d'un des plus hardis et vaillans du royaume se plaisoit » d'aller par pays ordinairement, ou à la guerre, au plus » chaud du jour, et ne le craignoit nullement; et n'aymant » point aller aux matinées ni serées ni prendre tant ses ayses » aux frescheurs, ayant opinion que telles accoustumances » nuisoient fort à un homme de guerre..... tant y a » qu'alors et depuis ce proverbe couroit : *Vous allez à la* » *fraischeur de M. d'Imbercourt,* quand on alloit par pays » au plus grand chaud du jour. » (*Capitaines françois,* t. II, p. 87, édit. in-8°, Paris, 1822.)

Adrien de Brimeux, seigneur d'Imbercourt, fut tué à la bataille de Marignan, le 13 septembre 1515.

Joffray. Parenté de Joffray.

Voyez Vaud dans cette série.

Julien (Saint-). Elle est de Saint-Julien, elle a mauvaise teste.

« Jean de Saint-Julien de Baleuvre, en Bourgogne, » gouverneur d'Auxerre, espousa la fille du seigneur de » Neuilly, en la vallée d'Aaillan, l'an 1461. Il en eut six

» filles, dont cinq furent mariées dans la mesme vallée: » elles sceurent si bien estre les maîtresses que l'on dist » ce commun proverbe en ce pays-là : « *Elle est de Saint-* » *Julien, elle a mauvaise teste.* »

Saint-Julien de Baleuvre, dans ses *Mélanges historiques*, p. 418, nous a lui-même fait connaître l'origine de ce proverbe.

La Chambre.

Voyez Miolans dans cette série.

Lavigny. Gaillardise de Lavigny.

Voyez Vaud dans cette série.

Le Chat de Kersaint. Mauvais chat mauvais rat.

« La maison de *Le Chat de Kersaint*, de Bretagne, a pris » ce proverbe pour sa devise, par rapport à son nom. »

(Menestrier, *Recherches du Blason*, t. II, p. 54.)

Le Maistre. Si les valets ont la peine
Le maistre a les soucis.

Ce proverbe, qui avait paru simple jusqu'ici, se trouve historique par l'explication qu'en donne le père Menestrier dans son Usage des armoiries. Le nom de Le Maître et de Soucy qui se trouvent dans ce proverbe font, selon cet habile jésuite, une allusion au nom et aux armes de la famille de Le Maistre, qui est considérable dans la robe. Elle porte d'azur au souci d'or, ce qui lui a fait faire l'application de ce proverbe.

Loys. Mesnage des Loys.

Voyez Vaud dans cette série.

Loubières. Légèreté de Loubières.

Voyez Provence dans cette série.

Lugny. Il n'y a oiseau de bon nid
Qui n'ait plume de Lugny.

« On disoit ce proverbe en Bourgogne de la maison de » Lugny, parce que ceste maison avoit possédé beaucoup » de terres qui en avoient esté démembrées par les al- » liances. »

(Menestrier, *Recherches du Blason*, t. II, p. 80.)

LUPÉ. Brave comme le bastard de Lupé.

C'est-à-dire bien et magnifiquement habillé.

Michel Bastard de Lupé fut fait un des gentilshommes de la maison du roy, le 20 may 1495, en la place de Louis Dufaut, et il l'estoit encore en 1505.

Dans les *Adages françois*, imprimés à la fin du XVIe siècle, on trouve :

Brave comme un bastard de Lupin.

MAILLARDOZ. Gravité de Maillardoz.

Voyez VAUD dans cette série.

MAILLY (la famille de).

Voyez AILLY dans cette série.

MALAINS (la maison de), en Bourgogne.

Qui veut sçavoir des Malains la noblesse
L'aille chercher à Genos dans la Bresse.

Un Odet de Malain, seigneur de Luz, épousa, vers 1470, Jeanne de Genod, d'une maison très-ancienne de Bresse.

(MENESTRIER, *Recherches du Blason*, 2e part., p. 80.)

MARTINE. Accortise de Martine.

Voyez VAUD dans cette série.

MENTON.

Voyez TERNY dans cette série.

MESTRAL-ARUFFENS. Richesse de Mestral-Aruffens.

Voyez VAUD dans cette série.

MESTRAL-PAYERNE. Naïveté de Mestral-Payerne.

Voyez VAUD dans cette série.

MEVILLAN. Milan a fait Mevillan et Chasteaubriant a défait et perdu Milan.

M. de Lautrec, gouverneur de Milan, sut y amasser de si grands biens qu'il en fit bâtir le château de Mevillan en Bourbonnais, l'une des belles et superbes maisons de France, dit Brantôme, qui ajoute : « Il estoit hardy et » brave, mais il n'estoit point propre pour un tel poste ;

» il s'y conduisit si mal, et donna tant d'occasions de » faire des plaintes contre lui, et contre sa manière trop » sévère, qu'il eust esté perdu sans le crédit de sa sœur » (madame de Châteaubriant, maîtresse de François Ier). » Mais en le voulant maintenir dans ce gouvernement, » elle fut cause de la perte de Milan : les ennemis l'en » chassèrent. »

MIOLANS. N'en déplaise à Miolans
La Chambre passe devant.

« Ce proverbe se disoit en Savoie, et ce fut peut estre » la cause de la devise de Miolans qui estoit *force m'est,* » comme si elle eust voulu dire qu'il lui estoit force de » céder. »

(MENESTRIER, *Recherches du Blason*, t. II, p. 80.)

MONTGOMERY. Partage de Montgomery, tout d'un côté et rien de l'autre.

« Les anciennes coutumes de Normandie accordoient » aux aînés de la famille de Montgomery la plus grande » partie des biens. »

(*Ducatiana*, p. 526.)

MONTMORENCY. Anne de Montmorency, connétable de France.

Il faut se garder des pastenostres de M. le connestable.

Ce proverbe a été fait à propos d'Anne de Montmorency, connétable de France. Brantôme dit en parlant de lui : « ... Ne manquant jamais à ses dévotions ny à ses prières, » car tous les matins il ne failloit de dire et entretenir ses » patenostres, fust qu'il ne bougeast du logis, ou fust qu'il » montast à cheval et allast par les champs, aux armées, » parmy lesquelles on disoit qu'il falloit se garder des pa- » tenostres de M. le connestable, car en les disant ou » marmottant, lorsque les occasions se présentoient, comme » force desbordement et désordre y arrivent maintenant, » il disoit : « Allez-moi prendre un tel; attachez celui-là » à cet arbre; taillez-moi en pièces tous ces marauds qui » ont voulu tenir ce clocher contre le roy; bruslez-moi ce » village... et ainsi tels ou tels semblables mots de justice

» et police de guerre, sans se débaucher nullement de ses » Pater, jusqu'à ce qu'il les eust parachevez. »

(*Capitaines françois*, Œuvres compl., t. II, p. 372.)

MONTMURAT-NAUCASE. S'en Arverny noublesso se perdio
A Monmurat ou à Naucase se troubario.

Si en Auvergne la noblesse se perdait, à Montmurat ou à Naucase elle se trouverait.

Montmurat, *Naucase*, sont deux bonnes maisons d'Auvergne, proche Aurillac.

(*Communiqué à Gaignières*, par M. l'abbé D'AINAC.)

MORLAIX. S'ils te mordent mors-les.

« La maison de Morlaix, en Bretagne, a pris ce proverbe pour devise, par allusion au nom de mors-les qui se trouve à la fin. »

(MENESTRIER, *Recherches du Blason*, t. II, p. 59.)

MYPONT. Mipont difficile à passer.

Devise de la famille de Mypont, en Bourgogne.

(MENESTRIER, *Recherches du Blason*, 2e part., p. 53.)

NEUFCHATEL (famille de).

Voyez BEAUFREMONT dans cette série.

NOM. Bon nom, bon.

(*Recueil* de GRUTHER.)

— Au surnom cognoit-on l'homme.

(*Prov.* de JEH. MIELOT, Ms.) XVe siècle.

Ce proverbe vient de la manière dont les surnoms ont été employés en France. Jusqu'au XIe siècle environ, le nom patronymique, ou *nom de baptême*, fut seul en usage. Depuis le XIe, les nobles joignirent au titre qu'ils portaient le nom de leur fief ou seigneurie. Dès le XIIIe, des surnoms furent appliqués à chaque individu, afin qu'ils pussent être distingués, soit de leurs parents, soit de leurs concitoyens baptisés sous le même nom qu'eux. Ces surnoms furent empruntés, pour les nobles à leurs fiefs ou terres patrimoniales, pour les bourgeois à quelques signes caractéristiques particuliers à leur nature ; pour les vilains et artisans aux professions qu'ils exerçaient. D'autres faits donnèrent encore naissance aux surnoms. On peut voir à ce sujet le travail de M. de Salverte, sur les noms d'hommes, de peuples, de lieux, t. II, p. 230. — On peut consulter aussi pour les noms propres français, FALLOT, *Recherches sur les formes grammaticales de la Langue française et de ses dialectes*, p. 175; Paris, 1839, in-8°. *Histoire de la formation de la Langue française*, p. 252, par M. AMPÈRE; Paris, 1841, in-8°.

ORLÉANS. Les armes d'Orléans, des lambeaux.

Le lambel ou lambeau, tel qu'il est dans les armes des ducs d'Orléans, fils de France, est une brisure qui a trois pendants; ces pendants sont comme des lambeaux et pièces d'un drap déchiré. Budée les appelle *lembos*, de là est venu ce proverbe, dont on se sert en parlant d'un habit qui a des loques ou pendeloques, en disant : il porte *les armes d'Orléans, des lambeaux*.

(FLEURY DE BELLINGEN, *Étym. des Prov. franç.*, p. 323; PAILLOT, *Sciences des Armoiries*, p. 403.)

PAUTES (famille de).

Voyez ANGOULÊME dans cette série.

PESMES. Bonté de Pesmes.

Voyez VAUD dans cette série.

PIQUENY. Piqueny, Morevil et Roye
Sont ceints de mesme courroye.

(MENESTRIER, *Recherches du Blason*, t. II, p. 83.)

PONTEVEZ. Prudence de Pontevez.

Voyez PROVENCE dans cette série.

PORCELLETS. Grandeur des Porcellets.

Voyez PROVENCE dans cette série.

PRAROMAN. Générosité de Praroman.

Voyez VAUD dans cette série.

PROVENCE (noblesse de).

On lit dans les *Recherches du Blason* du père Menestrier, 2e part., p. 83 :

« César Nostradamus, en son *Histoire de Provence*, dit

» qu'on trouva sur la couverture d'un livre les sobriquets » des principales familles de Provence, écrits de la main » de René, roy de Sicile et comte de Provence. »

Hospitalité et bonté d'Agoult.
Libéralité de Ville-Neufve.
Dissolution de Castellane.
Sagesse de Rambauds de Simiane.
Fallace et malice des Barras.
Simplesse de Sabran.
Fidélité de Boliers.
Constance de Vintimille.
Témérité et fierté de Glandevez.
Prudence de Pontevez.
Inconstance de Baux.
Envieux de Candole.
Communion de Forcalquier.
Riche d'Aperioculos.
Desloyauté de Beaufort.
Gravité d'Arcussia.
Sottise de Grasse.
Vaillance de Blaccas.
Opinion de Sado.
Prud'homie de Cabassole.
Bonté de Castillon.
Subtilité de Gérente.
Ingéniosité d'Auraison.
Finesse des Grimauds.
Grandeur des Porcellets.
Vanité des Bonifaces.
Vivacité d'esprit des Fourbins.
Légèreté de Loubières.

PUY (DU). N'est noble qu'à demy
Qui n'est de la race du Puy.

« La maison Du Puy, en Touraine, est bonne et an- » cienne ; elle y a possédé la terre de Basché, ce qui a fait » dire ce proverbe dans le canton où elle habitoit. »

(*Notes manuscrites* de l'abbé de VILLELOIN, *Ms. Gaignières.*)

QUÉLEN. En peh Amser Quelen.

En toute saison il faut prendre conseil.

La maison de Quélen, originaire de Bretagne, est illustre. Le premier du nom qui soit bien connu est Ivon de Quélen ; il vivait en 1132. L'un des derniers est Hyacinthe-Louis de Quélen, archevêque de Paris, mort à Paris, en décembre 1839. Voyez sur cette famille, dans *le Mémorial historique de la Noblesse*, de janvier 1840, une généalogie assez étendue, dressée par M. de Stadler, ancien élève pensionnaire de l'Ecole des Chartes, inspecteur des Archives de l'Empire.

RAMBAUDS DE SIMIANE. Sagesse de Rambauds de Simiane.

Voyez PROVENCE dans cette série.

REMBURES (la famille de).

Voyez RUBEMPRÉ dans cette série.

RENTY (famille de).

Voyez RUBEMPRÉ dans cette série.

REZ. Il ne craint ni les Rez ni les tondus.

« L'origine de ce proverbe vient de Champagne. Il y a » près de deux cents ans qu'une famille de Troyes, dont » le surnom étoit les REZ, s'étoit rendue redoutable par ses » richesses et sa grande autorité, de sorte qu'on avoit cou- » tume, quand on vouloit menacer quelqu'un : Je le diray » ou feray sçavoir au Rez. Un bon compagnon de ce temps » là, fasché qu'on luy eust faist trop souvent ceste menace, » respondit en colère : Je ne crains ni les Rez ni les tondus; » faisant un équivoque sur le mot du *rez*, qui signifie na- » turellement razé. »

(*Étym. des Prov.*, par FLEURY DE BELLINGEN, p. 294.)

ROQUELAURE. Gens de M. de Roquelaure, qui toque l'un toque l'autre.

(OUDIN, *Curiosités françoises*, p. 249.)

RUBEMPRÉ. Rubempré, Rembures et Renty,
Belles armes et piteux cry.

(MENESTRIER, *Recherches du Blason*, 2e part., p. 83.)

ROVEREA. Simplicité de Roverea.

Voyez VAUD dans cette série.

SABRAN. Simplesse de Sabran.

Voyez PROVENCE dans cette série.

SACCONAY. Jugement de Sacconay.

Voyez VAUD dans cette série.

SADO. Opinion de Sado.

Voyez PROVENCE dans cette série.

SAINT-MORIS. Les bons seigneurs de Saint-Moris
Et de ceux de Berzé.

(MENESTRIER, *Recherches du Blason*, p. 85.)

SALVEING. Loyauté de Salveing.

Voyez DAUPHINÉ dans cette série.

SENARCLENS. Vanité de Senarclens.

Voyez VAUD dans cette série.

SIGNEUX. Sagesse de Signeux.

Voyez VAUD dans cette série.

SOLARA. Tel fiert qui ne tue pas.

« La maison de Solara, en Piedmont, a pris ce proverbe » pour devise. »

(MENESTRIER, *Recherches du Blason*, t. II, p. 60.)

TAVEL. Prudence de Tavel.

Voyez VAUD dans cette série.

TERNY. *Terny*, *Viry*, *Compey*
Son le meillou maison du Genevey,
Salenove e *Menton*
Ne le craignon pas d'un bouton.

Guichenon rapporte ce proverbe en son *Histoire de Bresse*, dans l'éloge de la maison de Menthon.

(MENESTRIER, *Recherches du Blason*, t. II, p. 80.)

THEYS. Mine de Theys.

Voyez DAUPHINÉ dans cette série.

TISONS.

Voyez ANGOULÊME dans cette série.

VALOIS. Les Valois favorisent la noblesse,
Les Bourbons les valets.

VAROQUIER. Je te donneray les armoiries de Varoquier.

« On dit ce proverbe pour dire: Je te donneray un souf- » flet, parce que la famille de Varoquier, à Paris, porte » pour armes une main appaumée. »

(MENESTRIER, *Recherches du Blason*, t. II, p. 93.)

VASSÉ (famille de).

Voyez BOUILLÉ dans cette série.

VAUD (noblesse du pays de).

Dans les *Recherches du Blason*, du père Menestrier,

2e part., p. 86, on lit sur la noblesse du pays de Vaud les détails suivants :

Grandeur d'Alinges Coudrée.
Antiquité de Blonay.
Noblesse d'Estavaye.
Franchise de Vilarzel.
Hautesse du cœur de Gingins.
Parenté de Joffray.
Piété de Chandieu.
Bonté de Pesmes.
Richesses de Mestral-Aruffens.
Hospitalité de d'Aulbonne.
Prudence de Tavel.
Sagesse de Signeux.
Générosité de Praroman.
Opiniâtreté de Dortan.
Amitié de Gumoens.
Accortise de Martine.
Politique de Ceriat.
Ingénuité de Sacconay.
Chicane de du Gard.
Naïveté de Mestral-Payerne.
Gravité de Maillardoz.
Simplicité de Roverea.
Gaillardise de Lavigny.
Mesnage des Loys.
Vivacité d'esprit de Ennezel.
Vanité de Senarclens.
Indifférence des Asperlins.

VENTADOUR. Ventadour vante,
Pompadour pompe,
Turenne règne,
Et Chasteauneuf ne les craint pas d'un œuf.
Descars, Richeux,
Bonneval noblesse.

On dit ce proverbe en Limousin.

(MENESTRIER, *Recherches du Blason*, t. II, p. 90.)

VERGY (famille de).

Voyez BEAUFREMONT dans cette série.

VIENNE (famille de).

Voyez BEAUFREMONT dans cette série.

VILARZEL. Franchise de Vilarzel.

Voyez VAUD dans cette série.

VILLE-NEUFVE. Libéralité de Ville-Neufve.

Voyez PROVENCE dans cette série.

VINTIMILLE. Constance de Vintimille.

Voyez PROVENCE dans cette série.

VIRY (famille de).

Voyez TORNY dans cette série.

SÉRIE Nº IX.

PROVERBES HISTORIQUES.

NOMS PROPRES EN GÉNÉRAL.

ACHILLE. C'est un Achille.

« Vous ferez beaucoup plus que le preux et vail-
» lant Achille, car il est mort par les talons, et
» les vôtres vous sauveront la vie en faisant *vidi*
» *aquam*, l'eau bénite de Pâques. »

(*Comédie des Proverbes*, act. III, sc. III.)

ADONIAS. Le banquet de Adonias.

(BOVILLI *Prov.*) XVIe siècle.

ANCRE (maréchal d'). Barbouillé d'ancre.

« C'est-à-dire noir comme un diable. La plus part des
» princes de France estant retirez de la cour, pendant la
» faveur du maréchal d'Ancre, et poursuivy par les troupes
» du Roy du nom duquel se servoit ce maréchal, apelloient
» dans ce sens là les officiers et les soldats de ces troupes :
» *Barbouillez d'ancre.* Et mesme après la mort du maréchal
» d'Ancre, arrivée en 1617, qui donna la paix, ces soldats
» congédiés repassant par les villes, les enfants couroient
» par troupes après eux en criant : *Aux barbouillez d'ancre,*
» *aux barbouillez d'ancre.* »

(FLEURY DE BELLINGEN, *Étym. des Prov. franç.*, p. 21.)

ARCHAMBAUT. C'est la mesnie (*famille, maison*) d'Archambaut, plus en y a et pis vaut.

ARÉTIN. Que l'Arétin descrit de fous.

(*Adages françois.*) XVIe siècle.

ARISTOTE. Faire la barbe d'estoupes à Aristote.

(GOMÈS DE TRIER, *Jardin de Récréation.*) XVIe siècle.

— Qui a passé par l'Aristote entend bien le pontifical.

(*Adages françois.*) XVIe siècle.

ARLEQUIN. Les trente-six raisons d'Arlequin.

On appelle ainsi les raisons superflues. Arlequin dans une comédie du théâtre italien, veut excuser son maître de ce qu'il ne s'est pas rendu à une invitation pour trente-six raisons ; la première c'est qu'il est mort. On le dispense des autres.

(QUITARD, *Dictionnaire des Prov.*)

ARNOUL. Arnoul daine.

Cet Arnoul était un notaire de la Ferté-Milon. Henri II, prince de Condé, se rendit un jour chez lui incognito pour lui faire dresser un bail. Mais le tabellion était en train de dîner : aussi sa femme dit-elle à l'étranger : *Arnoul daine; asseyez-vous sus che ban ; quand Arnoul daine, on ne lui parle mie.* Le prince y consentit. Son repas terminé, le notaire dressa l'acte, et reconnaissant sa méprise à la signature d'Henri de Bourbon, il se confondit en excuses. « Ne craignez rien, brave homme, lui dit le prince, il fallait bien qu'Arnoul daine. » Cette anecdote fut bientôt connue dans le pays, et aujourd'hui encore on dit proverbialement en Picardie : Arnoul daine, en parlant d'une personne dont on a besoin, mais qu'on ne veut pourtant point déranger. (*V.* Deverité, *Supp. à l'hist. de Picardie.*)

AUBIGNY. Dieu nous garde de la mémoire du père d'Aubigny.

— Qui cerche butin et victoire
N'aille à la suite d'Aubigny.

— Qui veut sçavoir l'art de mémoire.
Ne soit disciple d'Albigny ?

(GOMÈS DE TRIER, *Jardin des Récréations.*) XVIe siècle.

AUGUSTE. Soyez plus heureux que Auguste, meilleur que Trajan.

(BOVILLI *Prov.*) XVIe siècle.

BABION. Qui bale (*vanne*) sans son,
Ressemble Babion.

(GOMÈS DE TRIER, *Jardin de Récréation.*) XVIe siècle.

Ce proverbe fait allusion au principal personnage d'une comédie latine assez connue pendant le moyen âge, et dont M. Thomas Wright, archéologue anglais, d'un grand mérite, a publié un bon texte en 1838. La *Comédie de Babion* (*Comedia Babionis*) paraît avoir été composée à la fin du XIIe siècle. Babion, prêtre païen, marié, élève avec lui une jeune fille, sa pupille, nommée Viola. — Il l'aime secrètement, et a si peur d'être découvert, qu'il donne à manger aux chiens les meilleurs morceaux, de peur que ceux-ci ne parlent aux passants de son amour. Le proverbe a rapport à cette dernière circonstance. — Il signifie qu'on ne doit pas, comme Babion, faire des choses inutiles. (Voyez le texte de cette comédie, page 65 du volume intitulé : *Early Mysteries, and others latin poemes of the twelfth, and thirtheenth centuries, etc.*, by THOMAS WRIGHT. London, 1838, in-8.)

BARDOU. Bonjour, Bardou.

C'est un mot antique : Bonjour, monsieur le badin, monsieur le sot.

(OUDIN, *Curiosités françoises*, p. 31.)

BARTOLE. A Balde Bartole.

(GOMÈS DE TRIER, *Jardin de Récréation.*) XVIe siècle.

— Résolu comme Bartole.

Barthole, fameux jurisconsulte italien, naquit l'an 1309 et mourut en 1355. Il joignit à beaucoup d'habileté dans la pratique une profonde étude du droit, qu'il professa en différentes universités, pendant plusieurs années. Ses décisions et les résolutions qu'il donnait des plus grandes difficultés, étaient toujours justes et fort admirées. Pasquier dit que les arrêts du Parlement de Paris étaient conformes aux résolutions de Barthole. De là est venu le proverbe. Le vulgaire s'en est servi quelquefois mal à propos pour désigner un homme obstiné et opiniâtre. (Voyez PASQUIER, *Recherches*, liv. VIII, chap. 14.)

BARTOLE. Il sçait son Bartole comme un cordelier son *domire secure*.

(*Adages françois.*) XVIe siècle.

— Tu es parent de Barthole, qui vendit sa vigne pour faire des provins?

(*Bonne Responce à tous propos.*) XVIe siècle.

BASCHÉ. C'est comme aux noces de Baché.

Se dit quand les recors sont battus par ceux qu'ils allaient prendre.

On peut lire dans Rabelais, liv. IV, chap. 15, comment le seigneur de Basché, sous prétexte d'observer une ancienne coutume qui consistait à se donner des coups de poing après les noces, faisait semblant de célébrer le mariage d'un de ses gens, toutes les fois que les huissiers venaient pour le saisir, et les renvoyait après les avoir bien battus.

Rabelais termine le chapitre en disant : « Depuis feut » ledit seigneur en repos, et les nopces de Baché en pro- » verbe commun. »

D'Aubigné commence le chapitre 5 du livre III de son *Baron de Fœneste*, par ces mots :

« Là dedans y a bien pis qu'aux noces de Baché. »

BAYARD. Bayard de trois cheval de roy,
Bayard de quatre cheval de fol,
Bayard d'un ne le donnez à aucun.

(GOMÈS DE TRIER, *Jardin de Récréation.*) XVIe siècle.

Bayard. Ce mot, devenu aujourd'hui un nom propre, voulait dire un cheval bai. C'est le sens qu'il a dans ce proverbe.

BÉATRIX. Dame Bietrix qui porte les patenostres et jamais ne les dict.

(*Bonne Responce à tous propos.*) XVIe siècle.

BERTAUT. Le compte à Jean Bertaut, vingt et onze.

Justement ce qu'il faut pour achever un compte.

(OUDIN, *Curiosités françoises*, p. 114.)

BERTHE. Ce n'est plus le temps que Berthe filoit.

(*Bonne Responce à tous propos.*) XVIe siècle.

— Du temps que la reine Berthe filait.

On se sert communément de ce proverbe pour rappeler l'ancien temps ou le *bon temps*. Il est assez difficile de dire avec certitude quelle reine ce proverbe désigne, et différentes opinions ont été émises à ce sujet. Bullet, dans ses *Dissertations sur la Mythologie françoise*, p. 60, avance, non sans raison, que c'est la première femme du roi Robert, Berthe, veuve du comte de Blois, que les censures de Grégoire V obligèrent à quitter son second mari. Il soutient contre l'opinion de l'abbé Le Beuf, que cette reine Berthe est celle que l'on représente au portail de plusieurs cathédrales avec un pied d'oie. Il cite à ce sujet les *Contes d'Eutrapel*, p. 95 r°, où un homme jure *par la quenouille de la reine Pédauque de Tholose.* Leduchat, page 499 du *Ducatiana*, dit que cette Berthe était reine de Bourgogne.

BERTHOL. Il est bon que Berthol boive, si la bouteille est sienne.

(GOMÈS DE TRIER, *Jardin de Récréation.*) XVIe siècle.

BERTRAND. Déchausser Bertrand.

Faire la débauche, manger et boire outre mesure, de manière à être malade. On lit dans les *Sérées* de Guillaume Bouchet, sect. Ire : « Il se peut que quelqu'un étant bien » ivre, avoit déchaussé Bertrand son valet, au lieu de se » faire déchausser par lui, comme aux *Saturnales*, pen» dant la débauche desquelles le valet bien sou se faisoit » servir par son maistre encore plus sou. »

BIRON. Tu as trouvé ou appris cela dans les tablettes de Biron.

Brantôme, qui cite ce proverbe dans le discours consacré au maréchal de Biron et à son fils, dit en parlant du maréchal : « Il avoit fort aymé la lecture et la continuoit » quant il avoit loisir et retenoit fort bien. Dès son jeune

» âge il avoit esté curieux de s'enquérir et sçavoir tout, » sy bien qu'ordinairement il portoit dans sa poche des » tablettes, et tout ce qu'il voyoit et oyoit de bon aussitost » il le mettoit et escrivoit dans les dites tablettes, si bien » que cela courait en la cour en forme de proverbe, quand » quelqu'un disoit quelque chose, on luy disoit : *Tu as* » *trouvé ou appris cela dans les tablettes de Byron.* Mesmes » le greffier fol du roy Henry juroit quelquefois par les » divines tablettes de Biron. » (*Capitaines françois*, t. IV des OEuvres complètes, in-8°, p. 23.)

BOBÊCHE. C'est un vrai Bobêche.

C'est un homme qui fait métier d'amuser les autres par ses bêtises simulées et par des lazzis plus ou moins heureux. Bobêche, qui a donné son nom à cette classe de gens, était un bouffon en plein vent, qui a joui d'une certaine réputation de 1815 à 1825, et qui débitait ses parades burlesques à la porte d'un petit théâtre de saltimbanques sur le boulevard du Temple à Paris. Il avoit pour voisin et pour rival un autre farceur du nom de *Galimafré*.

(*Encyclopédie des Prov.*)

BOUILLON. Commande M. le duc de Bouillon
Où personne ne fait raison.

(*Prov. en rimes, etc.*) XVIIe siècle.

— Quoi! je ressemble monsieur de Bouillon : quand je commande personne ne bouge.

(*Comédie des Prov.*, sc. III.)

BORSIA. Ce n'est plus le temps du duc de Borsia?

(GOMÈS DE TRIER, *Jardin de Récréation.*) XVIe siècle.

BOURBON. Bourbon marche devant.

Ce dicton rappelle le connétable de Bourbon, fameux capitaine français du XVIe siècle, qui, après avoir servi quelque temps François Ier, embrassa le parti de l'empereur Charles-Quint. On sait qu'un procès qui lui fut intenté assez injustement, à propos de ses biens, indisposa le connétable et l'engagea à suivre le parti de Charles-Quint. Rebuté bientôt par la cour impériale, Bourbon se jeta dans des expéditions aventureuses, et vint mettre le siége devant Rome. Il fut tué en donnant le signal de l'assaut, et comme dit l'une des chansons faites à ce sujet :

Un coup d'artillerie fut son dernier remord,

au moment où il disait : *Bourbon marche devant.* (Voyez dans Brantôme, *Vie des Capitaines françois*, t. I, p. 160.)

Boyau. La maison de monsieur Boyau, couverte d'ardoise sur le devant et de chaume sur le derrière.

(Oudin, *Curiosités françoises*, p. 388.)

Brehu sans pitié.

Se dit d'un homme impitoyable, par allusion au géant de ce nom dans les Romans de la Table ronde.

Brusquet. Aussi chanceux que le chien à Brusquet.

(*Comédie des Proverbes*, acte III, scène vi.)

Charles Nodier a raconté d'une façon ravissante l'histoire du chien de Brusquet, « qui n'alla qu'une fois au bois et que le loup mangist. » Voyez *Histoire du roi de Bohême et de ses sept châteaux*, etc.

Buridan. Être comme l'âne de Buridan, ne pas savoir quel parti prendre.

« Jean de Buridan, né à Béthune, en Artois, célèbre dialecticien du xive siècle, voulant prouver que si les bêtes ne sont point déterminées par quelque motif externe, elles n'ont pas la force de choisir entre deux objets égaux, avait imaginé cet argument sophistique. Il supposait un âne également pressé de la soif et de la faim entre un seau d'eau et une mesure d'avoine faisant la même impression sur ses organes. Ensuite il demandait : Que fera cet animal? Si ceux qui voulaient bien discuter avec lui répondaient : Il demeurera immobile ; le docteur répliquait : Il mourra donc de soif et de faim entre l'eau et l'avoine. S'ils lui disaient au contraire : Il ne sera pas assez bête pour se laisser mourir, sa conclusion était : Il se tournera donc d'un côté plutôt que d'un autre ; il a donc le libre arbitre. Son raisonnement embarrassa tous les philosophes du temps, et son âne, devenu fameux parmi ceux des écoles, obtint les honneurs du proverbe. »

(QUITARD, *Dictionnaire des Prov.*, p. 56.)

CABOCHE. En avoir dans la caboche.

C'est-à-dire avoir le cerveau blessé.

« Ce proverbe vient d'un nommé *Caboche*, boucher de » Paris, qui fut un des principaux chefs de tous les autres » bouchers qui se mutinèrent sous le règne de Charles VI. » Pendant la démence de ce prince, ceste canaille tenoit » le party de Jean de Bourgogne, pour lequel ils estoient » si zélés et leur insolence alla si loin qu'ils forcèrent » Charles, Dauphin de France, de prendre le chaperon » blanc, qui estoit la marque et la livrée de leur faction, » et tuèrent et firent périr plusieurs personnes de distinc- » tion qui estoient du party contraire au duc de Bourgogne. » De la folie et de l'entestement de Caboche est venu ce » proverbe, que l'on a appliqué à ceux qui ont la teste » blessée. (*Etymologie des Proverbes*, p. 279 ; *Histoire de France*, par DUHAILLAN, règne de Charles VI, t. II, p. 843.)

CALEPIN. On ouvre la porte à Calpin le jeune?

(*Coméd. des Proverbes*, acte III, scène VII.)

CALVIN. Le sermon de Calvin a fait ronfler le canon.

(*Adages françois.*) XVIe siècle.

CANAPLES. Boute Canaples, le roy te regarde.

« M. de Canaples, brave et vaillant seigneur, a esté de » son temps un rude homme d'armes qui fust en la chres- » tienté, car il rompoit une lance telle forte qu'elle fust » comme une canne, et peu tenoient devant luy. Quand » il joustoit devant son roy, tant fust-il empesché, le vou- » loit toujours voir, dont vint le mot : *Boutte, Canaples,* » *le roy te regarde.* »

(BRANTÔME, *Hommes illustres*, t. II des OEuv. comp., p. 166.)

CAQUET-BON-BEC. C'est Caquet-Bon-Bec, la poule à ma tante.

(*Coméd. des Proverbes*, acte III, scène I.)

CATON. C'est un Caton.

C'est un sage, c'est un homme vertueux et austère. Par

allusion à Marcus Porcius Caton, consul romain célèbre. Dans ses mémoires, le cardinal de Retz emploie cette expression proverbiale en parlant de Montrésor : « Il avoit » la mine d'un Caton, mais il n'en avoit pas le jeu. »

CÉSAR. Il faut rendre à César ce qui est à César, et à Dieu ce qui est à Dieu.

(*Évangile.*)

CHARLEMAGNE. Autant que Charlemagne en Espagne.

On dit ce proverbe à propos d'une entreprise de longue haleine ou difficile et qui ne doit pas réussir. C'est une allusion aux expéditions fabuleuses que les romanciers prêtent à Charlemagne soit en Espagne, soit dans d'autres parties du royaume des Maures d'Afrique. C'est ainsi que Martial de Paris, dans ses *Arrêts d'amour*, arr. XXIII, fait dire à une jeune dame qui refuse son amour à un vieillard : « Et quant est de l'aymer, il y seroit avant autant que » Charlemagne es Espagne. »

— Faire Charlemagne.

Se retirer du jeu après avoir gagné.

— Il est sorti de la coste de Charlemagne, du roy Arthus ou Saint-Louis.

Cela se dit par ironie d'un qui veut faire le grand seigneur.

(OUDIN, *Curiosités françoises*, p. 123.)

Si convint fornir et plegier
La paix que Karles fist Ogier.

(*Godefr. de Paris*, édit. BUCHON, p. 23.)

— Charles fut Charles et Ogier fut Ogier.

— Tout est de Charles quant que Ogier despend.

(*Prov. Gallic.*, Ms.) XVe siècle.

CHARLES. Il a fait plus que Charles en France.

Ce proverbe, qui s'applique à une personne ayant accompli de grandes choses, fait allusion aux guerres longues et désastreuses que le roi Charles VII eut à soutenir contre les Anglais pour reconquérir son royaume.

CHARLES. Vous êtes un Charles.

Par allusion au mot charlatan.

(OUDIN, *Curiosités françoises*, p. 84.)

CHICARD.

« Ce nom, usité surtout dans les ateliers de peintres, où le substantif *chique* et le verbe *chiquer* sont encore plus répandus, seroit bien ancien s'il estoit venu d'un nommé Chiquard. » On le disait du temps de Guillaume Bouchet, auquel nous empruntons cette phrase qui fait partie de la XXVe série.

(F. MICHEL, *Dict. d'argot.*)

CICÉRON. Tu es vaillant comme Cicéron et sage (*savant*) comme Hector.

(GOMÈS DE TRIER, *Jardin de Récréation.*) XVIe siècle.

— Qui étudie viel Cicéron
Est pour plaider devant Pluton.

(*Adages françois.*) XVIe siècle.

COGNEFESTU. Aussi chanceux que Cognefestu, qui se tue en ne faisant rien.

(*Comédie des Proverbes*, acte II, scène VI.)

COLAS. Ne brave point Colas, le sire ne le veut pas.

(*Bonne Responce à tous propos.*) XVIe siècle.

COLIN-TAMPON. Je me soucie de cela comme de Colin-Tampon.

Colin-Tampon est le bruit que faisait le tambour des gardes suisses. On peut voir à ce sujet Pasquier, *Recherches de la France*, liv. VIII, ch. 6, et les *Mémoires de l'État de France sous Charles IX*, t. II, p. 208.

(*Ducatiana*, p. 486.)

COLLOT (Jean). Les cousteaux de Jean Colot, l'un vaut l'autre.

« Ce proverbe est fort usité en Champagne, particu-
» lièrement à Troyes, d'où il est venu. Ce Jean Colot estoit
» un artisan facétieux et bon compagnon de ville, lequel
» portoit ordinairement une gaine pendue à sa ceinture,

» dans laquelle il avoit trois ou quatre couteaux, tous de » peu de valeur et gastez. L'un avoit la pointe rompue, » l'autre estoit esbréché au taillant, et l'autre ne coupoit » point du tout. Et comme ordinairement les François vont » à la table sans couteau, et empruntent celui de leur » voysin, il arriva un jour qu'à un repas quelqu'un assis » à table près de Jean Colot le pria de luy prêter un de » ses couteaux, ce qu'il fist; mais l'emprunteur ne l'ayant » pas trouvé à son gré, il le rendit à Colot, qui luy en » donna un autre qui, n'estant pas meilleur que le premier, » luy fust pareillement rendu. Enfin on vint au troisième, » qui se trouva aussi meschant que les deux autres; d'où » vient ce proverbe que l'on applique aux choses et aux » personnes qui ne valent guère, et où il n'y a pas de » choix à faire pour trouver le meilleur. »

(Nicod, *Dictionnaire.*)

Cossains. Piaffe de Cossains.

« Cossains, vieux soldat et capitaine gentilhomme, » nourry en Piémont par Lamotte Gondrin, commanda une » compagnie de gens de pied en la guerre de Toscane, que » Montluc luy fit oster ignominieusement. Aux premières » guerres civiles, il eut une compagnie de gens de pied, » laquelle il emploia très-bien à la prise du Blois, où il eut » une grande harquebusade au travers du corps qui le » perça de part en part. Il estoit fort sujet aux blessures, » aussy les recherchoit-il volontiers. Il commandoit de » bonne façon, ajoute Brantôme, car il avoit le geste bon » et la parole de mesme : aussi disoit-on *piaffe de Cossains.* » Il l'avoit de vray, mais c'estoit en tout qu'il estoit piaffeur, » et en gestes, et en faits, et en parolles. »

(Brantôme, *Capitaine françois.*)

Cotton. Si sage est tout faiseur d'escript,
L'advocat de Coton est sage,
Duquel on trouve maint ouvrage
Chez tous les beuriers de Paris.

(Gomès de Trier, *Jardin de Récréation.*) xvie siècle.

Crésus. C'est un Crésus.

C'est-à-dire c'est un homme immensément riche. Crésus,

roi de Lydie, vivait au VIe siècle avant Jésus-Christ. Son opulence était célèbre.

CUIGNIÈRES (de). Tu dis vray Pierre du Coignet.

« Pierre de Cuignières, advocat du roy au parlement de » Paris, s'opposa avec vigueur aux entreprises que faisoient » les ecclésiastiques sur les séculiers. Il en porta ses plaintes » au roy Philippe de Valois en 1328; il plaida luy-mesme la » cause, et malgré toutes les raisons de l'archevesque de » Sens et de Pierre Bertrand, évesque d'Autun, qui par- » lèrent au nom du clergé, il remporta tout l'avantage. » Les ecclésiastiques en furent tellement irrités qu'ils firent » faire une figure grossière, que l'on plaça dans un petit » coin à Notre-Dame, et à qui ils donnèrent, à cause de » cela, le sobriquet de Pierre du Coignet; et quant ils » parloient de Pierre de Cuignières, ils disoient, en se » moquant de luy: *Tu dis vray, Pierre du Coignet.* Ce qui » a passé depuis en proverbe, dont on se sert pour mé- » priser ce que dit quelqu'un. » (Voyez les *Recherches* de Pasquier, liv. III, chap. 32 et 33.)

On lit dans les *Contes* d'Eutrapel, fol. 15 r° :

« Mais il faut tousjours forger un sobriquet à la pauvre » Vérité, tesmoing la statue ignominieuse de maistre Pierre » de Cugnères, estant en l'église Nostre-Dame de Paris, » vulgairement appelé maistre Pierre du Coignet, à la- » quelle par gaudisserie on porte des chandelles. »

(Voyez aussi RABELAIS, liv. IV. *Nouveau prologue.*)

DAGOBERT. Comme disoit le roi Dagobert à ses chiens: il n'y a si bonne compaignie qui se sépare.

(PLUQUET, *Contes pop. et Prov., etc.*, p. 116.)

DÉMOCRITE. Soys entre Démocritus et Héraclitus.

DIOGÈNES. Il vault mieulx suyvre Dyogènes en philosophant que Aristippus.

(BOVILLI, *Prov.*) XVIe siècle.

— La vie de Diogènes vault mieux que l'or potable.

(*Adages françois.*) XVIe siècle.

DENIS LE TYRAN. Aussi Dionysius enseigna l'A, B, C.

(GOMÈS DE TRIER, *Jardin de Récréation.*) XVIe siècle.

DONAT est mort et *Restaurat* dort.

(GABR. MEURIER, *Trésor des Sentences.*) XVIe siècle.

Ce proverbe, qui semble composé de deux noms propres, n'est qu'une sentence morale ou satirique. *Donat* est le mot latin *il donne,* et *restaurat, il restaure, il soutient.*

DUCHÊNE. C'est la colère du père Duchêne.

« On caractérise par ce dicton de sinistre mémoire la fureur grossière d'un être méprisable, trop faible pour effectuer ses menaces. D'après le *Grivoisiana*, un coffretier de Paris, avant 1789, nommé Duchêne, était connu par ses colères inutiles et comiques dans lesquelles il se mettait à propos de rien. En 1793, le trop fameux Hébert donna le nom de Père Duchêne au journal qu'il rédigeait, dans lequel il signalait tant de victimes à l'échafaud. Le crieur chargé d'annoncer chaque soir ce journal, afin d'attirer l'attention, disait quelquefois : *Il est bougrement en colère aujourd'hui, le père Duchêne.*

FAUVEAU. Telle estrille Fauveau qui puis le mort.

(*Prov. communs.*) XVe siècle.

Il existe sous ce nom un roman en vers français, composé dans la première moitié du XIVe siècle. M. Paulin Pâris, qui a donné, t. I, p. 304 de son ouvrage sur les manuscrits de la Bibliothèque du Roi, une analyse de ce poëme, en explique ainsi le sujet : « Fauvel représente les vanités » du monde. C'est une variété du type du renard. Tous » les personnages de la terre, au lieu de songer aux choses » du ciel, viennent tour à tour leur faire hommage; tous » s'empressent de *torcher Fauvel,* et cette dernière expres- » sion est si fréquemment répétée qu'on a plusieurs fois » désigné le roman sous le nom de *Torche-Fauvel* ou » *Estrille-Fauvel.* » (*Les manuscrits français de la Bibliothèque du Roi, etc.*, t. II, p. 306.)

FICHU (JEAN). Vous faites le Jean Fichu l'aisné, et vous vous amusez à des coque-si-grues et des balivernes.

(*Comédie des Proverbes*, scène VII.)

Fierabras. Fierabras de qui la valeur fait fendre les pierres.

(*Comédie des Proverbes*, acte II, scène vi.)

Frelampier ou frère Lampier.

Autrefois, celui qui avait la charge d'entretenir et d'allumer les lampes dans les églises s'appelait *frère Lampier*; et comme cette charge était dévolue à des hommes de bas étage, quand on voulait parler d'un homme de peu on disait : *C'est un frelampier* ou un *frère Lampier.*

Frétéau. Il est embarrassé comme Frétau, qui avoit sa femme en couche et la lessive.

On disait encore :

Il a plus d'affaires que Frétau.

Par ironie, il a peu d'affaires, ou bien : il s'ingère quelque chose sans nécessité.

(Oudin, *Curiosités franç.*, p. 5.)

Furon (Mathieu). C'est la noblesse à Mathieu Furon, va te coucher, tu souperas demain.

(Cyrano de Bergerac, *le Pédant joué*, p. 27.)

Gallien. Galien offrit à Œsculapius un gal
Désirant estre à l'un égal.

— Galien n'a point de calendrier.

— Qui commence Claude Galien est un bon fat et un faict rien.

(*Adages françois.*) xvie siècle.

Galoche. Il est comme Galoche dedans et dehors.

Galoche était le nom que les écoliers pensionnaires des colléges donnaient aux externes, à cause des *galoches* ou sabots que portaient ces derniers pour se garantir de la boue.

(*Prov. choisis*, *etc.*, p. 26.)

Gannelon. Traistre comme Gannelon.

Gannelon est celui qui dans le fameux roman de Ronceyaux trahit Charlemagne, et va offrir aux Sarrasins de leur livrer l'armée française. L'existence historique de ce personnage n'est pas très-prouvée. (Voyez à ce sujet la dissertation de M. Monin sur le *Roman de Roncevaux*, p. 81, et le *Glossaire-Index* de M. Francisque Michel, p. 189 de la *Chanson de Roland ou de Roncevaux*, Paris, 1837, in-8°).

GARRAUT (Thibaut). Ressembler à Thibalt Garault, faire son cas à part.

« Ce proverbe a esté pris de la manière dont vivoit » Thibault Garault, bourgeois d'Orléans, qui estoit fort » relevé, peu sociable, et ne se communiquoit avec per- » sonne. Depuis, quand on veut marquer un homme de » ce caractère, on dit : *Il ressemble à Thibault Garrault,* » *il fait son cas à part.* »

(NICOD.)

GAUTIER. C'est l'estat d'un Gautier
D'estre en hiver fournier
Et en esté tavernier.

(GABR. MEURIER, *Trésor des Sentences.*) XVIe siècle.

GAUTIER-GARGUILLE. Ne se soucier ni de Gautier ni de Garguille.

Se moquer autant d'une personne que d'une autre.

Cette façon de parler était déjà en usage vers 1555, époque où Bonaventure Desperriers a composé ses *Contes*, puisqu'on lit dans le *Prologue* : « Riez seulement, et ne » vous chaille si ce fut Gaultier ou si ce fut Garguille. » De même dans le *Moyen de parvenir* : « Venez, mes amis, » mais ne m'amenez ni *Gautier* ni *Garguille.* » Au commencement du XVIIe siècle, un joueur de farces nommé *Hugues Guéru*, dit *Fléchelle*, prit le surnom populaire de *Gautier-Garguille*. Il composa, sous ce nom, plusieurs *Prologues* qui sont imprimés à la fin d'un volume dont voici le titre : *Regrets facétieux, plaisants, et Harangues du sieur Thomassin, dédié au sieur Gaultier-Garguille*, in-12, 1632.

On disait encore :

Il n'y a ny Gautier ny Garguille.

C'est-à-dire personne.

Prendre Gautier pour Garguille.

C'est-à-dire se tromper.

(OUDIN, *Curiosités françoises*, p. 248.)

Mais s'il eût pris Gautier pour Garguille, j'en aurois belle verdasse.

(*Comédie des Proverbes*, scène VII.)

GAZZETTO. Je te ferai le gain de Casset (*Gazeto*), qui donnoit trois brebis noires pour une blanche.

(*Bonne Responce à tous propos.*) XVIe siècle.

GEORGE. Sans deniers George ne chante.

(GOMÈS DE TRIER, *Jardin des Récréations.*) XVIe siècle.

GILETTE. Cuisinier de la reine Gilette.

Mauvais cuisinier.

GINGUET. Je crois qu'il est parent du roulier d'Orléans nommé Ginguet.

(*Comédie des Proverbes*, acte II, scène III.)

GODARD. Servez Godard, sa femme est en couche.

« C'est une façon de parler vulgaire pour refuser quelque » chose à un impertinent qui se veut faire servir en mais- » tre, ou bien à un impatient. »

(OUDIN, *Curiosités françoises*, p. 142 et 251. — *Comédie des Proverbes*, acte II, scène III.)

GONIN. C'est un maître Gonnin.

Ou :

Des tours de maître Gonnin.

« Qui aura veu la cour de nos rois François Ier et » Henry II et autres rois ses enfants, advoura, eust-il veu » tout le monde, n'avoir jamais rien veu de si beau que » nos dames qui ont esté en leur cour, et de nos reines » leurs femmes, mères et sœurs. Mais plus belle chose » encore eust-il veu, se vist quelqu'un, si le grand-père » de maistre Gonnin eust vécu qui par les inventions, illu- » sions et sorcelleries et enchantements, les eust peu » représenter devestües et nues, comme l'on dist qu'il fist » une fois en quelque compagnie privée que le roy François

» luy commanda, car il estoit un homme fort expert et » substil en son art; et son petit-fils que nous avons veu » n'y entendoit rien au prix de luy. »

(Brantôme, *Dames galantes.*)

Gonin. Je ne pense point que si maistre Gonin avoit sonné sa trompette aux quatre coins de Paris, qu'il assemblast plus de fol peuple.

(P. 39 de *la Remonstrance de Pierre de la Ramée faite au conseil privé en la chambre du Roy, au Louvre, le* 18 *de janvier* 1568, *touchant la profession royalle en mathématiques.* Paris, 1568, in-8°).

— Maistre Gonin est mort, le monde n'est plus grue.

(*Comédie des Proverbes*, acte II, scène II.)

Grapin. Se noyer dans la mare à Grapin.

Ce proverbe, qu'on emploie en parlant d'un discoureur, est un mot de Pierre-Emmanuel de Coulanges. Cet aimable chansonnier, parent et ami de madame de Sévigné, occupait une charge de conseiller au parlement, quoique son caractère léger et jovial le rendît peu propre aux graves fonctions de la magistrature. Un jour qu'il rapportait aux enquêtes du palais l'affaire d'une mare d'eau que se disputaient deux paysans dont l'un se nommait Grapin, il s'embrouilla dans le détail des faits, et interrompant brusquement sa narration, il dit aux juges : « Pardon, messieurs, je sens que je me noie dans la mare à Grapin, et je suis votre serviteur. »

(Quitard, *Dictionnaire des Prov.*)

Gribouille. Voir plus loin, page 48, au mot Jean Deurie.

Grillon. Secours du docteur Grillon.

(Gomès de Trier, *Jardin de Récréation.*) XVIe siècle.

Grimaut le père au diable. — Là-dessus il m'a appelé Grimaut le père au diable.

(*Comédie des Proverbes*, acte II, scène III.)

GRISELIDIS. Patience de Griselidis
Met à bout bien des maris.

(*Prov. en rimes, etc.*) XVIIe siècle.

Griselidis, femme du marquis de Saluces, après avoir supporté les plus indignes traitements avec une patience infinie, retrouva les bonnes grâces de son mari. Celui-ci voulait seulement mettre à l'épreuve le courage de sa femme, et Griselidis sortit victorieuse de ce combat. Cette charmante histoire, racontée par Boccace dans son *Décaméron*, journ. X, conte 10, a été mise en latin par Pétrarque. Il en existe plusieurs rédactions en français du XIVe et du XVe siècle; l'une des plus curieuses est celle qui a pour titre : *Mirouer des femmes vertueuses, ensemble la Patience Griselidis par laquelle est démonstrée l'obédience des femmes vertueuses, etc.*, petit in-4° goth., réimprimée chez Silvestre.

GUELPHE. Ni Guelpho ni Ghibelino.

— Tantost est Gelfe tantost est Gibellin.

(GOMÈS DE TRIER, *Jardin de Récréation.*) XVIe siècle.

GUÉRIN. C'est la fille à Jean Guérin.

Se dit d'une chose mal faite et de mauvaise grâce.

(OUDIN, *Curiosités françoises*, p. 279.)

GUILLAUME. Il ressemble le perroquet de maître Guillaume, il n'en pense pas moins.

(OUDIN, *Curiosités françoises*, p. 411.)

— En Guillemin à Guillaume.

(*Adages françois.*) XVIe siècle.

GUILLOT. Il ne fut jamais si bon temps que quand le feu roy Guillot vivoit : on mettoit les pots sur la table, on ne servoit point au bufet.

(*Comédie des Prov.*, acte II, sc. III.)

GUILLOT. Être logé chez Guillot le songeur.

Être rêveur. Peut-être faut-il dire Guillan au lieu de Guillot, observe avec raison Mosaus de Brieux; alors ce proverbe serait emprunté à l'une des aventures du roman d'*Amadis*, livre I, dans laquelle un chevalier errant nommé Guillaume le Pensif, surpris par un de ses adversaires au milieu de sa rêverie, est désarçonné. (Voyez les *Origines de quelques anciennes coutumes, etc.*, p. 95.)

« Adoncques, dist Panurge, j'en suis bien chez Guillot le songeur. »

(RABELAIS, liv. III, chap. 13.) XVIe siècle.

GUILLOT. Qui croit de guiller Guillot, Guillot le guille.

(LE ROUX, *Dictionn. comique, etc.*)

Voir sur les noms de Guillot et de Guillaume employés proverbialement, F. MICHEL, *Dictionn. d'Argot.*)

Dans les *Plaisants Devis des Suppôts du Seigneur de la Coquille*, pour l'an 1581, à propos d'une allégorie sur les malheurs de la France, on lit ces vers :

Quant à son mal et sa langueur,
J'en suis chez Guillot le songeur
Aussi bien que les plus savants.

(*Recueil des Plaisants Devis récités par les Suppôts du Seigneur de la Coquille.* Lyon, 1857. In-12.)

GUINGUET. Il est parent d'un roulier d'Orléans nommé Guinguet.

Se dit en parlant d'un petit vin.

(OUDIN, *Curiosités françoises*, p. 393.)

HARO OU RAOUL. Faire haro sur luy et sur sa beste.

« C'est-à-dire arrester prisonnier et saisir la monture. Aro est un cry dont les sergens et huissiers de Normandie se servent pour arrester quelqu'un par ordre de justice, depuis le règne de Raoul, ancien duc de Normandie, lequel estoit si grand justicier, que ses sujets se raportoient à luy seul de tous leurs différends et appelloient leur partie devant son tribunal en leur disant : *à Raoul*, c'est-à-dire je t'appelle par-devant *Raoul*. Ce mot *à Raoul* s'est depuis corrompu et l'on a dit aro. » (FLEURY DE BELLINGEN, *Étym. des prov. franç.*, p. 195.)

Voyez encore à ce sujet les *Origines de quelques coutumes anciennes, etc.* (par MOSANS DE BRIEUX), p. 42; et les *Contes d'Eutrapel*, fol. 2 r°.

HÉLÈNE. Le fard ne peut d'Hécube faire Hélène.

— Que me sert-il qu'Hécube soit moindre qu'Hélène?

(GOMÈS DE TRIER, *Jardin de Récréation.*) XVIe siècle.

HENNEQUINS. La maignie (*famille, maison*) des Hennequins,
Plus y en a moins en vaut.

— Des Hennequins
Plus de fous que de coquins.

(GABR. MEURIER, *Trésor des Sentences.*) XVIe siècle.

Hennequins, Hellequins. C'est le nom qu'on donne au diable, surtout à cette famille de démons que l'on croyait voir la nuit courir au milieu des nuages. On appelle aussi *Hellequins* ces fantômes qui chassent pendant la nuit et produisent un tapage infernal. Voyez à ce sujet l'ouvrage de M. P. Paris, les *Manuscrits français* de la Bibliothèque du Roi, etc., t. I, p. 323. Voyez aussi mon introduction au *Livre des Légendes*, p. 148 et suiv.

HÉRODE. Vieux comme Hérode.

HIPPOCRATE. Hippocrate dit oui et Galien dit non.

On applique ce proverbe aux différents systèmes adoptés par les médecins pour guérir la même maladie.

— L'usage expose mieux l'Hippocrate que ne font nulle gloses et textes.

— Quand Hyppocrate escrit, il n'escrit pas de musique.

(*Adages françois.*) XVIe siècle.

HOMÈRE. Aucunes fois le bon Homère sommeille.

(GOMÈS DE TRIER, *Jardin de Récréation.*) XVIe siècle.

HORACE. Quand Horace a loué les champs
Le soldat n'escorchoit les gens.

HUGUENOT. Le teston d'un Papau et d'un Huguenot ne se batent jamais en l'escarcelle d'un médecin.

HUGUENOT. Quand l'Huguenot est usurier,
C'est signe qu'il n'a plus de mortier.
(*Adages françois.*) XVIe siècle.

JACQUEMART. Vêtu de fer comme un Jacquemart.

On donne à ce proverbe deux explications : il viendrait, suivant les uns, de Jacques Marc de Bourbon, troisième fils de Jacques de Bourbon, connétable de France sous le roi Jean. C'était un seigneur fort brave qui se comporta vaillamment dans toutes sortes de rencontres, mais qui avait toujours soin d'être armé jusqu'aux dents, de là le proverbe. Suivant les autres, on appela *Jacquemart* ces statues placées sur différentes horloges anciennes par corruption de *Jacques Aimard*, habile ouvrier, qui se distingua dans la fabrication de ces horloges. Ces statues, pour plus de solidité, étaient généralement recouvertes de fer. On peut lire à ce sujet une dissertation fort curieuse de M. Gabriel Peignot; elle est intitulée : *L'illustre Jacquemart de Dijon, etc.*, par Berigal. Dijon, 1832, in-8°.

JACQUES. Faire Jacques Desloges, s'enfuir.

— Tu dis vrai, Jacquet.

Raillerie pour se moquer de ce qu'un autre dit.

— Suy moy, Jacquet, je te feray du bien.

C'est une façon de parler vulgaire pour dire que l'on vous suive.

(OUDIN, *Curiosités françoises*, p. 177.)

— Il s'est levé dès le patron Jacquet.

Il s'est levé de très-bonne heure.

(OUDIN, *Curiosités françoises*, p. 437.)

JACQUES BONHOMME. C'est de Jacques Bonhomme.

Cela est du peuple, cela appartient au peuple.

C'est le nom qu'on donnait au peuple en France; ainsi Jean de Venettes, le second continuateur de Nangis, dit en parlant des triomphes remportés sur les Anglais en 1359 : « J'en veux rapporter un ici, tel que je l'ai appris » par des témoins dignes de foi; et je le fais d'autant plus » volontiers que l'affaire s'est passée près de l'endroit où

» je suis né, et qu'elle a été rondement expédiée par
» *Jacques Bonhomme; et fuit negotium per rusticos, seu*
» *Jacques Bonhomme, strenue expeditum.* »

(GÉRAUD, *Mémoire sur Guillaume de Nangis et ses continuateurs*, t. III, p. 40 de la Bibliothèque de l'École des Chartes.)

JARNAC. C'est un coup de Jarnac.

Un duel célèbre, qui eut lieu, le 10 juillet 1547, à la cour de France, entre Gui de Chabot Jarnac et François de Vivonne, seigneur de La Châteigneraye, a donné lieu à ce proverbe. Jarnac d'un revers de son épée fendit le jarret à son adversaire. (Voyez les *Mémoires de Vieilleville.*) Ce coup fut trouvé très-habile, sinon très-chevaleresque. Depuis on a dit : C'est un coup de Jarnac, en parlant d'une ruse, d'une manœuvre habile ou imprévue.

Voyez, au sujet de l'affaire de Jarnac et de La Châteigneraye, les *Mémoires de Castelnau*, édit. in-fol. de Le Laboureur, t. II, liv. VII, p. 553. Voyez surtout Brantôme, dans son Discours sur les duels; comme neveu de la Châteigneraye, il sut beaucoup de circonstances particulières.

JEAN. Aux despens de Jean Vilain.

(*Bonne Responce à tous propos.*) XVIe siècle.

JEAN (messire). Aussi fait bien vostre clerc, messire Jean.

(*Adages françois.*) XVIe siècle.

Cela est comme le Bréviaire de messire Jean.

Cela s'en va sans dire.

Ou bien encore dans le même sens :

Cela va comme les Heures de notre curé.

(*Ducatiana*, p. 450.)

On dit aussi :

Il ressemble à messire Jean qui ne sçauroit lire que dans son Bréviaire.

(OUDIN, *Curiosités françoises*, p. 343.)

— Il fait comme Jean des Vignes.

Ce proverbe, qui se dit quand on voit quelqu'un s'engager dans un mauvais pas, fait allusion à la bataille de Poitiers livrée en 1336, et dans laquelle le roi Jean fut battu et pris par les Anglais. L'armée française fut défaite au milieu des vignes et des fossés où elle se trouvait enfermée.

JEAN. Faire avec elle le mariage de Jean des Vignes, tant tenu, tant payé.

« Car c'est ainsi qu'il faut parler, parce que ceux et » celles qui travaillent à la vendange, réjouys et regaillar- » dis par les agréables fumées du moust, font ordinaire- » ment des alliances famillières qui ne durent qu'autant » que la vendange dure, et se rompent lorsque la ven- » dange finit. »

(*Illustres Prov.*, part. III, p. 121.)

JEAN FICHU. Vous faites le Jean Fichu l'aîné, et vous vous amusez à des coque-si-grues et des balivernes.

(*Comédie des Prov.*, acte I, scène VII.)

— Jean de Lagny qui n'a point de haste.

Ou :

Tu es de Lagny, tu n'as pas haste.

On fait remonter l'origine de ce proverbe à Jean Sans-peur, duc de Bourgogne, qui dans son expédition de l'année 1417 contre les Parisiens, serait resté deux mois à Lagny sans avancer ni reculer, et aurait donné lieu à ce proverbe. Le Duchat, t. I, p. 245 de son édition de la *Satyre de Ménippée*, explique ainsi ce dicton, que les auteurs de la *Satyre* ont plusieurs fois appliqué au duc de Parme. Voyez pages 245, 248, 274, etc.

— Vous estes de Lagny, vous n'avez pas haste.

(*Comédie des Prov.*, acte I, scène VI.)

JEAN DE NIVELLE. Il fait comme ce chien de Jean de Nivelle qui s'enfuit quand on l'appelle.

« Ce proverbe, qui s'aplique à ceux que l'on apelle et qui » s'enfuyent au lieu de répondre, vient de la conduite de » Jean de Montmorency, seigneur de Nivelle, qui ayant

» donné un soufflet à son père, fut cité à la cour de Par-
» lement, sur les plaintes que ce père maltraité fist au roy.
» Le seigneur de Nivelle, au lieu de comparoistre, après
» avoir esté sommé à son de trompe et appellé à trois fois
» par les carefours de Paris, s'enfuist en Flandres où
» estoient les biens de sa femme. La diligence extraordi-
» naire qu'il fist pour se retirer, et l'horreur de ceste action
» qui le rendirent méprisable à tout le monde, firent que
» le peuple l'apella chien de Jean de Nivelle, parce que
» de tous les animaux le chien est le plus diligent et le
» plus impudent; et depuis ce temps là on s'est servi de
» ce proverbe en différentes occasions, et l'on a cru que
» le chien de Nivelle estoit le chien de quelqu'un, au lieu
» que c'est une injure contre Jean de Nivelle. » (Fleury de Bellingen, *Étym. des Prov. franç.*, p. 29.)

Quelle que soit la réalité de cette origine, il est certain que dès le XVIe siècle on ne la connaissait plus. Ainsi je trouve dans les *Adages françois :*

Le chien de maistre Jean de Nivelle
S'enfuit toujours quand on l'appelle.

Dans le *Jardin de Récréation* de Gomès de Trier :

Il ressemble le chien de Nivelle, il s'enfuit quand on l'appelle.

Au commencement du seizième siècle, Jean de Nivelle était l'objet d'une chanson populaire. La farce des deux savetiers, représentée à cette époque par les suppôts de la Basoche, commence ainsi :

Hay avant Jehan de Nivelle.
Jehan de Nivelle a deux housseaux,
Le roy n'en a pas de si beaux;
Mais il n'y a point de semelle
Hay avant Jehan de Nivelle.

(*Hist. du Théâtre français*, t. II, p. 145.)

Jean de Wert. C'est bon du temps de Jean de Wert.

Ou bien :

Je m'en soucie comme de Jean de Wert.

Ce proverbe, que l'on emploie pour dire : *Cela est passé, je m'en soucie peu*, rappelle le nom d'un guerrier célèbre au XVIIe siècle, et qui se signala dans l'armée impériale, pendant les guerres contre la France. Longtemps redouté, Jean de Wert vit son nom servir d'épouvante aux petits enfants. Mais le 2 mars 1638, il fut fait prisonnier à la bataille de Rhinfeld et enfermé au château de Vincennes. Des transports de joie accueillirent cette nouvelle, et à la terreur que le nom de Jean de Wert avait inspirée succéda ce dicton qui rappelait un malheur oublié.

JEAN DEURIE. C'est Jean Deurie
Qui se met dans l'eau pour la pluye.
(*Adages françois.*) XVIe siècle.

On dit aujourd'hui :

Il fait comme Gribouille qui se met dans l'eau de peur de la pluie.

JEAN-GUILLAUME. C'est un chevalier de l'ordre de Jean-Guillaume.

C'est un pendu.

(OUDIN, *Curiosités françoises*, p. 95.)

JEAN (GROS-). Il est quelquefois rebiffé comme la poule à Gros-Jean.

(*Comédie des Prov.*, acte 1, scène VIII.)

On dit encore d'un homme qui, après avoir été favorisé de la fortune, est retombé dans sa condition première :

Il est redevenu Gros-Jean comme devant.

Et de celui qui veut enseigner à plus savant que lui :

C'est Gros-Jean qui veut en remontrer à son curé.

JOBERT. N'en desplaise à Jobert, il faut trouver la chose bien faite ou bien dite.

JOCRISSE. Jocrisse qui meine les poules pisser.

(OUDIN, *Curiosités françoises*, p. 284.)

JUSTINIEN. Qui sçait Justinien a cave et grenier tout pleins.

JUSTINIEN. Par ses elenches (*commentaires*) Justinien
Mange les labeurs de Galien.
(*Adages françois.*) XVIe siècle.

L'étude approfondie du droit ruine la santé.

LA CHATRE. Ah! le bon billet qu'a La Châtre.

Le marquis de La Châtre aimait éperdument Ninon de Lenclos; il fut obligé de la quitter. Il exigea en partant un billet par lequel Ninon s'engageait à lui rester fidèle. Peu de jours après Ninon avait un autre amant, son billet lui revint à l'esprit, et elle s'écria : « Ah! le bon billet » qu'a La Châtre. » Ce mot est devenu proverbe, et signifie une assurance mal fondée et sur laquelle il ne faut pas compter.

LAINÉ. Stupide comme Lainé.

La bêtise de Lainé, célèbre partisan qui vivait sous Louis XIII, a donné lieu à ce proverbe.

L'ANGUILLE de Melun. Il fait comme L'Anguille de Melun, il crie avant qu'on l'escorche.

« Il y avoit à Melun-sur-Seine près Paris un jeune » homme nommé L'Anguille, lequel, en une comédie qui » se jouoit publiquement, représentoit le personnage de » saint Barthélemy. Comme celuy qui faisoit l'exécuteur le » voulut approcher, le couteau à la main, feignant de » l'escorcher, il se prit à crier avant qu'il le touchast, ce » qui donna sujet de rire à toute l'assemblée et commen- » cement à ce proverbe, qui depuis s'est appliqué à ceux » qui craignent le mal avant qu'il arrive. » (FLEURY DE BELLINGEN, *Étym. des Prov. franç.*, p. 140.)

Cette origine est la plus répandue, mais rien ne prouve qu'elle soit vraie. Dans les *Adages françois*, qui datent de la fin du XVIe siècle, on lit :

Il est des anguilles de Melun, il crie avant qu'on l'escorche.

Et dans Rabelais, liv. Ier, chap. 47 :

« Bren, bren, dit Picrochole, vous semblez les » anguilles de Melun, vous criez davant qu'on vous » escorche. »

Liv. v, chap. 22 :

« Aultres escorchoyent les anguilles par la queue, » et ne crioient les dictes anguilles avant que d'estre » escorchées, comme font celles de Melun. »

Dans le Coq-à-l'Asne et Chanson sur ce qui s'est passé en France puis la mort de Henry de Valois, on lit :

. . . . On oït crier
Les anguilles de Melun,
Suivant le dire commun,
Sans qu'on parle d'escorchier.

M. Fournier, qui cite ces vers, pense que le proverbe tire son origine des cris habituels aux marchands. (V. t. VII, p. 54, *Des Variétés hist. et littéraires de la Bibliothèque elzévirienne.*)

Lecoq (Jean). A l'usage de Jean Lecoq, sans rien requérir.

« En plusieurs Heures, Missels, Bréviaires et autres » livres d'église de vieille impression, on voit au titre ces » mots : *sine requirere*, signifiant que rien n'y manque, » ce qu'on auroit dit en françois : sans rien requérir, » comme ès Heures imprimées à Troyes par Jean Lecocq, » d'où vient ce proverbe.... »

(*Anthologie des Prov. franç.*, Ms.) xve siècle.

Le Diable. Moucher la chandelle comme Le Diable moucha sa mère.

« Un scélérat nommé Le Diable, à cause de toutes les » mauvaises actions qu'il avoit faites, ayant esté condamné » à la mort, pria avant l'exécution qu'il pût voir sa mère. » On la fit venir, il l'embrassa, mais en mesme temps il » luy prit le nez avec ses dents, et l'emporta en luy faisant » des reproches de sa mauvaise nourriture. Depuis, lors» qu'on a atteint une chandelle pour avoir rasé le luminon » trop bas en la voulant moucher, on dit moucher la » chandelle comme le diable moucha sa mère. »

(Fleury de Bellingen, *Étym. des Prov. franç.*, p. 198.)

Le More. Il est pris comme le More.

« Louis Sforce, duc de Milan, surnommé *le More*, » parce qu'il avoit le teint basané, fut un prince fin, dis-

» simulé et de mauvaise foy. Après avoir trompé ceux » qui avoient eu affaire à luy, il fut enfin trompé à son » tour, car les Suisses qu'il avoit à sa solde, et avec lesquels il sortoit, le trahirent de nouveau, le livrèrent » au roy Louis XII, qui le fit enfermer dans le château » de Loches, où il finit sa vie. C'est de là qu'est venu ce » proverbe qu'on applique aux gens fins, et qui sont pris » lorsqu'ils y pensent le moins. »

(FLEURY DE BELLINGEN, *Étym. des Prov. franç.*, p. 213.)

LUCAS. Au cas que Lucas n'ait qu'un œil sa femme épousera un borgne.

C'est une raillerie vulgaire dont on se sert lorsque quelqu'un entame un discours par ces mots : *Au cas que.*

(OUDIN, *Curiosités françoises*, p. 312.)

MARGOT. Tout va comme Margot, et Margot comme tout.

(*Contes* d'EUTRAPEL, fol. 178 r°.)

MARGUERITE. A la franche Marguerite.

Franchement.

(OUDIN, *Curiosités françoises*, p. 235.)

MARION. J'en feray ce que Marion fit de dancer.

(*Adages françois.*) XVIe siècle.

Ce proverbe fait allusion à une ancienne pièce de théâtre, en vers français, intitulée : *Le Jeu de Robin et Marion*, et composée à la fin du XIIIe siècle par Adam de La Halle. Depuis une foule de chansons et de pastourelles ont été faites sur le même sujet. (Voyez *le Théâtre Français au moyen âge*, par MM. FR. MICHEL et MONMERQUÉ, p. 26, 28 et 102.)

On disait encore :

— Ils s'aiment comme Robin et Marion.

— Être ensemble comme Robin et Marion.

— Je suis Marion, je garde la maison.

MAROT. Il a fait comme le valet de Marot.

Ce proverbe, qui veut dire : Il a volé, a pour origine

une aventure arrivée au poëte Clément Marot. Son valet, s'étant levé un jour fort matin, lui déroba son argent, ses habits, et prit la fuite sur le meilleur des deux chevaux de son maître. On connaît l'épître dans laquelle Marot fait au roi François Ier le récit de son infortune :

J'avois un jour un valét de Gascogne,
Gourmand, ivrogne et asseuré menteur,
Pipeur, larron, jureur, blasphémateur,
Sentant la hart de cent pas à la ronde,
Au demeurant le meilleur fils du monde, etc.
(*Épîtres*, t. I, p. 153.)

MARTHE. Quant Marthe file et Ambroise haple,
Leur cas est triste et pitoiable?
(GABR. MEURIER, *Trésor des Sentences.*) XVIe siècle.

MARTIN. Ce que ne veut Martin veut son âne.
(GOMÈS DE TRIER, *Jardin de Récréation.*) XVIe siècle.

— Il n'y a point de Martin qu'il n'y ait de l'âne.

— Prendre Martin pour Renard.

Se méprendre, se tromper.

— Il ressemble le prestre Martin, il chante et repond tout ensemble.

(OUDIN, *Curiosités françoises*, p. 334.)

— La mère qui a nourri Martin a nourri un bel asne.

« Un cordelier ayant esté convié par un seigneur de » basse Bretagne de venir disner chez luy, plusieurs per» sonnes le raillèrent sur son embonpoint; une entre autres » le voulant entreprendre, luy dit d'un ton sérieux: Pouvez» vous bien, mon père, aller à pied si chargé de graisse? » — Non, repartit-il aussitost, je suis contraint de me » servir d'un asne, encore ne vaut-il gueres. Un autre » de la compagnie voulant pousser le moine, luy dist : Je » crois que vostre couvent ne manque pas d'en entretenir » de bons. — Pardonez-moy, repondit le moine, nos asnes » sont si maigres, qu'à peine peuvent ils se soutenir; ce » n'est pas comme vostre mère qui en nourrit de gros et » gras. Aussi a-t-elle mieux moyen que nous de les bien » entretenir. La repartie fut trouvée d'autant meilleure,

» que celuy qui parloit à ce père s'appeloit Martin. C'est » d'où est venu cet ancien proverbe : *La mère qui a nourri* » *Martin a nourri un bel asne.* »

MARTIN. Pour un point Martin perdit son asne.

« Nicod rapporte qu'autrefois on disoit avec bien plus » de raison : *Pour un poil Martin perdit son asne*, comme » il paroist par ceste histoire. Un nommé Martin ayant » perdu son asne à la foire ou autrement, en réclamoit un » autre qui avoit aussi esté perdu : le juge du village à » qui Martin s'estoit addressé, fut d'avis qu'on lui rendist » l'asne qui avoit esté trouvé; mais celuy qui l'avoit en sa » possession et qui le vouloit garder, s'avisa de demander » à Martin de quel poil estoit son asne? Martin ayant repondu » qu'il estoit gris, fut debouté sur-le-champ de sa demande, » parce que l'asne estoit noir. Ainsi, pour n'avoir sçeu dire » de quel poil estoit son asne, il donna lieu à ce proverbe.

« L'auteur de l'*Etymologie des Proverbes* nous donne » l'origine de celui-ci d'une manière toute différente. Un » abbé, dit-il, nommé Martin, au rapport de Cardan, » avoit ordonné qu'on escrivist en gros caractères sur le » portail de son abbaye d'Azello ce vers latin :

Porta patens esto, nulli claudaris honesto.

« L'ouvrier qui l'escrivist, soit par mesgarde ou par » ignorance, au lieu de placer le point après *esto*, le mit » après *nulli*, de sorte qu'on lisait :

Porta patens esto nulli, claudaris honesto.

« Ce qui faisoit un sens contraire à l'intention de l'abbé, » et signifioit : Porte ne soit ouverte à personne et soit » fermée à tout honneste homme; au lieu qu'avec le point » placé après *esto*, il signifie : Porte, sois ouverte à tout » le monde, et ne sois fermée pour aucun honneste homme. » Un pape passant par ceste abbaye, fust choqué du vers » latin mal ponctué; il osta l'abbaye à l'abbé Martin, » croyant que c'estoit sa faute, et la donna à un autre. Le » nouveau pourveu fist transporter le point qui estoit après » *nulli*, et le fist mettre après *esto*, où il devoit estre en » ceste sorte :

Porta patens esto, nulli claudaris honesto.

« En memoire de quoy quelqu'un ajousta depuis ce » second vers au précédent :

Pro solo puncto caruit Martinus azello.

« C'est-à-dire : Pour un seul point Martin perdit son » asne.

« Il faut remarquer, pour bien entendre la source de ce » proverbe, que le mot *azello*, qui est le nom de l'abbaye » de Martin, signifie un asne. Ainsy quant on dit : pour » un point Martin perdit son asne, c'est-à-dire qu'il perdit » son abbaye d'Azello. Depuis on a appliqué ce proverbe » à ceux qui, pour parvenir à quelque chose de peu d'im- » portance, abandonnent ce qu'ils ont de plus solide. » C'est en ce sens, qu'un autheur parlant des dangers aux- » quels la noblesse s'expose pour le point d'honneur et le » duel, a dit :

« Si pour un petit point Martin perdit son asne,
» Pour un plus petit point le noble perd son ame. »
(*Manuscrits* GAIGNIÈRES, *Prov. franç.*, t. I.)

Voici les différentes rédactions que l'on trouve de ce proverbe ; j'ai suivi l'ordre chronologique :

Pour un point perdit Gibert son asne.
(*Anc. prov.*, Ms.) XIIIe siècle.

Pour un seul point Gaubert perdit son église.
(*Prov. Gallic.*, Ms.) XVe siècle.

Pour un point perdit Martin son asne.
(*Prov. communs goth.*) fin du XVe siècle.

Pour un point Baudet perdit son asne.
(*Adages françois.*) XVIe siècle.

MARTIN. Martin baston.

« On apele ainsy le baston avec lequel on frape, par » une metaphore tirée du nom de martinet. On nomme » martinet le gros marteau qui frappe sur l'enclume des » forges de la paroisse de Saint-Martin de Vienne, où » l'on forge l'acier dont on fait les lames que l'on appelle » lames de Vienne. Quand on menace quelqu'un de Martin » baston, c'est comme si l'on disoit : d'un baston qui frap-

» peroit aussi rudement que le marteau des forges de » Saint-Martin.

« D'autres disent que ce proverbe vient d'un nommé » Martin, grand brutal, et qui frappoit à tort et à travers » De là est venu ce proverbe, comme qui diroit : Martin » fera jouer le baston. »

(Fleury de Bellingen, *Étym. des Prov. françois*, p. 248.)

Martin de Cambray. Ceint sur le cul comme Martin de Cambray.

« Si en semblera Martin de Cambray il en sera » ceint sur le cul. »

(*Les XV Joies de Mariage, Joie* xie.) xve siècle.

« Couillatris courtoysement remercye Mercure, » revère le grand Jupiter, sa coignée anticque atta- » che à sa ceincture de cuir, et s'en ceinct sur le » cul comme Martin de Cambray. »

(Rabelais, *Nouv. Prol.* du liv. iv.)

« Martin et Martine sont les noms qu'on a donnez à » deux figures, qui, chacune, avec un marteau dont elles » frappent les heures, servent de Jacquemars à l'horloge » de Cambray. Et comme la figure de Martin représente » un païsan en jacquette et armé qui porte sur ses reins » une ceinture, de là vient que d'un homme serré de sa » ceinture sur ses habits, on dit proverbialement qu'il est » ceint, etc. »

(Le Duchat, *Notes sur Rabelais*, p. 59 du t. IV.)

Massé (le prêtre). Un prêtre ignorant.

Toi donc qui es prestre Massé,
Je veux dire maistre passé.

(*Plaisants Devis des Suppôts du Seigneur de la Coquille*, p. 169.) xvie siècle.

Mathieu. C'est un fesse Mathieu.

C'est un usurier.

(Oudin, *Curiosités françoises*, p. 219.)

Maupiteux. Vrayment il n'a pas eu affaire à Maupiteux : je lui ai bien rivé son clou.

(*Comédie des Prov.*, acte II, scène iii.)

MECENES. C'est un Mecenes ou un Mecenas.

Se dit en parlant d'un homme puissant qui accorde sa protection aux hommes de lettres par allusion à Mecenas, favori de l'empereur Auguste, qui fut le bienfaiteur d'Horace et de Virgile.

MÉLUSINE. Pousser des cris de Mélusine.

Ou bien :

Pousser des cris de Merlusine.

Ce proverbe fait allusion à l'histoire de la fée *Mélusine,* l'une des traditions populaires les plus célèbres du Dauphiné. Cette princesse, condamnée à devenir moitié femme moitié serpent le samedi de chaque semaine, épousa Raimondin, fils du comte de Forez, et fit bâtir le fameux château de Lusignan. Elle eut plusieurs enfants dont la chronique fabuleuse de Mélusine raconte les exploits. Raymondin, contre la promesse qu'il avait faite, ayant voulu connaître le secret de sa femme, perça une ouverture avec son épée au mur de la chambre où se cachait Mélusine, et il la vit en forme de serpent. Mais aussitôt elle s'envola par une fenêtre et disparut. Une ancienne tradition, conservée dans la famille de Lusignan, ajoute que toutes les fois qu'un malheur doit affliger cette famille, ou la mort frapper un de ses membres, Mélusine apparaît au-dessus de la grande tour, et pousse des cris aigus. On peut lire au sujet de Mélusine une dissertation fort curieuse de Bullet (page 1 de ses *Dissertations sur la Mythologie française*, 1 vol. in-12). Il existe plusieurs rédactions du roman de Mélusine : une des plus anciennes est en vers et a pour auteur un nommé *Couldrette.* Une autre fut composée en prose, en 1387, d'après les anciennes traditions conservées dans la famille des Parthenay; Jean d'Arras est l'auteur de cette rédaction. Dès les dernières années du XVe siècle, l'ouvrage de Jean d'Arras fut imprimé. (Voyez BRUNET, *Manuel du Libraire*, t. II, p. 265.) Cet ouvrage a fait partie de toutes les collections de romans. On connaît encore l'*Histoire de Mélusine, princesse de Lusignan, et de ses fils, avec l'Histoire de Geoffroi à la Grand'Dent* (par NODOT), deux parties en 2 vol. in-18, 1700.

Michaut. La mesgnie de maistre Michaut, tant plus en y a et moins dure.

(*Recueil* de Gruther.)

Midas. Il est plus chiche que Midas qui se chauffoit à la fumée des est.... pour peur d'acheter du bois.

(*Bonne Responce à tous propos.*) xvie siècle.

Mouche. Il faudroit estre plus fin que maître Mouche.

Il faudrait être bien habile ou rusé.

(Oudin, *Curiosités françoises*, p. 319.)

Néron. C'est un Néron.

Se dit en parlant d'un homme féroce et perfide, par allusion à l'empereur romain de ce nom.

Nesmond. Filez, filasse; M. de Nesmond l'a dit.

M. de Nesmond, évêque de Bayeux, mort en 1715, fonda plusieurs établissements de charité destinés à procurer du travail aux pauvres.

(Pluquet, *Contes pop. et Prov.*, *etc.*, p. 125.)

Nevers. Patatra M. de Nevers.

« Ce proverbe, que l'on aplique à ceux qui tombent, » vient de ce qui arriva à Louis de Gonzague, duc de » Nevers, pendant la ligue, du temps d'Henri III. Ce duc » courant la poste de Paris à Nevers, et traversant Pouilly, » qui est une petite ville sur la rivière de Loire et sur le » grand chemin, le cheval sur lequel il étoit s'abattit en » courant sur le pavé de la ville, et fit tomber en même » temps ce prince; quelqu'un (la tradition dit une vieille) » le voyant trébucher ne se put tenir de rire, et cria tout » haut : *Patatra M. de Nevers.* »

(Fleury de Bellingen, *Étym. des Prov. franç.*, p. 216.)

Nicolle. Qui bien dort, pisse et crolle
N'a mestier de maistre Nicolle.

(Gabr. Meurier, *Trésor des Sentences.*) xvie siècle.

Maître Nicolle est ici pour le médecin.

Niquedouille, qui ne sçauroit rire sans montrer les dents.

(Cyrano de Bergerac, *le Pédant joué*, p. 31.)

OGNON. Mettre en rang d'ognon.

Amelot de La Houssaye, dans ses *Mémoires*, attribue l'origine de cette façon de parler à l'office du baron d'Ognon, Artus de La Fontaine-Solaro, grand maître des cérémonies, aux états de Blois, en 1576, qui s'appliquait à faire mettre chacun à son rang. Ne vient-il pas tout simplement de la manière dont les gens de la campagne assemblent les ognons avec des liens de paille, en plaçant les plus gros les premiers, et ensuite les autres?

ORLANDO (Roland). Contre deux ne le pourroit Orlande.

— Il faut opposer Orlando à Renaud.

— Tel ressemble Orlando qui est puis après une brebis.

(GOMÈS DE TRIER, *Jardin de Récréation.*) XVIe siècle.

PACOLET. C'est le cheval de Pacolet.

« C'étoit un cheval de bois enchanté qui portoit un » homme en un moment en mille lieues de là où il estoit. » Vulgairement on dit : *Il faudrait avoir le cheval de* » *Pacolet pour aller si viste en ce lieu là.* »

(OUDIN, *Curiosités françoises*, p. 93.)

C'est dans le roman de chevalerie du cycle des douze pairs qui a pour titre : *Valentin et Orson*, que l'on trouve *le cheval de Pacolet.* Rabelais, liv. II, à la fin du chap. 24, dit : « Et feust ce Pégase de Perseus ou *Pacolet*, que » devant eulx je n'eschappe gaillard. »

PANIER. Adieu paniers, vendanges sont faites.

» Le grand prieur de Loraine (François de Guise) en» voya en course, vers le Levant, deux de ses galères sous » la charge du capitaine Beaulieu, l'un de ses lieutenans; » il y alla, estant brave et vaillant. Quant il fut vers » l'archipel, il rencontra un grand vaisseau vénitien bien » armé et bien riche; il commença à le canoner. Mais il » luy rendit si vigoureusement le change que de la pre» mière volée il luy emporta deux de ses bancs avec leurs » forçats et son lieutenant, qui s'appeloit le capitaine *Pa-* » *nier*, bon compagnon, qui pourtant eut le loisir de dire

» ce seul mot : *Adieu paniers, vendanges sont faites*, et puis » mourut, et Beaulieu se retira. Depuis cela passa en pro» verbe. »

(BRANTÔME, *Dames galantes.*)

PASQUIN. Ce que dit Pasquin des cardinaux.

(GOMÈS DE TRIER, *Jardin de Récréation.*) XVIe siècle.

Dans l'Apologie pour Hérodote, chap. 29, t. II, p. 316, on lit : « Mais je revien à Pasquin qui a si bien frotté et » estrillé les papes : sous le nom duquel il faut entendre » (ce que je di pour le commun peuple). Plusieurs per» sonnages de bon et gentil esprit qui ayans composé quel» ques vers en langage latin ou italien contre quelcun » desdicts papes, faisoyent attacher le papier auquel ces » vers estoyent escrits à une statue dicte Pasquin. » — Ménage, au mot *Pasquin*, cite un passage de Castelvetro, qui explique autrement l'origine de ce proverbe. Pasquin aurait été un barbier de Rome fort à la mode, qui s'amusait à divertir ses pratiques par des traits satiriques contre le pape et les cardinaux. (Voyez *Origines de la langue françoise.*)

PATELIN, PATELINER, PATELINAGE.

La farce de *Pathelin* fut composée au commencement du XVe siècle; comme l'a fort bien remarqué Fleury de Bellingen, c'est une tromperie depuis le commencement jusqu'à la fin. Pathelin trompe un marchand de Paris pour avoir son drap, et un berger trompe Pathelin, « qui luy avoit aidé à tromper son maistre ». De toutes ces tromperies, conduites avec adresse, sont venus les mots de *patelin, pateliner et patelinage.* (*Étymol. des Prov. franç.*, p. 336.)

PÉNÉLOPE. D'autant que Pénélope vesquit seule chaste, elle n'estoit moindre qu'Ulysses.

(GOMÈS DE TRIER, *Jardin de Récréation.*) XVIe siècle.

On dit encore :

C'est la toile de Pénélope, en parlant d'un ouvrage que l'on fait et que l'on défait sans cesse. — C'est une allusion à la ruse employée par Pénélope, qui défaisait la nuit ce qu'elle avait achevé pendant le jour. Elle trompait ainsi l'impatience des nombreux prétendants à sa main, leur ayant promis de faire un choix parmi eux quand l'ouvrage qu'elle avait commencé serait terminé.

PERROT ou PIEROT. Gai comme Perrot.

(ODDIN, *Curiosités françoises*, p. 248.)

PÉTAUD. C'est la cour du roi Pétaud, où tout le monde est maître.

Chacun y contredit, chacun y parle haut,
Et c'est tout justement la cour du roi Pétaud.

(MOLIÈRE, *Tartufe*, acte Ier, sc. Ire.)

On sait que pendant le moyen âge, et même jusqu'au XVIe siècle, les différentes communautés, en France, avaient un chef appelé *Roi.* Les mendiants comme les autres étaient gouvernés par un chef que l'on avait surnommé le *roi Peto* (je demande); comme il arrivait souvent que, parmi les gueux, chacun voulait gouverner, de là est venu le proverbe.

PIERRE. J'allois mon chemin, sans songer ni à Pierre ni à Gautier.

(*Coméd. des Proverbes*, acte II, scène II.)

PIHOURT. Résolu comme Pihourt en ses hétéroclytes.

(*Adages françois.*) XVIe siècle.

Pihourt était un maçon de la ville de Rennes, qui parlait à tort et à travers sur des sujets qu'il ne connaissait pas.

PLATON. Pour porter grand' barbe au menton
L'on n'est Aristote ou Platon.

Plaisants devis des Suppôts du Seigneur de la Coquille, p. 150.)

POINSSAT. Hai avant Poinssat!

« Expression proverbiale dont on use à Metz pour se » moquer d'un malotru monté sur une haridelle. *Jean* » *Poinssat* est le nom d'un ecuïer d'écurie du duc de Bour- » gogne *Charles le Hardi.* Il venoit souvent à Metz par » ordre de son maître, et les gens de la ville, le voyant » toujours monté sur le même cheval, lui crioient dans » leur patois : *Hay evant Poinssat.* »

(*Ducatiana*, p. 530.)

RABELAIS. Le quart d'heure de Rabelais.

Le moment de payer.

On assure que Rabelais, à son retour d'Italie, se trouvant sans argent, imagina de faire des petits paquets remplis de cendre sur lesquels il écrivit *Poison pour le roi, poison pour la reine.* On s'empara de lui et il fut aussitôt amené à Paris, où il fit réclamer par ses amis. (Voyez à ce sujet la *Notice sur la Vie et les ouvrages de Rabelais*, p. 28 de l'édition en 1 vol., publiée dans la *Bibliothèque Charpentier.*)

RAMINAGROBIS. Faire du Grobis, du Raminagrobis.

C'est-à-dire faire du pesant, du seigneur, du grave; « et peut-estre l'a-t-on forgé de *gravis* », ajoute Mosans de Brieux, qui explique ainsi cette façon de parler. Elle était fort en usage aux XVe et XVIe siècles. Rabelais, liv. II, ch. 30, a dit : « Je suis maistre Jean le Maire, qui faisoit » du *Grobis*, etc. »

RICHARD. C'est un Richard Sans-peur.

C'est un homme hardi.

(OUDIN, *Curiosités françoises*, p. 481.)

Ce dicton a consacré le souvenir de Richard Ier, duc de Normandie, dont le courage fut si grand qu'il donna lieu parmi le peuple à une foule de récits extraordinaires et mensongers. Ces récits ont fourni la matière d'un petit roman en prose et en vers, plusieurs fois imprimé dans les XVe et XVIe siècles. Il est intitulé : *Histoire de Richard Sans-peur, duc de Normandie.*

ROBERT. Crois Robert, il est expert.

(GOMÈS DE TRIER, *Jardin de Récréation.*) XVIe siècle.

Traduction littérale du proverbe latin souvent employé, même en français : *Experto crede Roberto.*

ROBIN. Tousjours souvient à Robin de ses flûtes.

S'il faut en croire Le Duchat, ce proverbe vient de ce qu'un bon ivrogne, accoutumé à boire dans des grands verres appelés *flûtes*, n'osant plus, à cause de la goutte, boire son vin que trempé, se rappelait toujours de ses flûtes. Rabelais a employé ce proverbe, et dans le *Moyen de parvenir*, au chapitre intitulé *Cause*, on lit : « Après,

» achevez ces histoires, tu y songes de bien loin; *il souvient » toujours à Robin de ses flûtes.* C'est mal parlé, etc. » Puis vient l'histoire de *la Flûte de Martine*, à laquelle nous renvoyons le lecteur curieux de tout connaître.

On peut consulter encore à ce sujet un petit livre facétieux intitulé : *la Fluste de Robin, en laquelle les chansons de chasque mestier s'esgayent; vous y apprendrez la manière de jouer de la fluste ou bien de vous en taire, avec traits de parole digne de vostre veue, si les considérez.* (Voyez Brunet, *Nouv. Recherches,* t. II, p. 32.)

« Hantez les boiteux, vous clocherez; hantez les » chiens, vous aurez des puces; il souvient tous- » jours à Robin de ses flustes. »

(*Contes* d'Eutrapel, fol. 99 v°.)

— Ge aimerai le beau Robin tant comme son argent lui durera.

(*Prov. Gallic.*, Ms.) xve siècle.

— C'est la maison de Robin de la Valée, il n'y a pot au feu ny escuelle lavée.

(*Adages françois.*) xve siècle.

— Il est des parens Robin, il n'a ne cuer ne courage.

« Charles d'Anjou, dans une lettre au roy Lois XI, » lui met ces termes : « Mon souverain seigneur, je vous » assure pour tout vray que j'ay sceu que quelques ma- » nières que facent les Bretons, ils ont très-grant paour » et crainte d'avoir la guerre, et par espécial le Duc, car » *il est des parens Robin, il n'a ne cueur ne courage.* »

(*Manuscrit* Gaignières, *Prov. franç.*, t. II.)

Voyez plus haut, Marion, dans cette série.

Rodomont. Faire de Rodomont.

Faire le brave.

— Il fait assez du Rodomont, et puis c'est tout.

(*Comédie des Prov.*, acte I, scène vi.)

Roger-Bontemps. C'est un Roger-Bontemps.

Pasquier, liv. viii, chap. 62 de ses *Recherches*, prétend qu'on doit dire Rouge-Bon-Temps, « parce que ceste cou- » leur au visage de toute personne promet je ne say quoi » de gay et non soucié. » Fleury de Bellingen, au contraire, dit « que la maison de Bontemps est aussy noble » et ancienne qu'il y en ayt dans le pays de Vivarais, d'où » elle est originaire, et fait sa résidence dans la ville » d'Annonay. Un des chefs de cette famille, grand homme » et fort illustre, aima beaucoup la bonne chière. » De » là est venue l'expression proverbiale appliquée à ce nom.

Dans les *Adages françois*, imprimés à la fin du xvie siècle, on lit sans autre explication :

Roger-Bontemps.

Rognonet. Être comme l'abbé Rognonet,
Qui de sa soutane ne put faire un bonnet.

Comparaison proverbiale qu'on applique à une personne qui ne sait tirer aucun parti d'une position avantageuse et qui gâte la meilleure affaire par une sotte maladresse. On dit aussi dans le même sens :

Tailler sa besogne sur le patron de l'abbé Rognonet.

M. Quitard, au livre de qui j'emprunte ce proverbe, ajoute que l'abbé est un être imaginaire dont un passage de Rabelais a sans doute fourni le modèle. (Voir *Dictionnaire des Prov.*, p. 3.)

Roland. Mourir de la mort de Roland.

C'est-à-dire mourir de soif.

« Rolland le Furieux s'estant extraordinairement es- » chaufé à la bataille de Roncevaux, où il commandoit, » en 775, l'armée de Charlemagne contre les Sarrasins, » se retira de la meslée pour chercher de l'eau, afin de sou- » lager son extresme altération, mais n'en ayant pas trouvé, » il mourut de soif. »

(Fleury de Bellingen, *Etym. des Prov. franç.*, p. 47.)

Voir plus haut, page 58, au mot Orlando.

Rolin. Et bien souvent faisons comme Rolin, ce savetier qui racontoit ses beaux faits à qui ne les vouloit sçavoir.

(La Rivey, *la Constance*, sc. II. — *Ancien Théâtre franç.*, t. VI, p. 205.)

Ronsard. Donner un soufflet à Ronsard.

« Ronsard, célèbre poëte françois, avoit acquis une » réputation pour la poésie et pour une exactitude du lan- » gage qui le mestoit au-dessus des poëtes de son temps » et de ceux qui l'avoient précédé. Il suffisoit de mal parler » pour que l'on dise : *Il a donné un soufflet à Ronsard,* » comme si l'on eût voulu dire : il a parlé contre la pu- » reté de la langue. Proverbe que l'on emploie encore au- » jourd'hui, quoy que le style de Ronsard soit extrêmement » vieilly. »

(Fleury de Bellingen, *Étym. des Prov. franç.*, p. 337.)

Saint-Vallier. Fièvre de Saint-Vallier.

« Messire Jean de Poitiers, seigneur de Saint-Vallier, » chevalier de l'ordre du roy, capitaine de cent gentils- » hommes de sa maison, estoit proche parent de Charles, » connétable de Bourbon. Ce prince, après avoir exigé » de luy le secret sous de très-grands sermens qu'il luy » fist faire sur le bois de la vraie croix, luy déclara les » engagemens qu'il avoit résolu de prendre avec l'empereur, » à cause des mécontentemens qu'il avoit reçus du roy » François Ier et de sa mère. Après que le connétable fut » sorti hors du royaume, Saint-Vallier fust arresté et con- » duit au chasteau de Loches par d'Aubigny, capitaine » des gardes écossoises du roy. Quoique Saint-Vallier se » fust offert pour aller requérir le connestable si l'on vou- » loit luy permettre, cependant, parce qu'il n'avoit pas » révélé le secret qu'il avoit seu, il fut condamné à mort » par arrest du parlement de Paris, de janvier 1523. » Lorsqu'il fut monté sur l'échafaud, et qu'il estoit prest » à s'agenouiller pour avoir le col coupé, François Bone, » archer des gardes du roy, apporta deux lettres de Sa Ma- » jesté, qui portoient commutation de mort en une prison » perpétuelle. Saint-Vallier fut ramené à la Conciergerie; » mais l'appréhension qu'il avoit eüe de la mort fit une » telle impression sur luy que la fièvre le prit, dont il

» mourut quelques jours après. D'où est venu le proverbe de *la fièvre de Saint-Vallier.* »

(*Manuscrits* GAIGNIÈRES, *Prov. franç.*, t. I.)

SÉNÈQUE. Il se répute un Sénèque d'Espagne.

(*Bonne responce à tous propos.*) XVIe siècle.

SIGONGNE. Contes à la Sigongne.

« Jeanne des Essars, mariée en 1556 à René de Beaux-Enclos, seigneur de Sigongne, chevalier de l'ordre du » roy, gentilhomme ordinaire de la chambre, capitaine » d'une vieille bande de cent hommes de pied, en Piémont, » gouverneur de Dièpe en 1580, fut fort connue sous le » nom de la Dame de Sigongne, estant une des dames de » la reine mère Catherine de Médicis. Elle avoit de l'esprit » et faisoit si bien un conte, que on la citoit tousiours en » ce genre pour une des plus agréables personnes de la » cour, et pour y fournir elle en inventoit souvent; ce » qui fit dire depuis ce commun proverbe, *faire des contes* » *à la Sigongne*, quand ce sont des choses fabuleuses. » Cette dame mourut fort âgée. »

(*Manuscrits* GAIGNIÈRES, *Prov. franç.*, t. I.)

SOLON. Le foliage entier du Vosgien Solon
Durera plus que tel qui se croit un Platon.

(*Adages françois.*) XVIe siècle.

TÉRAIL. L'espée Terrail.

« Ce proverbe fut dit à l'occasion de Pierre Terail, » grand-père du chevalier Bayard, qui feit en son temps » plusieurs faits d'arme. » (*Histoire de Bayard*, in-4°, » addit., p. 412.)

Voyez DAUPHINÉ, série n° VIII.

On disait encore :

Prouesse de Terrail.

TERMES. Sagesse de Termes et hardiesse d'Aussun.

Brantôme dans son discours sur le maréchal de Termes, nous a conservé ce proverbe; voici ses paroles : « On » disoit de luy en Piémont : *Sagesse de Termes et hardiesse* » *d'Aussun.* L'Espagnol de même en disait autant : *Dieu*

» *nous garde de la sagesse de M. de Termes et de la prouesse* » *du sieur d'Aussun.* » (*Capitaines françois*, t. III, p. 21 des Œuvres compl. 1822, in-8°.)

TÊTU. Mon mari, il ne faut pas ressembler Têtu, être incrédule, car en peu d'heures Dieu labeure.

(*Comédie des Prov.*, acte III, sc. III.) XVIIe siècle.

TIMON. Le vin n'a Timon.

(GOMÈS DE TRIER, *Jardin de Récréation.*) XVIe siècle.

TOURNEMINE. Il ressemble à Tournemine,
Il croit tout ce qu'il imagine.

Le père Tournemine jésuite qui a joui d'une grande réputation littéraire, était un homme d'une imagination vive et exaltée. Il aimait à raconter des choses extraordinaires qu'il avait lues ou entendues, et se persuadait aisément qu'elles étaient véritables, ce qui donna lieu au proverbe.

TURPIN. Les bottes de l'archevêque Turpin.

Vilaines bottes à l'antique mode.

(OUDIN, *Curiosités françoises*, p. 50.)

TURLUPIN. Enfant de Turlupin, malheureux de nature.

« Du temps du roy Charles V, on condamna et proscrivit une famille de gens que l'on appeloit *Turlupins*. Cette proscription qui enveloppa toute leur race, fit naître ce proverbe, que l'on a appliqué à tous ceux qui ont du malheur. »

(FLEURY DE BELLINGEN, *Étym. des Prov. franç.*, p. 206.)

Ce que Bellingen appelle une *famille de gens* ce sont les hérétiques de la secte des Vaudois, qui furent poursuivis en 1373, et auxquels on donna le nom de *Turlupins*, comme le prouvent plusieurs documents cités par Ducange au mot *Turlupini*, entre autres une ancienne chronique en vers français :

L'an MCCCLXXII je vous dis tout pour voir
Furent les Turlupins condamnés à ardoir.

ULYSSES. Que me sert-il qu'Ulisses ayt plus d'années que Patrocles.

(GOMÈS DE TRIER, *Jardin de Récréation.*) XVIe siècle.

VENDÔME. La couleur de M. de Vendosme.

C'est-à-dire invisible.

« Dans ce proverbe le mot de Mons. de Vendosme est » mis par corruption au lieu de vent d'amont, ou vent » d'en hault. C'est donc comme si on disait couleur du » vent d'amont qui est impossible. Cependant dans le » recueil des pièces faites du temps du conétable de » Luynes, ce proverbe est employé dans un sens propre » en ces armes : Les belles et généreuses actions que le » sieur conétable (de Luynes) a autrefois faites, n'estoient- » elles pas composées (comme l'on dit) des couleurs des » manteaux de M. de Vendosme. »

(*Étym. des Prov. franç.*, par FLEURY DE BELLINGEN, p. 53.)

VILLON. Villoner. — Faire un tour de Villon.

Pasquier, au liv. VIII, chap. 40 de ses *Recherches*, a prétendu que cette expression proverbiale, qui signifie *voler, tromper*, venait du poëte Villon qui, on le sait, fut condamné à être pendu pour ses méfaits, en 1461, et gracié par Louis XI. Ménage, dans ses *Origines de la langue françoise*, a démontré l'erreur de Pasquier, et soutenu au contraire que le nom du poëte était *Corbueil*, et qu'il ne fut surnommé *Villon* qu'à cause de ses friponneries. (Voyez à ce sujet les *OEuvres de François Villon*, avec les *Remarques* de diverses personnes, la Haye, 1742, 1 vol. in-12.)

VIOLE. Le Parlement n'a presque jamais dansé sans viole.

« La famille de Violle est assez ancienne dans le Par- » lement de Paris, et il y a eu jusqu'à dix ou douze con- » seillers en divers temps. Depuis l'an 1506, que Jean » *Viole* y fut reçeu, Pierre en 1522, Jaques en 1543, » Guillaume en 1550, Claude en 1553, Jaques en 1574, » Nicolas en 1575, Nicolas en 1596, Jaques en 1604, » Pierre en 1625, Pierre en 1642 et autres, ce qui, par » allusion au nom de Viole, a fait dire que *le Parlement* » *n'a presque jamais dansé sans Viole*, à cause qu'il y en » a eu beaucoup dans cette cour. »

(*Manuscrits* de GAIGNIÈRES, *Prov. franç.*, t. II.)

ZOÏLE. C'est un Zoïle.

C'est un détracteur, c'est un critique injuste et jaloux.

Zoïle, rhéteur grec, célèbre par ses critiques d'Homère, a donné lieu à ce proverbe. (Voyez dans la *Biographie universelle* de Michaud un article de M. Daunou sur ce personnage.)

SÉRIE N° X.

CONDITION. — RANG. — DIGNITÉS. — CHEVALERIE. — NOBLESSE. — TITRES. — GUERRE. — CHASSE. — JEUX. — DIVERTISSEMENTS.

ABBOIS. Le tenir en abbois, le bec dans l'eau.

(*Comédie des Prov.*, acte II, sc. III.) XVIe siècle.

AMBASSADEUR. Embassadeur ne porte douleur.

(*Recueil* de GRUTHER.)

ARC. L'arc tousiours ou trop ne doibt estre tendu, car il romproit.

(BOVILLI *Prov.*) XVIe siècle.

— L'arc trop tendu tost laché ou rompu.

(*Recueil* de GRUTHER.)

— Avoir deux cordes à son arc.

Ne pas être embarrassé ; savoir se tirer d'une mauvaise affaire.

(BOVILLI *Prov.*) XVIe siècle.

ARME. L'arme causa mainte larme.

— A bon gendarme bonne lance.

(GABR. MEURIER, *Trésor des Sentences.*) XVIe siècle.

— A bon gendarme la mort par armes.

— Partout les gens d'armes chassent la peste et si la laisse.

(*Adages françois.*) XVIe siècle.

ARME. Je vais vous battre avec vos propres armes.

— Les armes sont journalières.

(*Dictionn. de l'Académie*, édit. de 1835.)

ARMÉE. Les vivres suivent l'ost (*armée*).

Ou :

Les vivres suivent le camp.

ARMURE. C'est une bonne armure que d'une aumuce.

(*Adages françois.*) XVIe siècle.

AVALEUR. Avaleur de charrettes ferrées.

Fanfaron.

— Avaleur de pois gris.

Gourmand.

(*Comédie des Prov.*, acte I, sc. V.)

— Avaleur de frimas.

Fainéant.

(OUDIN, *Curiosités françoises.*)

BAILLI. Il ressemble le baillif, il prent derrière et devant.

(*Adages françois.*) XVIe siècle.

BANNIÈRE vieille, honneur du capitaine.

(GABR. MEURIER, *Trésor des Sentences.*) XVIe siècle.

— Cent ans bannière, cent ans civière.

« La bannière estoit tellement la marque de la pre- » mière noblesse, que de là est venu ce proverbe qui est » si commun pour dire qu'il ne faut que cent ans pour » tomber de la plus haute noblesse dans la plus basse » roture. »

(MENESTRIER, *Recherches du Blason*, p. 259.)

Ce proverbe était fort usité en Bourgogne. (Voyez à ce sujet le *Glossaire des Noëls bourguignons*, par LAMONNOYE, p. 44.)

« Aussi est-ce un proverbe commun en Bour- » gongne : *Cent ans bannière, cent ans civière*, par » lequel est déclarée l'instabilité de fortune, et que

» (jouxte l'opinion d'Euripides) la dignité des no-
» bles familles se perd si les richesses viennent à
» y faillir. »

(*Mélanges hist.* de SAINT-JULIEN DE BALEUVRE, p. 371.)

BANNIÈRE. Recevoir quelqu'un avec la croix et la bannière.

(*Dictionn. de l'Académie,* édit. de 1835.)

BARON. Au séneschal de la maison
Peut-on connoistre le baron.

(*Prov. ruraux et vulgaux.*) XIIIe siècle.

BARONNIE. C'est une belle baronnie que santé.

(*Adages françois.*) XVIe siècle.

BATAILLE. Soleil à la veue.
Bataille perdue.

(*Prov.* de BOUVELLES.) XVIe siècle.

BATARD. Bastard est bon c'est avanture,
Estant mauvais c'est de nature.

(GABR. MEURIER, *Trésor des Sentences.*) XVIe siècle.

— Jamais bastard ne fit bien.

(*Adages françois.*) XVIe siècle.

BOUCLIER. Une levée de boucliers.

Une entreprise sans effet.

(OUDIN, *Curiosités françoises.*)

BOURGEOIS. Buverie de bourgois.

(*Dit de l'Apostoile.*) XIIIe siècle.

Ce dicton exprime bien le caractère de nos anciens. Il était rare (et on retrouve cet usage dans presque toutes les provinces de la France) que des bourgeois se réunissent sans boire. Ce dicton est opposé à *compagnie de clercs.*

Voyez au mot CLERC, série n° XI.

CAMP. L'alarme est au camp.

(*Dictionn. de l'Académie,* édit. de 1835.)

CAMP. Où le peuple vit le camp y peut bien vivre.

(*Adages françois.*) XVIe siècle.

CAPITAINE. Bon capitaine bon soldat.

(*Recueil* de GRUTHER.)

— Chartes (*cartes*) et dez table de capitaine.

(*Adages françois.*) XVIe siècle.

CARTES. Connaître le dessous des cartes.

Savoir les causes secrètes d'une affaire.

— Donner carte blanche à quelqu'un.

Lui donner plein pouvoir.

(*Dictionn. de l'Académie,* édit. de 1835.)

— Jouer cartes sur table.

Jouer à jeu découvert, agir franchement.

— Qu'il prenne des cartes s'il n'est pas content.

(OUDIN, *Curiosités françoises.*)

CHAMPIONS. Gloutonie de champions.

Gourmandise de champions.

(*Dit de l'Apostoile.*) XIIIe siècle.

On sait que pendant le moyen âge il existait une classe d'hommes chargés de soutenir le droit des parties, les armes à la main. Ces hommes, qui vivaient du duel judiciaire, se battaient pour celui qui les payait. Les veuves, les enfants en bas âge, les congrégations religieuses étaient obligés d'avoir recours à ces sortes de *bravi.* Avant d'entrer en champ clos ils avaient coutume de bien manger, et leur gloutonnerie, comme on le voit, était devenue proverbiale.

CHANCELIER. Rogue comme un chancelier.

Saint-Julien de Baleuvre qui cite ce proverbe, p. 123 de ses *Mélanges historiques,* dit qu'on l'appliquait à M. de L'Hospital.

CHANSON. C'est toujours la même chanson.

C'est toujours la même chose.

— La chanson du ricochet, toujours à recommencer.

CHANSON. La chanson de Montelimart.

(OUDIN, *Curiosités françoises.*)

— En une chanson n'y a qu'un bon mot.

— Il ne chante qu'une chanson, il n'aura qu'un denier.

CHANTER. Chanter avant la fête.

— Qui bien chante et qui bien danse
Fait un métier qui peu avance.

— Tel chante qui n'est pas joyeux.

Ou encore :

Tel chante qui ne rit pas.

(*Petite encyclopédie des Prov.*)

CHASSE. Affamé comme un lévrier de chasse.

(*Facétieux Réveille-matin*, p. 34.) XVIIe siècle.

— Bon chien chasse de race.

— Il n'est chasse que de vieux chiens.

(*Adages françois.*) XVIe siècle.

— Il n'est chasse que de vieux loup.

(OUDIN, *Curiosités françoises.*)

— Il scet trop de chasse qui a esté veneur.

(*Prov. Gallic.*, Ms.) XVe siècle.

— Chasser aux blancs moyneaux.

Perdre son temps à poursuivre une chose impossible.

(BOVILLI *Prov.*) XVIe siècle.

CHASSER. Chasser aux lièvres et aux oiseaux ensemble.

(*Adages françois.*) XVIe siècle.

— Autant vault celui qui chasse et rien ne prend
Comme celui qui lit et rien n'entend.

(*Prov. communs.*) XVe siècle.

— Il n'est pas en vostre chois
De oyseler (*chasser à l'oiseau*) en nostre bois.

(*Prov. Gallic.*, Ms.) XVe siècle.

CHASSER. Qui deux choses chace ne l'une ne l'autre ne prent.

(*Anc. prov.*, Ms.) XIIIe siècle.

CHEVALIER. L'en dist que por le chevalier baise la dame l'écuier.

(*Chron. mét. de Godefroy de Paris*, éd. de Buchon, p. 15.)

— Chevalier et gendarmes brigands.

(*Adages françois.*) XVIe siècle.

— Assemblée de chevaliers.

(*Dit de l'Apostoile.*) XIIIe siècle.

— Faveurs, femmes et deniers
Font de vachiers chevaliers.

(GABR. MEURIER, *Trésor des Sentences.*) XVIe siècle.

— Grant chevaliers ne va mie seus.

(*Anc. prov.*, Ms.) XIIIe siècle.

— Hier vacher, huy (*aujourd'hui*) chevalier.

(GABR. MEURIER, *Trésor des Sentences.*) XVIe siècle.

— Nul chevalier sans prouesse.

(*Recueil* de GRUTHER.)

COMBAT. Remettre le combat troys jours après la mort.

COQUIN. A coquin honteux plate besace.

(*Adages françois.*) XVIe siècle.

COUP. C'est un coup de maître.

— Donner un coup de bec, un coup de langue.

— Il a fait un coup de sa main.

(OUDIN, *Curiosités françoises.*)

— Il fera un grand coup s'il en sort.

(OUDIN, *Curiosités françoises.*)

— Il est secret comme un coup de canon.

— Il a été le plus fort, il a porté les coups.

COUP. Faire d'une pierre deux coups.

Venir à bout de deux choses par un seul moyen.

— Donner un coup d'épée dans l'eau.

Faire une chose inutile.

— Le coup vaut l'argent.

— Le coup de pied de l'âne.

L'insulte d'un homme lâche à quelqu'un qui ne peut plus l'effrayer.

(*Dictionn. de l'Académie*, édit. de 1835.)

COUR. Cour de France et cour romaine
Ne veullent de brebis sans laine.

(*Prov. en rimes, etc.*) XVIIe siècle.

— A la cort le roi chascuns i est pour soi.

(*Prov. communs.*) XVe siècle.

— A chasque court son traistre.

(GABR. MEURIER, *Trésor des Sentences.*) XVIe siècle.

— Il avient sovent à court qui ne pèche si encort.

Il arrive souvent à la cour que celui qui n'est pas coupable est puni.

(*Anc. prov.*, Ms.) XIIIe siècle.

— On a plus de mal à suyvre la court qu'à se sauver.

(*Adages françois.*) XVIe siècle.

— On doit comme Job en la cour
Très-misérable y entrer,
Comme Ulisse y demeurer,
En sortir comme de l'amour.

(*Prov. en rimes, etc.*) XVIIe siècle.

— Quand la cour se lève le matin, elle dort l'après-dînée.

(*Dictionn. comique*, par P. J. LE ROUX, t. II, p. 84.)

— Qui s'esloigne de la cour la cour s'éloigne de lui.

(*Proverbes communs goth.*) XVe siècle.

Voir EAU BÉNITE, série n° I.

DANSE. De la panse vient la danse.

(GABR. MEURIER, *Trésor des Sentences.*) XVIe siècle.

« Au fort quelqu'un s'en recompense,
» Qui est remply sur les chantiers,
» Car de la panse vient la danse. »

(VILLON, *Grand Testament,* st. 25.) XVe siècle.

— Chacun n'est pas aise qui danse.

— Commencer la danse.

— Entrer en danse.

— Mener la danse.

S'engager dans une affaire, la mettre en train.

(*Dictionn. de l'Académie,* édit. de 1835.)

— Danser le bransle des muets.

« Le branle des muets est un jeu assez plaisant, et qui » se pratique dans les compagnies des jeunes gens. Tous » ceux qui jouent ce jeu, ou qui dansent ce branle, sont » obligés d'imiter les actions ou les mêmes grimaces, ou » les mêmes postures de celui qui s'est déclaré : on ap- » pelle cela danser le branle du muet, à cause de toutes » ces grimaces ou postures qui approchent de celles que » font les muets. Quoique l'on ne sache pas le nom de » l'auteur de ce jeu, la pratique en est très-ancienne. »

(FLEURY DE BELLINGEN, *Étym. des prov. franç.*, p. 319.)

— Au soir danse
Qui matin hanse (*vend*).

(*Prov.* de BOUVELLES.) XVIe siècle.

DANSER. Il a beau danser à qui fortune sonne.

(*Encyclopédie des Prov.*)

— Telle cuide estre la première
Qu'est la dernière de la danse.

(*Farce de Colin. Anc. Théâtre franç.*, I, p. 249.)

— Chacun fait ce qu'il peut en vers comme à la danse.

DANSER. Feront comme Robin fit à la dance, du mieux qu'ils pourront.

(*Anc. Théâtre franç.*, t. VIII, 225, IX, 13.)

— Il a beau danser, il est monté sur des fleutes.

(OUDIN, *Curiosités françoises.*)

— Ne savoir sur quel pied danser.

— Toujours va qui danse.

(*Dictionn. de l'Académie,* édit. de 1835.)

DANSEUR. Jamais danseur ne fut bon clerc.

(*Encyclopédie des Prov.*)

DÉ. Le dé est jeté, c'est fait.

(BOVILLI *Prov.*) XVIe siècle.

Ce proverbe, qui s'applique aux circonstances désespérées, est emprunté au jeu de dés. S'il faut en croire Fleury de Bellingen, cette manière de parler remonte jusqu'à Jules César, qui aurait dit en passant le Rubicon : *Alea jacta est.*

DEMOISELLE. C'est un temps de demoiselle, ni pluie ni vent ni soleil.

(*Encyclopédie des Prov.*)

ÉCUYER. Enviex escuier.

Écuyers sont envieux.

(*Dit de l'Apostoile.*) XIIIe siècle.

— Le bon escuyer fait le bon chevalier.

(*Prov. communs goth.*) XVe siècle.

EMPEREUR. Il vaut mieux être premier d'un empire que d'un empereur.

— L'empereur n'est qu'un homme.

(*Adages françois.*) XVIe siècle.

— Mieux vaut goujat debout qu'empereur enterré.

(LA FONTAINE, *Matrone d'Éphèse.*)

EMPEREUR. On aime l'empereur pour l'amour de l'empire.

(*Adages françois.*) XVIe siècle.

ENNEMI. Ami au prêter, ennemi au rendre.

— C'est autant de pris sur l'ennemi.

(*Dictionn. de l'Académie,* édit. de 1835.)

ÉPÉE. Espée, baston et verge

— Meurdriez, varletz, enfans corrigent.

(BOVILLI *Prov.*) XVIe siècle.

— Espées sont males armes.

(*Prov. Gallic.*, Ms.) XVe siècle.

— A vaillant homme courte épée.

(*Dictionn. comique,* par P. J. LE ROUX.)

— C'est une rude épée.

C'est un vaillant homme, et par ironie un poltron.

— Estaffier ou compagnon de la courte espée.

Coupeur de bourses.

(OUDIN, *Curiosités françoises.*)

— Il a couché comme l'épée du roi dans son fourreau.

Ce proverbe, qui se trouve rapporté ainsi dans tous les dictionnaires (voyez celui de l'Académie française, au mot *fourreau*), me paraît altéré. Ainsi, dans les *Adages françois,* recueillis par Lebon à la fin du XVIe siècle, on lit :

Coucher comme l'espée du roy.

« *Commentarius* : *Id est* sans fourreau. »

— Il est brave comme son épée.

— Il se fait blanc de son épée.

— Il veut avoir les choses à la pointe de l'épée.

(*Dictionn. comique,* par P. J. LE ROUX.)

— Jouer de l'espée à deux mains.

Manger d'une main et boire de l'autre.

ÉPÉE. Jouer de l'espée à deux jambes.

S'enfuir.

(OUDIN, *Curiosités françoises.*)

— Mettre une chose du côté de l'épée.

(*Dictionn. comique*, par P. J. LE ROUX.)

— Vaillant comme l'espée qu'il porte.

(OUDIN, *Curiosités françoises.*)

— Voilà mourir d'une belle épée.

Se dit d'un joueur qui perd en faisant un beau coup.

(*Dictionn. comique*, par P. J. LE ROUX.)

ÉPERON. Bon vin, bon esperon.

(OUDIN, *Curiosités françoises.*)

— Par esperons on se commence à armer.

(*Recueil* de GRUTHER.)

« Car nous disons que par esperons on commence
» à soy armer. »

(RABELAIS, liv. III, ch. 8.) XVIe siècle.

ÉPOUSÉE. Cette femme est parée comme une épousée de village.

Cette femme a une mise ridicule.

ÉPOUSER. Qui épouse la femme épouse les dettes.

(*Dictionn. de l'Académie*, édit. de 1835.)

Voir les explications données par Loisel dans ses *Institutes coutumières*, n° 110.

ÉTENDARD. A l'étendard
Tard va le couard.

(GABR. MEURIER, *Trésor des Sentences.*) XVIe siècle.

— Il n'est ombre que d'étendard.

« Il n'est umbre que d'estendarts, il n'est fumée
» que de chevaux et clicquetys que de harnoys. »

(RABELAIS, liv. II, ch. 27.) XVIe siècle.

FIANCER. Fille fiancée n'est prise ni laissée, car telle fiancée qui n'épouse pas.

(LOYSEL, *Institutes coutumières*, n° 103.)

FOURREAU. La lame use le fourreau.

Se dit à propos des personnes dont l'activité d'âme ou d'esprit use le corps.

(*Dictionn. de l'Académie*, édit. de 1835.)

GENDRE. Morte ma fille, mort mon gendre.

(LOYSEL, *Institutes coutumières*, n° 134.)

GENS D'ARMES. Talon de gens d'armes talon de fromage.

(*Adages françois.*) XVIe siècle.

GENTILHOMME. Gentilhomme à lièvre.

« Ce proverbe vient d'une avanture plaisante racontée » par le greffier du Tillet en ses *Mémoires*. Les armées de » Philipe V, roy de France, et d'Edouard, troisième roy » d'Angleterre, estant sur le point de donner bataille, un » lièvre se leva près du camp des François. Les soldats » les plus proches firent, en le voyant, un si grand bruit, » que ceux qui estoient à l'arrière-garde crurent qu'on » estoit aux mains. Quelques écuyers, ayant eu cette pen- » sée, vinrent se jeter aux pieds du roy pour luy deman- » der l'accolade de chevaliers ; mais n'y ayant point eu de » combat, et l'alarme se trouvant avoir esté seulement » causée par un lièvre, on nomma par raillerie ceux qui » avoient esté faits chevaliers, les chevaliers du lièvre. On » a depuis appliqué ce proverbe aux gentilshommes casa- » niers et qui passent leur vie à la chasse. »

(FLEURY DE BELLINGEN, *Étym. des Prov. franç.*, p. 175.)

— Gentilhomme de la petite passe.

C'est-à-dire noble à demi, gentillâtre.

« Là il y avoit avec Monsieur plusieurs gentilz » hommes de ses voisins, c'estoient *Gentils hommes* » *de la petite passe*, comme vous diriez des cha- » noines de Saint-Mambeuf, à Angers, au prix de » ceux de Saint-Maurice, ou bien ceux de Saint-

» Venant, à l'égard de ceux de Saint-Martin de » Tours. »

(*Moyen de parvenir,* chap. intitulé *Cérémonie.*) XVIIe siècle.

GENTILHOMME. C'est afaire à celuy qui veut estre gentilhomme aller à l'assaut.

— Foy de gentilhomme, un autre gage vaut mieux.

« Commentaire : Pour autant que la plus part » trompe, et n'en a point, ce maistre proverbe en » est venu en la haute Champaigne. »

— Il est gentilhomme, son père alloit à la chasse avec un fouet.

— Il ne faut passer que de pays en autre pour estre gentilhomme.

— Le gentilhomme chasse pour l'advocat.

(*Adages françois.*) XVIe siècle.

— Troc de gentilhomme.

Échange courtois.

(*Dictionn. de l'Académie,* édit. de 1835.)

GUERRE. Guerre est la feste des morts.

— Bonne ne peut estre la guerre
Qui plusieurs terrasse et attere.

(GABR. MEURIER, *Trésor des Sentences.*) XVIe siècle.

— Guerre est marchandise.

(*Adages françois.*) XVIe siècle.

— Guerre et pitié ne s'accordent pas ensemble.

— A la guerre comme à la guerre.

(*Dictionn. de l'Académie,* édit. de 1835.)

— De guerre mortelle fait-on bien paix.

(*Prov. communs.*) XVe siècle.

— En temps de guerre ne mange et ne plante menthe.

« Pourquoi jadis on disoit en proverbe com-
» mun : *En temps de guerre ne mange et ne plante*
» *menthe.* »

(Rabelais, liv. v, ch. 39.) xvie siècle.

Guerre. Et fortuné celuy qui bien loing de la guerre
Cultive en longue paix l'usure de sa terre.

— Il est impossible, en guerre,
Entre vaillans ennemys,
De mettre un chacun par terre
Sans jamais y être mis.

(Bruscambille, *Voyage d'Espagne.*) xviie siècle.

— Il n'est guerre que de loyaux amis.

(*Adages françois.*) xvie siècle.

— La guerre nourrit la guerre.

(*Dictionn. de l'Académie,* édit. de 1835.)

— Il ne faut pas aller à la guerre qui craint les horions.

(Gabr. Meurier, *Trésor des Sentences.*) xvie siècle.

— Les guerres civiles sont les grands jours des cieux.

— Maistres d'hostel et secrétaire
Ne haient rien plus que la guerre.

(*Adages françois.*) xvie siècle.

— Que dit-on de la guerre? le charbon sera-t-il cher?

(Oudin, *Curiosités françoises.*)

— Qui a belle femme et chasteau en frontière
Jamais ne luy manque débat ne guerre.

— Qui a fait la guerre face la paix.

(Gabr. Meurier, *Trésor des Sentences.*) xvie siècle.

— Qui terre a guerre a.

(*Dictionn. de l'Académie,* édit. de 1835.)

Voyez au mot Terre, série n° II.

GUERROYEUR. De couard jamais bon guerroyeur.

HÉRAUT. Hérault ne messager
Ne doivent estre en danger.

(GABR. MEURIER, *Trésor des Sentences.*) XVIe siècle.

HONNEUR. Honors mue et varie les mors.

(*Anc. prov.*, Ms.) XIIIe siècle.

Les honneurs changent les mœurs.

— Aux grands honneurs grands envieux,
Aux grandes portes soufflent les gros vents.

(*Recueil* de GRUTHER.)

HUTIN. Bruit, tapage.

— Esprit mutin qui ne demande que le hutin.

« Dans une lettre de Jehan Milet, évesque de Soissons » sous le roy Louis XI, escrite de Bruxelles le 21 août à » M. Charles de Melun, chevalier, seigneur de Nantouillet, » bailly de Sens, conseiller et chambelan du roy, il lui » mande qu'il estoit naguères en la cité de Liége fort » occupé de la compagnie de M. de Liége pour tendre » à appointement et rompre le propos d'aucuns qui ne » demande que le hutin.

» Jean de Tillet, évesque de Meaux, dans son *Abrégé* » *des Chroniques de France*, dit hutin quasi mutin. Effec- » tivement le mot de hutin signifioit anciennement noise. » Et Froissart, ch. 15 du 1er tome de son histoire, l'em- » ploye dans ce sens-là. »

(*Manuscrit* GAIGNIÈRES, *Prov. françois*, t. II.)

IMPÉRATRICE. L'impératrice est une femme.

(*Adages françois.*) XVIe siècle.

JEU. Gieu en dommagement ne vault rien.

(*Prov. Gallic.*, Ms.) XVe siècle.

Jeu où il y a dommage ne vaut rien.

— Jeu de main jeu de vilain.

(*Dictionn. de l'Académie*, édit. de 1835.)

— A beau jeu beau retour.

« Pendant la guerre que le roy Henri II fit en Italie,

» le duc d'Albe assiégea Sanjac pendant trois semaines.
» Le maréchal de Brissac assiégea à son tour Conis, où il
» ne fut pas plus heureux que le duc d'Albe. Si bien que
» les François reprochoient Sanjac aux Espagnols, et les
» Espagnols reprochoient Conis aux François, et l'on di-
» soit : *A beau jeu beau retour.* »

(Brantôme, *Capitaines françois,* t. II, p. 72 de ses *Œuvres compl.*)

Jeu. A bon jeu bon argent.

(*Adages françois.*) xvie siècle.

— A mauvais jeu bonne mine.

(*Recueil* de Gruther.)

— Au vray dire pert-on le jeu.

(*Prov. communs,* Ms.) xve siècle.

— Au bout du jeu voit-on qui a gaigné.

(*Pièces contre Luynes.*) xviie siècle.

— Ce n'est pas un jeu d'enfant.

(*Dictionn. comique,* par P. J. Le Roux, t. I, p. 447.)

— C'est un jeu joué.

Feinte concertée entre deux personnes.

(*Dictionn. de l'Académie,* édit. de 1835.)

— De gieu de dez qui plus en set s'affuble un sac.

(*Anc. prov.*, Ms.) xiiie siècle.

— Du jeu vient feu.

(*Prov.* de Bouvelles.) xvie siècle.

— Donner beau jeu à quelqu'un.

(*Dictionn. comique*, par P. J. Le Roux, t. I, p. 101.)

— Et jeu sans villenie.

Expression proverbiale qui signifie un plaisir honnête, sans péché.

« Vous y amenerez vostre femme, s'il vous plaist,
» avecques ses voisines, cela s'entend : Et jeu sans
» villenie.

(Rabelais, liv. iii, ch. 31.) xvie siècle.

Jeu. Il fait bien le jeu quand il est beau.

(*Prov. communs.*) xve siècle.

— Le jeu, la femme et vin friand
Font l'homme pauvre tout en riant.

— Le jeu, la nuict, le lit, le feu
Ne se contentent jamais de peu.

(Gabr. Meurier, *Trésor des Sentences.*) xvie siècle.

— Le jeu n'en vaut pas la chandelle.

(*Contes* d'Eutrapel, fol. 34 r°.) xvie siècle.

— Qui en jeu entre jeu consente.

(*Anc. prov.*, Ms.) xiiie siècle.

— Qui en jeu est jouer lui convient.

(*Prov. communs.*) xve siècle.

— Tirer son épingle du jeu.

(*Dictionn. de l'Académie,* édit. de 1835.)

Jouer au roy despouillé.

(Bruscambille, *Voyage d'Espagne.*) xviie siècle.

Se dit quand plusieurs personnes sont autour d'une autre pour la dépouiller.

(*Dictionn. de l'Académie*, édit. de 1835.)

— Jouer aux dames rabatues.

« Le jeu des dames rabatues est connu. La manière dont » on y joue et ce nom ont donné lieu d'en faire ce pro- » verbe, dont on se sert quand des hommes trouvent des » femmes qui ne sont pas cruelles, ou quand elles sont » de si mauvaise humeur que leurs maris s'emportent à » les battre. »

(Fleury de Bellingen, *Étym. des Prov. franç.*, p. 247.)

— Jouer de la fluste de l'Allemand.

« Les Allemans se servent, dans leurs débauches, de » verres longs et estroits qu'ils appellent flûtes. Comme » ils vuident souvent et qu'ils boivent beaucoup, on dit » en commun proverbe : *Jouer de la flûte de l'Allemand,* » quand on veut dire boire avec excès. »

(Fleury de Bellingen, *Étym. des Prov. franç.*,) p. 204.)

JOUER. En jouant on perd argent et temps.

(GABR. MEURIER, *Trésor des Sentences.*) XVIe siècle.

— Il jouerait les pieds dans l'eau.

(*Dictionn. de l'Académie*, édit. de 1835.)

JOUEUR. Au bon chouleur la pelote lui vient.

Au bon joueur de paume la balle vient.

(*Prov. communs goth.*) XVe siècle.

— La balle cherche le joueur.

(*Dictionn. de l'Académie*, édit. de 1835.)

JOUEUR. De deux regardeurs il y en a un qui devient joueur.

(MÉRY, *Hist. des Prov.*, t. I, p. 243.)

— Il n'est jouer qu'à joueurs.

(*Adages françois.*) XVIe siècle.

LANCE. Baisser la lance, baisser pavillon.

S'avouer vaincu.

— Le royaume de France ne peut tomber de lance en quenouille.

— Rompre une lance pour quelqu'un.

Prendre sa défense.

(*Dictionn. de l'Académie*, édit. de 1835.)

— Qui a la lance au poingt,
Tout lui vient à point.

(GABR. MEURIER, *Trésor des Sentences.*) XVIe siècle.

LAQUAIS. Laquais de franc-eleu (*franc-alleu*) larron, et de fief meurtrier.

(*Adages françois.*) XVIe siècle.

— A passage et à rivière
Laquais devant, maître derrière.

(*Dictionn. comique*, par P. J. LE ROUX, t. I, p. 371.)

— Il ment comme un laquais.

(*Dictionn. de l'Académie*, édit. de 1835.)

LARRON. Voyez FOIRE.

MAÎTRE. A bon droit est-il puni qui à son maître désobéist.

(*Prov. communs.*) XVe siècle.

— A ton maistre ne te dois jouer,
Ni à plus haut que toy frotter.

(GABR. MEURIER, *Trésor des Sentences.*) XVIe siècle.

— Ce que maistre donne et valet pleure ce sont larmes perdues.

(*Adages françois.*) XVIe siècle.

— Ce que sire donne et serf plore ce sont larmes perdues.

(*Anc. prov.*, Ms.) XIIIe siècle.

— Compter de clerc à maître.

(*Dictionn. de l'Académie*, édit. de 1835.)

— De maistres gourmans serviteurs et chiens ont toujours faim.

(BOVILLI *Prov.*) XVIe siècle.

— En planche, torrent et rivière,
Vallet devant, maistre derrière.

(GABR. MEURIER, *Trésor des Sentences.*) XVIe siècle.

— Il est maistre qui se sçait aider de sa maistrise.

(*Adages françois.*) XVIe siècle.

— Il ne se faut trop jouer à son maître.

« Entendant assez qu'il ne se faut trop jouer à » son maistre, les jeux du quel plaisent tant qu'il » veut et non autrement. »

(*Contes* d'EUTRAPEL, fol. 82 v°.) XVIe siècle.

— Il n'y a si vaillant qui ne trouve son maître.

(GABR. MEURIER, *Trésor des Sentences.*) XVIe siècle.

— Jurer sur la parole du maître.

(*Dictionn. de l'Académie*, édit. de 1835.)

MAÎTRE. Le tiltre ne fait pas le maistre.
(GABR. MEURIER, *Trésor des Sentences.*) XVIe siècle.

— Nul ne peut servir deux maîtres.
(*Dictionn. de l'Académie*, édit. de 1835.)

— Pour bien servir et léal estre
On voit souvent le valet mestre.
(GABR. MEURIER, *Trésor des Sentences.*) XVIe siècle.

— Qui a compagnon a maistre.
(*Dictionn. de l'Académie*, édit. de 1835.)

— Qui à bon maistre sert bon loyer en attend.
(*Prov. communs.*) XVe siècle.

— Tel maistre, tel valet.
(GABR. MEURIER, *Trésor des Sentences.*) XVIe siècle.

« Le sujet se façonne aux humeurs de son roy, » *tel maistre tel valet;* selon le seigneur la mesnie » est duite. »
(*Contes* d'EUTRAPEL, fol. 26 r°.) XVIe siècle.

MARIAGE. Boire et manger, coucher ensemble,
C'est mariage ce me semble.
(*Dictionn.* de LE ROUX, t. II, p. 126.)

Mais il faut que l'église y passe, ajoute Loisel dans ses *Institutes coutumières*, n° 108.

— Il y a fort lien en mariage.
(*Prov. Gallic.*, Ms.) XVe siècle.

— Il n'y a si bon mariage qu'une corde ne rompe.

C'est-à-dire que si un homme séduit une fille, bien qu'il l'épouse ensuite du consentement de ses parents, un tel mariage, quoique bon, doit finir par la corde, parce que le ravisseur mérite la mort.
(LOYSEL, *Institutes coutumières*, n° 130.)

— Les mariages se font au ciel et se consomment en la terre.
(LOYSEL, *Institutes coutumières*, n° 104.)

MARIER. Dites toujours *nenni*, vous ne serez jamais marié.

(*Anthologie ou Conférences des Prov.*)

— Tu as bon dos, tu es bonne à marier.

— Tu n'es qu'un sot, tu seras marié au village.

— Qui se marie par amourettes a pour une nuit beaucoup de mauvais jours.

(*Comédie des Prov. — Anc. Théâtre franç.*, Glossaire.)

— Qui loing se va marier
Sera trompé ou veut tromper.

(GABR. MEURIER, *Trésor des Sentences.*) XVIe siècle.

— Celui qui trop tôt se marie peut bien dire au bon temps adieu.

(*Plaisants Devis des Suppôts du Seigneur de la Coquille*, de 1593.)

MONSIEUR. Madame vaut bien monsieur.

— On ne sçait si monsieur l'ayme tant que sa femme.

(*Adages françois.*) XVIe siècle.

NOBLE. Noble comme le roi.

— Il est fou, ou le roi n'est pas noble.

(*Dictionn. de l'Académie*, édit. de 1835.)

— Noble comme ung lion et un esparvier (*épervier*).

(BOVILLI *Prov.*) XVIe siècle.

— Noble est qui noblesse ne blesse et n'oblie.

— Nul noble sans noblesse.

(*Recueil* de GRUTHER.)

— Tel se fait noble par tençon.
Et veult menacier et parler
Que moult petit est à douter.

(MARIE DE FRANCE, fable 23.) XIIIe siècle.

Tel tranche du noble dans une querelle, et veut menacer et parler, qui est peu redoutable.

NOBLE. Un noble, s'il n'est à la rose,
Vaut parfois bien peu de chose.

(*Prov. en rimes, etc.*) XVIIe siècle.

Ce proverbe est remarquable par sa hardiesse. On appelait autrefois *Noble à la rose*, une monnaie d'or d'Angleterre, dont les premières pièces datent du règne d'Édouard III, en 1334. Des *Nobles à la rose* ont été aussi frappés en France, pendant l'occupation des Anglais, sous le règne de Charles VI. Des monnaies en Flandre et dans les Pays-Bas ont aussi porté ce nom.

NOBLESSE. Noblesse ne seut ne set mie.
Demener deshonete vie.

(*Anc. prov.*, Ms.) XIIIe siècle.

— Noblesse oblige.

— Noblesse vient de vertu.

(*Dictionn. de l'Académie*, édit. de 1835.)

— Faire litière de noblesse.

— Il a beau vanter sa noblesse
Quand son deshonneur le blesce.

— Jamais vilain n'aima noblesse.

— La source de noblesse est fraude et vitesse.

— Le tiers estat est le séminaire de noblesse.

(*Adages françois.*) XVIe siècle.

« Commentaire : Car si la noblesse ne se refai-
» soit du tiers estat, et le premier du tiers et du
» non noble, jà de longtemps n'en fust plus. »

— Nul noblesse de paresse.

— Vray noblesse nul ne blesse.

(GABR. MEURIER, *Trésor des Sentences.*) XVIe siècle.

PAGE. Il est hors de page.

(*Adages françois.*) XVIe siècle.

PAGE. Plus effronté qu'un page de cour.

(*Comédie des Prov.*, acte I, scène VII.)

PÊCHE. L'amorce est ce qui engaigne le poisson et non la ligne.

— Non en la canne (*ligne*) ni au haim (*hameçon*),
Mais en l'amorce gist l'engin (*amorce*).

(GABR. MEURIER, *Trésor des Sentences.*) XVIe siècle.

PÊCHEUR. Il est gentilhomme de droite ligne, son père était pêcheur.

(*Adages françois.*) XVIe siècle.

PÊCHER. Il n'est que pescher en grand vivier.

(GABR. MEURIER, *Trésor des Sentences.*) XVIe siècle.

— Tousjours pesche qui en prend ung.

(*Prov. communs.*) XVe siècle.

PIQUE. Rentrer de piques noires.

Expression proverbiale empruntée au jeu de cartes.

« A l'autre, dit Panurge, c'est bien rentrée de » piques noires. »

(RABELAIS, liv. IV, chap. 33.) XVIe siècle.

PRINCE. Chose ne fais qui au prince desplaise,
Ou de ton droit petit fera grand tort;
Roy indigné est messaige de mort,
Quand bien souvent un sage le rapaise.

— Faire chasteaux princes sont diligens,
Ou forteresse et ville fort fermée,
Pour résister contre une grosse armée;
Mais si n'est-il muraille que de gens.

(*Enseignements et Adages* de P. GRINGOIRE.) XVe siècle.

— Haine de prince signifie mort d'homme.

— Il faut laisser les princes en leur opinion.

(*Adages françois.*) XVIe siècle.

— Les jeux des princes sont beaux à qui ils plaisent.

(BOVILLI *Prov.*) XVIe siècle.

PRINCE. Jeu de prince, qui ne plaist qu'à celui qui le fait.

(OUDIN, *Curiosités françoises.*)

— Les princes ont les mains, les oreilles bien longues.

(*Dictionn. comique*, par P. J. LE ROUX, t. II, p. 99.)

— Les princes n'ont point de chemin.

(*Adages françois.*) XVIe siècle.

— Obéissance et honneur à leurs princes
Doibvent subjectz, leur train entretenir;
Princes aussi en paix doivent tenir
A leur pouvoir leurs subjetz et provinces.

(*Enseignemens et Adages* de P. GRINGOIRE.) XVe siècle.

On trouve dans le même ouvrage une suite de quatrains sur les princes, et leur devoir à l'égard des autres hommes.

— Oncques princes escars n'avers (*chiche ni avare*) à bien ne vient.

(*Roman du Renart*, v. 2,049.) XIIIe siècle.

REINE. Faire de la reine d'Égypte.

S'en faire accroire, imposer sa volonté, par allusion à l'autorité exercée par les chefs de Bohémiens ou *Gypsi* sur leurs compagnons.

« La raison est qu'elle se battoit avec une autre » qui lui dit : Ha! chienne, tu veux faire ici de la » royne d'Égypte. — Tu as menti, dit-elle, je suis » femme de bien. »

(*Moyen de parvenir*, au chapitre intitulé *Diette.*)

(GABR. MEURIER, *Trésor des Sentences.*) XVIe siècle.

— Il n'y a royne sans sa voisine?

— Roy et royne n'espargnent nulz.

(*Prov. communs.*) XVe siècle.

REÎTRE. Où les Rhéistres ont passé on n'y doibt point de dismes.

(*Adages françois.*) XVIe siècle.

Ce qui signifie que les Reîtres ayant tout pillé, la dîme du seigneur ne peut être acquittée.

RIBAUD. Mellée de ribaus.

Dispute, tapage de mauvais sujets.

(*Dit de l'Apostoile.*) XIIIe siècle.

ROI. Roi de la fève, ou encore : Roi de Poitiers.

Dignité éphémère.

(OUDIN, *Curiosités françoises.*)

— Roi ou rien.

(GABR. MEURIER, *Trésor des Sentences.*) XVIe siècle.

— Abatez bois, le roi se baigne.

(*Prov.* de JEH. MIELOT, Ms.) XVe siècle.

— Aller où le roi va à pied, où le roi ne va qu'en personne.

Aller à la garde-robe.

(*Dictionn. de l'Académie,* édit. de 1835.)

— Les rois ont les mains longues.

— Avoir un cœur de roi.

(*Dictionn. comique*, par P. J. LE ROUX, t. II, p. 430.)

— C'est un beau mestier qui faict entrer chez le roy.

(*Adages françois.*) XVIe siècle.

— C'est un manger de roi, un morceau de roi.

— C'est un plaisir de roi.

— C'est un roi en peinture.

— C'était du temps du roi Guillemot.

— Être dans la maison du roi.

Être en prison.

— Être sur le pavé du roi.

Être dans la rue.

(*Dictionn. de l'Académie,* édit. de 1835.)

— Heureux comme un roi.

(*Dictionn. comique,* par P. J. LE ROUX, t. II, p. 430.)

ROI. Homme comme le roy, gentilhomme comme luy, prestre comme le pape.

(*Adages françois.*) XVIe siècle.

— Il ne parle pas au roy qui veut.

— Il ne faut qu'un coup à ung roy, ne qu'ung à ung autre.

(*Prov. communs.*) XVe siècle.

— Il vit en roi.

Il fait une dépense de roi.

(*Dictionn. de l'Académie,* édit. de 1835.)

— Le *Requiro* du procureur du roi le fait roi.

(*Adages françois.*) XVIe siècle.

— Le roy est homme comme ung autre.

(BOVILLI *Prov.*) XVIe siècle.

— Le roy ne tient de nullui,
Fors que de Dieu et de lui.

(*Établissements de saint Louis.* — LOYSEL, *Institutes coutumières, etc.*, p. 29.)

— Le roy perd son droit là où il ne trouve que prendre.

(*Prov. Gallic.*, Ms.) XVe siècle.

— Les trésoriers sont les esponges du roy.

« Les trésoriers ou financiers sont fort bien comparez » aux esponges, car l'esponge estant seiche prend beau- » coup d'eau, le financier qui est gueux prend beaucoup » d'argent; et comme l'esponge estant remplie d'eau la » rend toute lorsqu'on la presse, de mesme le financier, » s'estant rempli par les vols et concussions qu'il a faits, » rend tout ce qu'il a pris, lorsque le prince vient à le » presser. Cette expression proverbiale, que les financiers » sont les esponges du roy, est employée à la teste d'une » pièce composée par Jean Bourgoin et imprimée in-4°, » en 1623, sous le titre de *Pressoir des Esponges du roy,* » ou *Épître liminaire de l'Histoire de la Chambre de Jus-* » *tice establie l'an* 1607. »

(*Manuscrits* GAIGNIÈRES, *Prov. franç.*, t. II.)

Roi. Le roi n'est pas son cousin.

Se dit à propos d'un glorieux.

— Nous verrons cela avant qu'il soit trois fois roi.

C'est-à-dire avant trois ans; allusion à la royauté de la fève.

(*Dictionn. comique*, par P. J. Le Roux, t. II, p. 429 et 430.)

— Où n'y a subjection
N'y a roi ne raison.
Où il n'y a roy n'y a loy,
Et où manque justice manque foy.

(*Recueil* de Gruther.)

— Parlemenz de roi.

(*Dit de l'Apostoile.*) XIIIe siècle.

Ce dicton populaire fait connaître qu'au roi lui seul appartenait le droit de réunir un parlement. Il était composé dans l'origine des pairs laïques et ecclésiastiques. Ce fut seulement au XIVe siècle que le parlement changea de nature et dégénéra peu à peu en une cour permanente de justice.

— Qui aura de beaux chevaux si ce n'est le roy?

(*Dictionn. de l'Académie*, édit. de 1835.)

— Que veult le roy
Ce veut la loy.

(*Prov. communs.*) XVe siècle.

Voyez, pour l'explication, Loisel, *Institutes coutumières, etc.*, n° 19.

— La loy dit ce que le roy vuelt.

(*Prov.* de Jeh. Mielot.) XVe siècle.

— Qui assez peut donner on l'aime miex c'un roi.

(*Roman de Baudouin de Sebourc*, t. I, p. 39.) XIIIe siècle.

— Qui est au roy il est à Dieu.

(*Adages françois.*) XVIe siècle.

— Qui ne sçait dissimuler ne peut régner.

(Gabr. Meurier, *Trésor des Sentences.*) XVIe siècle.

Roi. Qui n'est du royaume
Si est de l'empire.
(*Prov. Gallic.*, Ms.) xve siècle.

— Qui sert le roy
Il a bon maître.
(*Prov. communs.*) xve siècle.

— Sergent à roy est per à conte (*comte*).
(*Prov. Gallic.*, Ms.) xve siècle.

Mieux :

Est pair à comte.

Allusion à l'assignation devant la cour du roi par sergents. (Voyez Loisel, *Institutes coutumières*, n° 50.)

— Si souhaits fussent vrays
Pastoreaulx seraient roys.
(*Prov. communs goth.*) xve siècle.

— Souhait de roi, fils et fille.
(*Dictionn. comique*, par P. J. Le Roux, t. I, p. 429.)

— Tel roy telle loy.
(Gabr. Meurier, *Trésor des Sentences.*) xvie siècle.

— Tout au roy
(Dit le François)
Et puis à moy.

— Un noble, prince ou roy,
N'a jamais pile ne croix.
(Gabr. Meurier, *Trésor des Sentences.*) xvie siècle.

— Un Dieu, un roi, une loi.
(*Dictionn. comique*, par P. J. Le Roux, t. I, p. 419.)

— Bon roi amende le païs,
Et de ce que li rois mesprent
La terre en est grevée souvent.
(*Castoiement.*) xiiie siècle.

« Hélas! on voit que de tout temps
» Les petits ont pâti des sottises des grands. »
(La Fontaine, *Fables*, liv. i, fable 4.)

Roi. C'est une grève cheute de roy à rien.

(Gabr. Meurier, *Trésor des Sentences.*) xvie siècle.

— De nouveau roy nouvelle loy.

(*Suite aux Mots dorés de Caton.*) xvie siècle.

— Vivre comme le roy et selon justice
Rend le pays heureux, l'homme en maison paisible.

(*Adages françois.*) xvie siècle.

— Volonté de roy n'a loy.

(Gabr. Meurier, *Trésor des Sentences.*) xvie siècle.

— Celui qui a mangé de l'oye du roy, cent ans après doit en rendre la plume.

« Anciennement, quand un riche bourgeois ou marchand » venoit à mourir, il ordonnoit par son testament, que ses » enfans n'eussent à se marier dans les familles qui eussent » manié les finances publiques, à cause des inconvéniens » qu'ils voioient arriver tous les jours par la confiscation » des mariages réputés deniers royaux, et par les fréquentes » exécutions de justice, alléguant pour toute raison le pro- » verbe ancien : *Celuy qui a mangé l'oye du roy cent ans* » *après doit en rendre la plume.* »

(*Chasse aux larrons ou Establiss. de la Chamb. de justice, p.* 73.)

— L'empereur d'Allemagne est le roy des roys, le roy d'Espagne roy des hommes, le roy de France roy des asnes, et le roy d'Angleterre roy des diables.

« On dit ce proverbe parce que tous les princes souve- » rains d'Allemagne, qui sont comme autant de roys dans » les provinces de leur obéissance, relèvent de sa couronne » (*de l'empereur*); parce que tous les Espagnols se croyent » nays pour commander, et disent communément entre » eux, parlant d'eux-mêmes en particulier, qu'ils sont *Tan* » *buenos, como el rey, y aun;* parce que les François » s'estiment obligez à s'assujettir à la volonté de leur roy, » comme des chevaux à prendre le collier, ou des beufs à » souffrir le joug, ou comme des asnes à prester le dos

» souz la charge, sans répugner ou regimber : aussy dit-on » que c'est en France où les roys sont vraiment roys, » parce qu'il n'est pas permis de douter de leur puissance » souveraine et autorité absolue : parce que finallement » les Anglois sont, comme ils disent eux-mêmes, extrê- » mement testus, regimbent facilement contre l'esperon » d'une autorité souveraine ou trop absolue, quand elle » semble choquer leurs droits ordinaires. »

(Fleury de Bellingen, *Étym. des Prov. franç.*, p. 13.)

Seigneur. Seigneur de parchemin.

Homme de robe anobli.

« Nous trouvâmes ce seigneur de parchemin qui » se promenait seul dans la sale. »

(*Dictionn. comique*, par P. J. Le Roux, t. II, p. 463.)

— Seigneur ne plaide jamais saisie.

(*Adages françois.*) xvie siècle.

— Au monde n'a si grant dommage
Que de seigneur à fol courage.

(*Prov. communs.*) xve siècle.

— A grands seigneurs peu de paroles.

(*Matinées sénonaises*, p. 251.)

— A tous seigneurs tous honneurs.

(*Prov. ruraux et vulgaux*, Ms.) xiiie siècle.

(Gabr. Meurier, *Trésor des Sentences.*) xvie siècle.

— Amour de seigneur n'est pas héritage.

(*Prov. communs.*) xve siècle.

« De seigneur amour héritage
» N'est pas bien, convient autre gage. »

(Isopet, *Fables de Robert*, t. I, p. 35.) xive siècle.

— De nouveau seigneur nouvelle mesnye (*maison*).

(*Prov. communs.*) xve siècle.

— De tel seigneur tel louier.

(*Roman du Renart*, v. 8,410.) xiiie siècle.

SEIGNEUR. En l'absence du seigneur se cognoist le serviteur.

(*Recueil* de GRUTHER.)

— Il n'a ne sens, n'entendement
Qui va parler des seigneurs grands.

(*Adages françois.*) XVIe siècle.

— Il te convient par estouvoir (*raison*),
Si tu veux faire ton devoir,
Laissier toute ta volonté
Pour ton seigneur servir en gré.

(*Prov. aux Philosophes*, Ms.) XIIIe siècle.

— N'est pas seigneur de son pays
Qui de son pays est hays.

(*Prov. Gallic.*, Ms.) XVe siècle.

— Nulle terre sans seigneur.

(*Dictionn. comique*, par P. J. LE ROUX, t. II, 463.)

— Nus ne puet mie avoir honour
Qui honte feit à son seigneur.

(MARIE DE FRANCE, fable 35.) XIIIe siècle.

— Nus ne puet bien servir à deux seigneurs contraires : on harra l'un et amera l'autre, et soutenra on l'un et dispirra on (*déplaira-t-on*) l'autre.

— Mal partir fait à son seigneur.

(*Anc. prov.*, Ms.) XIIIe siècle.

Il est mauvais de partager avec son seigneur.

— On ne doit pas bonne terre pour maulvais seigneur laisser.

(*Prov. communs goth.*) XVe siècle.

— Par defaute de bon seignor
Convient porter à fol honor ;
Et par fol tenir compaignie
Est mainte amour aloignie (*perdue*).

(*Prov. aux Philosophes*, Ms.) XIIIe siècle.

SEIGNEUR. Qui a seigneur si a maistre.
(*Prov. Gallic.*, Ms.) xve siècle.

— Qui avec son seigneur mange poires il ne choisit pas des meilleures.
(*Prov. communs.*) xve siècle.

— Qui bon seigneur sert bon loyer en attend.
(*Prov. Gallic.*, Ms.) xve siècle.

— Seigneur de nul lieu à faute de place.
(OUDIN, *Curiosités françoises.*)

— Qui de son serf fait son seigneur
Ne puet estre sans desonneur;
Qui gete as piez ce qu'à mains tient
Com fox et nices se contient.
(*Prov. aux Philosophes*, Ms.) XIIIe siècle.

« Kiconques fait dou serf signor
» Lui et son règne en grant dolour met. »
(*Roman du Renart*, v. 2,037.) XIIIe siècle.

— Qui voit la maison de son seigneur
Il n'y a ne prouffit ni honneur.
(*Prov. communs.*) xve siècle.

— Selon le seigneur est la mesnie.
(*Prov. communs.*) xve siècle.

— Service de seigneur n'est pas héritaige.
(BOVILLI *Prov.*) XVIe siècle.

— Tant vaut le seigneur tant vaut sa terre.
(*Dictionn. comique*, par P. J. LE ROUX, t. II, p. 463.)

— Tant que le vassal dort le seigneur dort.
(*Adages françois.*) XVIe siècle.

— Tel seigneur tel mesnye (*maison*).
(*Prov. communs.*) xve siècle.

— Tel seigneur tel page et serviteur.
(GABR. MEURIER, *Trésor des Sentences.*) XVIe siècle.

SEIGNEUR. Le bailli vendange, le prévôt grappe,
Le procureur prend, le sergent happe;
Le seigneur n'a rien s'il ne leur échappe.

— Un seigneur de paille combat un vassal d'acier.

« Cet adage est tiré de quelques unes de nos coutumes » lorsqu'elles traictent de matières féodales. Tout homme » qui entre nouvellement dans un fief, soit par succession » ou acquest, est tenu de faire la foy et hommage à son » seigneur feudal. S'il ne le fait, et que son seigneur fasse » procéder par voie de saisie sur le fief, tant que la saisie » dure, il fait les fruits siens et consume en frais extraor- » dinaires son vassal, et il n'y a aucun moyen de s'en » garantir qu'en faisant la foy et hommage, quelque puis- » sant que soit un vassal. D'où l'on a fait ce proverbe, » qu'*un seigneur de paille combat un vassal d'acier.* »

(PASQUIER, *Recherches*, liv. VIII, ch. 25.)

Ou encore :

Un seigneur de paille ou de beurre vainc un vassal d'acier.

(LOYSEL, *Institutes coutumières,* n° 653.) XVIe siècle.

— Un senor en Espaigne,
Un maistre en haute Bretagne,
Un monsieur en la Franche Gaule,
Un Fidargo en Portugalle,
Un Évesque en Italie,
Un comte en Germanie,
C'est une pauvre compagnie.

(GABR. MEURIER, *Trésor des Sentences.*) XVIe siècle.

— Un grand seigneur, un grand clocher, et une grande rivière, sont trois mauvais voisins.

(*Illustres Prov.*, t. II, p. 27.)

SEIGNEURIE. Oncques amour ne seigneurie,
S'entretindrent grande compagnie.

(GABR. MEURIER, *Trésor des Sentences.*) XVIe siècle.

6.

SEIGNEURIE. « Bien savoient cele parole
« Qu'onques amour ne seignorie
» Ne s'entrefirent compaignie. »
(*Roman de la Rose*, v. 8,437.) XIIIe siècle.

SERF. Uns povres en grand tenement
Vault mieux que uns sers à grant argent.
(*Anc. prov.*, Ms.) XIIIe siècle.

SERGENT. Mousse pour le guet, bran pour les sergens.
(*Adages françois.*) XVIe siècle.

SERVICE. De tel service tel loyer.
(G. ALEXIS, *Martyrologe des fausses langues.*) XVe siècle.

..... Car celuy qui bien sert
Pas droit son louier en desert.
(*Chron. métr. de Godefroy de Paris*, p. 6.)

SERVIR. Ne viel, n'enfant, fame, ne fol
Ne servir jà je te lo.
(*Anc. prov.*, Ms.) XIIIe siècle.

— Cela sert comme un cautère sur une jambe de bois.

— Il n'y a qu'un mot qui serve.
(*Dictionn. de l'Académie*, édit. de 1835.)

SERVITEUR. Serviteur voulant faire son devoir,
Oreilles d'asnes doibt avoir,
Pied de cerf et groin de porceau,
N'espargnant sa chair ne sa peau.
(GABR. MEURIER, *Trésor des Sentences.*) XVIe siècle.

— A bon serviteur
Tard pourvoyeur.
(*Prov.* de BOUVELLES.) XVIe siècle.

— Au serviteur le morceau d'honneur.
(GABR. MEURIER, *Trésor des Sentences.*) XVIe siècle.

— Bon maistre bon serviteur.
(*Recueil* de GRUTHER.)

SERVITEUR. En l'onnour du seignor gaaignent li serjent.

(*Anc. prov.*, Ms.) XIIIe siècle.

— Le maistre donne,
Serviteur grongne.

(*Prov*, de BOUVELLES.) XVIe siècle.

— Pou done à son sergent qui son couteil leiche.

SIRE. Privés sires fait fol damoisel.

(*Anc. prov.*., Ms.) XIIIe siècle.

SOLDAT. A jeune soldat viel cheval.

(GABR. MEURIER, *Trésor des Sentences.*) XVIe siècle.

— De charon soldat,
De soldat gentilhomme,
Et puis marquis,
Si fortune en dict.

(*Adages françois.*) XVIe siècle.

— Le soldat doit avoir assaut de lévrier, fuite de loup, défense de sanglier.

(*Dictionn. comique*, par P. J. LE ROUX, t. II, p. 479.)

TAMBOUR. Faire de la peau d'un bonhomme un tambour.

(*Adages françois.*) XVIe siècle.

TAMBOURIN. Arriver à point comme tambourins aux nopces.

(*Anthologie ou Conférences des Prov.*, Ms.)

— Ce qui est venu de la flûte s'en reva au taborin.

Ou bien :

— Ce qui vient de la flûte retourne au tambour.

(GABR. MEURIER, *Trésor des Sentences.*) XVIe siècle.

VALET à prince per à baron.

(*Prov. Gallic.*, Ms.) XVe siècle.

VALET. A bon maistre hardy valet.

(*Mélanges* de SAINT-JULIEN DE BALEUVRE.) XVIIe siècle.

— Il fait comme le valet du diable, plus qu'on ne lui demande.

— Les bons maîtres font les bons valets.

(*Dictionn. de l'Académie*, édit. de 1835.)

— Un bon valet dit à son maistre :
Après servir convient repaistre.

VILAIN. Vilain affamé demy enragé.

— Vilain enrichy ne cognoist parent ne amy.

(GABR. MEURIER, *Trésor des Sentences.*) XVIe siècle.

— Vilain ment volontiers toz tens (*toujours*).

(*Roman du Renart*, v. 15,942.) XIIIe siècle.

— Vilain ne fera jà beau fait.

(*Prov. communs goth.*) XVe siècle.

— Vilain ne se mariera jà qu'il ne perde.

(*Prov. Gallic.*, Ms.) XVe siècle.

— Vilain ne set qu'esperons valent.

(*Anc. prov.*, Ms.) XIIIe siècle.

Voyez LOISEL, *Institutes coutumières*, n° 47.

— Vilains qui est cortois c'est raige;
Ce oï dire en reprovier (*en proverbe*).
Que l'on ne puet faire espervier
En nule guise d'ung busart.

(*Roman de la Rose*, v. 3710.) XIIIe siècle.

— Vilains tous dis (*toujours*) pourquiert abaissier gentillesse.

(*Anc. prov.*, Ms.) XIIIe siècle.

— A vilain vilain et demi.

(*Dictionn. comique*, par P. J. LE ROUX, t. II, p. 587.)

— A vilain charbonnée d'âne.

C'est-à-dire : *A chacun suivant son mérite.*

(OUDIN, *Curiosités françoises*, p. 83.)

VILAIN. Au bout de cent ans les rois sont vilains et les vilains sont rois.

(*Dictionn. comique*, par P. J. LE ROUX, t. II, p. 587.)

— Ausi grand cop fiert uns vilains
C'uns quens fait, u c'uns castelains.

(*Roman du Renart*, v. 2,797.) XIIIe siècle.

— C'est la fille au vilain.

Pour exprimer que la chose dont il s'agit se donne à celui qui en offre le plus.

(*Dictionn. de l'Académie*, édit. de 1835.)

— C'est une savonnette à vilain.

Avant la révolution de 1789 on appelait ainsi les charges de secrétaire du roi et autres, qu'on pouvait acheter et qui donnaient la noblesse.

— De vilain jamais bon faict.

— Dépends le pendard, il te pendra;
Oigne le vilain, il te poindra.

(GABR. MEURIER, *Trésor des Sentences.*) XVIe siècle.

— Faites bien le vilain et il vous fera mal.

(*Anc. prov.*, Ms.) XIIIe siècle.

Faites du bien au vilain, et il vous fera du mal.

— Foule de vilains.

(*Dit de l'Apostoile.*) XIIIe siècle.

— Fromage, poyre et pain
Est repas de vilain.

(GABR. MEURIER, *Trésor des Sentences.*) XVIe siècle.

— Graissez les bottes d'un vilain, il dira qu'on les lui brûle.

(*Dictionn. de l'Académie*, édit. de 1835.)

— Il fait à Dieu honte
Qui vilain haut monte.

(*Anc. prov.*, Ms.) XIIIe siècle.

VILAIN. Il n'est chère que de vilain.

(*Dictionn. de l'Académie*, édit. de 1835.)

— Il n'est danger que de vilain.

— Il n'est vilain qui ne faict la villenie.

(*Adages françois.*) XVIe siècle.

— Il n'y a pas de plus belles armoiries que celles d'un vilain, il prend celles qu'il veut.

(*Dictionn. comique*, par P. J. LE ROUX, t. II, p. 587.)

— Le connain et le villain à la main.

(*Recueil* de GRUTHER.)

— Les vilains s'entretuent
Et les seigneurs s'embrassent.

(GABR. MEURIER, *Trésor des Sentences.*) XVIe siècle.

— Mieux vault bossée de clerc que journée de vilain.

(*Prov. communs goth.*) XVe siècle.

— Mieux vaut un courtois mort que vilain vif.

(GABR. MEURIER, *Trésor des Sentences.*) XVIe siècle.

« .... Il est voirs que mius vaut
» Uns mort cortois c'uns vilain vis. »

(*Roman du Renart*, v. 3,282.) XIIIe siècle.

— Nul ne est vilain se du cuer ne li vient.

(*Anc. prov.*, Ms.) XIIIe siècle.

— Oignez vilain il vous poindra,
Poignez vilain il vous oindra.

(*Anc. prov.*, Ms.) XIIIe siècle. (*Prov. communs.*) XVe siècle.
(RABELAIS, liv. I, ch. 21.) XVIe siècle.

Voyez LOISEL, *Institutes coutumières*, n° 49.

— Peine de vilain n'est rien à comptée.

(*Dictionn. comique*, par P. J. LE ROUX, t. II, p. 587.)

— Priez le vilain, il en fera moins.

(GABR. MEURIER, *Trésor des Sentences.*) XVIe siècle.

VILAIN. Qui a le vilain il a sa proie.

(*Prov. communs.*) XVe siècle.

— Qui prie le vilain se fatigue en vain.

(GABR. MEURIER, *Trésor des Sentences.*) XVIe siècle.

— Un office acquis par argent d'ung vilain fait un bon tyran.

(*Adages françois.*) XVIe siècle.

SÉRIE N° XI.

POLITIQUE. — LÉGISLATION. — JURISPRUDENCE. — SCIENCES. — LETTRES. — ARTS. — COMMERCE. — NAVIGATION. — PROFESSIONS DIVERSES. — MÉTIERS.

ACHAT. Achat passe louage.

(*Dictionn. critique*, par P. J. LEROUX, t. I.)

ACHETER. Achepter par francs et vendre par escus.

(*Adages françois.*) XVIe siècle.

— Mieulx vault acheter qu'emprunter.

— A trop acheter il n'y a qu'à revendre.

— Qui achète il faut payer.

— Qui bon l'achète bon le boit.

— Achetez des armes en temps de paix; — des terres et des maisons en temps de famine; — des bagues et des joyaux en temps de guerre; — des livres en tout temps.

(*Petite Encyclopédie des Prov.*)

ACHETEUR. Il y a plus de fols acheteurs que de fols vendeurs.

(LOYSEL, *Institutes coutumières*, n° 402.)

AFFAIRE. Allez, vos affaires sont faites.

— Faire bien ses affaires.

AFFAIRE. Il a plus d'affaires que le légat.

(OUDIN, *Curiosités françoises.*)

— Ceux qui n'ont point d'affaires s'en font.

— Gardez-vous d'un homme qui n'a qu'une affaire.

— Il n'est point de petites affaires.

— Les affaires font les hommes.

(*Dictionn. comique*, par P. J. LE ROUX, t. I, p. 12.)

ALMANACH. Faire des almanacs.

C'est-à-dire se repaître de choses imaginaires comme les gens adonnés à l'astrologie judiciaire. La Fontaine a expliqué ce proverbe dans la moralité de sa fable intitulée *l'Astrologue qui tomba dans un puits :*

C'est l'image de ceux qui bayent aux chimères, etc.

Tout faiseur d'almanach est menteur, vérité incontestable fondée sur ce proverbe :

D'un almanach ne mal ne bien,
Pour bien faire n'en croyez rien.

(*Almanach perpétuel*, *etc.*, p. 1.)

AMENDE. Amende surannée ne doit pas être payée.

(*Prov. Gallic.; Recueil* de THOU, Ms.) XVe siècle.

— En mal faict ne gist qu'amendes.

(*Adages françois.*) XVIe siècle.

— Va-t'en battre le grand prévot, tu gagneras double amende.

Se dit en raillant à celui qui ne sait que faire.

(*Dictionn. comique,* par P. J. LE ROUX, t. I, p. 34.)

ANCRE. Bon est s'asseurer dedans l'enchre.

(*Adages françois.*) XVIe siècle.

— Deux ancres sont bons au navire.

(*Mimes* de BAÏF, fol. 42 r°.) XVIe siècle.

— Recours à Dieu, l'ancre est rompue.

(*Mimes* de BAÏF.) XVIe siècle.

APPRENTIS. Apprentis ne sont pas maistres.

(*Recueil* de GRUTHER.)

ACQUET. Il n'est si bel acquet que de don.

(LOYSEL, *Institutes coutumières*, n° 655.)

ARGENT. Argent est un bon serviteur et un mauvais maître.

(*Matinées sénonaises*, p. 290.)

— Argent gent.

(GABR. MEURIER, *Trésor des Sentences.*) XVIe siècle.

— Argent ard (*brûle*) gent.

(*Recueil* de GRUTHER.)

— Argent à l'avare est supplice,
Au sage pauvre est bénéfice.

(*Prov. communs.*) XVe siècle.

— Argent avancé, bras affolé,
Bien mal dispensé, tost désolé.

(GABR. MEURIER, *Trésor des Sentences.*) XVIe siècle.

— Argent a droit partout.

(*Petite Encyclopédie des Prov.*)

— Argent d'autruy (d')
Nul n'enrichit.

(*Prov.* de BOUVELLES.) XVIe siècle.

— Argent est rond il faut qu'il roule.

On lit dans le *Roman de la Rose*, XIIIe siècle.

— « As richeces font grant ledure
» Quant li lor tolent lor nature,
» Lor nature est que doivent corre (*courir*).
» Por la gent aidier et secorre. »

— Argent fait perdre et pendre gent.

(GABR. MEURIER, *Trésor des Sentences.*) XVIe siècle.

ARGENT. Argent fait tout.

— Argent m'y duit.

(*Adages françois.*) XVIe siècle.

— Argent fait rage et amour mariage.

— Argens frais et nouveau
Gaste la chair et la peau
De maint beau jouvenceau.

— Argent porte médecine
A l'estomach et poitrine.

(GABR. MEURIER, *Trésor des Sentences.*) XVIe siècle.

— Argent presté ne doit estre redemandé.

— Argent refusé ne se despend pas.

(*Recueil* de GRUTHER.)

— Argent rachète mortemain.

« C'est-à-dire que gens de mainmorte (qui sont colléges, » monastères, églises, villes, villages, et généralement toute » université) peuvent obtenir du roi dispense de tenir hé- » ritages en lui faisant finance du tiers de la valeur de la » terre, qui est racheter par argent la mainmorte. »

(*Anthologie ou Conférences des Prov.*, Ms.)

— Argent sert au pauvre de bénéfice,
Et à l'avare de grant supplice.

— A pecunes et à denier
Ne puet rien denier.

— Avoir le drap et l'argent ensemble.

C'est la farce de Patelin qui a donné lieu à ce proverbe. On sait que dans cette comédie Patelin, à force de ruse et d'adresse, parvient à garder le drap qu'il a volé, et à ne pas donner l'argent qu'on lui réclamait. De là vient que quand on voit quelqu'un chercher à se procurer un objet sans le payer, on lui applique ce proverbe.

— A besoigne faite argent appreste.

(GABR. MEURIER, *Trésor des Sentences.*) XVIe siècle.

ARGENT. A point d'argent point de varlet.

(*Prov. Gallic.*, Ms.) XVe siècle.

— Pas d'argent pas de Suisses.

— Bien n'est pas argent monnayé.

(*Adages françois.*) XVIe siècle.

— D'argent, comme aussi de bonté,
Défalquer en fault la moitié.

(GABR. MEURIER, *Trésor des Sentences.*) XVIe siècle.

— Argent d'autruy n'enrichit.

— Faute d'argent c'est douleur non pareille.

(*Recueil* de GRUTHER.)

— Il en dit bien d'autres dont il ne prend point d'argent.

(OUDIN, *Curiosités françoises.*)

— Il n'y a rien de plus éloquent que l'argent comptant.

(*Dictionn. comique*, par P. J. LE ROUX, t. I, p. 431.)

— L'argent fait la guerre,
Tel le dit qui n'en a guères.

(GABR. MEURIER, *Trésor des Sentences.*) XVIe siècle.

— L'argent est le nerf de la guerre.

(*Dictionn. comique*, par P. J. LE ROUX, t. I, p. 55.)

— L'argent n'a point de maître.

(*Dictionn. de l'Académie*, édit. de 1835.)

— L'argent quant (*en même temps que*) l'orge.

(*Prov. communs.*) XVe siècle.

— L'argent tremble devant la porte du juge et de l'advocat.

(*Adages françois.*) XVIe siècle.

— Fy de paillard qui n'a monnoye,
Et d'avoir qui n'a joye.

(GABR. MEURIER, *Trésor des Sentences.*) XVIe siècle.

Argent. Il est avaricieux, il garde son argent pour boire.

(Oudin, *Curiosités françoises.*)

— Le terme vaut l'argent.

(*Dictionn. de l'Académie,* édit. de 1835.)

— Les grands font sans argent ce que les petits ne peuvent faire par argent.

(*Adages françois.*) xvie siècle.

— Prendre quelque chose pour argent comptant.

(*Dictionn. de l'Académie,* édit. de 1835.)

— Quand argent fault tout fault.

(Gabr. Meurier, *Trésor des Sentences.*) xvie siècle.

— Qui a de l'argent a des pirouettes.

— Qui a de l'argent a des coquilles.

C'est-à-dire qui a de l'argent peut acheter ce qui lui plaît.

(Oudin, *Curiosités françoises.*)

— Solder argent vif.

Payer argent comptant.

(Bovilli *Prov.*) xvie siècle.

— Sur argent amy ne parent.

(Gabr. Meurier, *Trésor des Sentences.*) xvie siècle.

Art. Fy de l'art qui en raison n'a fondement ne part.

(*Recueil* de Gruther.)

— L'honneur nourrist les arts.

(*Adages françois.*) xvie siècle.

Artisan. Artisan qui ne ment
N'a mestier entre gent.

(Gabr. Meurier, *Trésor des Sentences.*) xvie siècle.

— A l'œuvre on connoît l'artisan.

(La Fontaine, fable 21, liv. i.)

AUNE. Il en a tout le long de l'aulne, le matou!

(*Comédie de La Rivey, les Morfondus. Anc. Théâtre franç.*, t. V, p. 311.) XVIe siècle.

— Ils sçauront en peu de temps qu'en vaut l'aulne.

(*Comédie des Prov.*, acte III, scène IV.)

— Boniface veut mesurer ma robe à son aulne.

(*Comédie des Comédiens*, sc. I.) XVIIe siècle.

AVOCAT. Advocat et juge prévaricateurs.

— Advocat de Térence.

Avocat à tort et sans cause.

— Advocat dessoubs l'orme.

Avocat sans causes. C'est ainsi que Guillemette appelle son mari l'avocat Patelin au début de la farce de ce nom. Plus loin, le drapier l'appelle aussi par dérision : *Avocat portatif, à trois leçons et à trois psaumes.*

Et Coquillart dans l'*Enqueste d'entre la simple et la rusée :*

Maistre Mathieu de Hocheprune,
Patron des enfans dissolus,
Notaire en parchemin de corne
Et grant *avocat dessoubz l'orme.*

— Advocat sans loix,
Advocat de Ponce-Pilate, avocat sans causes.

Mauvaise allusion à ce mot de l'Évangile : *Ego nullam invenio.... causam;* je ne trouve aucune cause, etc.

— Advocat des mouches.

— Advocats ne voyent goutte en leurs causes.

(*Adages françois.*) XVIe siècle.

— Advocats se querellent, et puis vont boire ensemble.

(*Contes* d'EUTRAPEL, fol. 200 r°.) XVIe siècle.

Bon advocat mauvais voisin.

(*Recueil* de GRUTHER.)

Avocat. Toujours ouvert comme la gibecière d'un avocat.

« Car j'ai un estomach pavé, creux comme la » botte saint Benoist, toujours ouvert comme la » gibbessière d'un advocat. »

(Rabelais, liv. I, ch. 68.) XVIe siècle.

— De bon advocat courte joie.

(*Recueil* de Gruther.)

— De jeune advocat héritage perdu, et de nouveau médecin cimetière bossu.

(*Prov. communs.*) XVe siècle.

— De nouveau advocat libelle cornu.

(*Prov. Gallic.*, Ms.) XVe siècle.

— Devant (*avant*) l'advocat on portoit la bourse sur le cul.

(*Adages françois.*) XVIe siècle.

— En champions, en avocats n'aies jà fiance.

(*Anc. prov.*, Ms.) XIIIe siècle.

— Il ne faut rien dérober que la bource d'un advocat.

(*Adages françois.*) XVIe siècle.

— Je n'ai que faire d'advocat, mes affaires sont claires.

(Oudin, *Curiosités françoises.*)

— Je n'aurais non plus pitié d'elle qu'un avocat d'un escu.

(*Comédie des Prov.*, acte II, sc. III.)

— L'advocat est fils de Saturne.

« Exposition : J'ay veu en un tableau un advocat » fauschant en un pré de bources et d'escarcelles. » Or comme la faux emporte la bonne et la mau- » vaise herbe, aussi fait l'advocat le pauvre et le » riche, et emporte et rastelle tout comme le cruel » Saturne *qui suis non pepercit filiis.* »

Avocat. L'advocat ne plaide que pour la soupe.

— L'advocat ne doibt que ce qu'il veut.

— L'advocat s'enrichit d'usure.

— L'advocat si ne desrobe pert.

— L'advocat vit sur le pavé, le gentilhomme est tué au champ.

— L'advocasserie est un cancer universel en une ville.

— Le disner sonne le marteau et réveille l'advocat.

— Le gentilhomme chasse pour l'advocat.

— Le vent n'entre jamais dans la maison d'un advocat.

« Commentaire : L'argent en bouche les pertuis. »

— Les advocats n'ont point de livres de droit.

— Les maisons des advocats sont faictes de la teste des folz.

« Commentaire : Les folz font la feste et les sages » les mangent. Les hommes de bien et de con- » science et chrestiens n'ont que faire de procès » qui ne leur en faict faire pour admener l'eau au » moulin, car il faudroit à un chascun et ne veul- » lent rien de l'autrui. Les malins fins et rusés et » qui ont les juges en leurs manches, vont à la » chasse au procès pour s'enrichir par surprise et » par dons corruptibles. Les oppiniastres par bestize » et en redize; ceux-là sont gens forgez en enfer, » ceux-cy insensez. Par ainsi l'advocat, le Bartole » ne peut faillir à bastir maison, ayant tant d'ar- » chitectes. »

(*Adages françois.*) XVIe siècle.

— Litigier est à l'advocat vandanger.

(Gabr. Meurier, *Trésor des Sentences.*) XVIe siècle.

AVOCAT. Mets d'advocats.

(*Adages françois.*) XVIe siècle.

— Or çà, or là, pensez bien à vos cas,
Argent comptant fait plaider advocats.

(GABR. MEURIER, *Trésor des Sentences.*) XVIe siècle.

— On voit souvent pou de fois en ses advocas.

(*Anc. prov.*, Ms.) XIIIe siècle.

— Quand l'advocat preste il achepte.

— Si enfer n'est plein jamais n'y aura d'advocat sauvé.

(*Adages françois.*) XVIe siècle.

— Tout advocat beau diseur
Ressemble à Bastien le jongleur.

(BOVILLI *Prov.*) XVIe siècle.

— Vous estes mauvais avocat, vous perdrez vostre cause.

BAHUTIER. Faire comme les bahutiers, faire beaucoup de bruit et peu de besogne.

(OUDIN, *Curiosités françoises.*)

« C'est justement comme les compagnons » bahutiers, ils font plus de bruit que de besogne. »

(*Comédie des Proverbes*, act. III, sc. VII.) XVIIe siècle.

BARBIER. Bon fait saigner toute gent,
Quand barbiers n'ont point d'argent.

(GABR. MEURIER, *Trésor des Sentences.*) XVIe siècle.

— Glorieux barbier.

(*Adages françois.*) XVIe siècle.

— Je ne suis pas barbier pour me monstrer les dents.

— Tout beau, barbier, la main vous tremble.

— Vous êtes mauvais barbier, vous pensez mal.

7.

BARBIER. Un barbier rase l'autre.

Un méchant excuse l'autre.

(OUDIN, *Curiosités françoises.*)

— Oncques punais ne fut bon barbier.

(GABR. MEURIER, *Trésor des Sentences.*) XVIe siècle.

BÉNÉFICE. Il faut prendre les bénéfices avec les charges.

(*Dictionn. de l'Académie,* édit. de 1835.)

— Quand a art et office a bénéfice.

(GABR. MEURIER, *Trésor des Sentences.*) XVIe siècle.

BERGER. A mal berger qui lous aime.

Mauvais berger qui aime le loup.

(*Prov. anc.,* Ms.) XIIIe siècle.

— Bon berger tond, n'escorche pas.

(*Mimes* de BAÏF, fol. 42 v°.) XVIe siècle.

— Le manteau du bergier.

(BOVILLI *Prov.*) XVIe siècle.

BIEN. Biens meubles ou immeubles.

— Bien a en sa maison qui de ses voisins est aimé.

(*Adages françois.*) XVIe siècle.

— Bien en commun ne fait monceau.

(*Mimes* de BAÏF, fol. 58 v°.) XVIe siècle.

— Biens meubles ne tiennent costés ne ligne.

» Coutume de Lile art. 8, et est à dire qu'en » successions on n'a égard de quelle ligne ou de » quel costé viennent les meubles comme l'on fait » des immeubles. »

(*Anthologie ou Conférences des Prov.,* Ms.)

— Bien n'est cognu s'il n'est perdu.

Ou encore :

— Bien perdu bien connu.

(GABR. MEURIER, *Trésor des Sentences.*) XVIe siècle.

— Bien perdu mal despendu.

BIEN. Bien de fortune passe comme la lune.

— Bien qui dure n'est prisiez rien,
Par le mal cognoit-on le bien.

(ISOPET I, *Fables*, t. I, p. 383.) XIVe siècle.

— Bien qui nuit est désavoué.

(*Mimes* de BAÏF, fol. 14 v°.) XVIe siècle.

— Bien tard rien, *ou encore :*
Bien tard venu pour néant tenu.

(GABR. MEURIER. *Trésor des Sentences.*) XVIe siècle.

— Bien vient et cœur faut.

— Nul n'a bien s'il ne le compère (*acquière*).

(*Anthologie ou Conférences des Prov.*, Ms.)

BOUCHER. C'est un ris de boucher, il ne passe pas le nœu de la gorge.

Mosans de Brieux pense « que cette façon de parler a » pour fondement une fausse plaisanterie et allusion au » mot de bouche, ainsi ris de boucher ne voudroit dire » autre chose, sinon le ris d'un homme qui ne rit que de » la bouche, ou autrement, comme on dit, du bout des » lèvres. »

(*Origine de quelques Coutumes, etc.*, p. 58.)

— Je crois que vous êtes boucher, vous aimez à tâter la chair; et là, là, vous ne m'acheterez pas.

(*Comédie des Prov.*, acte III, sc. III.)

BOURREAU. Il ne seroit pas bon bourreau, il ne fait que despendre.

Allusion au mot *dépendre* et *despendre*, qui autrefois signifiait *dépenser*.

— Se faire payer en bourreau.

Se faire payer d'avance.

— Me voilà maintenant paré comme un bourreau qui est de feste.

(*Comédie des Prov.*, acte III, scène I.) XVIIe siècle.

BOURSE. Bourse sans argent et sans denier
Est l'arme d'un chétif escuyer.

(GABR. MEURIER, *Trésor des Sentences.*) XVIe siècle.

— Au plus larron la bourse.

(LE ROUX, *Dictionn. comique, etc.*)

— A bourse de joueurs, de plaideurs et de gourmands, il ne faut point de ferrements.

(*Encyclopédie des Prov.*)

— Ma bourse est accouchée.

— Ma bourse est toute neufve, il n'y a point de pièces.

(*Adages françois.*) XVIe siècle.

— Faulte d'adresse la bourse blesse.

— La bourse vaut mieux que l'habit.

(*Recueil* de GRUTHER.)

— Bourse n'a point de suite.

« Allégué au procès-verbal de la coustume de Berry » sur l'art. 18 des droits procédiaux, et explique que » suite de dixme n'avoit lieu quand aucun labouroit d'au- » tres chevaux que les siens, mesme à prix d'argent, car » bourse n'avoit suite ; et estoit coustume ancienne. »

(*Anthologie ou Conférences des Prov.*, Ms.)

Voir Série n° I, au mot DIABLE, t. I, p. 10.

CAS. Cas sur cas et main sur main n'ont lieu en France.

« Ains (avant) se faut pourvoir par procureur, par op- » position, c'est-à-dire que complainte possessoire n'est » reçu sur autre pour mesme subject, ni saisie d'immeu- » bles sur autre. » (*Coustume d'Orléans.*)

(*Anthologie ou Conférences des Prov.*, Ms.)

CHARBONNIER. Chacun est maître chez soi, dit le charbonnier.

« Le roi François Ier, s'estant laissé emporter à l'ar- » deur de la chasse, fut surpris de la nuit, et obligé,

» estant seul, d'entrer dans la loge d'un charbonnier qui, » ne le connaissant point, le pria à souper. Lorsqu'il fut » question de se mettre à table, il prit la première place, » et il ne donna que la seconde au roy, en luy disant : » Chacun est maître chez soy. Ensuite il luy dit de prendre » luy-mesme à manger par où il voudroit. Mais il ne faut » pas, ajouta-t-il, dire au Grand-Nez que je vous ai fait » manger de la venaison. Le roy mangea fort bien, et » le matin estant venu il sonna du cor pour faire en- » tendre où il estoit. A l'arrivée de ses courtisans, le » charbonnier creust estre perdu ; mais le roy le rassura » en luy frappant sur l'épaule, et entre autres récom- » penses octroya à sa considération que le trafic du char- » bon serait exempt de tous impôts. »

(FLEURY DE BELLINGEN, *Étym. des Prov. franç.*, p. 31.)

CHARCUTIER. A chaircuitier bonne saucisse.

(GABR. MEURIER, *Trésor des Sentences.*) XVIe siècle.

CHARPENTIER. A la fin se honist li charpentiers.

(*Anc. prov.*, Ms.) XIIIe siècle.

CHARIOT. Chariot engraissé et oingt
A charier est mieux en poinct.

(GABR. MEURIER, *Trésor des Sentences.*) XVIe siècle.

CHARTIER. Il est bon chartier, il charrie bien droit.

— Il jure comme un chartier.

(OUDIN, *Curiosités françoises.*)

— Il n'est si bon chartier qui ne verse.

(*Adages françois.*) XVIe siècle.

CENT. Qui cent en a et cent en doigt nul n'en a sien.

(*Prov. Gallic.*, Ms.) XVe siècle.

CLERC. Clerc a grant privilége.

— Clercs et femmes sont tout ung.

(*Prov. communs goth.*) XVe siècle.

— Compaignie de clers.

Compagnie de savants.

Ce dicton populaire nous fait connaître que le mot de

compagnie, dont nous nous servons encore pour désigner la société polie, s'appliquait particulièrement à la réunion des gens graves et éclairés. Dans le *Dit de l'Apostoile*, il est opposé à *foule de vilains*, *tourbe de garçons*, *noise de femmes*.

CLERC. Famine des povres clers.

Faim des pauvres étudiants.

(*Dit de l'Apostoile.*) XIIIe siècle.

Le nom de clercs s'appliquait dans le moyen âge à tout homme qui avait étudié, mais on appelait ainsi les individus de tout âge et de tous pays qui fréquentaient les universités, et qu'on nomme aujourd'hui écoliers. La plupart d'entre eux étaient pauvres, et c'est pour subvenir à leurs besoins que des bourses nombreuses furent créées dans différents colléges. Comme on le voit, leur indigence était passée en proverbe.

— Faire un pas de clerc.

Faire une faute.

(OUDIN, *Curiosités françoises.*)

— Il est clerc jusques aux dents, il a mangé son bréviaire.

(*Adages françois.*) XVIe siècle.

« Jadis ung anticque prophete de la nation ju-
» daïcque mangea ung livre et feut clerc jusques
» aux dents. »

(RABELAIS, liv. V, ch. 45.)

— Les bons livres font les bons clercs.

(*Adages françois.*) XVIe siècle.

— Les meilleurs clercs ne sont pas les plus sages.

(*Prov. Gallic.*, Ms.) XVe siècle.

— On dit communément en villes et villages,
Que les grands clercs ne sont pas les plus sages.

(GABR. MEURIER, *Trésor des Sentences.*) XVIe siècle.

— Parler latin devant les clercs.

Pendant le moyen âge, ceux qui avaient étudié aux

ecoles se nommaient *clercs;* à eux seuls appartenait l'office de clergie, c'est-à-dire la culture des sciences et des lettres. De là est venu ce proverbe qui signifie qu'on ne doit parler aux gens que de ce qu'ils savent : « *Parler* » *latin devant les clercs,* dit Pasquier, pour dénoter presque » ce que les Romains voloient dire par cest adage : *Sus* » *Minervam.* » (Liv. VIII, chap. 13 des *Recherches.*)

CLERC. Si n'estoient messieurs les clercs, nous vivrions comme bestes.

« Si n'estoyent messieurs les bestes, nous vi-
» vrions comme clercs. »

(RABELAIS, liv. I, ch. 17.)

COCHE. Faire la mouche du coche.

(*Dictionn. de l'Académie*, édit. de 1835.)

COCHER. Foy de cocher.

(*Adages françois.*) XVIe siècle.

COGNÉE. Jeter le manche après la coignée.

Voyez au sujet de ce proverbe l'épisode du bûcheron Couillatris, dans le prologue du quatrième livre de Rabelais.

COMPTE. Du méchant compte on revient au bon.

(*Dictionn. comique*, par P. J. LE ROUX, t. I, p. 276.)

— Les bons comptes font les bons amis.

— Vous êtes bien loin de votre compte.

— Vous n'y trouverez pas votre compte.

COMPTER. Vous m'en comptez, et si ce ne sont pas quartz d'écus.

CONTE. Ce sont des contes de nourrices, de vieilles, ou d'enfants.

— Ce sont des contes de peau d'asnon, des contes au vieux loup ou de ma commère l'oye.

— Vous me faites des contes à dormir debout.

(OUDIN, *Curiosités françoises.*)

CONTRÔLEUR. Contrôleur, argentier, secrétaire,
Maistre d'hostel, embourceurs en toute affaire.

(*Adages françois.*) XVIe siècle.

CONVENANCES. Convenances rompent loi.

(*Anthologie ou Conférences des Prov.*, Ms.)

Voir aussi LOYSEL, *Institutes coutumières*, n° 359.

CORDONNIER. Gain du cordouanier
Entre par l'huys et ist par le fumier.

(GABR. MEURIER, *Trésor des Sentences.*) XVIe siècle.

Gain de cordonnier entre par la porte et sort par le fumier.

— Les cordonniers sont toujours les plus mal chaussés.

(OUDIN, *Curiosités françoises.*)

CORSAIRE. A corsaire, corsaire et demi.

— Corsaires contre corsaires
Font rarement leurs affaires.

Ou bien :

— Corsaire à corsaire, il n'y a rien à gagner que les barils des forçats.

André Doria, après avoir défié Barberousse, ayant évité de combattre quand ce corsaire se présenta, don Ferdinand, roi de Sicile, en éprouva le plus grand chagrin. « On en parloit diversement, ajoute Brantôme, et l'on » prétendait qu'il y avoit quelque secrète intelligence entre » Barberousse et le marin génois. Aussi parmi leurs es- » claves le proverbe couroit : *Que corsario a corsario me* » *ay que gannar que los barillos d'aqua.* »

(BRANTÔME, *Capitaines étrangers.*)

COUTUME. Mauvaise coustume fait moult mal.

(*Prov. Gallic.*, Ms.) XVe siècle.

— Coustumes sont rooles.

C'est-à-dire affectent aussi bien les choses que les personnes. Exemples : « En la Coustume de Bourgogne, autre

» en celle de Reims, par laquelle, art. 22, immeubles » suivent les coustumes des lieux où ils sont assis. »

(*Anthologie ou Conférences des Prov.*, Ms.)

CUEILLEUR DE POMMES. Habillé en cueilleur de pommes.

(*Adages françois.*) XVIe siècle.

Mal habillé, mal vêtu.

« Mais pitoyablement navré en divers lieux, et » tant mal en ordre qu'il sembloyt estre eschappé » es chiens, ou mieulx ressembloit un *cueilleur* » *de pommes du pays de Perche.* »

(RABELAIS, liv. I; voyez aussi liv. III, *Prologue.*)

— Revenir en cueilleur de pomme.

(*Adages françois.*) XVIe siècle.

DEMANDE. A folle demande il ne faut point de responce.

— A sotte demande il ne faut pas de réponse.

(*Adages françois.*) XVIe siècle.

DEMANDEUR. A beau demandeur beau refuseur.

(*Comédie des Prov.*, acte III, sc. III.)

DENIER. Deniers avancent les bediers,
Et des premiers font les derniers.

Bedier. Leduchat, dans son commentaire sur le discours préliminaire de l'*Apologie pour Hérodote*, fait dériver ce mot de *beudarius, bedarius*, et l'explique d'après un vieux dictionnaire anglais-français par *sot, ignorant.* (Voyez *Apologie pour Hérodote,* t. I, p. 9.)

— Denier par amitié presté
Sans denier soit apresté.

(GABR. MEURIER, *Trésor des Sentences.*) XVIe siècle.

— Deniers prêtés ne doit-on demander.

(*Prov. anc.*, Ms.) XIIIe siècle.

— Deniers refusez ne se passent pas.

(GABR. MEURIER, *Trésor des Sentences.*) XVIe siècle.

— Denier sur denier bâtit la maison.

DENIER. C'est un homme qui me vendrait à beaux deniers comptants.

(*Encyclopédie des Prov.*)

— Le denier oublié ou mesconté grace ne gré.

(*Prov. Gallic.*, Ms.) XVe siècle.

— Il employe bien ses quatre deniers.

Il mange bien à proportion de ce qu'il paye.

(OUDIN, *Curiosités françoises.*)

DESTINATION. Destination de père de famille vaut titre.

« Coustume de Paris, titre des *Servitudes.* En la cous-
» tume réformée a esté adjousté : Quant elle est par escrit
» et non aultrement. C'est-à-dire qu'en servitudes ur-
» baines, ce qu'en a ordonné le propriétaire par escrit soit
» entre-vifs ou à cause de morts, vault titre, et a lieu
» entre ses successeurs ou ayant droit. »

(*Anthologie ou Conférences des Prov.*, Ms.)

DETTE. Cent livres de mélancholie ne payent pas un sol de dettes.

(*Anthologie ou Conférences des Prov.*, Ms.)

« Mille escus de melancholie n'acquittent le
» debteur d'un soul. »

(*Plaisants Devis récités par les Suppôts du Seigneur de la Coquille,* de 1593.)

« Concluant que cent ans de melancolie ne
» paieront jamais pour un liard de debtes. »

(*Opuscules Tabariniques,* p. 291 des Œuvres complètes, édition Janet.)

— La debte qui est payée
Ne doibt plus estre demandée.

— Les mauvais debteurs font les mauvais presteurs.

— L'une debte amaine l'autre.

(*Prov. Gallic.*, Ms.) XVe siècle.

DEVIN. Je donne au diable si vous n'êtes devins,

vos pères étoient yvres quand ils vous firent devins comme des vaches, ils devinent tout ce qu'ils voyent.

(*Comédie des Prov.*, acte III, scène III.)

Voyez, Série n° VII, MONTMARTRE.

DIRE. Qui le fera dire ou dira
De bonne mort point ne mourra.

— Qui dit ce qu'il scait et donne ce qu'il a n'est pas tenu à davantage.

— Ne dit mot et n'en pense pas moins.

— Cela s'en va sans dire.

— C'est pourquoi je suis venu sans dire ni qui a perdu ni qui a gagné.

— Cela vous plaît à dire.

— Peut-estre nous diront-ils plus que nous n'en voudrons scavoir.

— Je ne luy diray que deux mots et puis la fin.

— Vrayment ils en disent bien d'autres dont ils ne prennent point d'argent.

(*Comédie des Prov.*, passim. — *Anc. Théâtre franç.*, t. X. Glossaire.)

— Qui ne dit mot consent.

— Dire et faire sont deux.

DISCIPLE. Disciple sans livre.

(BOVILLI *Prov.*) XVIe siècle.

DISEUR. Communément un grand diseur se trouve enfin petit faiseur.

(*Anc. Théâtre franç.*, t. VII, p. 380.)

DOCTEUR. Docteur en toute lourdise.

Ignorant.

(OUDIN, *Curiosités françoises.*)

— J'ai une tête de docteur à dîner.

C'est-à-dire une tête de veau.

« Je ne suis pas de ces petits doctereaux dont » il est escrit, j'ai une tete de docteur à diner. »

(*Moyen de parvenir.*)

DOCTEUR. De jeune docteur argument cornu.

(*Recueil* de GRUTHER.)

DON. Don mutuel ne saisit point.

« Coustume de Paris, art. 273. Coustumes de Champagne, Meaux, Sens et autres. Et a lieu seulement en » donation entre-vifs. »

(*Anthologie ou Conférences des Prov.*, Ms.)

DOUAIRE. Au coucher la femme gagne son douaire.

— Jamais mari ne paya douaire, parce qu'il n'est donné que après la mort du mari.

(LOYSEL, *Institutes coutumières, etc.*, n°s 140, 141.)

ÉCOLE. Dire les nouvelles de l'école.

(*Dictionn. comique*, par P. J. LE ROUX, t. I, p. 422.)

ÉCOLIER. Pire ne trouverez que escouliers.

(*Prov. communs goth.*) XVe siècle.

ÉCRIT. Autant de fois que l'on transcript
Autant corrige-on son escrit.

(*Adages françois.*) XVIe siècle.

ÉCU. Il est le père aux escus.

— Il a des écus moisis.

(*Dictionn. comique,* par P. J. LE ROUX, t. I, p. 425.)

— Les vieux amis et les vieux écus sont les meilleurs.

— Voici le reste de nos écus.

(*Dictionn. de l'Académie*, édit. de 1835.)

On dit aussi d'un avare :

Il se ferait fesser pour un écu.

ÉLOQUENCE. Grande est l'éloquence qui plaît
A celuy qui oït (*écoute*) à regret.

(*Anthologie ou Conférences des Prov.*, Ms.)

ENCAN. A l'encan se vend autant bran que farine.

L'espagnol : « *En el almoneda tien la bocca queda.* A » l'encan tiens la bouche coye, c'est-à-dire garde toy des » folles enchères. »

(*Anthologie ou Conférences des Prov.*, Ms.)

ENCLUME. A dure enclume marteau de plume.

(GABR. MEURIER, *Trésor des Sentences.*) XVIe siècle.

— Entre l'enclume et le marteau il ne faut pas mettre le doigt.

— Il faut être enclume ou marteau.

(*Dictionn. de l'Académie*, édit. de 1835.)

ENCRE. Encre et papier coustent deniers.

(GABR. MEURIER, *Trésor des Sentences.*) XVIe siècle.

ESCRIPRE. Escripre d'une plume volante.

(BOVILLI *Prov.*) XVIe siècle.

EXTRÊMES. Les extrêmes se touchent.

On dit proverbialement que les extrêmes se touchent: Un sot ne manquait aucune occasion de dire qu'il était né le lendemain de la mort de Voltaire. Nouvelle preuve que les extrêmes se touchent, dit quelqu'un.

M. de Marivet, auteur d'un système d'histoire naturelle en opposition à celui de M. de Buffon, était fils de l'entrepreneur de la manufacture de cristaux de Bourgogne, et prenait à Paris le titre de baron. Se trouvant entrer dans une maison au même instant que le baron de Montmorency, titré premier baron chrétien, le valet de chambre les annonça en même temps, Messieurs les barons de Marivet et de Montmorency.... Le dernier fut sans doute un peu étonné de cette accolade. « Vous voyez, monsieur le baron, que les extrêmes se touchent. »

(*Notes manuscrites.*)

FAUTES. Fautes valent exploits.

« C'est un brocart de praticque qui veut dire que les » défauts d'une partie, soit de comparoître, défendre ou » de faire autre chose ordonnée par le juge, valent dili-

» gence et tournent à profit à l'autre partie, laquelle ob-
» tient par ce moyen renvoy. »

(*Anthologie ou Conférences des Prov.*, Ms.)

FÉRONIER. Aux nopces du féronier
Chacun pour son denier.

(GABRIEL MEURIER, *Trésor des Sentences.*) XVIe siècle.

FIEF. Fief, juridiction, ressort, directe seigneurie n'ont rien de commun et peuvent estre les uns sans les autres en diverses mains.

Voyez Coustumes de Tours, de Blois, de Berry, de la Marche, du Bourbonnais.

(*Anthologie ou Conférences des Prov.*, Ms.)

FOIRE. A meschante foire
Bonne chère et bien boire.

(GABR. MEURIER, *Trésor des Sentences.*) XVIe siècle.

— Ils s'entendent comme larrons en foire.

— Il a bien couru les foires.

— La foire n'est pas sur le pont.

(*Dictionn. de l'Académie,* édit. de 1835.)

— La foire sera bonne, les marchands s'assemblent.

(OUDIN, *Curiosités françoises.*)

— Jours de marché et de foire,
Ce sont des jours à beaucoup boire.

(*Almanach perpétuel,* p. 136.)

FORGERON. En forgeant devient on febvre (*forgeron*).

(*Prov. communs.*) XVe siècle. — (GABR. MEURIER, *Trésor des Sentences.*) XVIe siècle.

— Feves et forniers (*forgerons et fourniers*) boivent voluntiers.

(*Prov. Gallic.*, Ms.) XVe siècle.

— Forgeurs forgent et traitent choses fabriles,
Et les bourdeurs vaines et inutiles.

Les forgerons forgent le fer, et les menteurs disent choses vaines et inutiles.

FOULON. Onques foulon ne caressa charbonnier.

(GABR. MEURIER, *Trésor des Sentences.*) XVIe siècle.

FOURBISSEUR. Bec à bec comme deux fourbisseux.

(*Adages françois.*) XVIe siècle.

GAGE. De gage qui mange nul ne s'en arrange.

(GABR. MEURIER, *Trésor des Sentences.*) XVIe siècle.

— De petit gage gros gaynage.

(*Prov.* de BOUVELLES.) XVIe siècle.

GAIN. D'injuste gain juste daim (*dommage*).

(GABR. MEURIER, *Trésor des Sentences.*) XVIe siècle.

— Du gain l'odeur a bonne saveur.

(*Recueil* de GRUTHER.)

GARDIEN. Guardien en ligne directe ne rachète point.

« C'est-à-dire que le guardien noble ne paye rachat ou » relief pour les fiefs des mineurs. »

GRELOT. Attacher le grelot.

C'est-à-dire faire le premier pas dans une entreprise difficile.

— La difficulté fut d'attacher le grelot.
L'un dit : Je n'y vois point, je ne suis pas si sot.

(LA FONTAINE, *Fables. Conseil tenu par les rats.*)

GUET A PENS. De guet a pens.

« Ceste formule est fréquente ès Coustumes et Juge- » ments en matière criminelle et est bien tournée par les » vrais practiciens et arrests latins *pensatis insidiis.* Car guet » se prend pour embusche, comme quand on dit *guetter* » *quelqu'un*, *guetteur de chemin.* Et ce mot *apens* est ron- » gné de la dernière lettre, car le mot entier est *apensé.* » Et ainsy se lit, sçavoir : *guet apensé* en la Coustume du » Maine, art. 44, 49, etc.; en la Coustume de Loudun, » chap. 4. Celle de Normandie dit *guet pourpensé;* celle » de Bretagne *fait apensé.* Ainsy de *guet apens* est autant » que par embusche pourpensée. »

(*Anthologie ou Conférences des Prov.*, Ms.)

HARPEUR. Ung harpeur danse à la harpe.

(BOVILLI *Prov.*) XVIe siècle.

HÉRITIER. Des choses mal acquises le tiers hoir ne jouira.

« Car vous dites en proverbes communs : Des » choses mal acquises le tiers hoir ne jouira. »

(RABELAIS, liv. III, ch. 1.) XVIe siècle.

IMPRIMERIE. L'art de l'imprimerie nous fournit beaucoup de sçavoir.

(GOMÈS DE TRIER, *Jardin de Récréation.*) XVIe siècle.

JONGLEUR. Riote de jugléor.

Bavardage de jongleurs.

(*Dit de l'Apostoile.*) XIIIe siècle.

Le mot *riote*, fréquemment employé dans la langue française du XIIIe au XVe siècle, signifiait bruit, tapage, et aussi querelle. Il voulait dire encore *bavardage, caquetage, plaisanterie, moquerie;* il est employé dans ce dernier sens dans une pièce en prose du XIIIe siècle, intitulée : *la Riote du Monde*, et qui a été mise en vers sous le titre du *Roi d'Angleterre et du Jongleur d'Ély*. (Ces deux pièces ont été imprimées en 1834, par M. Fr. Michel. Paris, Silvestre, in-8°.)

JUGE. Juge hastif est périlleux.

(*Prov. Gallic.*, Ms.) XVe siècle.

— Juges sont affolez et escrivains,
S'ils n'ont souvent les pieds ès mains.

(*Recueil* de GRUTHER.)

— De fol juge briefve sentence.

(*Prov. communs.*) XVe siècle.

— Grant don fait juge aveugler,
Droit abatre, tort alever.

(*Prov. aux Philosophes*, Ms.) XIIIe siècle.

— Tel juge tel jugement.

(GABR. MEURIER, *Trésor des Sentences.*) XVIe siècle.

JUGE. **Il ressemble le juge de Montravel.**

François Ier, en parlant de la manière absolue dont régnait Louis XI, disait qu'il semblait un juge de Montravel, en Périgord, qui avait longtemps porté les armes, « lequel, ajoute Brantôme, faisoit et jettoit ses sentences » comme il lui plaisoit. Et si par cas on appeloit, il avoit » tousjours près sa chaire une grande espée à deux mains » qu'il portoit souvent, il la desguesnoit et souvent soudain, et avec son *cap de Dieu*, l'approchoit du col du » pauvre appellant, et luy faisoit si belle peur, le menaçant de le luy couper tout à net, s'il ne se désistoit de » l'appel, si qu'il estoit contraint de subir à la sentence telle » quelle qu'il eust prononcée. Le conte en est plaisant, et » le proverbe en court encore aujourd'hui au pays : *Il » ressemble le juge de Montravel, qui veut estre bien creu » et crainct, en son dire et sentence, comme il lui plaist.* »

(BRANTÔME, *Capit. franç.*, t. II, p. 40, des Œuvres complètes. Edit. in-8°, 1822.)

JURER. **Il jure comme un gentilhomme ou comme un abbé.**

— **Il ne faut jurer de rien.**

— **S'il ne tient qu'à jurer, la vache est à nous.**

(OUDIN, *Curiosités françoises.*)

JUSTICE. **Justice ploye, l'église noye,**
Le commun desvoye,
Sathan quiert sa proye,
Justice sur toutes vertus a le prix.

(*Recueil* de GRUTHER.)

LANGUE. **Autant de langues que l'homme sait parler, autant de fois est-il homme.**

« Charles-Quint, qui parloit cinq ou six langues, disoit » souvent, quand il tomboit sur leurs différentes beautés, » que selon l'opinion des Turcs, autant de langues que » l'homme sçait parler, autant de fois est-il homme; tellement que si un brave homme parloit de neuf ou dix » sortes de langage, il l'estimoit autant luy tout seul qu'il » eust faict dix autres. »

(BRANTÔME, *Capitaines étrangers*, t. I, p. 16 des Œuvr. compl.)

Langue. L'usage est le tyran des langues.

— On ne s'entend pas, c'est la confusion des langues.

(*Dictionn. de l'Académie*, édit. de 1835.)

Latin. C'est du latin de cuisine, il n'y a que les marmitons qui l'entendent.

(*Dictionn. comique*, par P. J. Le Roux, t. II, p. 77.)

— Il ne faut pas parler latin aux bestes.

Dans les *Bigarrures du seigneur des Accords*, au chapitre des *Équivoques latins-françois*, p. 76, on trouve l'anecdote suivante : « Le valet du comédien Valeran le » Picard se plaignoit que le latin de son maistre les feroit » mourir tous deux de faim, car un pauvre lui ayant prié » de demander à son maistre s'il lui vouloit rien donner, » et Valeran lui ayant répondu : *Nolo, nolo,* le valet, en- » tendant *nos lots*, *nos lots*, bailla le lot plein de vin au » pauvre. Peu après, un autre mendiant s'estant présenté » au mesme valet, et prié de dire à son maistre s'il pou- » vait luy donner quelque chose, qu'il le fist, Valeran » ayant répondu : *Non possum, non possum,* le valet pen- » sant qu'il dist *nos poissons*, donna les deux poissons qu'il » avoit apprestés pour le dîner de Valeran. Ces équivoques » font trouver le proverbe véritable qu'*il ne faut pas parler* » *latin aux bestes.* »

— J'y perds mon latin.

Je n'y comprends rien, je ne puis réussir.

(Oudin, *Curiosités françoises.*)

Lettres. Contre fort et contre faux
Ne valent lettres ne sceaux.

(Olivier de la Marche, *Mémoires,* liv. vi.) xve siècle.

— En lettre et requete on ne doibt point tourner le feuillet.

(*Anthologie ou Conférences des Prov.*, Ms.)

— Où il y a tant de titres il n'y a guère de lettres.

Ce proverbe, que Fleury de Bellingen attribue au roi

Louis XI, fait allusion à l'ignorance des grands seigneurs de ce temps, qui pour la plupart négligeaient les connaissances de l'esprit pour se livrer aux exercices des armes ou de la chasse. Bellingen se trompe quand il dit que Louis XI répétait ce proverbe par haine pour les sciences et pour les lettres. C'était plutôt chez ce prince une moquerie qu'une insulte. (Voyez l'*Étym. des Prov. franç.*, p. 196.)

LIVRE. A desenor muert à bon droit
Qui n'aime livre ne ne croit.

Celui-là meurt à bon droit déshonoré qui n'aime pas les livres et n'y croit.

(*Roman du Renart*, v. 39.) XIIIe siècle.

— Ce n'est rien dict que ce qui est aux livres.

(*Adages françois.*) XVIe siècle.

— Je réussirai, ou je brûlerai mes livres.

— Il n'a jamais mis le nez dans un livre.

— Il parle comme un livre.

(*Dictionn. de l'Académie*, édit. de 1835.)

LOI. Les petits sont subjets aux loys et les grands en font à leur guise.

(*Prov. communs.*) XVe siècle.

— Ce que je vous dis c'est la loi et les prophètes.

— Nécessité n'a point de loi.

(*Dictionn. de l'Académie*, édit. de 1835.)

MAÇON. Maçon avec raison fait maison.

(*Recueil* de GRUTHER.)

— C'est un vrai maçon.

Se dit d'un ouvrier qui travaille grossièrement sur des matières délicates.

(*Dictionn. de l'Académie*, édit. de 1835.)

— Il n'est pas bon masson qui pierre refuse.

(GABR. MEURIER, *Trésor des Sentences.*) XVIe siècle

MAGISTRAT. Le magistrat et l'office descouvrent l'homme.

« Quantes foys vous ay je ouy disant que le ma-
» gistrat et l'office descouvrent l'évidence, etc. »

(RABELAIS, liv. III, ch. 18.) XVIe siècle.

MAÎTRE. Il a bien trouvé son maître.

(*Dictionn. de l'Académie,* édit. de 1835.)

— Il n'est ouvrage que de maistre.

(GABR. MEURIER, *Trésor des Sentences.*) XVIe siècle.

« Vous dictes facilement qu'il n'est ouvrage que
» de maistres, et couraige que de croqueurs de
» pies. »

(RABELAIS, *Prologue* du liv. IV.) XVIe siècle.

— En apprenant l'on devient maistre.

(GABR. MEURIER, *Trésor des Sentences.*) XVIe siècle.

— Il n'y a si petit métier qui ne nourrisse son maître.

(*Matinées sénonaises,* p. 271.)

— Les apprentis y sont maistres.

(*Adages françois.*) XVIe siècle.

— Nul ne peut servir deux maîtres.

(*Dictionn. de l'Académie,* édit. de 1835.)

— Pour bien servir et loyal estre,
De serviteur on devient maistre.

(*Heptaméron des Nouvelles de la Reine de Navarre,* 1re journée, n. X.) XVIe siècle.

MAÎTRISE. Ce n'est maistrise que assembler, mais de départir.

— Ce n'est pas maistrise de faire comme les autres.

(*Prov. Gallic.*, Ms.) XVe siècle.

MARCHAND. Marchand qui perd ne peut rire.

(OUDIN, *Curiosités françoises.*)

MARCHAND. Marchand qui ne tient sa promesse,
Juge qui vérité delaisse,
Et advocat vuide de sagesse
Ne vaillent pas une vesse.

(*Recueil de* GRUTHER.)

— Avec le temps
On cognoist les bons marchands.

(GABR. MEURIER, *Trésor des Sentences.*) XVIe siècle.

— C'est un marchand qui prend l'argent sans compter.

C'est un voleur.

(OUDIN, *Curiosités françoises.*)

— Couart marchand ne gainnera jà grant chose.

(*Anc. prov.*, Ms.) XIIIe siècle.

— De marchand à marchand il n'y a que la main.

(*Dictionn. comique*, par P. J. LE ROUX, t. II, p. 111.)

— Drap large, servant estroit et chiche
Fait le marchand content et riche.

(GABR. MEURIER, *Trésor des Sentences.*) XVIe siècle.

— Il faut être marchand ou larron.

(*Dictionn. de l'Académie*, édit. de 1835.)

— Il n'est pas marchant qui toujours gaigne.

(*Adages françois.*) XVIe siècle.

— Vous en serez le mauvais marchand.

(OUDIN, *Curiosités françoises.*)

MARCHANDISE. Marchandise n'espargne nul.

(*Adages françois.*) XVIe siècle.

— Marchandise qui plaît est à moitié vendue.

(OUDIN, *Curiosités françoises.*)

— Marchandise offerte est à moitié vendue.

(*Contes* d'EUTRAPEL, fol. 2 v°.) XVIe siècle.

MARCHANDISE. Boutique de marchandise
Arrière-boutique d'usure.

« Aujourd'huy on s'adjudaïse fort partout et par » touz estatz en cecy; et les gens de longues robes » plus hardiment, pour l'authorité de leurs robes. »

(*Adages françois.*) XVIe siècle.

— Chacun prise sa marchandise.

(OUDIN, *Curiosités françoises.*)

— La marchandise est bonne où l'on gaigne la moitié.

(*Prov. Gallic.*, Ms.) XVe siècle.

— Faire métier et marchandise de quelque chose.

(*Dictionn. comique,* par P. J. LE ROUX, t. II, p. 132.)

— On n'a jamais bon marché de méchante marchandise.

(OUDIN, *Curiosités françoises.*)

MARCHÉ. A bon marchié bon vivre.

(*Prov. ruraux et vulgaux*, Ms.) XIIIe siècle.

— Bon marché deçoit les simples au marché.

(GABR. MEURIER, *Trésor des Sentences.*) XVIe siècle.

— Bon marché fait argent débourser.

(*Adages françois.*) XVIe siècle.

Ou encore :

Bons marchiés traict argent de borse.

(*Anc. prov.*, Ms.) XIIIe siècle.

— Il n'y a au marché que ce qu'on y met.

(LOYSEL, *Institutes coutumières, etc.*, n° 358.)

— Il n'y a que les bons marchés qui ruinent.

(*Dictionn. de l'Académie,* édit. de 1835.)

— C'est marché comme de paille.

C'est un bon marché.

— Il n'en a pas eu meilleur marché.

MARCHÉ. Je ne croyais pas en sortir à si bon marché.

(OUDIN, *Curiosités françoises.*)

— Quand les hauts abreuvent le bas
Le bon marché l'on n'a pas.

(*Adages françois.*) XVIe siècle.

MARÉCHAL. Le maréchal pour son feu augmenter
Le vient par fois d'eau froide arroser.

(GABR. MEURIER, *Trésor des Sentences.*) XVIe siècle.

MARINIER. Il jure comme un marinier qui est engravé.

(*Dictionn. comique,* par P. J. LE ROUX, t. I, p. 451.)

— Il n'est si bon marinier qui ne périsse.

(*Adages françois.*) XVIe siècle.

MÉNESTRIER. Argent de menestrier.

L'auteur des *Abus de la Danse* s'adresse aux ménestriers, et leur dit : « Vous devriez reconnoytre la faute » que vous faites de voir que l'argent de vostre journée » s'évanouit d'entre vos mains ainsi que la neige se fond » aux rayons du soleil, Dieu ne permettant pas que ce que » vous acquerez aux jours de festes que vous violez vous » fasse grand profit. Pardonnez-moi si je dis que de là est » venu le proverbe *argent de menestrier.* » (*L'Antibaladin ou Démonstration des Abus de la Danse,* par ANTOINE ROBERT, curé de la Chapelle, Lyon, pour Estienne Tantillon, 1611, in-16.)

— Il est comme les menestriers, il ne trouve point de pire maison que la sienne.

— Soufflez, menestrier, l'épousée passe.

Cela se dit lorsque quelqu'un se vante.

(OUDIN, *Curiosités françoises.*)

— Tel fois chante li menestriers
Que c'est de tous li plus courreciez.

Quelquefois le ménétrier chante tandis qu'il est le plus triste de toute la compagnie.

(*Anc. prov.*, Ms.) XIIIe siècle.

MER. A tort se lamente de la mer
Qui ne s'ennuye d'y retourner.
(GABR. MEURIER, *Trésor des Sentences.*) XVIe siècle.

— C'est la mer à boire.

— C'est porter de l'eau dans la mer.

— C'est une goutte d'eau dans la mer.
(*Dictionn. de l'Académie*, édit. de 1835.)

— Qui est sur la mer il ne fait pas des vents ce qu'il veult.
(*Prov. communs.*) XVe siècle.

MERCIER. A petit mercier petit panier.
(*Prov. ruraux et vulgaux*, Ms.) XIIIe siècle.

— Assez dépendre et rien gaigner
Mène à mal le pauvre mercier,

— Chacun mercier portera son panier.

— Chacun mercier prise ses aiguilles et son panier.
(GABR. MEURIER, *Trésor des Sentences.*) XVIe siècle.

— Il n'est pas digne d'être mercier qui ne sçait pas faire sa loge.
(*Adages françois.*) XVIe siècle.

MÉTIER. A d'autres, nous sommes du mestier.
(OUDIN, *Curiosités françoises.*)

— Bon est le mestier dont l'on peut vivre.
(*Prov. Gallic.*, Ms.) XVe siècle.

— Bon faict scavoir quelque mestier,
Pour s'en ayder s'il est mestier (*besoin*).
(GABR. MEURIER, *Trésor des Sentences.*) XVIe siècle.

— C'est un méchant métier celui qui fait pendre son maître.
(*Dictionn. comique*, par P. J. LE ROUX, t. II, p. 159.)

— Chacun travaille à son mestier.
(*Illustres Prov.*, t. I, p. 36.)

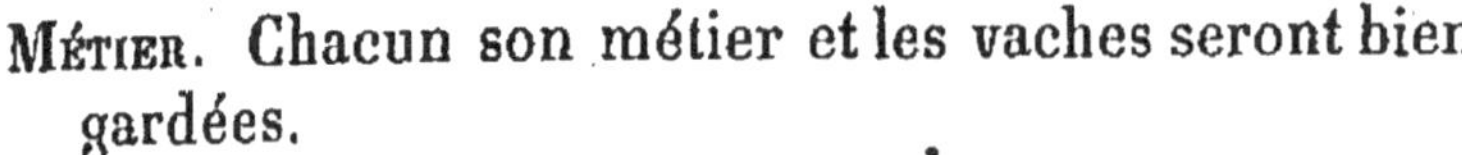

MÉTIER. Chacun son métier et les vaches seront bien gardées.

— Faire mestier et marchandise.

— Il est de tous mestiers et ne peut vivre.
(OUDIN, *Curiosités françoises.*)

— Il n'y a pas de sots métiers, il n'y a que de sottes gens.

— Le métier n'en vaut plus rien, tout le monde s'en mêle.
(*Dictionn. comique*, par P. J. LE ROUX, t. II, p. 159.)

— Qui ne scait pas son mestier l'apprenne.
(OUDIN, *Curiosités françoises.*)

— Servir à quelqu'un un plat de son métier.
(*Dictionn. de l'Académie*, édit. de 1835.)

MEUNIER. Il n'y a rien si hardi que la chemise d'un meunier.

Parce qu'elle prend tous les matins un voleur à la gorge.
(*Dictionn. comique*, par P. J. LE ROUX, t. II, p. 5.)

— On ne doibst espargner blé du musnier,
Vin du curé, ny moins pain de fournier.
(GABRIEL MEURIER, *Trésor des Sentences.*) XVIe siècle.

MONNAYEUR. Il n'est que monnoyeur pour se connoître en billon.
(*Moyen de parvenir*, au chapitre intitulé *Section.*)

MONNAIE. Il est décrié comme la vieille monnoie.
(*Dictionn. comique*, par P. J. LE ROUX, t. II, p. 178.)

— Il ne le faut garder non plus que la fausse monnoye.

— Il ne se paye pas de telle monnoye.
(OUDIN, *Curiosités françoises.*)

MONNAIE. Je me mettrois en quatre, et je ferois de la fausse monnoye pour vous.

(*Comédie des Prov.*, acte I, scène VII.)

— Rendre à quelqu'un la monnaie de sa pièce. Rendre à quelqu'un la pareille.

(*Dictionn. de l'Académie,* édit. de 1835.)

MULETIER. Muletiers et cuisiniers sont souvent grands dépensiers.

(*Adages françois.*) XVIe siècle.

MUSE. Nulle muse sans son excuse.

(GABR. MEURIER, *Trésor des Sentences.*) XVIe siècle.

NAVIRE. En contraire partie tout d'ung vent
On voit navire aller souvent.

(BOVILLI *Prov.*) XVIe siècle.

— Telle nau (*navire*) telle eau.

— Tel fleuve, tel navire.

NEF. Qui entre en nef n'a pas vent à gré.

NOTAIRE. De trois choses Dieu nous gart,
D'*et cœtera* de notaires,
De quiproquo d'apothicaires,
De boucons de Lombards friscaires.

Et cœtera de notaire, formules qui terminent les actes notariés, et après lesquelles sont spécifiés les droits dus à ces officiers civils, droits toujours très-élevés.

OFFICE. Qui achete office revend son office.

(GABR. MEURIER, *Trésor des Sentences.*) XVIe siècle.

ONCE. Once d'estat livre d'or.

(*Recueil* de GRUTHER.)

OUTIL. Il a bon marché de l'outil à son voisin qui l'a pour le rendre.

(*Prov. Gallic.*, Ms.) XVe siècle.

OUVRIER. Ouvrier gaillard cèle son art.

(*Recueil* de GRUTHER.)

OUVRIER. A l'hospital les bons ouvriers,
En dignité les gros asniers.

— A l'ouvrage cognoit-on l'ouvrier.
(GABR. MEURIER, *Trésor des Sentences.*) XVIe siècle.

Dans la *Bible* de Guyot de Provins :

« L'uevre apporte son jugement,
» Ce sachiez bien apertement. »
(Vers 2,402.) XIIIe siècle.

— A bon ouvrier ne fault ouvrage,
Si sens ne lui manque ou courage.
(GABR. MEURIER, *Trésor des Sentences.*) XVIe siècle.

— Bons ouvriers ne peut tard venir en œuvre.
(*Anc. prov.*, Ms.) XIIIe siècle.

— Il est plus d'ouvriers que de maistre.
(GABR. MEURIER, *Trésor des Sentences.*) XVIe siècle.

— Il est plus d'ouvriers que d'outils.

— Il n'est ouvrage que d'ouvriers.
(*Adages françois.*) XVIe siècle.

— Il n'y a en ville ne village arts ne mestiers, où n'y ait plus de meschants que de bons ouvriers.
(*Recueil* de GRUTHER.)

— La fin loue l'ouvrier.
(GABR. MEURIER, *Trésor des Sentences.*) XVIe siècle.

— L'œuvre l'ouvrier découvre.
(*Recueil* de GRUTHER.)

— Maveis ovriers ne trovera ja bon ostil.
(*Anc. prov.*, Ms.) XIIIe siècle.

— Oncques brouillard n'aima bon ouvrier.
(GABR. MEURIER, *Trésor des Sentences.*) XVIe siècle.

PAYER. De grant folie se esmoie qui bien acroit et riens ne paie.
(*Prov. anciens.*) XIIIe siècle.

PAYER. En terme vient et maintenant paye.

(*Prov. communs.*) XVe siècle.

— Il en payera les pots cassés.

(*Dictionn. de l'Académie*, édit. de 1835.)

— Il est plus facile acheter que payer.

(GABR. MEURIER, *Trésor des Sentences.*) XVIe siècle.

— Il faut payer ou agréer.

— Mieux vaut payer et peu avoir
Que prou (beaucoup) avoir et plus devoir.

— Quand on doit il faut payer, ou fixer un terme.

— Qui répond paye.

(*Dictionn. de l'Académie*, édit. de 1835.)

— Qui paye ses dettes s'enrichit.

(*Encyclopédie des Prov.*)

PAYEUR. De maveis payeur prent-on avainne.

(*Prov. anciens.*) XIIIe siècle.

— D'un mauvais débiteur et payeur
Prends paille et foin pour ton labeur.

— Le bon payeur
Est d'autruy bourse seigneur.

(GABR. MEURIER, *Trésor des Sentences.*) XVIe siècle.

— Le demain du mauvais payeur est vain.

(*Recueil* de GRUTHER.)

PEINDRE. Paindre sans huyle.

— Achever de peindre.

Donner le coup de grâce.

« A l'ayde! Larron, chien mastin,
» Tu m'as bien achevé de paindre. »

(*Farce du Goutteux. Anc. Théâtre fr.*, t. II, p. 186.) XVIe siècle.

PEINTURE. Paincture de paroys et tapis sont aux ignorants beaux habits.

(BOVILLI *Prov.*) XVIe siècle.

Plaid. Plait de mariage.

(*Dit de l'Apostoile.*) XIIIe siècle.

Le mot *plait* a dans ce dicton populaire plusieurs sens; il veut dire : 1° *Discussion*, parce que souvent les arrangements nécessaires pour tout mariage amènent des altercations; 2° *Querelle*, *dispute*, *procès*, parce que ces trois choses viennent d'une union mal assortie.

— A moult de plaids peu de faits.

(Gabr. Meurier, *Trésor des Sentences.*) XVIe siècle.

— Au sortir des plaids l'on est sage.

(*Mimes* de Baïf.) XVIe siècle.

— Après dommage
Chacun est sage.

(Bovilli *Prov.*) XVIe siècle.

— En plait n'a point d'amor.

(*Anc. prov.*, Ms.) XIIIe siècle.

— En grands plaids petits faits.

(Gabr. Meurier, *Trésor des Sentences.*) XVIe siècle.

— En pays estrange (*étranger*)
Ne plaide ne dance.

(*Anthologie ou Conférences des Prov.*, Ms.)

— Qui a plege si a pleit.

(*Prov. Gallic.*, Ms.) XVe siècle.

— Qui a plus de plaids a moins de faits.

(Gabr. Meurier, *Trésor des Sentences.*) XVIe siècle.

Plaider. Entre nous folz qui playdoyons
Les praticiens nous norrissons.

(*Prov. communs.*) XVe siècle.

Plaideur. Desloiauté de plaidéor.

Fausseté, mauvaise foi de plaideur.

(*Dit de l'Apostoile.*) XIIIe siècle.

— Chiche plaideur perdra sa cause.

(*Mimes* de Baïf, fol. 48 v°.) XVIe siècle.

PLAIDEUR. Eschards playdoyeurs est hardy perdeur.

Avare qui plaide est sûr de perdre.

(*Prov. communs.*) XVe siècle.

— En cent livres de plaid n'a pas une maille d'amour.

(*Adages françois.*) XVIe siècle.

— Grand plaideur ne fut jamais riche.

(*Anthologie ou Conférences des Prov.* Ms.)

POETE. Poëtes, peintres et pèlerins
A faire et dire sont devins.

(GABR. MEURIER, *Trésor des Sentences.*) XVIe siècle.

— Le poëte naist, l'orateur se faict.

(*Adages françois.*) XVIe siècle.

PORT. Au premier port faire bris.

Faire naufrage au premier port.

(*Adages françois.*) XVIe siècle.

PREMIER VENU. Le premier venu engraine.

Ce proverbe, qui apprend à ne pas se laisser devancer, vient de ce que, lorsqu'il y a presse au moulin, le meunier met d'abord sous la meule le blé qui lui a été apporté le premier. Carmontelle en a fait le sujet d'un de ses proverbes dramatiques.

(*Notes manuscrites.*)

PROCÈS. Faire un procès sur la pointe d'une éguille.

(*Dictionn. comique,* par P. J. LE ROUX, t. I, p. 429.)

— Gagne assez qui sort de procès.

(*Anthologie ou Conférences des Proverbes,* Ms.)

On dit encore :

Un mauvais arrangement vaut mieux que le meilleur procès.

— Allons, vous avez gagné votre procès.

C'est-à-dire vous avez raison.

— Le procès prendre au clou.

(BOVILLI *Prov.*) XVIe siècle.

PROCÈS. En un procès laid et clair cas,
N'est mestier clerc ny advocats,
Et en matière très-fort obscure
Juge, procureur n'y procure.

(GABR. MEURIER, *Trésor des Sentences.*) XVIe siècle.

PROCUREUR. De jeune procureur cas mal entendu.

(*Recueil* de GRUTHER.)

QUADRATURE DU CERCLE. Il a trouvé la quadrature du serceau.

(*Adages françois.*) XVIe siècle.

QUARTIER. Ung quartier fait l'aultre vendre.

(*Prov. communs.*) XVe siècle.

RAMER. Ramer il faut s'il ne vente.

(*Mimes* de BAÏF.) XVIe siècle.

RECIPE. Un *Recipe* est une obligation.

RIME. Rime approche aussi près de poésie
Que la prudence de folie.

RIMER. En rimant je m'enrime.

(*Adages françois.*) XVIe siècle.

ROMPRE. Rompre la paille avec quelqu'un.

« Nous disons communément *rompre la paille ou le festu* » *avec quelqu'un,* quand nous nous disposons de rompre » l'amitié que nous avions contractée avec luy. Anciennement, lorsqu'on mettoit quelqu'un en possession d'une » chose, on luy donnoit ou il prenoit un baston, ou un » rameau qui en estoit le signe. Il y a apparence que la » renonciation à cette possession se faisoit par la rupture » du baston ou rameau, car nous trouvons dans Othon de » Frinsingue le mot *exfusticare* employé pour ce que l'on » dit *se demettre* de sa possession, mot qui vient du latin » *festuca,* qui signifie le brin d'un jeune rameau ; et du mot » latin *festuca* nous avons fait le mot françois *festu* que » nous approprions au brin de paille. De là est venu que » nous avons dit : *Rompre le festu ou la paille,* quand » nous nous voulons départir d'une ancienne amitié. »

(*Recherches* de PASQUIER, liv. VIII, chap. 58.)

SAVOIR. En un mui de cuidier (*croyance*, *doute*) n'a pas plain poing de savoir.

(*Anc. prov.*, Ms.) XIIIe siècle.

SCIENCE. Science est la meilleure chose qui soit.

(*Prov. Gallic.*, Ms.) XVe siècle.

— Science, maison royale et mer
Font l'homme bien souvent avancer.

(GABR. MEURIER, *Trésor des Sentences.*) XVIe siècle.

— Science n'a ennemis que les ignorans.

— Science sans fruit ne vaut guères.

(*Prov. communs.*) XVe siècle.

— Ce n'est grand science quand un autre sçait ce que tu sçais.

— Ce n'est point de honte d'estre ignorant en une autre science que la sienne.

(*Adages françois.*) XVIe siècle.

— De grande science petite conscience.

— Diligence passe science.

(GABR. MEURIER, *Trésor des Sentences.*) XVIe siècle.

— Fy de science et d'art
Qui en raison n'a part.

(*Dictionn.* de COTGRAVE.)

— La science donne ce que l'homme sçait.

— Une science requiert tout son homme.

(*Prov. communs.*) XVe siècle.

— Patience passe science
Et qui ne l'a pas science.

(GABR. MEURIER, *Trésor des Sentences.*) XVIe siècle.

SOU. Faire de cent sous quatre livres et de quatre livres rien.

« Dont les uns y sont demeurez fondus avec » leurs bourses, car ilz font de cent solds quatre » livres et de quatre livres rien. »

(*Contes* d'EUTRAPEL, fol. 50 v°.)

SPHÈRE. La sphère ne touche à la superficie plaine que d'ung poinct.

(BOVILLI *Prov.*) XVIe siècle.

SERGENT. Cité par un sergent, adjourné par un prestre.

(*Adages françois.*) XVIe siècle.

— Jurer comme un vieil sergent.

(*Adages françois.*) XVIe siècle.

TAILLE. A vieil compte nouvelle taille.

(GABR. MEURIER, *Trésor des Sentences.*) XVIe siècle.

TARIF. Plus maudit qu'un tarif.

(CYRANO DE BERGERAC, *le Pédant joué*, acte I, sc. I.)

TAVERNIER. Le tavernier s'enyvre bien de sa taverne.

(*Adages françois.*) XVIe siècle.

TÉMOIN. Pour tesmoing jamais ennemy
N'y soit receu, ny moins amy.

TRIPIÈRE. Oncques tripière n'aima harangère.

(GABR. MEURIER, *Trésor des Sentences.*) XVIe siècle.

— Un cousteau de tripière.

(*Mimes* de BAÏF.) XVIe siècle.

TEINTURIER. Mençonge de tainturier.

(*Dit de l'Apostoile.*) XIIIe siècle.

TROU. A petit trou petite cheville.

— Puisque vous avez fait un trou à la nuict et que vous avez emporté le chat.

(*Comédie des Prov.*, acte II, sc. III.)

On dit encore :

Faire un trou à la lune,

Pour faire banqueroute.

— Déboucher un trou pour en boucher un autre.

C'est-à-dire faire une dette nouvelle pour en payer une vieille.

— Autant de trous, autant de chevilles.

TROU. Se cacher dans un trou de souris.

— Il a un trou sous le nez qui luy fait porter mauvais souliers.

Il est gourmand, il mange tout.

(OUDIN, *Curiosités françoises.*)

VENDRE. A l'hostel priser et au marché vendre.

(*Prov. communs.*) XVe siècle.

Ou encore :

A l'hostel priser, au marché marchander.

(GABR. MEURIER, *Trésor des Sentences.*) XVIe siècle.

Dans les *Proverbes françois*, Ms. du XVe siècle, on lit :

« A l'ostel aforer et au marché vendre. — L'en » ne peut juger du temps à venir, *et noscitur hic* » *de mercatione, etc.* »

— C'est un homme qui est à moi à vendre et à dépendre.

— Ce n'est pas tout que de vendre, il faut livrer.

(*Dictionn. de l'Académie*, édit. de 1835.)

— Qui vend le pot dit le mot,

C'est-à-dire le vendeur doit parler le premier.

(LOYSEL, *Institutes coutumières*, n° 402.)

VENTE. Tel prix, telle vente.

« Avient souvent qu'il enquiert petitement des » besoingnes, et s'y boute tel prix telle vente. »

(*Les XV Joies du Mariage*, 1re Joie.) XVe siècle.

VOILE. Il faut tendre voile selon le vent.

(GABR. MEURIER, *Trésor des Sentences.*) XVIe siècle.

VOITURIER. A batelier et voiturier ne s'y faut jamais fier.

(*Adages françois.*) XVIe siècle.

SÉRIE N° XII.

COUTUMES. — USAGES ANCIENS ET MODERNES. — COSTUMES. — MEUBLES.

ACCOUCHÉE. Parée comme une accouchée.

Ce proverbe a pris son origine dans l'usage où étaient autrefois les accouchées de faire toilette pour recevoir leurs amies et leurs voisines, qui venaient autour d'elles faire cercle et tenir de longs propos. On peut lire à ce sujet l'introduction que j'ai mise en tête de l'édition des *Caquets de l'Accouchée,* annotée par M. Édouard Fournier, publiée en 1855 dans la *Bibliothèque Elzévirienne.*

AIGUILLE. C'est chercher une aiguille dans une botte de foin.

Se dit à propos d'une chose que l'on cherche, mais sans espoir de la trouver.

(*Dictionn. de l'Académie*, édit. de 1835.)

— De fil en aiguille.

(*Dictionn. comique,* par P. J. LE ROUX, t. I, p. 429.)

— Disputer sur la pointe d'une aiguille.

Contester pour une bagatelle.

(*Matinées sénonaises,* p. 413.)

— Il est fourni de fil et d'aiguilles.

Il ne manque de rien.

(OUDIN, *Curiosités françoises.*)

AIGUILLETTE. Courrir l'aiguillette.

Ce proverbe, qui signifie courir les amourettes, hanter les femmes de mauvaise vie, a été expliqué de différentes manières. Pasquier, liv. VIII, ch. 35 de ses *Recherches*, prétend qu'il vient de l'obligation où furent les prostituées de porter sur l'épaule une aiguillette, « coustumes que j'ai » veu encore se pratiquer dedans Tholoze par celles qui » avoyent confiné leur vie au chastel vert qui est le bor- » deau de la ville. » Dreux de Radier, qui a écrit sur ce proverbe une petite dissertation (*Récréations historiques*, t. I, p. 218), dit qu'à la Sainte-Madeleine, à Beaucaire, les prostituées de la ville couraient en public, et que celle de ces filles qui avait la première atteint le but donné, recevait pour prix de la course un paquet d'aiguillettes. Enfin, d'autres ont fait dériver ce proverbe des aiguillettes qui nouaient autrefois le haut-de-chausse.

« Vous les voyriez comme forcenées courir l'a- » guillette plus espouventablement que ne feirent » oncq les Proctides, etc. »

(Rabelais, liv. III, ch. 33.) XVIe siècle.

Allonger. Allonger la courroie.

Étendre, allonger ce que l'on fait.

M. Alain, qui avait été maître sellier, donna au Théâtre-Français *l'Épreuve réciproque,* comédie en un acte qui fut trouvée très-jolie, mais trop courte. A la fin de la première représentation, Lamothe rencontrant l'auteur dans le foyer, lui dit : Maître Alain, vous n'avez pas *assez allongé la courroie.*

(*Note manuscrite.*)

Anneau. Anneau en doigt ou en main
Nul profit et honneur vain.

(Gabr. Meurier, *Trésor des Sentences.*) XVIe siècle.

Atre. Il n'y a rien de si froid que l'âtre.

Il n'y a rien à manger dans cette maison.

(Oudin, *Curiosités françoises*, p. 21.)

Attendez. Attendez-moi sous l'orme.

Deux lettres ont été adressées au journal de Verdun, l'une du mois de décembre 1750, l'autre du mois de mars 1751, au sujet de ce proverbe. Dreux de Radier et l'abbé Le Beuf, auteurs de ces lettres, expliquent assez bien l'origine de ce proverbe, en rappelant que la justice fut rendue souvent dans les campagnes de France sous un orme; l'abbé Le Beuf cite deux circonstances dans lesquelles les parties adverses se réunirent sous l'*orme* pour terminer leur différend. De cet usage est venu ce proverbe que l'on applique à ceux qui ne veulent pas se rendre à un lieu désigné, ou qui se refusent à une affaire proposée : *Attendez-moi sous l'orme, vous m'attendrez longtemps.*

BARBE. Faire bien la barbe à quelqu'un.

Ou bien encore :

Avoir le poil.

« Nous usons de ce proverbe, dit Pasquier, quand nous » voulons dire que nous avons bravé quelqu'un. Dans les » anciennes lois des Allemans (titre LXV), il est deffendu » de tondre un homme libre, ou de luy raser sa barbe » contre sa volonté. Nous lisons aussi dans les *Annales de* » *France*, que Dagobert se voulant vanger de son gou- » verneur luy fist raser la barbe. » (*Recherches*, liv. VIII, chap. 10.)

Dans le roman d'*Oger le Danois*, la mère du héros, voulant insulter les ambassadeurs de Charlemagne, leur fait raser la barbe, et ceux-ci, de retour vers l'empereur, lui disent :

En voz despits feumes si mal tenus
Que sans noz barbes sommes ci revenuz.

Voyez aussi FLEURY DE BELLINGEN, *Étym. des Prov.*, liv. II, p. 147, et les *Origines de quelques coutumes, etc.*, p. 63.

BARDOT. Passer par Bardot.

C'est-à-dire passer par-dessus le marché, être franc de l'écot. Voyez *Dict. ital. franç.* d'Oudin.

« Il a fallu que j'aye fait ceste disgression; — il faut qu'elle passe par Bardot sans payer piage. »

(BRANTOME, *Capitaines étrangers*, t. I des Œuvres complètes, p. 23.) XVIe siècle.

« Si y en a-t-il tousjours quelques-unes de ces » pauvres vieilles haires qui passent par Bardot. »

(BRANTOME, *Dames galantes*, t. VII des OEuvres, p. 157.)

BATIMENT. De meschant fondement jamais bon bastiment.

BATIR. A bastir trop se hate
Qui commence à bourse plate.

(GABR. MEURIER, *Trésor des Sentences.*) XVIe siècle.

BILLE. En un coup se fend la bille.

(*Recueil* de GRUTHER.)

BONNET. C'est bonnet blanc, blanc bonnet.

C'est la même chose.

— Jeter son bonnet par-dessus les moulins.

« Le vulgaire se sert de ce quolibet, dit Oudin, lors- » qu'il ne sçait plus comment finir un récit. »

Aujourd'hui cela signifie sortir de ses habitudes, prendre un grand parti.

— Triste comme un bonnet de nuit sans coiffe.

(OUDIN, *Curiosités françoises.*)

BOTTE. Parler à propos de bottes.

Parler hors de propos.

(OUDIN, *Curiosités françoises*, p. 41.)

— Il faut graisser ses bottes.

Il faut mourir.

(*Dictionn. de l'Académie*, édit. de 1835.)

— Il a bien mis du foin dans ses bottes.

(*Dictionn. comique*, par P. J. LE ROUX, t. I, p. 528.)

BOURSE. A bourse de joueurs, plaideurs et gourmans
Il n'y faut point de ferremens.

— A bourse grand pendue
N'y a pas grande estendue.

(*Adages françois.*) XVIe siècle.

BOURSE. A bourse de joueur n'a point de loquet.

(*Prov. ruraux et vulgaux*, Ms.) XIIIe siècle.

— Deux amis à une bourse,
L'un chante et l'autre grousse (*gronde*).

(GABR. MEURIER, *Trésor des Sentences.*) XVIe siècle.

— Gouverne ta bouche selon ta bourse.

(OUDIN, *Curiosités françoises*, p. 51.)

— Je vous donne gaigné, mettez dans votre bourse.

J'accorde ce que vous voulez.

(OUDIN, *Curiosités françoises*, p. 242.)

— Hardi comme un coupeur de bourse.

(OUDIN, *Curiosités françoises*, p. 129.)

BRAYES ; Culotte. — Sortir d'une affaire les brayes nettes.

C'est-à-dire s'en tirer sans nul dommage.

(*Anc. Théâtre franç.*, t. V, p. 299.)

BRIDE. Mettre la bride en main à quelqu'un.

Ou :

Mettre la bride sur le cou.

C'est-à-dire donner la liberté.

Voyez *Anc. Théâtre franç.*, t. X, *Glossaire.*

BRODEUR. Autant pour le brodeur.

Quand on veut faire entendre que quelqu'un a l'habitude de mentir, et que tout n'est pas vrai dans un récit, l'on dit : *Autant pour le brodeur*, et cela par corruption, car il faudrait dire *bourdeur*, menteur, faiseur de bourdes. (Voyez PASQUIER, liv. VIII, chap. 52 de ses *Recherches*, et RABELAIS, liv. 2, chap. 13.)

Adrien d'Amboise, p. 48 du *Discours ou Traicté des Devises, etc.*, donne à ce proverbe une tout autre origine; la voici : « La belle Agnès Sorel, demoyselle de Beauté, laquelle fut, comme chacun sçait, aymée extremement de ce conquereur Charles VII, qui, ne la pouvant avoir pour belles paroles, promesses, menasses ny présens, souffrit en ce désespoir qu'on la lui amenast comme une espousée, un peu plus fort. Elle tourna son desplaisir en volonté contrainte, et fut si modeste que le roy en estoit de plus en plus furieusement espris, mesmes la royne la caressoit et demandoit des présents pour elle, car elle n'en requit oncques, et tout ce qu'on la contraignoit d'accepter estoit par elle aumosné aux églises, hospitaux, pauvres filles à marier, gentilshommes et soldats appauvris au service du maistre. Or, comme un jour on luy eust achepté quelque velours pour une robbe, le brodeur luy demanda sa devise, d'autant que telle estoit l'usance de ce siècle-là. Elle, voyant que la brodure lui revenoit autant que l'estoffe, y fit resemer sur les manches : AUTANT POUR LE BRODEUR. Et depuis en est venu le proverbe, dont plusieurs usent, sans avoir su la vraye origine. »

BUREAU. Bureau vault bien écarlate.

(*Matinées sénonaises*, p. 436.)

— Aussi bien sont amorettes
Sous buriaus cum sous brunetes.

(*Anc. Prov.*, Ms.) XIIIe siècle.

L'amour se glisse aussi bien sous un habit que sous un autre.

Buriau, bureau, drap mélangé de prix inférieur dont se servait le peuple.

Brunette, étoffe très-fine dont s'habillaient surtout les dames de distinction.

CAGE. La belle cage ne nourrit pas l'oiseau.

(*Dictionn. de l'Académie*, édit. de 1835.)

— Mieux vaut être oiseau des bois que de cage.

— Quand la cage est faite, l'oiseau s'envole.

(OUDIN, *Curiosités françoises*, p. 69.)

CAMELOT. Il ressemble le camelot, il a pris son pli.

(OUDIN, *Curiosités françoises*, p. 70.)

Tout le monde sait que le camelot est une espèce d'étoffe faite ordinairement de poil de chèvre ou de laine; elle doit son nom au poil de chameau dont elle se composait primitivement. Le défaut qu'avait le camelot de faire des plis, le plus souvent ineffaçables, a donné naissance au proverbe : Il est comme le camelot, il a pris son pli ; et au mot cameloter, qu'on lit deux fois dans la XXIIIe série de Bouchet, etc.

(F. Michel, *Dict. d'argot*, p. 87.)

Cape. De peu de drap courte cape.

(Gabr. Meurier, *Trésor des Sentences.*) XVIe siècle.

— N'avoir que la cape et l'épée.

N'avoir que son mérite personnel, être sans patrimoine.

— Rire sous cape.

(*Dictionn. de l'Académie*, édit. de 1835.)

Carrosse. Un carrosse à trente-six portières.

Une charrette.

(Oudin, *Curiosités françoises.*)

Casaque. Tourner casaque.

Abandonner un parti pour se jeter dans un autre.

Ceinture. Bonne renommée vaut mieux que ceinture dorée.

On a donné plusieurs explications de ce proverbe; on a prétendu que Blanche de Castille, femme de Louis VIII, ayant reçu à la messe le baiser de paix, le rendit à une fille de mauvaise vie que son habillement faisait croire mariée et d'une condition honnête. La reine s'étant aperçue de sa méprise, obtint de Louis VIII une ordonnance qui défendait aux courtisanes de porter des robes à queue, à collets renversés, avec ceinture dorée.

Pasquier, liv. VIII, chap. 11 de ses *Recherches*, cite deux ordonnances, l'une de 1420 et l'autre de 1446, qui renouvellent les mêmes défenses. De là, dit-on, est venu le proverbe. Fleury de Bellingen, dans son premier livre de l'*Étym. des Prov. franç.*, donne une autre origine : « Nos premiers rois donnoient à leurs sujets de » haute qualité un baudrier, c'est-à-dire une ceinture d'or » qui estoit une des marques de chevalerie. Grégoire de » Tours rapporte plusieurs exemples sur ce sujet.... d'où » nostre ancien proverbe tire son origine :

» Bonne et commune renommée
» Vaut mieux que ceinture dorée. »

(Liv. I, p. 100.)

CEINTURE. Large de bouche, étroit de ceinture.

C'est-à-dire généreux en paroles, avare en réalité.

— Parler sous la ceinture.

Promettre de l'argent à quelqu'un pour l'engager dans une entreprise. (Voyez F. MICHEL, *Dict. d'argot.*)

CELA. Cela est bien indague.

« Autrefois l'on disoit : Cet homme est bien indague, » pour dire : Cet homme est bien malpropre ou est tout » décontenancé, parce qu'il estoit en coutume de porter » la dague au costé ; et s'il arrivoit qu'un homme sortist » sans avoir sa dague, on ne lui trouvoit point de grâce. » De sorte que, pour se moquer de lui, on disoit : Cet » homme est bien indague. Depuis, on a changé le pro- » verbe, et au lieu qu'il ne s'appliquoit qu'aux personnes » on l'a appliqué dans la suite aux choses faictes grossiè- » rement et sans grâce. »

(FLEURY DE BELLINGEN, *Étym. des Prov. franç.*, p. 152.)

— C'est mon neveu à la mode du Marais.

» Une des sœurs de Scarron a esté entretenue par » M. de Tresmes, qui l'a aimée jusqu'à la fin de ses » jours ; elle en eust un fils qui se disoit son neveu. Un » de ses amis, voyant qu'il l'avoit appelé de ce nom, luy » en témoigna de la surprise, ne sachant pas qu'il eust » ni frère ni sœur mariés pour avoir un neveu : Bon, luy » dist-il, vous voilà bien embarassé, *c'est mon neveu à la* » *mode du Marais*, et depuis ce temps-là ceste manière » de parler est passée en proverbe en parlant des bas- » tards. »

(*Manuscrits* GAIGNIÈRES, *Prov. françois,* t. II.)

CHAMBRE. Vides chambres font femmes folles.

— Avoir des chambres à louer dans la tête.

N'avoir pas sa raison entière.

— Aisé comme une chambre basse.

« Les Coustumes de Melun, Étampes et Troyes appellent les *latrines* chambres aysées ; celles de Paris et de Monfort, *aisements ;* en Bourgogne, *aisances.* Les Coustumes de Sens, Tours, Anjou, Bretagne et l'histoire de Charles VI, *chambres coyes.* »

(*Anthologie ou Conférences des Prov. franç., anglais, etc.*, Ms.)

CHANDELIER. Prest comme un chandelier.

(*Adages françois.*) XVIe siècle.

CHANDELLE. Brûler une chandelle de trois sous à chercher une épingle dont le quarteron ne vaut qu'un sou.

C'est-à-dire faire beaucoup de dépenses pour un résultat très-nul.

— Brûler la chandelle par les deux bouts.

Dissiper sa fortune de toutes les façons.

— Se brûler soi-même à la chandelle.

Se livrer soi-même. Allusion à l'habitude de plusieurs insectes ailés, qui, attirés par l'éclat d'un flambeau, s'en approchent tant qu'ils s'y brûlent.

— Devoir une belle chandelle à Dieu.

Allusion à une coutume des gens du peuple et des marins de brûler un cierge quand ils ont échappé à un danger.

— Moucher la chandelle comme le diable moucha sa mère.

C'est-à-dire l'éteindre en lui coupant le nez.

Voir série n° IX, au mot LE DIABLE.

(*Petite Encyclopédie des Prov.*)

— La chandelle qui va devant éclaire mieux que celle qui va derrière.

(*Contes* d'EUTRAPEL, fol. 3 v°.) XVIe siècle.

On disait ce proverbe à propos des aumônes faites promptement et sans regret.

(OUDIN, *Curiosités françoises.*)

CHAPE. Il cherche chape cheute.

Il cherche à attraper quelqu'un.

(OUDIN, *Curiosités françoises*, p. 82.)

CHAPEAU. C'est la plus belle rose de son chapeau.

(*Dictionn. de l'Académie*, édit. de 1835.)

Ce proverbe fait allusion à l'ancien usage fort répandu en France de porter des couronnes de fleurs ; dans les jours de fête, on avait coutume d'offrir de ces sortes de couronnes, soit à ses supérieurs, soit à ses amis. Ce proverbe était déjà employé au XVe siècle, et en 1461, Charles VII, se sentant près de mourir, disait à son favori, le comte de Dammartin : « Ha ! comte, vous perdez en » moy la plus belle rose de votre chapeau. » *Chronique Martinienne*, citée page 69 du t. I de mon édition des *Cent Nouvelles nouvelles*. Paris, Paulin, 1841, 2 vol. in-18.

— Chapeau d'hyver, chapeau d'esté.

« Commentaire : La sotise du peuple est insupé-
» rable, car les petits feutres et la laine de la teste
» ostée, nous engendrent mil catherres, pour estre
» habillements d'esté et non pas d'hyver, car il y a
» pourpoint d'hyver et pourpoint d'esté ; et nous
» ont apporté cecy les étrangers. »

(*Adages françois.*) XVIe siècle.

— Elle a acquis un mauvais chapeau.

Elle a fait une mauvaise action.

— On lui a fait porter le chapeau rouge.

(OUDIN, *Curiosités françoises*, p. 82.)

CHAPERON. Deux testes dans un chaperon.

Le chapperon fut la coeffure la plus usitée en France du XIIIe à la fin du XVe siècle. De là ce proverbe pour désigner deux hommes qui sont de même volonté et dans une parfaite intelligence. (Voir PASQUIER, liv. VIII, chap. 18 de ses *Recherches*.)

En un chapperon
Deux testes sont.

(*Prov. de* BOUVELLES.) XVIe siècle.

On dit aujourd'hui dans le même sens :

Deux têtes dans un bonnet.

CHAR. Du char la plus meschante roue
Est celle qui crie toujours.

(*Mimes* de BAÏF.) XVIe siècle.

CHARTON. Bon charton tourne en petit lieu.

(*Prov. communs.*) XVe siècle.

CHATEAU. Chasteau pris n'est plus secourable.

(*Mimes* de BAÏF.) XVIe siècle.

— Chasteau abbatu demy refaict.

(GABR. MEURIER, *Trésor des Sentences.*) XVIe siècle.

— Bon chasteau garde qui sait son corps garder.

(*Prov. communs.*) XVe siècle.

— Car de riens désirier n'a tel
Que d'acquérir autrui chatel.

Car aucun désir n'est plus vif que celui d'acquérir le bien d'autrui.

(*Roman de la Rose,* t. II, p. 52.) XIIIe siècle.

— C'est un vrai château de cartes.

Se dit d'une jolie petite maison.

(*Dictionn. de l'Académie,* édit. de 1835.)

— Ville gaignée chasteau perdu.

(*Adages françois.*) XVIe siècle.

— Chastel va et vient.

C'est-à-dire que les moyens et facultés et chevances croissent et décroissent suivant les gains et pertes. *Chastel* et *chaptel,* ès Coustumes de Nivernois, Bourbonnois, Berry et autres. *Caput, tête,* c'est-à-dire capital, la somme principale de laquelle on tire profit.

(*Anthologie ou Conférences des Prov.*, Ms.)

CHAUSSE. A courtes *hoeses* longues lanières.

(*Proverbes ruraux et vulgaux*, Ms.) XIIIe siècle.

— A courte chausse longue lanière.

(*Prov. communs.*) XVe siècle.

CHAUSSE. Il y a laissé ses chausses.

Il est mort.

— N'y portez point vos chausses.

N'y allez pas.

(OUDIN, *Curiosités françoises*, p. 89.)

— Va te promener, tu auras des chausses.

« Ce proverbe vient de ce que les feuillants se vont promener hors la ville, ou lorsqu'ils vont en campagne, ils mettent des bas et des souliers, au lieu que dans leurs maisons et par la ville ils ont les pieds nuds et des sandales de bois. »

(*Manuscrit* GAIGNIÈRES, *Prov. franç.*, t. II.)

CHAUSSER. Chaussez bien vos lunettes.

Regardez bien, de très-près.

(OUDIN, *Curiosités françoises*, p. 90.)

— Je ne me chausse pas à son point.

Je ne m'accorde pas avec lui.

(OUDIN, *Curiosités françoises*, p. 91.)

— Ne vous moquez pas de mal chaussez.

Ne vous riez pas de ceux qui ont quelque défaut. Le reste est : *Vos souliers perceront.*

(OUDIN, *Curiosités françoises*, p. 90.)

— S'enfuir un pied chaussé et l'autre nu.

S'enfuir à la hâte, sans prendre le temps de s'habiller.

(*Dictionn. de l'Académie*, édit. de 1835.)

CHAUSSURE. Il a bien trouvé chaussure à son point.

(*Adages françois.*) XVIe siècle.

— Il a bien trouvé chausseure à son pied.

Il a rencontré qui lui peut résister.

(OUDIN, *Curiosités françoises*, p. 90.)

CHEMINÉE. En petite cheminée fait on bien grand feu.

(*Prov. communs.*) XVe siècle.

— En petite cheminée fait on grande fumée.

(*Adages françois.*) XVIe siècle.

CHEMINÉE. Il faut faire une croix à la cheminée.

Se dit quand on voit arriver quelque chose d'extraordinaire.

(*Dictionn. de l'Académie*, édit. de 1835.)

— Nouvelle cheminée est bien tost enfumée.

(GABR. MEURIER, *Trésor des Sentences.*) XVIe siècle.

CHEMISE. Entre la chair et la chemise il faut cacher le bien qu'on fait.

(*Dictionn. de l'Académie*, édit. de 1835.)

— Il m'en souvient aussi peu que de ma première chemise.

(OUDIN, *Curiosités françoises*, p. 92.)

— Plus près m'est char que m'est chemise.

(*Chr. de Godef. de Paris*, éd. Buchon, p. 23.) XIIIe siècle.

— Je vendray plustost jusques à ma dernière chemise.

(*Comédie des Prov.*, acte III, sc. II.) XVIIe siècle.

— Oncques d'estoupes bonne chemise.

(GABR. MEURIER, *Trésor des Sentences.*) XVIe siècle.

— Près est ma coste, plus près est ma chemise.

(*Prov. Gallic.*, Ms.) XVe siècle.

CITADELLE. C'est par la pioche et par la pelle qu'on bastit et qu'on renverse les citadelles.

« Don Juan d'Autriche jugea à propos, en 1578, de » saper les murailles de Philippeville. Sur quoy l'on cita » cet ancien proverbe, qui couroit parmi les soldats. »

(*Davila traduit par Baudouin*, in-fol., p. 536.)

COIFFER. Il aimerait une chèvre coiffée.

Se dit d'un homme amoureux de toutes les femmes.

(*Dictionn. de l'Académie*, édit. de 1835.)

— Il est né coiffé.

Il est heureux.

COIFFER. Se coiffer d'une femme.

En devenir amoureux.

(OUDIN, *Curiosités françoises*, p. 109.)

COIGNÉE. Il ne faut pas ruer le manche après la coignée.

(GABR. MEURIER, *Trésor des Sentences.*) XVIe siècle.

— La coigniée est levée.

(*Prov. Gallic.*, Ms.) XVe siècle.

CORDE. Corde triplée est de durée.

(GABR. MEURIER, *Trésor des Sentences.*) XVIe siècle.

CORNEMUSE. Jamais la cornemuse ne dit mot si elle n'a le ventre plein.

(*Adages françois.*) XVIe siècle.

COUCHER. Couchier à dix, lever à six.

(*Prov.* de JEH. MIELOT.) XVe siècle.

COUTUMES. Gâteau et mauvaise coutume se doivent rompre.

« Cela fust cause que nos anciens Bourgongnons » (qui neantmoins faisoient de la coutume loy) » souloyent communesment dire : Gasteau et mau- » vaise coutume se doivent rompre. »

(*Mélanges hist.* de SAINT-JULIEN DE BALEUVRE.) XVIe siècle.

CROC. Pendre au croc, s'arrêter, se désister.

— Pendre l'épée au croc.

Se retirer du service.

— Et toi, misérable goutteux, as-tu pendu plaisir au croc ?

(*Plaisants devis des suppôts du seigneur de la Coquille.* 1580.)

CRUCHE. Voir EAU.

DAGUE. Fin à dorer comme une dague de plomb.

« Panurge estoit de stature moyenne, ny trop » grand ny trop petit, et avoit le nez un peu aquilin,

» faict à manche de rasouer; et pour lors estoit de » l'eage de trente et cinq ans ou environ, *fin à » dorer comme une dague de plomb.* »

(RABELAIS, liv. II, ch. 16.) XVIe siècle.

DÉPÊCHER. Despecher à deux fils de coton.

DÉPENSER. Qui despend (*dépense*) plus qu'il ne gagne,
Il meurt pauvre et rien ne gagne.

— Qui plus despend qu'il n'a vaillant,
Il fait la corde où il se pend.

— Trop tard se repend qui tout depend.

(*Encyclopédie des Prov.*)

— Despensiers et fille de chambre ont bien volontiers grand'langue.

— Despensiers et marmitons sont souvent grands compaignons.

(*Adages françois.*) XVIe siècle.

DRAP. A drap meschant belle monstre devant.

— Au bout de l'aulne prend fin
Tout drap, soit gros ou fin.

(GABR. MEURIER, *Trésor des Sentences.*) XVIe siècle.

« Au bout de l'aulne fault le drap. »

(RABELAIS, liv. II, ch. 32.) XVIe siècle.

— Au meilleur drap et plus fin
Git le dol et mal engin.

(GABR. MEURIER, *Trésor des Sentences.*) XVIe siècle.

— Il peut tailler en plein drap, il a tout ce qui lui est nécessaire.

— La lisière est pire que le drap.

Pour exprimer que les habitants des frontières d'un pays ou d'une province sont plus méchants que ceux de l'intérieur.

(*Dictionn. de l'Académie*, édit. de 1835.)

ENSEIGNE. L'enseigne du logis ou hostellerie,
Chacun eberge et demeure à la pluye.
(GABR. MEURIER, *Trésor des Sentences.*) XVIe siècle.

— Ne t'y fie qu'à bonne enseigne.
(*Adages françois.*) XVIe siècle.

— Être logé à la même enseigne.

ENTENDS TROIS. Faire de l'entend-trois.

Le chap. 6 des Bigarrures du Seigneur des Accords est intitulé : *Des autres équivoques par amphibologies vulgairement appelez des entends-trois;* il commence ainsi : « Nous suivrons encores ces équivoques par les amphibologies, ou amphibologies qui sont équivoques à deux » ententes que nos bons pères ont surnommées des *en-* » *tends-trois,* dont nous avons encore ce proverbe ordinaire » que, quand quelqu'un feint ne pas entendre ce que l'on » luy propose et répond d'autre, on dit qu'il fait de » l'entendtrois. » (Page 75.)

ÉTRIER. Avoir toujours le pied à l'étrier.
(*Dictionn. comique,* par P. J. LE ROUX, t. I, p. 483.)

FAQUIN. Baston porte paix et le facquin faix.
(GABR. MEURIER, *Trésor des Sentences.*) XVIe siècle.

FENESTRE. Ouvre la fenestre à aquilon et orient, ferme à midy et occident.
(BOVILLI *Prov.*) XVIe siècle.

FERRER. Ferrer la mulle.
(*Adages françois.*) XVIe siècle.

C'est acheter une chose pour quelqu'un et la lui faire payer plus cher. Quand un domestique retient à son profit une partie de l'argent que son maître lui donne à dépenser, on dit vulgairement qu'il s'entend à ferrer la mule.
(MÉRY, *Hist. des Prov.*, t. II, p. 172.)

FOUET. Faire claquer son fouet.

FOURGON. La pelle se moque du fourgon.
(*Dictionn. comique,* par P. J. LE ROUX, t. I, p. 539.)

GANT. Devenir souple comme un gand.

GANT. Jeter le gant.

Défier.

Cette ancienne façon de parler, aujourd'hui passée en proverbe, est empruntée à l'usage dans lequel étaient les anciens chevaliers de jeter un de leurs gants en manière de provocation : « Jeter le gand, autrement jeter le gage » de bataille, a dit fort bien Mosans de Brieux, c'est pro- » poser le combat et maintenir ce que l'on a proposé vé- » ritable. » (*Anciennes coutumes, etc.*, p. 1.)

— Il en a les gants.

Voici l'explication que Dreux de Radier donne de ce proverbe :

« Une expression familière et d'usage est : *il en a les* » *gants, il n'en a pas les gants,* pour dire qu'une personne » a fait ou dit, ou n'a pas fait ou dit une chose le pre- » mier. L'origine de cette façon de parler n'est pas fort » obscure ; elle vient du présent qu'une mariée fait dans » les noces de village à celui des garçons qui, partant d'un » but proposé, arrive le premier auprès d'elle et l'em- » brasse. On appelle cette course la *course des gants.* » (*Journal de Verdun,* de septembre 1750.)

Voici une tout autre explication de ce proverbe que je trouve page 48 du *Traité des Devises,* par ADRIEN D'AMBOISE (Paris, 1620, in-8°) : « Comme on use aussi d'un proverbe ». *Vous n'aurez pas les gands,* j'en dirai le mot en passant. » La royne Eleonor avoit ceste louable coustume de don- » ner une paire de gands d'Espagne à qui luy apportoit » le message de la part du roy François Ier que Leurs » Majestez se verroient ce jour-là. Or avint que le Roy » ayant commandé à un gentilhomme de porter ceste nou- » velle à son espouse, un autre mieux enjambé le de- » vança et eut le présent. Comme il sortoit entra celuy » qui en avoit le commandement, et dit à la royne que » le roy la viendroit visiter ; auquel elle respondit : Je le » scavois bien, vous n'en aurez pas les gands. »

— L'amitié passe le gant.

S'est dit lorsqu'en se saluant on se touchait la main sans se déganter.

(*Dictionn. de l'Académie,* édit. de 1835.)

GRENIER. C'est un grenier à coups de poing ce morfondu-là.

(*Comédie des Prov.*, act. III, sc. VII.)

— Je crois que tu as été au grenier sans chandelle, tu as apporté de la vesse pour du foin.

(*Comédie des Prov.*, act. III, sc. VII.)

Louis XII, roi de France, en refusant, malgré l'insistance de sa femme Anne de Bretagne, de donner sa fille à un prince étranger, disait qu'il ne voulait *marier ses souris qu'avec les rats de son grenier*, c'est-à-dire un prince de sa famille.

HABIT. Cet habit fait peur aux larrons, il montre la corde.

(CYRANO DE BERGERAC, *le Pédant joué*, p. 61.)

— Cet habit vous est fait comme de cire.

Cet habit vous va bien.

(OUDIN, *Curiosités françoises*, p. 104.)

— D'habits d'autruy mal on s'honore.

(*Mimes* de BAÏF, fol. 9 v°.) XVIe siècle.

— De meschant drap et mal basty
Jamais bon saye ne bel habit.

(GABR. MEURIER, *Trésor des Sentences.*) XVIe siècle.

— Fendre son cueur non ses habitz.

(BOVILLI *Prov.*) XVIe siècle.

HAGUIGNETES. Donner les haguignetes.

Mosans de Brieux explique ainsi cette manière de parler proverbiale. « Voici ce que le savant M. de Grentemesnil m'en recrivit : « A Rouen ils disoient en ma jeunesse, » non pas haguignetes, mais hoguignetes, et peut-estre » a-t-on dit haguignetes pour éviter l'équivoque de la signi- » fication obscène que les Picards donnent au mot de » hoguigner. Ce mot de hoguignetes venoit de *hoc in anno*, » car c'est un présent que l'on demande au dernier jour » de l'année; donnez-moi quelque chose, *hoc in anno*, » encore une fois cette année. Et j'ay ouy chanter aux

» portes des voisins, par les filles du quartier, une chanson » pour de tels présens, qui avoit pour refrain *hocquinano.*

» Si vous veniez à la despense,
» A la despense de chez nous,
» Vous mangeriés de bons choux,
» On vous serviroit du rost,
» Hoquinano. »

(*Origines et Coutumes anciennes, etc.*, p. 3.)

HARNOIS. Harnois ne vaut rien s'il n'est deffendu.

(*Adages françois.*) XVIe siècle.

HAUT-DE-CHAUSSE. Cette femme porte le haut-de-chausse.

Elle est plus maîtresse à la maison que son mari.

(*Dictionn. de l'Académie,* édit. de 1835.)

— Remuer le haut-de-chausse.

(*Adages françois.*) XVIe siècle.

HAUT. Haut tondus,
Grans barbus.

(*Prov.* de BOUVELLES.) XVIe siècle.

HÔPITAL. Procès, taverne et urinal,
Chassent l'homme à l'hôpital.

(GABR. MEURIER, *Trésor des Sentences.*) XVIe siècle.

HÔTE. Hoste qui de soy mesme est convié
Est bien tost saoul et contenté.

(GABR. MEURIER, *Trésor des Sentences.*) XVIe siècle.

— L'hoste est tousjours le plus foulé.

(*Prov. communs.*) XVe siècle.

— De mauvais hoste tost en oste.

(GABR. MEURIER, *Trésor des Sentences.*) XVIe siècle.

— De mauvais hoste bon convieur.

(*Prov. communs.*) XVe siècle.

— De meschant hoste bon reconduisseur.

(*Prov. communs.*) XVe siècle.

— De nouvel hoste et d'un obstiné
Dieu nous garde, hivert et esté.

(*Recueil* de GRUTHER.)

Hôte. Nouvel hoste nouvelle notte.
— Qui compte sans son hoste compte deux fois.
— Tel hoste tel hostel.

(Gabr. Meurier, *Trésor des Sentences.*) xvie siècle.

Houseau. Il a laissé ses houseaux.

« Le peuple, pour marquer un homme qui est mort, » dit : Il a laissé ses houseaux. Ce proverbe semble s'estre » establi sous le règne de Charles VI. Monstrelet nous » raconte un trait d'histoire qui nous le confirme. Lorsque » le roy Henry d'Angleterre, qui se disoit régent de France, » fut décédé au bois de Vincennes, M. Sarrazin d'Arly, » oncle du vidame d'Amiens, âgé de soixante ans, ou en- » viron, homme fort tourmenté de la goute, aimoit à sça- » voir des nouvelles : au moyen de quoy l'un des siens, » nommé Hauronas, revenant de Paris, il luy demanda » s'il ne savoit rien de la mort du roy Henry, à quoy le » gentil homme fist response que ouy, et qu'il l'avoit veu » mort et en effigie à Abbeville, luy racontant par le menu » de quelle maniere il estoit ajusté. Sarrazin s'informa en- » core s'il n'avoit pas de houseaux chaussez au moins » jusques à Calais : Ba, Monseigneur, répondit l'autre, » non, sur ma foy. Surquoy messire Sarrazin luy dit : » Jamais ne me croy s'il ne les a laissez en France. » Dont tous ceux qui estoient présens se mirent à rire. » Depuis ce temps là le peuple s'en servoit dans le sens » que nous venons de marquer. »

(Pasquier, *Recherches*, liv. viii, ch. 28.)

Huitille. En grant huitille ce qu'on veut,
En petit met on ce c'on peut.

Huitille, baril, tonneau, vase.

(*Anc. prov.*, Ms.) xiiie siècle.

Je veux qu'on me tonde.

Pasquier explique ainsi l'origine de ce proverbe : « Nos » pères en usoient anciennement pour signifier une peine. » François de Villon s'en sert dans ses *Repues franches*, » parlant du temps qu'il alla à Paris, en ces termes :

» Pour la grant science profonde
» Renommée en icelle ville,
» Je partis et veux qu'on me tonde
» S'à l'entrée j'avois croix ou pile.

» Les anciens François avoient coutume de porter de » longues chevelures, et une des punitions les plus sévères » dont on usoit contre ceux qui avoient commis quelque » faute, estoit de leur couper les cheveux, etc. » (*Recherches*, liv. VIII, ch. 9.)

LARRON. Larron est toujours en pensée de mal faire.
(*Prov. Gallic.*, Ms.) XVe siècle.

— Larrons pendus biens perdus.
(GABR. MEURIER, *Trésor des Sentences.*) XVIe siècle.

— Larrons rendent.
(*Prov. Gallic.*, Ms.) XVe siècle.

— Larronneau premier d'esguillettes,
Avec le temps de la boursette.
(GABR. MEURIER, *Trésor des Sentences.*) XVIe siècle.

— A gros larrons grosse corde.
(*Prov. communs.*) XVe siècle.

— D'un larron privé ne se peut on garder.
(*Adages françois.*) XVIe siècle.

— Estre usurier et piller le bon homme
De bon larron on devient gentilhomme.
(BRUSCAMBILLE, *Voyage d'Espagne.*) XVIIe siècle.

— Ne respite larron s'à droit prendre le peut.
(*Anc. prov.*, Ms.) XIIIe siècle.

— Occasion fait le larron.
(*Matinées sénonaises*, p. 279.)

LESSIVE. De pou à pou fait on buée (*lessive*).
(*Prov.* de JEHAN MIELOT.) XVe siècle.

LEVER. Lever à six,
Manger à dix,
Souper à six,
Coucher à dix,
Font vivre l'homme dix fois dix.
(*Recueil* de GRUTHER.)

LIT. Comme on fait son lit on se couche.

(*Dictionn. comique*, par P. J. LE ROUX, t. I, p. 301.)

— Le lit est l'écharpe de la jambe.

— Le lit est une bonne chose,
Si l'on n'y dort l'on y repose.

(*Dictionn. comique*, par P. J. LE ROUX, t. II, p. 95.)

MAISON. Maison de terre, cheval d'herbe,
Amy de bouche,
Ne vallent pas le pied d'une mouche.

— Maison n'y convient acheter
Qui meubles n'a pour y bouter.

(GABR. MEURIER, *Trésor des Sentences.*) XVIe siècle.

— Maison sans flamme
Corps sans âme.

(*Prov.* de BOUVELLES.) XVIe siècle.

— Maison sans porte,
Prometteur qui n'apporte,
Langue faconde et diserte,
Sans clôture et ouverte,
Bourse pleine et sans liens,
Peu profitent, ou tout rien.

(GABR. MEURIER, *Trésor des Sentences.*) XVIe siècle.

— Acheptez paix et maison faicte,
Et vous gardez de vieille debte,
Ainsi de tomber en un puis
Et d'un trou où il n'y a point d'huys.

(*Suite aux Mots dorés de Caton.*) XVIe siècle.

— A l'entrée de la ville sont les premières maisons.

(*Prov. communs.*) XVe siècle.

— Belle maison et rien dedans.

(*Adages françois.*) XVIe siècle.

— De bonne maison bon brason.

MAISON. En maison de qui te veult mal
Vienne un procès et urinal.

— En maison neufve
Qui n'y porte rien n'y treuve.

(GABR. MEURIER, *Trésor des Sentences.*) XVIe siècle.

— En bonne maison on a tost apresté.

(*Adages françois.*) XVIe siècle.

— En la maison de ton ennemy
Tiens une femme pour ton amye.

(GABR. MEURIER, *Trésor des Sentences.*) XVIe siècle.

— En la maison vault mieux avoir fontaine que cisterne.

(BOVILLI *Prov.*) XVIe siècle.

— En pauvre maison
Bas tizon.

(*Prov.* de BOUVELLES.) XVIe siècle.

— Fumée, pluye et femme sans raison
Chassent l'homme de sa maison.

(GABR. MEURIER, *Trésor des Sentences.*) XVIe siècle.

— Habillé comme un brûleur de maison.

Comme un homme de mauvaise mine, un voleur, un bandit.

(OUDIN, *Curiosités françoises*, p. 66.)

— Il est bon à mettre aux Petites-Maisons.

Ou :

C'est un échappé des Petites-Maisons.

C'est un fou.

(*Dictionn. de l'Académie*, édit. de 1835.)

— La surabondance de cire
Brûle la maison nostre sire.

(GABR. MEURIER, *Trésor des Sentences.*) XVIe siècle.

— Les maisons empêchent de voir la ville.

(*Dictionn. comique*, par P. J. LE ROUX, t. II, p. 116.)

MAISON. On doit bien savoir où en git (*où l'on demeure*).

(*Anc. prov.*, Ms.) XIIIe siècle.

— Qui la maison son voisin voit ardre (*brûler*) doit avoir peur de la sienne.

(H. ESTIENNE, *Précellence du langage françois*, etc.)

MANCHE. Avoir une personne dans sa manche.

En disposer à son gré.

(*Dictionn. de l'Académie*, édit. de 1835.)

— C'est une autre paire de manches.

C'est autre chose.

(OUDIN, *Curiosités françoises*, p. 389.)

— Du temps qu'on se mouchait sur la manche.

Du temps qu'on était fort simple.

(*Dictionn. de l'Académie*, édit. de 1835.)

— Il ne se fera pas trop tirer la manche.

(*Dictionn. de l'Académie*, édit. de 1835.)

MANTEAU. Manteau couvre lait et beau.

(GABR. MEURIER, *Trésor des Sentences*.) XVIe siècle.

— Manteau doublé de vinaigre.

Manteau de légère étoffe, mal doublé.

(OUDIN, *Curiosités françoises*, p. 172.)

— Fy de manteau quand il fait beau.

(GABR. MEURIER, *Trésor des Sentences*.) XVIe siècle.

— Qui trop estent son mantel la penne (*l'étoffe*) en ront.

On trouve ce proverbe dans une compilation composée en français, au XIIIe siècle, d'après l'Écriture sainte, et dont les différents chapitres commencent tous par ces mots : *Cy nous dist.*

Voici le passage :

« Cy nous dist comment un proverbe dist : *Qui* » *trop estent son mantel la penne en ront.* Si ne doit

» on prenre nul marchié, ne n'entreprenre nulle » chose que on ne s'en conseille à son pouvoir et » à sa bourse; quar qui despent .v. sous et il ne les » a en sa bourse, sa bourse ne li conseille, et qui » entreprent grant choses et il ne les puet faire que » petites, son pooir ne l'accorde mie. C'est dit pour » un menestrel de vielle qui pour sa vielle fist faire » un feurre (*fourreau, étui*) si noble comme il sot » deviser; et comme il fu fait, pour ce qu'il ot pou » argent pour le paier si li convient vendre. Si fist » tant por sa folie qu'il n'ot ne feurre ne vielle. »

MARTEAU. Être entre l'enclume et le marteau.

(*Dictionn. comique*, par P. J. LE ROUX, t. I, p. 445.)

— Le cinquiesme marteau à l'enclume
Y sert autant que coup de plume.

(BOVILLI *Prov.*) XVIe siècle.

MENDIANT. Deux mendians à un huys (*porte*),
L'un a le blanc, l'autre a le bis.

(GABR. MEURIER, *Trésor des Sentences*.) XVIe siècle.

— Deux truans ne s'entraimeront jà à ung huys.

(*Prov. Gallic.*, Ms.) XVe siècle.

MENESTRIER. Cornez d'autres, ménestriers.

(*Adages françois*.) XVIe siècle.

MESNIE. Celé çou que mesnie sait n'est souvent mie.

On ne peut pas cacher ce que savent tous les gens d'une maison.

L'auteur de la *Chronique de Rheins* cite ce proverbe, à propos de la mort violente du roi Henri Ier d'Angleterre. Voici le passage :

« ... Et tant qu'il le trouvèrent estranglé et les » rennes entour le col, si en furent à merveille » esbahi. Et lors le prisrent et levèrent et le mis- » rent en son lit, et fisrent entendant au peuple » qu'il estoit mort soudainement. Mais n'avient

» pas souvent que tele aventure aviegne de tel » homme qu'on ne le sache, car *celé çou que maisnie set n'est souvent mie.* »

(*Chronique de Rheins*, p. 16.) XIIIe siècle.

MESGNIE. Telle mesgnie telle œconomie.

(GABR. MEURIER, *Trésor des Sentences.*) XVIe siècle.

MESSAGER. A messagier de loing comptez vos nouvelles.

(*Prov. Gallic.; Recueil* de THOU, Ms.) XVe siècle.

MIROIR. Le miroir porte en soy
L'imaige laquelle il ne voit.

(BOVILLI *Prov.*) XVIe siècle.

MOULIN. Brairies de moulins.

(*Dit de l'Apostoile.*) XIIIe siècle.

Bruit de moulin.

— C'est un moulin à paroles.

C'est un bavard.

— Faire venir l'eau au moulin.

Se procurer du profit par son industrie.

(*Dictionn. de l'Académie*, édit. de 1835.)

— Le moulin ne meut pas
Avec l'eau coulée en bas.

— Qui veut ouïr des nouvelles
Au four et au moulin on en dit de belles.

(GABR. MEURIER, *Trésor des Sentences.*) XVIe siècle.

— Qui premier vient au moulin premier doit moudre.

Ou :

En moulins banaux qui premier vient le premier engraine.

(LOYSEL, *Institutes coutumières*, p. 259.)

MOULIN. Se battre contre les moulins à vent.

Se forger des chimères.

(*Dictionn. de l'Académie*, édit. de 1835.)

Moulin. Vous ne oriez (*n'entendriez*) pas un moulin mouldre.

(*Prov. Gallic.*, Ms.) xve siècle.

— Le four appelle le moulin bruslé.

« Quant quelqu'un a un vice et le reproche à un autre » qui ne l'a pas, on dit : *Le four appelle le moulin bruslé*, » comme si un four, auquel ordinairement le feu est » embrasé, et par conséquent à demy bruslé, faisoit ce » reproche au moulin, lequel estant basti sur l'eau et » arrosé continuellement, est bien esloigné d'un tel in- » convénient. »

(*Dictionn.* de Nicod.)

Nourrice. De grasses nourrices aulcunes foys moins de lait.

(Bovilli *Prov.*, liv. iii.) xvie siècle.

Numéro. Entendre le numéro.

« Le mot de numéro, qui signifie nombre parmy nous, » vient des Italiens qui s'en servent pour marquer le » chiffre des billets que l'on donne à la loterie, laquelle » l'on appeloit auparavant blanque. Quant un homme met- » toit à la blanque et qu'il se souvenoit du nombre sous » lequel il étoit enregistré, on disoit : *Il entend le numéro.* » Depuis on accommode cette manière de parler en toute » autre occasion, disant qu'un homme *entendoit le numéro* » quant il avoit une connoissance particulière de quelque » chose. » (Pasquier, *Recherches*, liv. viii, ch. 49.)

Pays. Bon pays mauvais chemin.

(Gabr. Meurier, *Trésor des Sentences.*) xvie siècle.

— Le païs est là où l'on se peut vivre.

(*Prov. Gallic.*, Ms.) xve siècle.

Perle. Enfiler des perles.

Faire une besogne inutile ou de petite valeur.

« Ce n'est pour enfiler des perles,
» Ce n'est pas pour chasser aux merles,
» Qu'on voit ce martial arroy. »

(*Plaisants devis des Suppôts du Seigneur de la Coquille*, p. 154.) xvie siècle.

PINCER. Pincer sans rire.

« Ce proverbe, qui marque le caractère de certaines gens » qui piquent en raillant, vient d'un jeu qu'on appelle : » *Je vous pince sans rire*, qui se pratique de cette sorte. » On fait asseoir sur un siége un homme de la compagnie » où l'on joue ce jeu; un autre prend un chandelier à la » main, dont le dessous est noirci de suif ou d'encre; il » s'en noircit le doigt indice et le pouce, sans que celuy » qui est assis s'en aperçoive, et le pince en divers endroits » du visage, en disant à chaque fois : Je vous pince sans » rire. L'impression des doigts fait un masque chamaré » qui fait rire quelqu'un de la compagnie, et celui qui rit » est obligé de se mettre à la place de celuy qui est bar- » bouillé. »

(FLEURY DE BELLINGEN, *Étym. des Prov. franç.*, p. 159.)

PONT. C'est le pont aux ânes.

C'est une chose très-facile à faire, que tout le monde sait.

— Faire un pont d'or à son ennemi.

On lit dans Brantôme, au sujet de l'accord fait par M. de la Trémouille avec les Suisses après la déroute de Novare, et dont le roi Louis XII blâmait beaucoup les conditions : « Toutesfois après avoir bien pesé le tout et » que pour chasser son ennemy *il ne faut nullement espar-* » *gner un pont d'argent*, quoy qu'il aille un peu de l'hon- » neur. »

(BRANTÔME, t. II des Œuvres complètes, p. 83.)

— Il passera bien de l'eau sous le pont.

— La foire n'est pas sur le pont.

Rien ne presse.

(*Dictionn. de l'Académie*, édit. de 1835.)

— Le pont par derrière est rompu.

(BOVILLI *Prov.*) XVIe siècle.

PORTE. Effondrer (*enfoncer*) une porte ouverte.

(BRUSCAMBILLE, *Voyage d'Espagne.*) XVIIe siècle.

PRÉSENT. Les petits présents entretiennent l'amitié.

Montesquieu discutait sur un fait avec un conseiller du

parlement de Bordeaux. Ce dernier, après plusieurs raisonnements débités avec feu, ajouta : « Monsieur le pré» sident, si cela n'est pas comme je vous le dis, je vous » donne ma tête.—Je l'accepte, répondit froidement Mon» tesquieu, *les petits présents entretiennent l'amitié.* »

(*Matinées sénonaises*, p. 257.)

QUENOUILLE. Le livre des Quenouilles.

Ce dicton populaire est cité par Oudin, qui n'en a pas compris le sens quand il a dit : *Mot fait à plaisir, un livre inconnu.* C'est une allusion directe à l'*Evangile des Quenouilles,* composé vers le milieu du XVe siècle, ainsi que le prouve un beau manuscrit de cet ouvrage, vendu en décembre 1841, après la mort du libraire Crozet. (Voyez le *Catalogue des livres composant le fonds de librairie de feu M. Crozet,* seconde partie, n° 1000.) Il contient un recueil des caquets débités par les commères réunies, le soir, à la veillée. On y trouve un bon nombre des croyances superstitieuses admises à cette époque, et toutes les billevesées qui pouvaient avoir cours dans ces réunions. Les exemplaires de cet ouvrage, imprimé au XVe siècle par Colard Mansion, sont très-rares. (Voyez *le même Catalogue,* n° 1001.) Une réimpression, tirée seulement à soixante-quinze exemplaires, a été faite en 1829 par le libraire Techener dans sa collection de Facéties. En 1847, M. Jannet, éditeur de la Bibliothèque elzévirienne, a publié une édition nouvelle du livre des *Quenouilles,* dans laquelle il a fait entrer tout le texte du manuscrit indiqué plus haut, qui appartient maintenant à M. Cigongne.

SAC. Aux petits sacs sont les meilleures espices,
De bons cerveaux viennent bons auspices.

— Avarice rompt le sac.

(GABR. MEURIER, *Trésor des Sentences.*) XVIe siècle.

— Autant tient poche comme sas (*sacs*).

(*Anc. prov.*, Ms.) XIIIe siècle.

— Ce pendant le bonhomme n'a pas son sac.

Se dit quand on paye de belles paroles quelqu'un à qu l'on fait tort.

SAC. Ce qui est au sac part du sac.

(*Mimes* de BAÏF, fol. 49.) XVIe siècle.

— Ce sont des gens de sac et de corde.

De méchantes gens, des gens à pendre.

— Il lui a baillé son sac et ses quilles.

Il l'a renvoyé.

— Il met tout dans son sac.

Il prend tout, il mange tout ce qu'il gagne.

(OUDIN, *Curiosités françoises*, p. 492.)

— Il ne sort du sac que ce qu'il y a.

(OUDIN, *Curiosités françoises*, p. 492.)

— Ils sont comme les sacs du charbonnier, l'un gâte l'autre.

(OUDIN, *Curiosités françoises*, p. 491.)

— Le sac ne fut oncques si plein
Qu'il n'y entrât bien un grain.

(GABR. MEURIER, *Trésor des Sentences.*) XVIe siècle.

— Tirer d'un sac double mouture.

Vendre deux fois le même objet.

(OUDIN, *Curiosités françoises*, p. 492.)

— Deux gros ne puent en un sac.

Deux hommes gros ne peuvent tenir en un sac.

— Se couvrir d'un sac mouillé.

« Ce proverbe convient à ceux qui ne veulent jamais » avouer leurs fautes et qui se servent d'excuses aussi fri- » voles que si quelqu'un pour se garentir de la pluie met- » toit sur sa tête un sac mouillé. »

(NICOD, *Dictionnaire.*)

SELLE. Deux gros ne chevaucheront jamais bien une sele.

— Entre deux selles chiet on a terre.

— Entre deux selles chiet dos à terre.

(*Anc. prov.*, Ms.) XIIIe siècle.

Rabelais a dit dans *Gargantua*, liv. I, chap. 11 :

« S'asseoir entre deux selles le cul à terre. »

SERRURE. Contre coignée serrure ne peut.

(*Adages françois.*) XVIe siècle.

SOULIER. Beau soulier vient laide savate.

(*Mimes* de BAÏF, fol. 49 v°.) XVIe siècle.

— Jamais ne fut si beau soulier qui ne devint laide savate.

(GABR. MEURIER, *Trésor des Sentences.*) XVIe siècle.

— Il est dans ses petits souliers.

Il est dans une situation gênante.

— Indigne de dénouer les cordons des souliers de quelqu'un.

Lui être très-inférieur en mérite.

Allusion au verset 7 du chap. 1er de l'Évangile selon saint Marc. (Voir t. I, *Recherches historiques*, etc., § 1.)

— Je m'en soucie comme de mes vieux souliers.

(*Dictionn. de l'Académie*, édit. de 1835.)

— On ne sçait pas où le soulier blesse.

« Ce proverbe, dont on se sert quand on parle de » quelque incommodité, de quelque chagrin ou de quelque » perte qui ne sont connus que de celui qui les souffre, » vient de Paul Émile. Ce sénateur romain ayant résolu de » répudier Papirie sa femme, qui passoit pour être accom- » plie, ses amis s'efforcèrent de l'en dissuader, en luy » faisant un détail des bonnes qualités de sa femme. » Émile, pour toute réponse, leur montra le soulier qu'il » portoit, en leur disant : Ce soulier n'est-il pas beau, » neuf et bien fait, cependant aucun de vous ne sçait où » il me blesse. »

(FLEURY DE BELLINGEN, *Étymol. des Prov. franç.*, p. 344.)

SUIE. Ce n'est mie comparaison de suie à miel.

SUIF. Autant couste li suis que la meche.

Autant coûte le suif que la mèche.

(*Anc. prov.*, Ms.) XIIIe siècle.

TAPIS. Il est réduit au tapis.

On lit dans Pasquier, liv. VIII, ch. 47 de ses *Recherches :*

« Quant nous voyons un homme au-dessous de toutes » affaires, nous le disons *estre réduit au tapis,* manière de » parler que nous empruntons des joueurs, lesquels jouant » sur un tapis vert, quant ils n'ont plus d'argent devant » eux pour mestier mener, sont contraints de s'emparer » du tapis. »

Brantôme dans ses *Dames galantes :*

« L'on en voit qui de pauvres qu'ils ont esté, ou par » procès, voyages ou guerres, *sont au tapis.* Ils se re- » montent ou agrandissent en charges, ou autrement, par » la faveur de leurs femmes. »

— Mettre quelqu'un ou quelque chose sur le tapis.

— L'on oublioit pas de me tenir sur le tapis.

(*Comédie des Prov.*, acte I, scène VII.)

TITRE. Le titre ne fait pas le maistre.

— Les plus vieux titres ne sont pas les meilleurs.

(LOYSEL, *Institutes coutumières, etc.*, nos 775-776.)

TOILE. Vous parlez trop, vous n'aurez pas ma toile.

« Un conte ou une histoire que voicy a donné lieu à » ce proverbe. Une paysanne qui avoit une pièce de toile » à vendre, chargea son fils de la porter au marché. Elle » luy recommanda de prendre bien garde de la vendre à » quelqu'un qui parleroit trop, parce qu'elle craignoit » qu'on ne l'atrapast avec des parolles pour l'obliger de » la donner à vil prix. Ce jeune homme qui estoit fort » simple, prit ce que luy avoit dist sa mère au pied de la » lettre. Quand quelqu'un luy avoit demandé combien la » toile, et qu'il en avoit dit le prix, si on disoit : C'est trop, » il répliquoit : Vous parlez trop, vous n'aurez pas ma » toile, et renvoyoit ainsi le monde. »

(FLEURY DE BELLINGEN, *Étym. des Prov. franç.*, p. 160.)

VÊTEMENT. Le peil qui ne peut durer un an ne vaut rien.

(*Prov. Gallic.*, Ms.) XVe siècle.

VILLE. Autant de villes autant de guises.

(*Recueil* de GRUTHER.)

— Toute ville qui parlemente est à moitié rendue.

(*Mimes* de BAÏF.) XVIe siècle.

— Selon la ville les bourgeois.

(*Prov. communs.*) XVe siècle.

— Vous êtes locquet de la ville.

(*Adages françois.*) XVIe siècle.

SÉRIE N° XIII.

NOURRITURE. — REPAS.

ANDOUILLE. Rompre l'andouille au genouil.

« L'on use de ce proverbe pour marquer qu'on doit ne
» se servir que de moyens convenables pour venir à bout
» d'une chose, car l'andouille, par exemple, qui est em-
» ployée icy, ne se rompt point sur le genouil comme l'on
» fait un esclat de bois bien sec et délié, mais il faut
» se servir du couteau qui est le seul moyen de la mestre
» en plusieurs pièces. »

(*Dictionn.* de NICOD.)

Dans Rabelais, liv. IV, le chap. 41 est intitulé ainsi :

« Comment Pantagruel rompit les andouilles au
» genoil. »

— Guerre sans feu ne vaut guère mieux qu'andouille sans moutarde.

On assure que Henri VI, roi d'Angleterre, répondit, en citant ce proverbe, aux habitants de Paris qui se plaignaient des ravages que les gens de guerre commettaient autour de la ville.

APPÉTIT. A bon appetit peu de mets demeurent.

(*Adages françois.*) XVIe siècle.

— A l'appetit de peu de chose.

Pour peu de valeur ou de dépense.

(OUDIN, *Curiosités françoises,* p. 15.)

APPÉTIT. L'appetit vient en mangeant.

(*Prov. communs.*) xve siècle.

« L'appetit vient en mangeant, dit Angestrom,
» et la soif s'en va en buvant. »

(RABELAIS, liv. I, ch. 5.)

S'il faut en croire Fleury de Bellingen, Amyot fit cette réponse à Henri III, qui s'étonnait que son ancien précepteur ne se contentât pas d'une abbaye dont, suivant son premier désir, il avait été pourvu; mais l'évêché d'Auxerre étant venu à vaquer, Amyot le sollicita et l'obtint. Il répondit au roi qui lui rappelait que son premier vœu se bornait à un bon bénéfice : « Sire, l'appétit vient en mangeant. » (*Étymologies des Prov. franç.*, p. 66.)

— Avoir l'appétit ouvert de bon matin.

(*Dictionn. de l'Académie*, édit. de 1835.)

— En mangeant l'on perd l'appetit.

— Jamais sage homme on ne vid
Beuveur de vin sans appetit.

— Petit à petit vient l'appetit.

(GABR. MEURIER, *Trésor des Sentences.*) xvie siècle.

ASSIETTE. Frapper fort, en casseur d'assiettes.

Ce proverbe est corrompu; il provient d'une locution, déjà employée au xvie siècle, *frapper en casseur d'acier*, c'est-à-dire frapper de manière à briser l'acier.

Ainsi, dans les *Contes* de Bonaventure Desperiers, on lit :

« Brief, il en prenoit là où il en trouvoit, et
» frappoit souz luy comme un casseur d'acier. »

(Nouv. 10.)

AVALER. Avaler le calice, avaler le morceau.

Se soumettre à la nécessité.

— Avaller sans corde et sans poulain.

Boire, par allusion d'avaler, qui signifie descendre le vin dans la cave.

(OUDIN, *Curiosités françoises*, p. 21.)

AVALER. Ne faire que tordre et avaler.

Manger avidement.

(*Dictionn. de l'Académie*, édit. de 1835.)

— Avalleur de charettes ferrées.

Vantard, rodomont.

— Avalleur de frimas.

Fainéant.

— Avalleur de pois gris.

Grand mangeur.

AVALOIRE, bouche. Cela passe doux comme laït, mais je pense que tu es fils de tonnelier, tu as belle avalloire.

(*Comédie des Proverbes*, acte II, scène III.) XVIIe siècle.

BANQUET. Les fols font les banquets et les sages les mangent.

(*Adages françois.*) XVIe siècle.

BEURRE. Il se fond en raison comme beure au soleil.

— Il ne faut pas tant de beurre pour faire un quartron.

(OUDIN, *Curiosités françoises.*)

— Promettre plus de beurre que de pain.

Promettre plus qu'on ne peut tenir.

(*Dictionn. de l'Académie*, édit. de 1835.)

— Avoir du beurre sur la tête.

Être couvert de crimes. Proverbe argotique des voleurs juifs. Ils disent en hébreu : Si vous avez du beurre sur la tête, n'allez pas au soleil : il fond et tache. (Voyez les *Voleurs* de Vidocq, t. I, p. 16.)

— Se mettre la gueule dans le beurre.

Se fourvoyer.

(F. MICHEL, *Dictionn. d'argot*, p. 44.)

BOCON. A bon bocon grand cry et question.

A bonne bouchée grand cri et question.

BOUCON. Boucon englouty n'acquiert amy.

(GABR. MEURIER, *Trésor des Sentences.*) XVIe siècle.

BOIRE. Boire à cloche-pied.

Boire mal, boire du mauvais vin.

« Quand nous fûmes assemblés, que tout fut » pret, le vin dans les vaisseaux plongés en l'eau » fraîche pour se rafraîchir (aussi le pratiquer au- » trement *seroit boire à clochepied.*) »

(*Moyen de parvenir,* chap. intitulé *Songe.*)

BOIRE. Boire à tire-larigot.

On a donné plusieurs explications de ce proverbe, aussi hasardées les unes que les autres. Suivant Borel, dans son *Trésor des Antiquités françoises*, larigaude est un vieux mot qui signifie *gosier*. Boire à tire-larigaud, veut dire boire à plein gosier. Mais Borel ne cite aucune autorité, et je n'ai jamais rencontré ce mot.

Fleury de Bellingen explique autrement ce proverbe : « Le larigot, dit-il, est une petite flûte d'ivoyre, semblable » au sifflet d'un enfant, qui rend un ton fort haut, et » parce que ceux qui en jouent soufflent de toute leur » force, et tirent à perte d'haleine, quand nous beuvons » à longs traits et que nous levons le coude et haussons » le menton avecques le verre comme ceux qui flutent » avec un larigot, pour boire jusqu'à la dernière goutte, » nous appelons cela *boire à tire-larigot.* » (Page 203.)

Enfin, voici une troisième étymologie :

« Eudes Rigaud, archevêque de Rouen, ayant donné » une grosse cloche à son église, cette cloche fut nommée » *la Rigaude;* et comme elle est fort difficile à mettre en » branle, les sonneurs, après avoir eu beaucoup de peine, » alloient boire d'autant. On veut même que l'archevêque » ait légué une somme d'argent spécialement destinée à cet » usage. De là le proverbe : *Boire à tire la Rigaude.* »

(*Manuscrits de* GAIGNIÈRES. *Prov. franç.*, t. I.)

Un vaux de Vire d'Olivier Basselin intitulé TIRE-LA-RIGAUT, justifie cette dernière explication. Voir l'édition de la *Bibliothèque gauloise,* p. 42.

« A quoy feut condescendu par icelluy, et pleust » très bien à sa mère, et pour l'appaiser luy don- » narent à boyre à tirelarigot, etc. »

(RABELAIS, liv. I, ch. 8.)

BOIRE. Boire à tous guez comme le cheval d'un promoteur.

(*Adages françois.*) XVIe siècle.

« Par Dieu, je boy à tous gués comme un che- » val de promoteur. »

(RABELAIS, liv. I, ch. 40.) XVIe siècle.

« Le promoteur c'est la partie publique dans les juris- » dictions ecclésiastiques. Or, comme cet officier est dé- » fraié, et ordinairement bien servi partout où il s'arrête, » on a dit en commun proverbe, etc. » (*Note de* LEDUCHAT.)

— Boire à si petit gué c'est pour rompre son poitrail.

(RABELAIS, liv. I, ch. 5.) XVIe siècle.

Voyez tout ce passage de Rabelais dans lequel on trouve un grand nombre d'expressions proverbiales relatives au vin et aux buveurs.

— Boire aussi bien en bois comme en or.

— Boire à tout torrent,
Tourner à tout vent.

(BOVILLI *Prov.*) XVIe siècle.

— Boire à ventre déboutonné.

Boire beaucoup.

(*Adages françois.*) XVIe siècle.

On disait encore dans le même sens :

Boire en lancement.

Nous ne buvons que lâchement, *non en lancement.*

(RABELAIS, liv. II.) XVIe siècle.

— Boire d'autant.

Boire beaucoup.

(OUDIN, *Curiosités françoises.*)

— Boire dans le même pot.

(*Dictionn. comique,* par P. J. LE ROUX, t. I, p. 121.)

— Boyre et boyre oste la soif.

(*Prov. Gallic.*, Ms.) XVe siècle.

BOIRE. Boire le vin du marché.

Boire ensemble après la conclusion d'un marché.

— Boire le vin de l'étrier.

(*Dictionn. de l'Académie,* édit. de 1835.)

— Beuvons, jamais nous ne boyrons si jeunes.

— Boy, si te reviendra poil.

(*Adages françois.*) XVIe siècle.

— A boire et manger *exultamus* (*nous nous réjouissons*),
Mais au débourser *suspiramus* (*nous soupirons*).

(GABR. MEURIER, *Trésor des Sentences.*) XVIe siècle.

— A petit manger bien boire.

(*Dictionn. de l'Académie,* édit. de 1835.)

— Asséur boit qui son lit voit.

(*Prov. ruraux et vulgaux,* Ms.) XIIIe siècle.

— Ce n'est pas la mer à boire.

Ce n'est pas bien difficile.

(*Dictionn. de l'Académie*, édit. de 1835.)

— Je boirais la mer et les poissons.

Je suis très-altéré.

(OUDIN, *Curiosités françoises,* p. 44.)

— Je boiray après vous.

Je vivrai plus longtemps que vous.

(OUDIN, *Curiosités françoises*, p. 15.)

— Manger et non boire
C'est aveugler et non veoir.

(GABR. MEURIER, *Trésor des Sentences.*) XVIe siècle.

— Pour néant boit qui ne s'en sent.

(RABELAIS, liv. I, chap. 10.) XVIe siècle.

— Qui a fait la faute si la boive.

(OUDIN, *Curiosités françoises.*)

BOIRE. Qui bon l'achète bon le boit.

(*Contes* d'EUTRAPEL, fol. 3 r°.) XVIe siècle.

C'est pour dire qu'il est mieux d'acheter une bonne marchandise chèrement qu'une mauvaise à bon marché. Le reste du proverbe est : « On le répend en chemin. »

(OUDIN, *Curiosités françoises*, p. 4.)

— Que qui boit en mangeant sa soupe
Quand il est mort il ne voit goutte.

(BRUSCAMBILLE, *Voyage d'Espagne.*) XVIIe siècle.

— Qui a beu toute la marée
Bien en peut boire autre gorgée.

(GABR. MEURIER, *Trésor des Sentences.*) XVIe siècle.

— De mauvais vesseau ne sortira jà bon boire.

(*Prov. Gallic.*, Ms.) XVe siècle.

Vesseau, et mieux *vaisseau*, vase. Ce mot a été employé dans le sens de vase jusqu'au XVIIe siècle. Ainsi Bossuet, partie II du *Discours sur l'Histoire universelle*, a dit : « Et » tant de riches *vaisseaux* consacrés par des rois pieux » furent abandonnés à un roi impie. »

— Trop boire noye la mémoire.

(GABR. MEURIER, *Trésor des Sentences.*) XVIe siècle.

— Tu as bu le bon, boys la lye.

(*Mimes* de BAÏF.) XVIe siècle.

BOUDIN. Je ferai du boudin, si vous me fâchez.

Je répandrai le sang, je frapperai.

— Nous mangerons du boudin, la grosse beste est à terre.

Cela se dit vulgairement de quelqu'un qui est à terre.

(OUDIN, *Curiosités françoises.*)

— Cette affaire s'en ira en eau de boudin.

Pour dire cette affaire ne réussira pas.

(*Dictionn. comique*, par P. J. LE ROUX, t. I, p. 137.)

BOUILLIE. Cela sent sa bouillie.

Cela sent l'enfant.

(OUDIN, *Curiosités françoises.*)

Bouillie. Il ne vous faut plus donner de bouillie, vous êtes tout dru.

(Oudin, *Curiosités françoises.*)

— Faire de la bouillie pour les chats.

Faire de la mauvaise besogne.

(*Dictionn. de l'Académie,* édit. de 1835.)

Bouteille. On dirait qu'il a été nourri dans une bouteille.

Se dit d'un homme sans expérience.

— Si vous cassez la bouteille vous n'y boirez plus.

(Oudin, *Curiosités françoises,* p. 58.)

Broc. De broc en bouche.

Promptement.

(Oudin, *Curiosités françoises,* p. 51.)

Buveur. A bon buveur telle bouteille.

Chair. Chair fait chair, et poisson poison.

— Chair vieille fait bon brouet,
Et frais poyvre saupicquet.

— Chair, vin et pain font perdre la fin.

(Gabr. Meurier, *Trésor des Sentences.*) xvie siècle.

— Bonne chière fait le cueur lie.

Bonne chère rend le cœur joyeux.

(*Prov. communs.*) xve siècle.

— De chair sallée, de fruit ne de fromage
Nul ne s'en fye, tant soit prudent et sage.

(Gabr. Meurier, *Trésor des Sentences.*) xvie siècle.

— Haché menu comme chair à pastez.

(Oudin, *Curiosités françoises.*)

— Il a plus de chair que de pain.

Il est plus gras qu'il n'est riche.

— Il y a plus de chair que de saulse.

(Oudin, *Curiosités françoises*, p. 77.)

CHAIR. Jà pour faire bonne chère son hostel ne sera pire.

(*Prov. Gallic.*, Ms.) xve siècle.

— Jamais ne demeure chair à la boucherie.

(GABR. MEURIER, *Trésor des Sentences.*) xvie siècle.

— Jeune chair et vieux poisson.

Il faut manger les bestes et les oiseaux jeunes et les poissons gros.

(OUDIN, *Curiosités françoises*, p. 77.)

— La chair nourrit la chair.

— Quand on a mangé la chair, il faut ronger les os.

— Telle chair, telle sauce.

— L'esprit est prompt, la chair est faible.

(*Évangile selon saint Luc.*)

— Chair de commissaire, chair et poisson.

« Ce proverbe pourroit bien être du tems des édits de » pacification (fin du xvie siècle). Les commissaires chargez » d'en faire exécuter les conditions, étoient les uns catho- » liques les autres réformez; et ces derniers mangeoient » sans façon de la chair, au lieu qu'aux autres il falloit » du poisson. »

(*Ducatiana*, p. 477.)

— On ne sait s'il est chair ou poisson.

Se dit d'un homme sans caractère.

(*Dictionn. de l'Académie*, édit. de 1835.)

— Toute chair n'est pas venaison.

(OUDIN, *Curiosités françoises*, p. 78.)

CHAUDRON. Couvercle digne du chaudron.

« Il rencontroit gens aussi fols que luy et, comme » dit le proverbe, couvercle digne du chaulderon. »

(RABELAIS, liv. I, *Prologue.*) xvie siècle.

COUTEAU. Ce couteau coupe tout ce qu'il voit et laisse tout ce qu'il rencontre.

(OUDIN, *Curiosités françoises*, p. 129.)

— Ce cousteau ne vient pas de ceste gaîne.

(*Adages françois.*) XVIe siècle.

— Changer son couteau à une allumelle.

Changer une bonne chose pour une mauvaise.

(OUDIN, *Curiosités françoises*, p. 11.)

— Ceux qui portent les longs cousteaux
Ne sont pas tous queux (*cuisiniers*) ne bourreaux.

(GABR. MEURIER, *Trésor des Sentences.*) XVIe siècle.

— Éguiser ses couteaux.

(*Dictionn. comique*, par P. J. LE ROUX, t. II, p. 431.)

— En une belle gaine d'or
Cousteau de plomb gist et dort.

(GABR. MEURIER, *Trésor des Sentences.*) XVIe siècle.

— Le cousteau n'appaise l'hérésie.

(*Adages françois.*) XVIe siècle.

— Le long cousteau ne fait pas le gueux.

(*Recueil* de GRUTHER.)

— Les mauvais couteaux coupent les doigts et laissent le bois.

(GABR. MEURIER, *Trésor des Sentences.*) XVIe siècle.

— On vous en donnera des petits couteaux pour les perdre.

(*Dictionn. de l'Académie*, édit. de 1835.)

— Tel cousteau tel fourreau.

(GABR. MEURIER, *Trésor des Sentences.*) XVIe siècle.

CUILLER. Après mengier cuiller.

(*Prov. communs goth.*) XVe siècle.

CUILLER. Tu te feras plustost bailler un coup de cuillière à la cuisine qu'un coup d'épée à la guerre.

(*Comédie des Prov.*, acte I, scène III.) XVIIe siècle.

Voir BOUCHE, série n° V.

CUISINE. Cuisine estroite fait bâtir grande maison.

(*Adages françois.*) XVIe siècle.

— A grasse cuisine pauvreté voisine.

(GABR. MEURIER, *Trésor des Sentences.*) XVIe siècle.

— Grasse cuisine maigre testament.

(*Dictionn.* de COTGRAVE.)

— Il est chargé de cuisine.

Il est gras, bien nourri.

(*Dictionn. de l'Académie*, édit. de 1835.)

— Petite cuisine agrandit la maison.

CUIT. Cuit et rosty va tout en un pertuis.

(GABR. MEURIER, *Trésor des Sentences.*) XVIe siècle.

CUVE. Déjeuner et dîner à fond de cuve.

Faire un bon repas.

CUVÉE. En voici d'une autre cuvée.

Se dit lorsque, après avoir entendu un conte plaisant, quelqu'un en commence un autre.

(*Dictionn. de l'Académie*, édit. de 1835.)

— Il est de la dernière cuvée.

Il est fait depuis peu.

DÉGOUTÉ. Ils eussent esveillé l'appétit aux plus desgoutez.

(*Anc. Théâtre franç.*, t. V, p. 144.)

« Si tu veux, nous coucherons tous deux ? —
» Tresdame ! tu n'es point desgoûté : l'eau ne
» te vient-elle point à la bouche ? »

(*Comédie des Prov.*, acte III, scène VII.)

DÎNER. Diner d'advocat.

Un bon dîner.

(OUDIN, *Curiosités françoises*, p. 145 et 167.)

DÎNER. Dîner par cœur.
Se passer de dîner.
(*Dictionn. de l'Académie*, édit. de 1835.)

— Disne honnestement et soupe sobrement,
Dors en hault et vivras longuement.

— C'est bien disnés, quand on eschappe
En torchant son nez à la nappe,
Sans desbourcer pas un denier,
Et dire adieu au tavernier.
(GABR. MEURIER, *Trésor des Sentences.*) XVIe siècle.

— Courte messe et long dîner
C'est la joie au chevalier.
(*Prov. Gallic.*, Ms.) XVe siècle.

— Court sermon et long disner.
(*Prov. communs.*) XVe siècle.

— Court disner appert vallet.
(*Adages françois.*) XVIe siècle.

— Qui dort dîne.

— S'il est riche qu'il dîne deux fois.
(*Dictionn. de l'Académie*, édit. de 1835.)

— Qui garde de son dîner il a mieux à souper.
(*Encyclopédie des Prov.*)

DÎNEUR. C'est un beau dîneur.
C'est un gros mangeur.
(OUDIN, *Curiosités françoises*, p. 167.)

ÉCOT. Bien se doit taire de l'escot qui rien n'en paye.
(*Prov. Gallic.*, Ms.) XVe siècle.

— A beau se faire de l'escot qui rien n'en paye pour la bonne bouche.
(*Comédie des Proverbes*, prologue.)

ÉCUELLE. A tart manjue qui à autrui escuele s'atent.
Ou :
A tart prent qui à autrui s'atent.
(*Prov. ruraux et vulgaux*, Ms.) XIIIe siècle.

Écuelle. Qui s'attend à l'écuelle d'autrui a souvent mauvais dîner.

(*Dictionn. de l'Académie*, édit. de 1835.)

— En grant escuelle peut l'en faire mauvaise part.

(*Prov. Gallic.*, Ms.) xve siècle.

— Il a bien plu dans son escuelle.

(*Dictionn. comique*, par P. J. Le Roux, t. I, p. 426.)

— Ils se raccommoderont à l'écuelle, comme les gueux.

(*Dictionn. de l'Académie*, édit. de 1835.)

— Tout y va par écuelle, on y dépense largement.

(Oudin, *Curiosités françoises*, p. 194.)

Faim. Faim fait disner,
Passetemps souper.

(*Prov.* de Bouvelles.) xvie siècle.

— C'est la faim qui épouse la soif.

Se dit de deux personnes pauvres qui se réunissent ou qui se marient.

Farine. Ce sont gens de même farine.

Ce sont gens de même sorte.

— D'un sac à charbon il ne saurait sortir blanche farine.

(*Dictionn. de l'Académie*, édit. de 1835.)

— Fay et sasse bonne farine,
Sans sonner trompette ne buccine (*trompe*).

(Gabr. Meurier, *Trésor des Sentences.*) xvie siècle.

— Il fait bon pestrir près farine.

(*Prov. Gallic.*, Ms.) xve siècle.

Four. A celui qui a sa paste au four on doit donner de son tourteau.

(*Prov. communs.*) xve siècle.

FOUR. A faire la gueule d'ung four sont trois pierres nécessaires.

(RABELAIS, *Prologue* du liv. IV.) XVIe siècle.

— A pauvres gens la pasté gèle au four.

(*Anthologie ou Conférences des Prov.*, etc.)

— Au four et au moulin oyt l'en (*on sait, on apprend*) les nouvelles.

(*Prov. Gallic.*, Ms.) XVe siècle.

— Ce n'est pas pour toy que le four chauffe.

(*Adages françois.*) XVIe siècle.

— Grande comme un four.

Se dit d'une bouche très-fendue.

(*Dictionn. comique*, par P. J. LEROUX.)

— Il fait noir comme dans un four.

— Il fait chaud comme dans un four.

(*Dictionn. comique*, par P. J. LE ROUX, t. I, p. 538.)

— Vous viendrez cuire à notre four.

Vous aurez quelque jour affaire à nous.

Voir dans cette Série au mot PAIN.

FOIE. Jamais homme ne mange foye
Que le sien n'en aye joye.

(H. ESTIENNE, *Précellence du langage françois*, etc.) XVIe siècle.

FRICASSÉE. Je suis malheureux en fricassée, je ne rapporte que des os.

Je n'ai point de bonheur.

(OUDIN, *Curiosités françoises*, p. 141 et 236.)

— Une bonne fricassée de pain sec.

(*Dictionn. de l'Académie*, édit. de 1835.)

FROMAGE. Fromage et melon au poids les prend on.

— Fromage et pain est médecine au sain.

(GABR. MEURIER, *Trésor des Sentences.*) XVIe siècle.

— Après la char vient le fromaige.

(*Prov.* de JEH. MIELOT, Ms.) XVe siècle.

FROMAGE. Au fromage et jambon
Cognoist-on voisin et compagnon.
(GABR. MEURIER, *Trésor des Sentences.*) XVIe siècle.

— Cil qui mange du formage
S'il ne le fait il enrage.
(*Adages françois.*) XVIe siècle.

— Entre la poire et le fromage.
Sur la fin du repas.
(*Dictionn. de l'Académie*, édit. de 1835.)

— Entre le fromage et la poire
Chacun dit sa chanson à boire.
(*Dictionn. comique*, par P. J. LE ROUX.)

— Le fromaige n'est pas moins desplaisant que dommaigeable à table.
(BOVILLI *Prov.*) XVIe siècle.

— Qui a fromage pour tous mets
Peut bien tailler bien espez.

— Tout fromage est sain
S'il vient d'une chiche main.
(GABR. MEURIER, *Trésor des Sentences.*) XVIe siècle.

GATEAU. Avoir part au gâteau.
Partager une chose, y avoir part.
(OUDIN, *Curiosités françoises*, p. 247.)

— Il a trouvé la fève au gâteau.
(*Adages françois.*) XVIe siècle.

GLOUTON. Glout a tout, ou il pert tout.
(*Prov. Gallic.*, Ms.) XVe siècle.

— Glous n'iert jà saous, plus a plus veut.
(*Anc. prov.*, Ms.) XIIIe siècle.
Glouton n'est jamais soûl, plus a plus veut.

— Glouton ne fut jamais sans peine.
(*Adages françois.*) XVIe siècle.

GLOUTONNERIE. Gloutonnie soit honnie.

(*Prov. Gallic.*, Ms.) XVe siècle.

GOURMANDISE. Gourmandise tue plus de gens
Qu'espée en guerre tranchant.

(*Adages françois.*) XVIe siècle.

GOURMANDS. Les gourmands font leurs fosses à (*avec*) leurs dents.

(H. ESTIENNE, *Précellence du langage françois*, etc.) XVIe siècle.

GOUT. Le coust en fait perdre le goût.

(OUDIN, *Curiosités françoises*, p. 133.)

IVROGNE. A bon ivroygne bonne pance.

— A la trogne conoyt-on l'yvrogne.

(GABR. MEURIER, *Trésor des Sentences.*) XVIe siècle.

— Bon chantre bon yvrogne.

(*Adages françois.*) XVIe siècle.

IVROGNERIE. Yvrognerie est une zizanie,
Et de sobriété vray ennemye.

JAMBON. Oncques jambon ne fut que bon.

(GABR. MEURIER, *Trésor des Sentences.*) XVIe siècle.

LAIT. Lait et beurre tout à moy.

(*Prov. Gallic.*, Ms.) XVe siècle.

— Lait sur vin est venin,
Vin sur lait est souhait.

(GABRIEL MEURIER, *Trésor des Sentences.*) XVIe siècle.

— Elle a bien du laict caché sous sa chemise.

Elle est bien laide.

(OUDIN, *Curiosités françoises*, p. 293.)

— Faire bouillir du laict à quelqu'un.

Lui faire plaisir.

(*Dictionn. de l'Académie*, édit. de 1835.)

— Il a tété du bon lait.

Il a été bien nourri.

(OUDIN, *Curiosités françoises*, p. 293.)

LAIT. Il est si jeune que si on lui tordait le nez il en sortirait encore du lait.

— Il s'emporte comme une soupe au lait.

(*Dictionn. de l'Académie*, édit. de 1835.)

— Il a avalé cet affront doux comme lait.

(*Dictionn. comique*, par P. J. LE ROUX, t. II, p. 68.)

LARD. A la fin saura-on qui a mangé lart.

(*Prov. communs.*) XVe siècle.

— Cela vient à propos comme lard en pois.

(OUDIN, *Curiosités françoises*, p. 296.)

— C'est d'aise que on pont sur le lart.

(*Prov.* de JEH. MIELOT.) XVe siècle.

— Crier au lard sur quelqu'un.

Se moquer.

— Faire du lard.

Dormir beaucoup et devenir gras.

— Frotter son lard.

— Faire trembler le lard au charnier.

Être grand mangeur.

— Gras comme lard à pois.

(OUDIN, *Curiosités françoises*, p. 297 et 296.)

— Il est vilain comme lard jaune.

(*Dictionn. comique*, par P. J. LE ROUX, t. II, p. 74.)

— Il ne jette pas son lard aux chiens.

— On luy fait croire qu'il a mangé le lart.

(OUDIN, *Curiosités françoises*, p. 297.)

LEVAIN. Il aura bien peu de paste qui ne luy fera un levain.

(*Adages françois.*) XVIe siècle.

— Qui au soir ne laisse levain, jà ne fera au matin lever paste.

(RABELAIS, liv. III, ch. 3.) XVIe siècle.

MANGER. Manger des patenostres et chier des *Ave*.

Être bigot.

(OUDIN, *Curiosités françoises*, p. 321.)

— Manger ses doigts d'une chose.

S'en repentir.

— Manger une personne à force de la regarder.

(OUDIN, *Curiosités françoises*, p. 324.)

— Manger la morue sans beurre.

(*Adages françois.*) XVIe siècle.

— Manger son avoine en son sac.

« L'on se sert de ce proverbe contre les avares qui » mangent ordinairement seuls et se cachent de peur » d'avoir compagnie, comme font les mulets, à qui les » muletiers pendent au nez un petit sac d'avoine qu'ils » mangent à part, sans qu'aucun autre en puisse prendre. »

(*Dictionn.* de NICOD.)

— Après la responce faut manger de la pomache.

« Proverbe bourguignon de bon sens, et veut dire qu'a- » près avoir respondu pour autrui, il faut souvent peu » mascher et mourir de faim, par équivoque à des herbes » dont on use en salade au printemps. »

(*Anthologie ou Conférences des Prov.*, Ms.)

— Bien jeune le jour qui au soir a assez à menger.

(*Prov. Gallic.*, Ms.) XVe siècle.

— Entrez, il ne vous mangera pas.

(OUDIN, *Curiosités françoises*, p. 326.)

— Il en mangeroit autant qu'un évêque en pourroit bénir.

Il mangerait beaucoup.

(OUDIN, *Curiosités françoises*, p. 39.)

— Il se mangeroit plutôt les bras jusqu'au coude.

(OUDIN, *Curiosités françoises*, p. 321.)

MANGER. Il te mangeroit avec un grain de sel.

(OUDIN, *Curiosités françoises*, p. 326.)

— Je le ferois aussitôt que de manger un morceau de pain.

(OUDIN, *Curiosités françoises*, p. 325.)

— Je vous baillerai ce que vous ne mangerez pas.

(OUDIN, *Curiosités françoises*, p. 326.)

— Le manger fait réveiller le boire.

(*Recueil* de GRUTHER.)

— Qui perd manger pour manger ne perd rien.

C'est-à-dire il vaut autant manger une fois que l'autre.

(OUDIN, *Curiosités françoises*, p. 325.)

— S'il le faisoit il ne mangeroit jamais de pain.

MANGERIE. Relever mangerie.

Recommencer à manger.

(OUDIN, *Curiosités françoises*, p. 327.)

MANGEUR. D'enfrun mangéour mauvais départéour.

De mangeur gourmand mauvais partageur.

(*Prov. ruraux et vulgaux*, Ms.) XIIIe siècle.

MARMITE. Cela fait bouillir la marmite.

(*Dictionn. de l'Académie*, édit. de 1835.)

— Écumer la marmite.

En tirer une partie de la viande et la manger devant qu'il soit temps de dîner.

(OUDIN, *Curiosités françoises*, p. 194.)

— La marmite est renversée dans cette maison.

On n'y dîne plus.

(*Dictionn. de l'Académie*, édit. de 1835.)

METS. A mectz précieux
Honneur de plusieurs.

(BOVILLI *Prov.*) XVIe siècle.

MORCEAU. Morceau avalé n'a plus de goût.
(*Dictionn. de l'Académie*, édit. de 1835.)

— Il faut mettre les morceaux doubles.
Il faut se dépêcher de manger.

— Il vous arracheroit volontiers les morceaux de la bouche.

— Le morceau d'Adam.
La noix du gosier.

— Le morceau de la nourrice.
Le meilleur morceau.

— Le morceau honteux.
Le dernier morceau.

— Les premiers morceaux nuisent aux derniers.

— Tailler ou rogner les morceaux.
Donner peu à manger.

— Voilà un beau morceau pour un malade.
(OUDIN, *Curiosités françoises*, p. 355.)

MOUTARDE. Baveur comme un pot à moustarde.

— Après le dîner la moutarde.
(*Mimes* de BAÏF, v°.) XVIe siècle.

— C'est de la moutarde après dîner.
C'est une chose inutile.

— La moutarde lui monte au nez.
Il commence à se fâcher.
(*Dictionn. de l'Académie*, édit. de 1835.)

— Les enfants en vont à la moustarde.
(*Adages françois.*) XVIe siècle.

Au sujet de *Moutarde de Dijon*, on peut voir, série n° VII, au mot DIJON. Quant à ce proverbe, il rappelle l'usage encore assez ordinaire aujourd'hui parmi le peuple d'envoyer les enfants encore inutiles chercher les objets nécessaires au ménage. C'est ainsi que l'auteur du *Journal d'un Bourgeois de Paris* dit, en parlant d'une chanson populaire, en 1413 : « Item en icelluy temps chantoient » les petits enfans au soir, en *allant au vin ou à la mou-* » *tarde, etc....* »

« Et en feut faicte une chanson dont les petits » enfants alloyent à la moutarde. »

(RABELAIS, liv. II, ch. 20.) XVIe siècle.

MOUTARDE. C'est s'y entendre à cela comme un rossignol à crier de la moutarde.

(*Moyen de parvenir*, chapitre intitulé *Notice.*)

— S'amuser à la moutarde.

S'occuper de bagatelles.

(*Dictionn. de l'Académie*, édit. de 1835.)

NAPPE. Après mengier nappe.

(*Prov. ruraux et vulgaux*, Ms.) XIIIe siècle.

NOURRIR. Ce que nature engendre ce n'est pas honte de le nourrir.

(*Adages françois.*) XVIe siècle.

— Bien nourrir faict dormir,
Et bien vivre bien mourir.

(GABR. MEURIER, *Trésor des Sentences.*) XVIe siècle.

— Il a été nourri en un tonneau, il n'a rien vu que par le bondon.

(*Adages françois.*) XVIe siècle.

ŒUF. Elle passeroit sur des œufs sans les casser.

— Il est fait comme quatre œufs.

Mal fait, de mauvaise grâce.

(OUDIN, *Curiosités françoises*, p. 376 et 377.)

— Il est plein comme un œuf.

(OUDIN, *Curiosités françoises*, p. 377.)

— Il ne sauroit pas tourner un œuf.

(OUDIN, *Curiosités françoises*, p. 376.)

Œuf. Il n'est viande si nette qu'un œuf mollet.
(Bovilli *Prov.*) xvie siècle.

— Il tondrait sur un œuf.
(*Dictionn. de l'Académie,* édit. de 1835.)

— Je mange ung œuf mollet,
Je suis bien empesché.
(Bovilli *Prov.*) xvie siècle.

— Une belle chose est un œuf.
(*Prov. communs.*) xve siècle.

— Un œuf n'est rien, deux font grand bien,
Trois est assez, quatre est trop,
Cinq donnent la mort.
(Gabr. Meurier, *Trésor des Sentences.*) xvie siècle.

Omelette. Omelette de Célestins.
Bien épaisse.

— Faire une omelette dans ses chausses.
(Oudin, *Curiosités françoises,* p. 378.)

Os. Par os en bouche
Se tait qui grouche (*gronde*).
(*Prov.* de Bouvelles.) xvie siècle.

Pain. Biau service trait pain de main.
(*Godefroy de Paris,* etc., p. 6.) xive siècle.

— Pains chaultz,
Vins troubles,
Boys vers.
(Bovilli *Prov.*) xvie siècle.

— Pain coupé n'a point de maître.
(*Dictionn. comique,* par P. J. Le Roux, t. II, p. 117.)

— Pains criez ne crieve ventre.
(*Anc. prov.,* Ms.) xiiie siècle.

— Pain dérobé réveille l'appétit.
(*Matinées sénonaises,* p. 262.)

PAIN. Pain dur, lit rude et vin gasté
Est la vie d'un soldat usé.

— Pain et beurre et bon fromage
Contre la mort est la vray targe (*bouclier*).
(GABR. MEURIER, *Trésor des Sentences.*) XVIe siècle.

— Pain léger, pesant fromage
Prens tousjours si tu es sage.

— Pain sec fait venir éthic et muet.
(*Recueil* de GRUTHER.)

— Pain tant qu'il dure,
Mais vin à mesure.

— A bon goût et faim
N'y a mauvais pain.

— A faute de chappon
Pain et oignon.
(GABR. MEURIER, *Trésor des Sentences.*) XVIe siècle.

— A l'autre huys (*porte*) on donne deux pains.
(*Prov.* de JEH. MIELOT.) XVe siècle.

— A l'enfourner ont fait les pais cornus.

« Ce proverbe, que le latin exprime en disant: *Impingere* » *in limine* (*se heurter le pied au seuil de la porte*), signifie » qu'il faut tousjours prendre garde aux premières dé» marches dans une affaire que l'on entreprend. Car » comme un boulanger, en voulant enfourner son pain » qui doit estre rond, le rend cornu, s'il vient à heurter » à l'entrée du four, lorsqu'il est tendre, de mesme quant » on commence mal on gaste tout. » (*Dictionn.* de NICOD.)

Ce proverbe est fort ancien dans notre langue. On le trouve, sans aucune différence de rédaction, parmi les *Proverbes ruraux et vulgaux* qui datent du XIIIe siècle.

Dans un manuscrit du XVe, contenant des proverbes français avec de longs commentaires en latin, après celui-ci, on lit ces mots : *Et ideo quicquid agas sapienter agas.*

De même dans Rabelais, liv. IV, ch. 4 :

« Et pour ce que, selon le dict de Hésiode, d'une chas-

» cune chose le commencement est la moitié du tout, et » selon le proverbe commun : *A l'enfourner fait-on les* » *pains cornus, etc.* »

Assez souvent ce proverbe a été pris dans un sens licencieux, comme dans ce passage du livre de Gabriel de Minut : *De la Beauté, discours divers, etc.*, avec la Paulégraphie, ou Description des beautez d'une dame Tholosaine nommée la belle Paule, Lyon, 1587, in-8°. « Quand » l'on faict chez elle au four (chez la femme), elle y est » tousjours présente : là où le père, ou pour le moins » celuy qu'on cuide estre le père, le plus souvent n'y est » pas comme certainement il en seroit besoing ; car comme » l'on dit communément : A l'enfourner se font les pains » cornus. »

PAIN. A pain de quinzaines
Faim de trois semaines.

— A pain dur dent aguë.

— A pain et oignon
Trompette ne clairon.

(GABR. MEURIER, *Trésor des Sentences.*) XVIe siècle.

— Abatre pain à deux mains.

Manger beaucoup.

Item je laisse aux mendians,
Aux filles Dieu et aux Béguines
Savoureux morceaux et frians,
Chappons, pigeons, grasses gelines,
Et *abattre pain à deux mains.*

(VILLON, *Poésies, Petit Testament,* st. 25.) XVIe siècle.

— Après blanc pain
Le bis ou faim.

— A ton voisin
De ton pain et vin.

(GABR. MEURIER, *Trésor des Sentences.*) XVIe siècle.

— Avec du pain et du vin il fera quelque chose.

Par ironie : il ne peut pas gagner sa vie.

(OUDIN, *Curiosités françoises,* p. 387.)

PAIN. Au pain et au couteau.

Être familier.

(OUDIN, *Curiosités françoises*, p. 388.)

— Avoir son pain cuit.

Avoir son existence assurée.

(*Dictionn. de l'Académie*, édit. de 1835.)

— Ce garcon mange le pain hardy.

(*Dictionn. comique*, par P. J. LE ROUX, t. II, p. 5.)

— C'est du pain bien long.

C'est un travail bien dur.

— Ce n'est pas manger que pain prendre.

(*Prov. Gallic.*, Ms.) XVe siècle.

— C'est pain béni.

C'est bien employé, il méritait bien d'être traité ainsi

(OUDIN, *Curiosités françoises*, p. 387.)

— C'est trop manger d'un pain.

(OUDIN, *Curiosités françoises*, p. 309.)

— Crouste de pastez valent bien pain.

(*Prov. communs.*) XVe siècle.

— De beaucoup a soin à qui manque le pain.

(*Recueil* de GRUTHER.)

— De maintes choses se pourpense qui pain n'a.

(*Anc. prov.*, Ms.) XIIIe siècle.

— De tel pain telle soupe.

(*Prov. communs.*) XVe siècle.

« Tu soulois emprisonner
» Les gens, or es emprisonnés
» Rien ne vouloies pardonner,
» Ne scay se riens t'iert pardonnés.
» De rigueurs fus abandonnés
» Contre chascun plus qu'à sa coulpe.
» *Bien dois avoir d'autel pain soupe.* »

(*Chanson contre Hugues Aubriot*, coup. 7.) XIVe siècle.

PAIN. De ung pain manger s'ennuye l'on.

(*Prov. communs.*) XVe siècle.

— Donner une chose pour un morceau de pain.

La donner pour presque rien.

(*Dictionn. de l'Académie*, édit. de 1835.)

— Faire de pierre pain.

« Dragut, fameux corsaire turc, estoit d'une naissance » très-obscure et pauvre. L'amitié de Barberousse lui pro- » cura du commandement sur la mer, ce qui luy donna » occasion de se distinguer ; quoiqu'il fist dans la suite de » très-belles actions et très-surprenantes, il n'eust cepen- » dant jamais beaucoup de vaisseaux sous luy, d'où vient » que ceux qui l'eslevoient au-dessus d'Yachilj, qui avoit » fait plusieurs actions glorieuses avec de grandes forces, » disoient que *faire de pierre pain*, comme Dragut, c'est » où estoit la peine. »

(BRANTÔME, *Capitaines illustres étrangers*, t. I, p. 286.)

— Faulte de pain n'assouvit pas la faim.

(*Recueil* de GRUTHER.)

— Grain seigleux pain fructueux.

(GABR. MEURIER, *Trésor des Sentences.*) XVIe siècle.

— Il a beau cacher son pain béni.

Il a la bouche bien grande.

(OUDIN, *Curiosités françoises*, p. 388.)

— Il a du pain quand il n'a plus de dent.

Se dit d'un homme à qui le bien arrive quand il est vieux.

— Il a mangé de plus d'un pain.

Il a couru le monde.

(*Dictionn. de l'Académie*, édit. de 1835.)

— Il a trouvé le pain cher, il a cherché du vin.

(*Adages françois.*) XVIe siècle.

— Il est meilleur que le bon pain.

PAIN. Il est bon comme du bon pain.

(OUDIN, *Curiosités françoises*, p. 387.)

— Il esteut (*est nécessaire*) avoir du pain à qui veut faire souppe.

(*Prov. Gallic.*, Ms.) XVe siècle.

— Il ne fait pas ce qu'il veut qui son pain sale.

(*Adages françois.*) XVIe siècle.

— Il ne vaut pas le pain qu'il mange.

(*Dictionn. de l'Académie*, édit. de 1835.)

— Il sait mieux que son pain manger.

Il a de l'expérience.

— Il ne sait pas son pain manger.

(OUDIN, *Curiosités françoises*, p. 388.)

— Jamais ne vienne demain s'il ne rapporte du pain.

(*Adages françois.*) XVIe siècle.

— Jamais pains à deux couteaux
Ne furent ni bons ny beaux.

— Jamais vin à deux oreilles
Ne nous fit dire merveilles.

« On appelle pain *à deux cousteaux* celui qui, estant » trop humide et mal essuyé, laisse le cousteau pasteux » après qu'on l'a coupé. Si après avoir beu, j'avois branlé » les deux oreilles et tourné et remué la teste à droite et » à gauche, j'aurais montré par ce signe dédaigneux que » le vin ne m'agréoit pas. »

(*Illustres Prov.*, t. II, p. 15.)

— Laisser manger son pain.

Se laisser maltraiter, être lâche.

(OUDIN, *Curiosités françoises*, p. 388.)

— L'appétit et la faim
Ne trouvent jamais mauvais pain.

(GABR. MEURIER, *Trésor des Sentences.*) XVIe siècle.

PAIN. Liberté et pain cuit.

(*Dictionn. de l'Académie*, édit. de 1835.)

— Manger le pain du roi.

Être en prison.

— Manger son pain blanc le premier.

Faire bonne chère au commencement et mauvaise à la fin. Avoir du bien et le dépenser.

(OUDIN, *Curiosités françoises*, p. 388.)

— Manger son pain dans sa poche.

Manger seul ce qu'on a.

(*Dictionn. de l'Académie*, édit. de 1835.)

— Met pain à dent il te viendra à talent.

(*Prov. communs.*) XVe siècle.

— Mettre le pain à la main de quelqu'un.

(*Dictionn. comique*, par P. J. LE ROUX, t. II, p. 111.)

— Mettre le pain en un four froid.

Employer une chose mal à propos.

(OUDIN, *Curiosités françoises*, p. 389.)

— Que pain brûlé
Soit chapelé.

(*Prov.* de BOUVELLES.) XVIe siècle.

— Rendre pain pour fouace.

Rendre la pareille.

(OUDIN, *Curiosités françoises*, p. 388.)

— Sans pain grand faim.

(*Recueil de* GRUTHER.)

— Tel a du pain lorsqu'il n'a plus de dents.

Pour différentes locutions proverbiales relatives à ce mot, voyez *Ancien Théâtre français*, t. X, Glossaire.

PANSE. Avoir plus grands yeux que grand'panse.

Après avoir annoncé un appétit vorace se trouver bientôt rassasié.

(*Dictionn. de l'Académie*, édit. de 1835.)

Dans les *Adages françois,* XVIe siècle :

PANSE. Il a plus grands yeux que grand ventre.

— Qui a la pance pleine il lui semble que les aultres sont soulz.

(*Prov. communs.*) XVe siècle.

— Se faire crever la panse.

(*Dictionn. de l'Académie,* édit. de 1835.)

PATE. C'est un homme d'une bonne pâte.

C'est un bon homme, facile à vivre.

(OUDIN, *Curiosités françoises,* p. 400.)

— Elle est bonne à mettre en paste.

Elle est grosse et grasse.

— Entrer en la paste jusqu'au coude.

S'employer vivement dans une affaire.

— Il en portera la paste au four.

Il en portera la peine ou le dommage.

(OUDIN, *Curiosités françoises,* p. 401.)

— Il n'y a ni pain ni pâte au logis.

(*Dictionn. de l'Académie,* édit. de 1835.)

— Ils ont tous la pâte entre leurs mains.

Ils sont maîtres de cette affaire.

— Ils sont tous de même paste.

(OUDIN, *Curiosités françoises,* p. 401.)

— Mettre la main à la pâte.

Travailler activement.

(*Dictionn. de l'Académie,* édit. de 1835.)

PATÉ. Crier des petits pâtés.

Accoucher.

(OUDIN, *Curiosités françoises,* p. 401.)

— Ge ne viz oncques pasté
Qui ne fust mangé ou gasté.

(*Prov. Gallic.,* Ms.) XVe siècle.

PATÉ. Je mangerois des petits pâtés sur ta tête.

Je suis beaucoup plus grand que toi.

(OUDIN, *Curiosités françoises*, p. 401.)

PLAT. Le plat du bas est toujours vuide.

(*Adages françois.*) XVIe siècle.

— Il n'en sauroit faire un bon plat.

Se dit de quelqu'un qui tâche inutilement d'excuser une faute.

— Mettre les petits plats dans les grands.

Faire beaucoup de frais pour quelqu'un.

(*Dictionn. de l'Académie*, édit. de 1835.)

— Servir à plat couvert.

Servir avec cérémonie.

(OUDIN, *Curiosités françoises*, p. 430.)

POÊLE. Qui tient la poisle par la queue, il la tourne par où il luy plaist.

(*Prov. communs.*) XVe siècle.

— Il n'y a personne plus empeschée que qui tient la queue de la poesle.

(LA RIVEY, *les Écoliers*, acte II, scène V.) XVIe siècle.

— On luy feroit croire que les nuées sont des poesles d'airain.

(*Comédie des Proverbes*, acte II, scène VI.)

POIRE. Après la poire le vin ou le prestre.

(H. ESTIENNE, *Précellence du langage françois*, etc.) XVIe siècle.

POIVRE. Il y a plus de goût à un grain de poivre qu'à un muid de chaux.

(OUDIN, *Curiosités françoises*, p. 437.)

— Le poyvre est noir, et chascun en veut avoir.

(*Recueil* de GRUTHER.)

— Tu t'y connais comme une truye en fine espice et pourceau en poivre.

(*Comédie des Prov.*, act. III, sc. VII.) XVIIe siècle.

POT. A chaque pot son couvercle.

(GABR. MEURIER, *Trésor des Sentences.*) XVIe siècle.

— A pot rompu
Brouet espandu.

(*Recueil* de GRUTHER.)

— A un pot rompu on ne peut mal faire.

(GABR. MEURIER, *Trésor des Sentences.*) XVIe siècle.

— Bien pert au tès quès li pot furent.

On reconnaît bien aux tessons quels furent les pots.

(*Anc. prov.*, Ms.) XIIIe siècle.

— Ce n'est pas par là que le pot s'enfuit.

— C'est le pot de terre contre le pot de fer.

(*Dictionn. de l'Académie*, édit. de 1835.)

— Dans les vieux pots les bonnes soupes.

(OUDIN, *Curiosités françoises*, p. 444.)

— De pot cassé brouet perdu et espanché.

(GABR. MEURIER, *Trésor des Sentences.*) XVIe siècle.

— Descouvrir le pot aux roses.

Découvrir le secret.

(OUDIN, *Curiosités françoises*, p. 444.)

— Deux pots au feu denotent feste,
Mais deux femmes grande tempeste.

(GABR. MEURIER, *Trésor des Sentences.*) XVIe siècle.

— Entre les potz
Changer propos.

(*Prov.* de BOUVELLES.) XVIe siècle.

— Faire payer les pots cassez.

Faire supporter le dommage à quelqu'un.

(OUDIN, *Curiosités françoises*, p. 444.)

— Gare le pot au noir.

Prenez garde aux inconvénients.

— Il a une voix de pot cassé.

Il a une voix enrouée.

POT. Il en payera les pots cassés.

Il supportera les frais d'une perte qu'il a causée.

(*Dictionn. de l'Académie*, édit. de 1835.)

— Il n'y a si méchant pot qui ne trouve son couvercle.

(OUDIN, *Curiosités françoises*, p. 444.)

— Ils sont ensemble à pot et à rôt.

Ils sont très-familiers.

(*Dictionn. de l'Académie*, édit. de 1835.)

— Je scay à mon pot comme les autres bouillent.

(*Adages françois.*) XVIe siècle.

— On vous en garde dans un petit pot à part.

(OUDIN, *Curiosités françoises*, p. 444.)

— Petit pot qui par trop boult
Perd saveur et goust;
Viel pot par trop boulant
Pert saveur ou se répand.

(GABR. MEURIER, *Trésor des Sentences.*) XVIe siècle.

— Petit pot tient bien pinte.

Un petit homme peut boire autant qu'un grand.

(*Adages françois.*) XVIe siècle.

(OUDIN, *Curiosités françoises*, p. 444.)

— Pois en pot.

(BOVILLI *Prov.*) XVIe siècle.

— Tourner autour du pot.

Ne pas agir franchement.

(OUDIN, *Curiosités françoises*, p. 445.)

— Un pot fêlé dure longtemps.

(*Dictionn. de l'Académie*, édit. de 1835.)

POTAGE. Faire manger du potage aux moules.

Maltraiter quelqu'un.

(OUDIN, *Curiosités françoises*, p. 445.)

— Pour tout potage.

Pour toute chose, pour toute raison.

POTAGE. Vous pouvez manger votre potage à l'huile, il n'y a point de chair pour vous.

(OUDIN, *Curiosités françoises*, p. 445.)

SALADE. Salade bien lavée et salée,
Peu de vinaigre et bien huylée.

— De la salade et de la paillarde,
Si tu es sage, donne t'en garde.

(GABR. MEURIER, *Trésor des Sentences.*) XVIe siècle.

— Qui vin ne boit après salade
Est en danger d'estre malade.

(H. ESTIENNE, *Précellence du langage françois*, etc.) XVIe siècle.

SAUCE. C'est à tel brouet telle sauce,
Et desjuner tous les matins,
Comme les escuiers de Beaulce.

(COQUILLART, *Monologue des Perruques*, t. II, p. 289, édition d'Héricaut. Bibliothèque elzévirienne.)

— Donner une saulse à quelqu'un.

Le tancer, le réprimander.

(OUDIN, *Curiosités françoises*, p. 498.)

— Il ne sçait à quelle saulse manger ce poisson.

Il ne sait comment supporter cette affaire.

(OUDIN, *Curiosités françoises*, p. 499.)

— Il n'est sausse que d'appétit.

(GABR. MEURIER, *Trésor des Sentences.*) XVIe siècle.

— La saulse vaut mieux que le poisson.

(OUDIN, *Curiosités françoises*, p. 498.)

— On ne sait à quelle sauce le mettre.

(*Dictionn. de l'Académie*, édit. de 1835.)

— Si vous le trouvez bon, faites y une saulse.

(OUDIN, *Curiosités françoises*, p. 499.)

— Sans de l'aigreur la sauce est fade.

(*Mimes* de BAÏF.) XVIe siècle.

SEL. Devant que bien l'on cognoisse un amy
Manger convient muy de sel avec luy.

SOUPE. De la main à la bouche
Se perd souvent la soupe.

— Des soupes et des amours
Les premiers sont les meilleurs.
(GABR. MEURIER, *Trésor des Sentences.*) XVIe siècle.

— La soupe du grand pot et des friands le pot pourri.

« Du temps du grand roy Françoys (Ier) on mettoit » encore en beaucoup de lieux le pot sur la table, sur la- » quelle y avoit seulement un grand plat garny de beuf, » mouton, veau et lard, et la grand brasse d'herbes cuites » et composées ensemble, dont se faisoit un brouet vray » restaurant et élixir de vie, dont est venu le proverbe : » *La soupe du grand pot et des friands le pot pourri.* »
(*Contes* d'EUTRAPEL, fol. 121 v°.) XVIe siècle.

— Cervelles chaudes les unes avec les autres ne font jamais bonne soupe.

Voici à quel propos Brantôme cite ce proverbe : « Après » que mon dict sieur mareschal de Biron fut parti de » Guyenne, fut en sa place subrogé le mareschal de Mati- » gnon, un très-fin et trinquart Normand, qui battoit froid » autant que l'autre battoit chaud, ce qui fit dire à la cour » que le roy et la royne disoient qu'il falloit un tel homme » au roy de Navarre et au pays de Guyenne, car cervelles » chaudes, etc. » (*Capitaines françois,* t. IV, p. 32 des OEuvres complètes.)

— On luy fait de tel pain soupe.

On le traite comme il a traité les autres.
(OUDIN, *Curiosités françoises,* p. 514.)

TABLE. Table sans sel, bouche sans salive.
(*Recueil* de GRUTHER.)

— Table vault bien escole.
(BOVILLI *Prov.*) XVIe siècle.

TABLE. A table nul ne dort,
Chacun y est bien accord.

— A ronde table n'y a débat
Pour être plus près du meilleur plat.
(GABR. MEURIER, *Trésor des Sentences.*) XVIe siècle.

— Celuy qui est loing de la table
Peut avoir dommage notable.
(*Suite aux Mots dorés de Caton.*) XVIe siècle.

— A ce que ton mari contente
A mettre la table ne soit lente.

— De grosse table à l'estable.

— Gar le bec, fuy grosse table
Comme de larron coustable.
(GABR. MEURIER, *Trésor des Sentences.*) XVIe siècle.

— La table fait les appoinctements.
(*Adages françois.*) XVIe siècle.

— Qui à la table dort doibt payer l'escot.
(BOVILLI *Prov.*) XVIe siècle.

— Se tenir aussi bien à cheval qu'à table.

« Et vrayment s'il se tenoit aussi bien à cheval » qu'à table, il seroit le meilleur écuyer de France. »
(*Moyen de parvenir.*)

TAVERNE. En taverne pas ne t'hyverne,
Car c'est une dangereuse caverne.
(GABR. MEURIER, *Trésor des Sentences.*) XVIe siècle.

TOURTE. La tourte est bon qui garde la fourme.
(*Prov. anciens.*) XIIIe siècle.

VAISSEAU. Ung vaisseau vuyde sone plus haut que le plein.
(BOVILLI *Prov.*) XVIe siècle.

VEAU. Veau mal cuit et poulets crus font les cimetières bossus.
(H. ESTIENNE, *Précellence du langage françois*, etc.) XVIe siècle.

VERRE. Il ne faut que quasser un verre.

— Il ne peut plus boire qu'un voirre à la fois.
(*Adages françois.*) XVIe siècle.

— Qui casse les verres les paye.
(*Dictionn. de l'Académie*, édit. de 1835.)

VIANDE. C'est un mangeur de viandes apprêtées.
(*Dictionn. comique*, par P. J. LE ROUX, t. II, p. 127.)

— La viandé à la langue plaisir
Est poys au ventre pour le nourrir.

— La viande est sortie de celui qui la mangeoit
Et la force est yssue du fort.
(BOVILLI *Prov.*) XVIe siècle.

— La viande semont les gens.
(*Prov. communs.*) XVe siècle.

— Nouvelle viande donne goust.
(*Plaisants Devis des Suppôts du Seigneur de la Coquille*, p. 156.)

— Par triple feu viande humaine
Cuire se doibt pour estre saine.
(BOVILLI *Prov.*) XVIe siècle.

— Qui voit sa viande-habillée
— Souvent est saoul sans en goûter.
(GABR. MEURIER, *Trésor des Sentences.*) XVIe siècle.

— Toute viande
En faim friande.
(*Prov.* de BOUVELLES.) XVIe siècle.

VIN. Vin d'asne,
Qui rend la personne assoupie après avoir trop bu.

— Vin de cerf,
Qui fait pleurer.

— Vin de lyon,
Qui rend furieux et querelleur.

— Vin de pie,
Qui fait cajoler.

VIN. Vin de porc,
Qui fait rendre gorge.

— Vin de renard,
Qui rend subtil et malicieux.

— Vin de singe,
Qui fait sauter et rire.
(OUDIN, *Curiosités françoises*, p. 574.)

— Vin de Nazareth,
Qui passe au travers du nez.
(OUDIN, *Curiosités françoises*, p. 574.)

Dans les *Illustres Proverbes* (2e partie), p. 45, on lit au sujet de ces différentes expressions proverbiales : « C'est » pour cela qu'on luy donne (*au vin*) tant de noms divers, » suivant la diversité des effets qu'il produit, et qu'on » l'appelle *vin d'asne, vin de cerf, vin de lion, vin de tau-* » *reau, vin de pie, vin de porc, vin de renard, vin de singe,* » *vin de Nazareth.* » L'auteur explique ensuite assez longuement la signification de ces épithètes dans le même sens qu'Oudin.

Je trouve une mention assez curieuse des quatre principaux vins dans une pièce publiée par M. Vallet de Viriville, t. I, p. 313 de la *Bibliothèque de l'École des Chartes ;* cette pièce contient l'énumération des marques municipales de la magistrature de Langres : « .... Plus quatre » gondolles d'argent qui ont esté données à l'hostel de » ville par feu M. de Charmoulue, lesquelles gondolles » représentent les quatre vins, sçavoir : *vin de singe, vin* » *de lyon, vin de mouton, vin de cochon*, etc. »

— Vin aigre nuit aux dents.
(BOVILLI *Prov.*) XVIe siècle.

— Vin à la saveur et pain à la couleur.

— Vin brusquet et pain brun ou bis
Soustient l'hostel en poids et prix.

— Vin, chevaux et bleds,
Vendez les quand pouvez.

VIN. Vin délicat, friant et bon
N'a mestier lierre ne brandon.
(GABR. MEURIER, *Trésor des Sentences.*) XVIe siècle.

— Vin et confession descouvre tout.
(*Prov. Gallic.*, Ms.) XVe siècle.

— Vin, fille, faveur et poirier,
Sont difficiles à conserver.
(GABR. MEURIER, *Trésor des Sentences.*) XVIe siècle.

— Vin ne espargne bourse.
(*Prov. Gallic.*, Ms.) XVe siècle.

— Vin, or et amy vieux
Sont en prix en tous lieux.

— Vin sans amy, vie sans tesmoing.
(GABR. MEURIER, *Trésor des Sentences.*) XVIe siècle.

— Vin soubz la barre.
(BOVILLI *Prov.*) XVIe siècle.

— Vin sous la barre bonté sépare.
(GABR. MEURIER, *Trésor des Sentences.*) XVIe siècle.

— Vin sur lait c'est souhait, lait sur vin c'est venin.
(*Dictionn. comique*, par P. J. LE ROUX, t. II, p. 69.)

— Vin troublé ne brise dents.
(*Prov. communs goth.*) XVe siècle.

— Vin trouble, pain chaud et bois vert
Encheminent l'homme au désert.

— Vin usé, pain renouvellé
Est le meilleur pour la santé.
(GABR. MEURIER, *Trésor des Sentences.*) XVIe siècle.

— Vin versé il faut le boire.

— Vin vieil chanson nouvelle donne.
(*Mimes* de BAÏF.) XVIe siècle.

— Vin vieulx,
Amy vieulx
Et or vieulx
Sont aymés en tous lieux.
(H. ESTIENNE, *Précellence du langage françois*, etc.) XVIe siècle.

VIN. A bon vin ne faut point d'enseigne.

(*Prov. communs.*) XVe siècle.

« Car tout ainsi que selon le dire ancien, à un bon vin, » il ne faut point de lyerre, c'est-à-dire de bouchon ou » rameau pour attirer les personnes à l'achepter, au sem- » blable il ne faut point à une fille bien créée, bien » nourrie, et instituée, autre lyerre..... que la vertu » qu'elle possède. »

(G. DE MYNUT, p. 149, *De la Beauté. Discours divers*, etc.)

Voyez PAIN.

— Avoir son vin.

Être convaincu, être attrapé.

« Pensant ce diable de Pentagruel qui ha con- » vaincu tous les resveurs et les Béjaunes sophistes, » à ceste heure *aura son vin.* »

(RABELAIS, liv. II, ch. 18.) XVIe siècle.

— Au matin boy le vin blanc,
Le rouge au soir pour le sang.

(GABR. MEURIER, *Trésor des Sentences.*) XVIe siècle.

— Au moins si le vin est trouble que l'eau soit claire.

(*Adagés françois.*) XVIe siècle.

— Bon vin bon esperon.

(OUDIN, *Curiosités françoises*, p. 574.)

— Bon vin fait bon vinaigre,
Et maltraiter femme douce aigre.

— Bon vin mauvaise tête.

— Bon vin reschauffe le pèlerin.

(GABR. MEURIER, *Trésor des Sentences.*) XVIe siècle.

— Bon vin s'aigrit en chaud célier.

(*Mimes* de BAÏF, fol. 48 r°.) XVIe siècle.

— Cela s'en va comme le vin du valet.

C'est une chose obligée.

(OUDIN, *Curiosités françoises*, p. 575.)

VIN. C'est vin de disme, il ne couste que l'avaller.
(*Adages françois.*) XVIe siècle.

— Ce vin là seroit bon à faire des custodes, il est rouge et verd.
(*Comédie des Prov.*, acte II, scène III.)

— Chaque vin a sa lie.
(OUDIN, *Curiosités françoises*, p. 575.)

— De bon terrouer bon vin.
(*Prov. communs.*) XVe siècle.

— Du vin du cru que Dieu nous garde.
(*Matinées sénonaises*, p. 240.)

— En vaisseau mal lavé ne peut on vin garder.
(*Adages françois.*) XVIe siècle.

— Force vin
Trouble l'engin.
(*Prov.* de BOUVELLES.) XVIe siècle.

— Il ne luy faut pas mettre de l'eau dans son vin.
(*Adages françois.*) XVIe siècle.

— Il y a plus de paroles en un sestier de vin qu'en un mui d'iaue.
(*Anc. prov.*, Ms.) XIIIe siècle.

— Il sera vert, notre vin, nous n'en pourrons boire.
(*Comédie des Prov.*, acte I, sc. IV.)

— Ils ne s'en fussent pas retournés sans vin boire ni beste vendre.
(*Comédie des Prov.*, acte I, scène IV.)

— Le vin est bon qui en prend par raison.
(*Prov. Gallic.*, Ms.) XVe siècle.

— Le vin est le lait des vieillards.
(*Matinées sénonaises*, p. 258.)

— Le vin n'est pas fait pour les bêtes.
(*Comédie des Chansons. Anc. Théâtre franç.*, t. IX, p. 152.)

— Nul vin sans lie.

VIN. On ne congnoist pas le vin au cercle.

(GABR. MEURIER, *Trésor des Sentences.*) XVIe siècle.

— Où l'hostesse est belle le vin est bon.

(*Adages françois.*) XVIe siècle.

— Par le poulain on descend le vin en cave, par le jambon en l'estomach.

(*Recueil* de GRUTHER.)

— Pousse, pousse, Quentin, c'est vin vieux.

(*Comédie des Proverbes.*)

— Quatre aages porte le vin
En son vaisseau devant la fin.

(BOVILLI *Prov.*) XVIe siècle.

— Qui bon vin boit Dieu voit.

(*Prov. communs.*) XVe siècle.

— Qui bon vin boit il se repose.

(*Prov. communs.*) XVe siècle.

— Qui vin embouche pour vin débourse.

— Qui vin ne boit après salade
Est en rizque d'être malade.

(GABR. MEURIER, *Trésor des Sentences.*) XVIe siècle.

— S'ennivrer de son vin.

Se lasser avec avidité de ce que l'on possède.

(OUDIN, *Curiosités françoises,* p. 189.)

— Tel vaisseau tel vin.

(GABR. MEURIER, *Trésor des Sentences.*) XVIe siècle.

— Toute grappe de raisin
Ne vient au pressouer faire vin.

(BOVILLI *Prov.*) XVIe siècle.

— Sur poyre vint boire.

(GABR. MEURIER, *Trésor des Sentences.*) XVIe siècle.

— Sur tout vin le grec est divin.

(*Recueil* de GRUTHER.)

— Trois verres de vin descendent en trois heures.

(*Adages françois.*) XVIe siècle.

SÉRIE N° XIV.

PROVERBES MORAUX.

A bague d'amie l'amant paist sa vie.

A bague d'amy l'amant orgueillist.

(*Adages françois.*) XVIe siècle.

L'amant attache sa vie à la bague de son amie, ou bien en est orgueilleux.

A battre faut l'amour.

(*Dictionn. comique,* par P. J. Le Roux, t. I, p. 97.)

A beau mentir qui vient de loin.

(*Matinées sénonaises,* p. 288.)

A beau parleur closes oreilles.

(*Prov. communs.*) XVe siècle.

A bien faire est l'exploit.

(*Prov.*, Ms.) (*Recueil* de Thou.) XVe siècle.

A bien faire grain ne demeure,
En peu de temps se passe l'heure.

(Gabr. Meurier, *Trésor des Sentences.*) XVIe siècle.

A bien faire le temps passe vite.

A bien faire il n'y a que redire.

(*Adages françois.*) XVIe siècle.

A bien mourir chascun doit tendre,
A la fin faut devenir cendre.

(*Prov.* de Jeh. Mielot, Ms.) XVe siècle.

13.

A bon demandeur bon refuseur.

A bon demandeur bon esconduiseur.

(*Prov. communs.*) xve siècle.

A bon droit
Aider on doit.

(*Prov.* de Bouvelles.) xvie siècle.

A bon entendeur peu de paroles.

Ou :

A bon entendeur ne faut que une parolle.

(*Prov. communs.*) xve siècle. — (Gabr. Meurier, *Trésor des Sentences.*) xvie siècle.

A bon entendeur salut.

(*Dictionn. comique*, par P. J. Le Roux, t. I, p. 125.)

A bref parler et tout comprendre,
Mourir convient et raison rendre.

(Gabr. Meurier, *Trésor des Sentences.*) xvie siècle.

A ceste mesure le me brasses.

(*Prov. Gallic.*, Ms.) xve siècle.

A chacun le sien n'est pas trop.

(*Dictionn. comique*, par P. J. Le Roux, t. I, p. 196.)

A chacun sa propre douleur
Semble plus greve et la greigneur.

(Gabr. Meurier, *Trésor des Sentences.*) xvie siècle.

A chacun plaist le sort de sa nature.

(*Adages françois.*) xvie siècle.

A chaque jour suffit son mal.

(*Imitation de Jésus-Christ.*)

A chaque jour suffit sa peine.

C'était le proverbe favori de Napoléon ; il le citait souvent.

(Méry, *Hist. des Prov.*, t. I, p. 288.)

l est emprunté à l'Évangile de saint Matthieu, chap. vi, verset 34.

A convoitise rien ne suffist.

(BOVILLI *Prov.*) XVIe siècle.

A deux coups quatre pertuis (*trou*, *plaies*).

(*Adages françois.*) XVIe siècle.

A aise garde son perier qui ne trueve qui y giete.

Aisément garde son pierrier qui ne trouve personne pour l'attaquer.

(*Anc. prov.*, Ms.) XIIIe siècle.

A fol conteur
Sage escouteur.

(GABR. MEURIER, *Trésor des Sentences.*) XVIe siècle.

A force faut industrie.

A la force manque l'adresse.

(*Recueil* de GRUTHER.)

A gens amoureux les pierres sentent la rue.

(*Adages françois.*) XVIe siècle.

A gens de bien on ne perd rien.

(*Prov. communs.*) XVe siècle.

A grant folie entent
Qui dui (*deux*) choses enprent,
Et nule n'en achiève.
Savez qu'il en désert (*arrive*) :
L'une par l'autre pert
Et soi mesme griève.

(*Anc. prov.*, Ms.) XIIIe siècle.

A haulte montée le fais encombre.

(*Prov. communs.*) XVe siècle.

A horions et escarmouche
Le couard se cache ou se couche.

Au prester Dieu au rendre diable.

(GABR. MEURIER, *Trésor des Sentences.*) XVIe siècle.

A l'impossible nul n'est tenu.

(*Matinées sénonaises*, p. 424.)

A longue corde tire
Qui d'aultrui mort désire.

(*Prov. communs.*) xve siècle.

Pieça, dist-on, ce m'est avis,
Les mors as mors les vis à vis.

(*Roman de Blonde d'Oxfort*, p. 73.)

On dit encore dans le même sens :

Qui court après les souliers d'un mort risque souvent d'aller nu-pieds.

A meschans gens ne peut on gaigner.

(*Adages françois.*) xvie siècle.

A nouvelles affaires nouveaux conseils.

(*Dictionn. comique*, par P. J. Le Roux, t. I, p. 280.)

A nouvelles ouyr
Oreilles ouvrir.

(Gabr. Meurier, *Trésor des Sentences.*) xvie siècle.

A orgueil
Ne manque de corre dueil.

A l'orgueil ne manque de venir le chagrin.

Au parler ange, au faire change.

A parolles lourdes oreilles sourdes.

A pauvre cœur petit souhait.

A pauvres gens enfans sont richesses.

A pauvres gens menue monnoye.

(Gabr. Meurier, *Trésor des Sentences.*) xvie siècle.

A peine bien et tost.

A peine endure mal qui apris ne l'a.

(*Prov. communs.*) xve siècle.

A peine cognoistra l'estrangier
Qui ne cognoist le familier.

(*Recueil* de Gruther.)

A peine penseroit d'autruy
Qui ne peut penser de luy.

(*Prov. Gallic.*, Ms.) XVe siècle.

A peine sera bon maistre qui n'a esté serviteur.

(*Recueil* de GRUTHER.)

A père amasseur fils gaspilleur.

(GABR. MEURIER, *Trésor des Sentences.*) XVIe siècle.

A peu parler bien besogner.

(*Prov. communs.*) XVe siècle.

A plus grant peine est sanée (*guérie*)
Plaie de langue que d'espée.

A pou de paroles va on bien loin.

(*Prov. ruraux et vulgaux*, Ms.) XIIIe siècle.

A propos truelle.

(*Adages françois.*) XVIe siècle.

C'est-à-dire mal à propos, sans suite, sans raison.

« A propos truelle : Pourquoi est-ce que les cuisses d'une damoiselle sont tousjours fraisches? »

(RABELAIS, liv. I, ch. 39.) XVIe siècle.

A quelque bien duit fange et fien.

A quelque bien sert la fange et la fiente.

(*Prov. communs.*) XVe siècle. (GABR. MEURIER, *Trésor des Sentences.*) XVIe siècle.

A quelque chose est malheurté bonne.

(*Prov. Gallic.*, Ms.) XVe siècle.

Quand le malheur ne seroit bon
Qu'à mettre un sot à la raison,
Toujours seroit-ce à juste cause
Qu'on le dit bon à quelque chose.

(LA FONTAINE, fable 7, liv. VI.)

A qui attend tant il ennuie.

(*Mimes* de BAÏF, fol. 15 v°.) XVIe siècle.

A qui il meschet
Communément on lui mezfait.

(*Prov. communs.*) XVe siècle.

A qui suffist ce que Dieu donne
Plus a que telz porte couronne,
Folz est qui convoite autrui terre
Pour tousjours demourer en guerre.

(*Quatrains moraux*, p. 129.) XVIe siècle.

A qui te fait fay luy.

(*Prov. Gallic.*, Ms.) XVe siècle.

A qui tousjours de don tu uses
Larron le fais si le refuse.

(*Mimes* de BAÏF, fol. 15 v°.) XVIe siècle.

A qui trop pense prou demeure.

(*Mimes* de BAÏF, fol. 12 v°.) XVIe siècle.

A qui veille tout se révèle.

(GABR. MEURIER, *Trésor des Sentences*.) XVIe siècle.

A qui veut assez rien ne faut.

(*Mimes* de BAÏF.) XVIe siècle.

A tel viande tel saveur.

(*Prov. anc.*, Ms.) XIIIe siècle.

A tel pot telle cuiller.

(*Poésies* de COQUILLART.) XVIe siècle.

A tel seigneur tel honneur.

(*Prov. communs.*) XVe siècle.

A tel marchié tel vente,
A tel dame tel chamberière,
A tel maistre tel vallet,
A tel coustel tel gaine,
A tel sergent tel loier,
A tel seignor tele mesnie (maison),
A tel meffait tele poine (*peine*).

(*Prov. ruraux et vulgaux*, Ms.) XIIIe siècle.

A tout bon compte revenir.

(*Dictionn. comique*, par P. J. LE ROUX, t. I, p. 125.)

A toute heure la mort est preste.

A tout mal tire jeunesse
Si elle n'est à frain subjecte.

A toute peine est dû salaire.

A tout perdre n'a qu'un coup périlleux.

(*Prov. communs.*) XVe siècle.

A tout perdre n'a qu'une fois.

(*Mimes* de BAÏF.) XVIe siècle.

A tous non à chacun faut croire.

(*Mimes* de BAÏF, fol, 9 r°.) XVIe siècle.

A trois fois voit-on la lutte.
A trompeur trompeur et demy.

(*Adages français.*) XVIe siècle.

A brave brave et demy.

(BRANTÔME, *Dames galantes.*) XVIe siècle.

A ung chascun son fardeau poise.

(*Prov. communs, etc.*) XVIIe siècle.

A un chascun sent bon sa m.....

(*Mimes* de BAÏF.) XVIe siècle.

A venimeux et à félon
Doit-on faire se mal non.

(CHRESTIEN DE TROYES.) XIIe siècle.

Aux gens venimeux et félons l'on ne doit faire que du mal.

A vieil pêché nouvel pénitence.

Au besoing l'amy.

(GABR. MEURIER, *Trésor des Sentences.*) XVIe siècle.

« Ainsi fut justifié ce proverbe que j'ai entendu de la » bouche d'un vieillard : A un ami, à un ennemi donne » toujours un bon conseil, parce que l'ami en profite, l'en- » nemi le méprise. » (GRÉGOIRE DE TOURS, liv. VI, ch. 32.)

Au besoing voit l'en qui amis est.

(*Prov. ruraux et vulgaux*, Ms.) XIIIe siècle.

Puis que hom est entrepris
Et par force liez et pris,
Bien puet l'en veoir au besoin
Qui l'aime et qui de lui a soin.

(*Roman du Renart*, v. 11,631.) XIIIe siècle.

Au besoin voit-on son ami.

(*Roman du Renart*, v. 20,618.) XIIIe siècle.

Au commencement de l'uevre pense à la fin.

(*Prov. anc.*, Ms.) XIIIe siècle.

Au départir sont les douleurs.

(GABR. MEURIER, *Trésor des Sentences.*) XVIe siècle.

Au désespoir s'oublie l'honneur.

(*Mimes* de BAÏF, fol. 6 r°.) XVIe siècle.

Au despendre gist le proffit.

(GABR. MEURIER, *Trésor des Sentences.*) XVIe siècle.

Au dessous est qui prie.

(*Prov. ruraux et vulgaux*, Ms.) XIIIe siècle.

Au faible le fort
Fait souvent tort.

(GABR. MEURIER, *Trésor des Sentences.*) XVIe siècle.

Au main lever est la jornée.

De se lever matin dépend la journée.

(*Anc. prov.*, Ms.) XIIIe siècle.

Au main lever n'est pas souvent lies plais.

On dit aujourd'hui :

Jeu de mains jeu de vilains.

Au matin lever ne gist mie tous li esplois.

A se lever matin ne consiste pas toute la besogne.

(*Anc. prov.*, Ms.) XIIIe siècle.

On dit aujourd'hui :

Ce n'est pas le tout de se lever matin, il faut encore arriver à l'heure.

Au matin les monts, au soir les fonds.

(GABR. MEURIER, *Trésor des Sentences.*) XVIe siècle.

Au matin plaist,
Après le vin desplaist.

(*Prov.* de BOUVELLES.) XVIe siècle.

Au monde n'a point de repos.

(*Prov. communs.*) XVe siècle.

Au mort et à l'absent
Injure ni tourment.

(*Recueil* de GRUTHER.)

Au plus débile la chandelle en la main,
A l'homme vile se presche honneur en vain.

(GABR. MEURIER, *Trésor des Sentences.*) XVIe siècle.

Au plus larron la bourse.

(*Dictionn. comique*, par P. J. LE ROUX, t. I, p. 141.)

Au trésor gist le cœur.

(BOVILLI *Prov.*) XVIe siècle.

Au vespre loon le biau jor et au matin nostre oste.

Louons le beau jour le soir et au matin notre hôte.

(*Prov. anc.*, Ms.) XIIIe siècle.

Au vespre loue l'ouvrier
Et au matin l'ostelier.

Aux amants et aux buvants
Chemin est court avec le temps.

(GABR. MEURIER, *Trésor des Sentences.*) XVIe siècle.

Aux autres, ceux là sont cossez.

C'est-à-dire dites-nous autre chose, nous connaissons cette histoire-là.

(OUDIN, *Curiosités françoises.*)

Aux bons souvent meschet.

Aux bons il arrive souvent malheur.

(*Prov. communs.*) XVe siècle.

Aux courroux faut oster matière,
Ou de vertu tu fuis arrière.

(*Suite aux Mots dorés de Caton.*) XVIe siècle.

Accoutumance est loy bien dure.

(*Mimes de* BAÏF, fo 14 vo.) XVIe siècle.

Acoutumance est trop poissans.

(*Roman de la Rose*, t. II, p. 141.) XIIIe siècle.

Acquérir, s'il n'y a garde,
Ne vault pas ung grain de moutarde.

(*Roman de la Rose.*) XIIIe siècle.

Acquérir et jouir sont deux.

(*Mimes* de BAÏF.) XVIe siècle.

Acquitter si peus en ta jeunesse,
Pour reposer en ta vieillesse.

(GABR. MEURIER, *Trésor des Sentences.*) XVIe siècle.

Aeise feit larron.

(*Prov. anc.*, Ms.) XIIIe siècle.

Aese qui nuit,
Travaille et cuit.

(*Prov. au Villain*, Ms.) XIIIe siècle.

Affaires naissent de rien faire.

(*Mimes* de BAÏF.) XVIe siècle.

Affection aveugle raison.

(*Recueil* de GRUTHER.)

Aymer n'est pas sans amer.

(GABR. MEURIER, *Trésor des Sentences.*) XVIe siècle.

Aimer est doux, non pas amer
Quand est suivi de contre aimer.

(*Recueil* de GRUTHER.)

Aymer est bon, mieulx estre aymé,
L'ung est servir et l'autre dominer.

(BOVILLI *Prov.*) XVIe siècle.

Ainsi va le monde.

Ainsi va qui mieulx ne peult.

(*Prov. communs.*) XVe siècle.

Ainsi va qui amour maine.

Ce proverbe est celui qu'Henry d'Andely, auteur du *Fabliau d'Aristote*, met dans la bouche de la maîtresse d'Alexandre. Quand celle-ci est parvenue à décider Aristote à lui servir de coursier, elle répète cette sentence ; voici le passage :

« Que tout le meillor clerc du mont
» Fait comme roncins enseler,
» Et puis à quatre piez aller,
» A chatonant par dessus l'erbe.
» Ci vous die example et proverbe :
» . . . .
» En lui chevauchier se dédujt
» Et chante haut et à voiz plaine :
» Ainsi va qui amors maine,
» Pucele plus blanche que laine,
» Mestre musard me soustient.
» Ainsî va qui amors maine
» Et ainsi qui les maintient. »

(*Fabliaux*, t. III, p. 110.) XIIIe siècle.

Aise et mal se suivent de près.

(*Mimes* de Baïf, fol. 17.) XVIe siècle.

Alors comme alors.

(*Prov. Gallic.*, Ms.) XVe siècle.

Aller convient tout beau,
Qui ne sçait escorcher endommage chair et peau.

Aller et parler peut-on
Boire ensemble et manger non.

(Gabr. Meurier, *Trésor des Sentences.*) XVIe siècle.

Aler et parler puet-on bien.

(*Prov.* de Jeh. Mielot, Ms.) XVe siècle.

Amy de lopin et de tasse de vin
Tenir ne doit pour bon voisin.

Amy de plusieurs, amy de nully.

Amy de table est variable.

(GABR. MEURIER, *Trésor des Sentences.*) XVIe siècle.

Amys vallent mieux que argent.

(*Prov. communs.*) XVe siècle.

... Adès vaut miex amis en voie
Que ne font deniers en corroie.

(*Roman de la Rose*, t. II, v. 4,962.) XIIIe siècle.

Porce dist I proverbes : miex vaut trouver en voie
Un boin certain ami que denier en coroie.

(*Roman de Baudouin de Sebourc*, t. I, p. 31.) XIIIe siècle.

Amys vieux sont bons en tous lieux.

Amitié de gendre soleil d'hyver.

Amitié de roy, convy d'hostelier,
Ne peut que ne te couste denier.

(GABR. MEURIER, *Trésor des Sentences.*) XVIe siècle.

Amour apprend aux ânes à danser.

Amour de cour n'est pas affiement.

(*Prov. Gallic.*, Ms.) XVe siècle.

Amour et craincte sont le tymon et le fouet du charroi humain.

(BOVILLI *Prov.*) XVIe siècle.

Amour fait valoir la gent.

« Mès toujours aim,
» Que que l'en die,
» Car amors fait valoir la gent. »

(*Chansons* de PERRIN D'ANGECOURT.) XIIIe siècle.

Aussy bien sont amourettes
Soubz bureau que soubs brunettes.

Les amours sont aussi bien sous l'habit de bureau que sous celui de brunette. — Dans sa *Nouvelle* 29e, la Reine de Navarre cite ces deux vers du *Roman de la Rose*.

Amours et mariages qui se font par amourettes finissent par noisettes.

« Le mareschal duc de Bellegarde, l'un des favoris de » Henri III, ayant épousé sa tante la maréchale de Thermes, » et ne la traitant pas trop bien, après en avoir été long- » temps amoureux, on disoit à la cour que c'étoit pour » pratiquer le proverbe : *Amours et mariages*, etc. »

(BRANTÔME, *Capitaines françois*, t. IV, p. 102 des OEuvres complètes.)

Amour ne puet durer ne vivre
Si ce n'est en cuer franc et délivre.

(*Roman de la Rose*, t. II, p. 242.) XIIIe siècle.

Amours n'eslaisent mie.

(*Prov. ruraux et vulgaux*, Ms.) XIIIe siècle.

Amours nouvelles
Oublient les vieilles.

(GABR. MEURIER, *Trésor des Sentences*.) XVIe siècle.

Amours sans vilenie, c'est amour bienséant;
Autre amour ait dahez, quar trop est marchéant.

(*Chastie Musart*.) XIIIe siècle.

Amour sans intérêt, c'est l'amour comme il doit être; méprise l'autre amour, car il est trop marchand.

Amour se monstre où elle est.

(*Prov. communs*.) XVe siècle.

Amour, toux, fumée et argent
Ne se peuvent cacher longuement.

Amour vainct tout,
Et argent faict tout.

Ou encore :

Amour fait moult,
Mais argent fait tout.

(GABR. MEURIER, *Trésor des Sentences*.) XVIe siècle.

Amour vainct tout fors que cuer de félon.

(*Prov. communs*.) XVe siècle.

Dans le *Castoiement aux Dames*, poëme en vers français du XIIIe siècle, on lit cinquante vers en forme de proverbes sur le pouvoir de l'amour; les voici :

« Amors est de trop grand desroi,
» Amors ne crient conte ne roi,
» Amors ne crient espié tranchant,
» Amors ne doute feu ardant,
» Amors ne doute aigue parfonde,
» Amors ne dote tot le monde;
» Amors ne crient père ni mère,
» Amors ne prise suer ni frère.
» Amors ne crient foible ne fort,
» Amors ne crient péril de mort,
» Amors ne creint lance n'escu,
» Amors ne creint dart esmoulu;
» Amors fet les lances brisier,
» Amors fet les chevaux trebuchier,
» Amors fet les tornoiemenz,
» Amors fet esbaudir les genz;
» Amors essauce courtoisie,
» Amors het toute vilonie.
» Amors contreuve les chançons,
» Amors fet donner les biaus dons.
» Amors ne set rien de perece,
» Amors est mère de larguece;
» Amors fet hardis mains conars,
» Amors fet larges les eschars.
» Amors fet pais, amors fet guerre,
» Amors fet brisier mainte serre;
» Amors fet ferre maint assaut,
» Amors monte de bas en haut,
» Amors de haut en bas descend,
» Amors trop grant chose entreprent,
» Amors ne set garder parage,
» Amors fet fere maint outrage,
» Amors ne garde serement,
» Amors despit chastiement;
» Amors fausse religion,
» Amors ne set guarder reson.
» Amors fausse mariage,
» Amors fet changer maint corage.
» Amors ne set estre certaine,
» Amors les siens met en grant peine.
» Amors est bone, amors est male,
» Amors fet mainte face pale;
» Amors fet à plusieurs grevance,
» Amors fet maint bien sans doutance. »

(*Recueil de Fabliaux*, t. II, p. 213.)

Amoureux
Sont langoureux.

(*Prov.* de BOUVELLES.) XVIe siècle.

Amoureux des onze mille vierges.

Amoureux de toutes les femmes.

(ODIN, *Curiosités françoises.*)

Ancienneté a autorité.

(GABR. MEURIER, *Trésor des Sentences.*) XVIe siècle.

Annemy (*ennemi*) ne dort.

(*Prov. communs goth.*) XVe siècle.

Apoyez le moi là.

Se dit à propos d'un ignorant qu'on est sûr de dérouter avec certaines questions.

(*Prov. Gallic.*, Ms.) XVe siècle.

Aprend si sauras,
Si tu sés tu auras,
Si tu as tu pourras,
Si tu pués tu vauldras,
Si tu vaulx bien auras,
Si bien as bien feras,
Si bien fait Dieu verras,
Si Dieu vois sainz seras
A toujours mais.

(*Enseignement*, p. 135.) XIVe siècle.

Après besoigner convient reposer.

Après besoigner repos et denier.

(GABR. MEURIER, *Trésor des Sentences.*) XVIe siècle.

Apres bon vin bon cheval.

Après compter faut boire.

Après faire barguigner.

Après la pluie le beau temps.

Après perdre pleure-t-on bien.

Après tout dueil boit-on bien.

(*Prov. communs.*) XVe siècle.

Après cendre n'y a que prendre.

(GABR. MEURIER, *Trésor des Sentences.*) XVIe siècle.

Après grant feste grant pleur,
Et après grant joie grant douleur.

(*Prov. communs.*) XVe siècle.

Après la feste et le jeu
Les poys au feu.

Après la feste
On gratte sa teste.

(GABR. MEURIER, *Trésor des Sentences.*) XVIe siècle.

Après la mort le médecin.

(*Pièces sur le Connétable de Luynes.*) XVIIe siècle.

Après le doil vient la grant joie.

(*Roman du Renart*, v. 15,932.) XIIIe siècle.

Après le faict ne vaut souhait.

Après morte paye en vain on abbaye.

(GABR. MEURIER, *Trésor des Sentences.*) XVIe siècle.

Après raire il n'y a plus que tondre,
Ny après frire n'y a que fondre.

(*Recueil* de GRUTHER.)

Après planté (*richesse, abondance*) vient grant disette.

(*Anc. prov.*, Ms.) XIIIe siècle.

Arrest d'enfant, beau temps d'hiver,
Aussi la santé de vieillard,
Et d'un homme par trop diver,
Tout cela gist au grant hazard.

(*Suite aux Mots dorés de Caton.*) XVIe siècle.

Aséur dort qui n'a que perdre.

(*Prov. communs.*) XVe siècle.

Assez a qui bon crédit a.

(GABR. MEURIER, *Trésor des Sentences.*) XVIe siècle.

Assez a qui se contente.

(*Recueil* de GRUTHER.)

Assez boit qui a deuil.

(*Prov. communs.*) XVe siècle.

Assez créante qui otroie,
Et assez escorche qui tient.

(*Bible* Guyot, vers 527.) xiiie siècle.

Assez demande qui bien sert.

(Gabr. Meurier, *Trésor des Sentences.*) xvie siècle.

Assez demande qui se complaint.

(*Prov. communs.*) xve siècle.

Assez dort qui rien ne fait, ce dict li vilains.

(*Prov. au Villain.*) xiiie siècle.

Assez escorche
Qui tient le pied.

(Gabr. Meurier, *Trésor des Sentences.*) xvie siècle.

Dans les *Proverbes ruraux et vulgaux* du xiiie siècle :

Assés escorche qui le pied tient.

Dans le *Roman du Renart :*

Bien escorche qui le pié tient.

(V. 12,804.)

Assez hardy pour rompre une porte ouverte.

Assez vit qui rien ne faict.

Assez va qui fortune passe.

(*Adages françois.*) xvie siècle.

Assez fait qui fait faire.

(*Prov. Gallic.*, Ms.) xve siècle.

Assez faict qui fortune passe.

(Gabr. Meurier, *Trésor des Sentences.*) xvie siècle.

Assez jeusne qui pauvrement vit.

(*Prov. communs.*) xve siècle.

Assez gagne qui malheur perd.

(Gabr. Meurier, *Trésor des Sentences.*) xvie siècle.

Assez n'y a si trop n'y a.

(Bovilli *Prov.*) xvie siècle.

Assez ottroie qui ne dit.

(*Prov. aux Philosophes,* Ms.) XIIIe siècle.

Assez ottroie qui mot ne dit.

(*Prov. communs.*) XVe siècle.

Assez plus font deux amis
Que ne font quatre ennemis.

(*Anthologie ou Conférences des Prov.*, Ms.)

Tout ottroie qui mot ne tait.

(*Roman de la Rose,* v. 13,187.) XIIIe siècle.

Assez parens assez tourmens.

(GABR. MEURIER, *Trésor des Sentences.*) XVIe siècle.

Assez peult plourer qui n'a qui l'appaise.

(*Prov. communs.*) XVe siècle.

Assez tost vient à l'hostel qui mauvaise nouvelle apporte.

(*Prov. communs.*) XVe siècle.

Assez semble que celuy sçait
Qui en temps deu taire sçait.

Assez serviteur assez rumeurs.

(GABR. MEURIER, *Trésor des Sentences.*) XVIe siècle.

Assez tost si assez bien.

(*Recueil* de GRUTHER.)

Assez trouverez amis de bouche,
Mais bien peu sont amis de bource.

(*Suite aux Mots dorés de Caton.*) XVIe siècle.

Assez va qui fortune passe.

(*Satire Ménippée.*) XVIe siècle.

Attens, quelque chose adviendra.

(BOVILLI *Prov.*) XVIe siècle.

On dit dans le même sens :

Tout vient à point qui sait attendre.

Aucune foiz est que li hon
Bat le chien devant le lyon;
Bele doctrine met en luy
Qui se chastoye par autruy.

(*Prov. ruraux et vulgaux.*) XIIIe siècle.

Aucune fois voir dire nuit.

Dire la vérité nuit quelquefois.

(*Prov. ruraux et vulgaux,* Ms.) XIIIe siècle.

Aujourd'huy à moy, demain à toy.

Aujourd'huy amy, demain ennemy.

Aujourd'huy chevalier, demain vachier.

Aujourd'huy en chère, demain en bière.

Aujourd'huy en fleur, demain en pleur.

Aujourd'huy en siége, demain en piége.

Aujourd'huy grand, demain petit.

Aujourd'huy marié, demain marri.

Aujourd'huy maistre, demain valet.

Aujourd'huy trompeur, demain trompé.

Aujourd'huy roy, demain rien.

(*Recueil* de GRUTHER.)

Aussi bien a défault li avars de ce qu'il a que de ce qu'il n'a mie.

(*Prov. ruraux et vulgaux,* Ms.) XIIIe siècle.

L'avare manque aussi bien de ce qu'il a que de ce qu'il n'a pas.

Aussitost dit aussitost fait.

(*Dictionn. comique,* par P. J. LE ROUX.)

Aussitost meurt jeunes que vieux.

(*Prov. communs.*) XVe siècle.

Aussitôt pris aussitôt pendu.

(*Dictionn. comique,* par P. J. LE ROUX.)

Autant despend chiche que large
Et à la fin plus davantage.

(*Prov. communs.*) xve siècle.

Autant de gents, autant de sens.

Autant fait celuy qui tient le pied que celuy qui escorche.

(Gabr. Meurier. *Trésor des Sentences.*) xvie siècle.

Autant pleure mal batu que bien batu.

(*Prov. communs.*) xve siècle.

Autant vault le mal qui ne nuyt
Que le bien sans ayde et proffit.

(Gabr. Meurier, *Trésor des Sentences.*) xvie siècle.

Autant vault tirer comme rompre.

(*Anc. prov.*, Ms.) xiiie siècle.

Autruy deul querelle semble.

Autruy fait peut valoir.

Autruy fait ne doit nuyre.

Autruy péché ne doit nuyre.

(*Prov. Gallic.*, Ms.) xve siècle.

Avant de te marier
Aye maison pour habiter.

(Gabr. Meurier, *Trésor des Sentences.*) xvie siècle.

Avaler le fault sans macher.

(*Prov.* de Jeh. Mielot.) xve siècle.

Avare cœur tost se dedist.

(*Mimes* de Baïf.) xvie siècle.

Avec du temps et de la patience on vient à bout de tout.

(Méry, *Histoire des Prov.*, t. I, p. 254.)

Avec le florin, langue et latin,
Partout l'univers l'on trouve le chemin.

Avec le temps les petits deviennent grands.

Avec la paille et les temps
Se meurissent le nefles et les glands.
(GABR. MEURIER, *Trésor des Sentences.*) XVIe siècle.

Avenandise et nettez
Vault miax que gaste biauté.
Gracieuseté et propreté valent mieux que sale beauté.
(*Castoiement aux Dames*, v. 170.) XIIIe siècle.

Avoir l'esprit en écharpe.
(*Dictionn. comique,* par P. J. LE ROUX, t. I, p. 417.)

Avoir un homme sur les bras.
En être ennuyé ou importuné.
(*Dictionn. comique*, par P. J. LE ROUX, t. I, p. 150.)

Aye soing et cure de bien gaigner,
Car temps avance pour gaspiller.

Bats le meschant il empirera,
Bats le bon il s'amendera.
(GABR. MEURIER, *Trésor des Sentences.*) XVIe siècle.

Battre le pavé.
Oiseusement promener.

Battre l'ombre ou la poursuivre.
(BOVILLI *Prov.*) XVIe siècle.

Battu a été
Des verges qu'il a porté.
(*Prov.* de BOUVELLES.) XVIe siècle.

Beau est qui vient et plus beau qui apporte.
(*Prov. communs.*) XVe siècle.

Beau gaing faict belle despence.
(GABR. MEURIER, *Trésor des Sentences.*) XVIe siècle.

Beau et bon l'on ne peut pas être.
(*Adages françois.*) XVIe siècle.

Beau parler n'escorche langue.

Beau s'a taire et ne dire
Qui est libre et franc d'escot.
(GABR. MEURIER, *Trésor des Sentences.*) XVIe siècle.

Beau service faict amis et vray dire ennemis.
(*Prov. communs.*) XVe siècle.

Beauté et folie sont souvent en compagnie,
(GABR. MEURIER, *Trésor des Sentences.*) XVIe siècle.

Beauté n'est qu'image fardée.
(*Adages françois.*) XVIe siècle.

Biauté ne vaut rien sans bonté.
(ISOPET, *Fables* de ROBERT, t. I, p. 276.) XIIIe siècle.

Beauté sans bonté est comme vin esventé.
(GABR. MEURIER, *Trésor des Sentences.*) XVIe siècle.

Beaucoup ennuie qui attent.
(*Prov.* de JEH. MIELOT.) XVe siècle.

Beaucoup de nouvelles
Ne sont sans bourdes belles.

Beaucoup promettre et rien tenir
Est pour vrais fols entretenir.
(GABR. MEURIER, *Trésor des Sentences.*) XVIe siècle.

Beaucoup se perd ou peu fait tout.
(*Mimes* de BAÏF, fol. 7 v°.) XVIe siècle.

Belle chose est tost ravie.
(*Adages françois.*) XVIe siècle.

Belle montre et peu de rapport.
(*Matinées sénonaises,* p. 300.)

Belles paroles de bouche et garde la bourse.

Belles paroles et méchans faits
Trompent les sages et sots parfaits.

Belle promesse fol lie.
(GABR. MEURIER, *Trésor des Sentences.*) XVIe siècle.

Benoît soit qui amende.
(*Prov. Gallic.*, Ms.) XVe siècle.

Besoigne faicte attend sa desserte.

Besoigner du matin
Est le vray et fin.

(GABR. MEURIER, *Trésor des Sentences.*) XVIe siècle.

Besoin fait vieille troter.

(*Roman du Renart*, v. 4,905.) XIIIe siècle.

Besoin fait vieille trotter
Et l'endormy réveiller.

(GABR. MEURIER, *Trésor des Sentences.*) XVIe siècle.

Besoigniex n'a loy.

Besoigneux n'a point de loi.

(*Prov. ruraux et vulgaux.* Ms.) XIIIe siècle.

Biaus chanter anuit sovent.

(*Castoiement aux Dames*, v. 454.) (*Roman du Renart*, v. 5,466.) XIIIe siècle.

Couronciés es de tes oiseaux
Qu'oïr ne puès chanter en caige;
Mais bien puès faire les appeaulx
Pour chanter en ton geolaige.
Tu as perdu ton poil volaige
Par trop estre à vent et à pluie;
Et dist l'en : *Beau chanter ennuye.*

(*Chanson contre Hugues Aubriot*, coupl. 9.) XIVe siècle.

Biaus parler ha partout mestier,
L'on n'a pas amis par tencier (*en grondant*).

(*Prov. aux Philosophes.*) XIIIe siècle.

Biaus semblans faict musart lie.

Beau semblant rend un imbécile joyeux.

(*Chronique de Rheins*, chap. XXX, p. 221.) XIIIe siècle.

Biax service taut pain de main.

Un bon service ôte le pain de la main.

Biax chanter trait argent de bourse.

Bien chanter tire argent de la bourse.

(*Anc. prov.*, Ms.) XIIIe siècle.

Bien aime qui n'oublie,
Bien faict qui s'humilie.

(GABR. MEURIER, *Trésor des Sentences.*) XVIe siècle.

Bien a sa cort close qui si voisin aiment.

Bien attend qui parattant.

(*Anc. prov.*, Ms.) XIIIe siècle.

Bien bouté longuement chancelle.

(*Adages françois.*) XVIe siècle.

Bien commencé demy avancé.

(*Recueil* de GRUTHER.)

Bien courroucé de peu pleure.

(*Adages françois.*) XVIe siècle.

Bien danse à qui fortune chante,
Encor plus bien qui mal deshante.

(GABR. MEURIER, *Trésor des Sentences.*) XVIe siècle.

Bien de sa place part qui son amy y laisse.

(*Adages françois.*) XVIe siècle.

.... Bien devons faire requeste
A nos amis, s'ele est honeste.

(*Roman de la Rose,* t. II, v. 4,764.) XIIIe siècle.

Bien dire fait rire, bien faire fait taire.

Bien dire vaut mout,
Bien faire passe tout.

Bien disons et bien ferons,
Mal va la nef sans avirons.

(GABR. MEURIER, *Trésor des Sentences.*) XVIe siècle.

Bien doit aller par la maison
Qui rien ne doit et luy doit-on.

Bien doit garder qu'il soit net
Qui de mal dire s'entremet.

(*Prov. Gallic.*, Ms.) XVe siècle.

Bien escorche à qui ne deult,
Assez faict qui faict ce qu'il peult.

(GABR. MEURIER, *Trésor des Sentences.*) XVIe siècle.

Bien est voir que moult se foloie
Qui de l'âme garder se peine,
Son travail y perd et sa peine.

(GODEFROY DE LAGNY, *Roman de la Charrette.*) XIIIe siècle.

Bien faict n'est jamais perdu.

(*Adages françois.*) XVIe siècle.

Bien faict qui bien dict et retret,
Car maint home sache et retret (*éloigne et retire*).
De fol penser et d'uevre fole
Exemple de bone parole.

(GAUTIER DE COINSY, *Fabliaux*, t. II, p. 428.) XIIIe siècle.

Bien fait qui se porvoit
En croire ce qu'il voit,
Ce dit li vilains.

(*Prov. au Villain.*) XIIIe siècle.

Bienfaict mal assis est méfaict.

(*Mimes* de BAÏF, fol. 8 v°.) XVIe siècle.

Bienfaict sur bienfaict il essemble
Qui tost l'accorde et tost le faict.

Ou :

Qui tost accorde donne deux fois.

(*Mimes* de BAÏF, fol. 97.) XVIe siècle.

Bienfaict vaut moult aux trespassez.

(*Adages françois.*) XVIe siècle.

Bien foloye qui mi voye se retourne.

Bien fait une folie qui à demi-voie se retourne.

(*Anc. prov.*, Ms.) XIIIe siècle.

Bienheureux est qui rien n'y a.

Folles amours font les gens bestes,
Salomon en ydolatra,

Sanson en perdit ses lunettes,
Bienheureux est qui rien n'y a.

(VILLON, *Grand Testament, double ballade.*) XVe siècle.

Bien meurt qui volontiers meurt.

Bien oublie qui nient (*rien*) treuve.

(*Anc. prov.*, Ms.) XIIIe siècle.

Bien parler est la voye de bien vivre.

Bien peu de chose est de stourbier
Au mal artiste et mal ouvrier.

Bien porte cil à qui ne poise,
Assez faict qui fort apprivoise.

(GABR. MEURIER, *Trésor des Sentences.*) XVIe siècle.

Bien pou vaut la voix qu'on n'escoute.

(*Prov.* de JEH. MIELOT.) XVe siècle.

Bien savés que par maulvais hoir
Dechiéent viles et manoir.

Vous savez bien que les mauvais héritiers gâtent les villes et les manoirs.

(LAI DE L'OISELET, *Fabliaux*, t. III, p. 115.) XIIIe siècle.

Bien servir faict amis,
Et vray dire ennemis.

(GABR. MEURIER, *Trésor des Sentences.*) XVIe siècle.

Bien se doit garder le meneur
Que ne se prenne au greigneur.

Le plus petit doit bien se garder de s'en prendre au plus gros.

(ISOPET, *Fables* de ROBERT, t. I, p. 14.) XIVe siècle.

Bien est venu qui apporte.

(*Anc. prov.*, Ms.) XIIIe siècle.

Bienheureux est qui se contente
De ce que Dieu lui mande pour rente.

Bienheureux est tenu celuy
Qui n'a de passer l'huys d'autruy.

(GABR. MEURIER, *Trésor des Sentences.*) XVIe siècle.

Blâme frais l'honneur vieil démonte.

(*Mimes* de BAÏF, fol. 16.) XVIe siècle.

Bon cœur ou bon sang ne peut mentir.

(GABR. MEURIER, *Trésor des Sentences.*) XVIe siècle.

Bon comme le bon jour.

(*Adages françois.*) XVIe siècle.

Ou :

Bon comme du bon pain.

Bon droit a bon mestier d'ayde.

Bon droit a souvent besoin d'aide.

(VILLON, *Grand Testament*, st. 79.) XVe siècle.

Bons est li damages qui au feu bout.

(*Anc. prov.*, Ms.) XIIIe siècle.

Bon est le deuil qui après ayde.

(*Adages françois.*) XVIe siècle.

Bon fait à preudome parler,
Car on i puet mout conquester
De sens, de bien, de cortoisie.

(*Ordène de chevalerie*, v. 1.) XIIIe siècle.

Bon fait aller moyenne voye.

(*Prov.* de JEH. MIELOT.) XVe siècle.

Bon fait bas voler pour les branches.

Par Paris aller tu souloies
Sur mule et frison d'Allemaigne;
Gras coursiers, gros roussins avoies
Et des sergens à la douzaine.
Or n'y a nul qui ne se paine
Toy grever festes et Dimanches;
Bon fait bas voler pour les branches.

(*Chanson contre Hugues Aubriot*, coupl. 6.) XIVe siècle.

Bon fait battre l'orgueilleux quand il est seul.

(Bovilli *Prov.*) XVIe siècle.

Bon fait justice prévenir.

Bon fait mentir pour paix avoir.

(*Prov.* de Jeh. Mielot.) XVe siècle.

Bon gaignage fait bon potage.

(Gabr. Meurier, *Trésor des Sentences.*) XVIe siècle.

Bon gardeur surpasse l'amasseur.

(*Mimes* de Baïf, fol. 12 r°.) XVIe siècle.

Bon guet chasse mal aventure.

(Gabr. Meurier, *Trésor des Sentences.*) XVIe siècle.

Bon jour lunettes, adieu fillettes.

(Méry, *Hist. des Prov.*, t. I, p. 264.) XVIIe siècle.

Bon jour, bon vespre, bon soir.

(*Adages françois.*) XVIe siècle.

Bon mot n'epargne nului.

Bon mot n'épargne personne.

(*Anc. prov.*, Ms.) XIIIe siècle.

Bon nageur de n'estre noyé n'est pas seur.

(Gabr. Meurier, *Trésor des Sentences.*) XVIe siècle.

Bons nageurs sont à la fin noyez.

(*Adages françois.*) XVIe siècle.

Bon renom luit même en cachette.

(*Mimes* de Baïf, fol. 16.) XVIe siècle.

Bon renom vaut un héritage.

(*Mimes* de Baïf, fol. 96.) XVIe siècle.

Bon temps et bonne vie
Père et mère oublie.

(Gabr. Meurier, *Trésor des Sentences.*) XVIe siècle.

Bon voisin bon jour.

(*Recueil* de Gruther.)

Bonne amitié est une seconde parenté.

(GABR. MEURIER, *Trésor des Sentences.*) XVIe siècle.

Bonne est la maille qui sauve le denier.

(*Adages françois.*) XVIe siècle.

Bonne honte sort de danger.

(*Mimes* de BAÏF, fol. 15 v°.) XVIe siècle.

Bonne maisnie tous dis se paist.

Bonne famille trouve toujours à vivre.

(*Anc. prov.*, Ms.) XIIIe siècle.

Bonne mère n'espargne nul.

(*Adages françois.*) XVIe siècle.

Bonnes nouvelles se peuvent dire en tout temps,
Mais les mauvaises seulement au levant.

(GABR. MEURIER, *Trésor des Sentences.*) XVIe siècle.

Bonne œuvre
Pechié cueuvre.

(*Prov.* de BOUVELLES.) XVIe siècle.

Bonne parole bon leu tient.

(*Anc. prov.*, Ms.) XIIIe siècle. (*Prov. communs.*) (*Poésies* de JEH. REGNIER, bailly d'Auxerre.) XVe siècle.

Bonnes paroles portent son los.

(*Anc. prov.*, Ms.) XIIIe siècle.

Bonnes paroles oignent
Et les méchantes poignent.

Bonnes raisons mal entendues
Sont comme fleurs à porcs estendues.

Bonne volonté supplée à la faculté.

(GABR. MEURIER, *Trésor des Sentences.*) XVIe siècle.

Bonne volonté est réputée pour le fait.

(*Prov. communs.*) XVe siècle.

Bonne fin attrait bonne fin,
Bonne vie embellit.

(*Adages françois.*) XVIe siècle.

Bonnet souvent au poing
Ne picque et ne mord point.

(GABR. MEURIER, *Trésor des Sentences.*) XVIe siècle.

Bonté autre requiert.

(*Anc. prov.*, Ms.) XIIIe siècle.

Bonté change si on la point.

(*Mimes* de BAÏF, fol. 14 v°.) XVIe siècle.

Bonté est une
Beautez est autre,
Ce dist li vilains.

(*Prov. au Villain,* p. 74.) XIIIe siècle.

Bonté excelle (*surpasse*) beauté.

(*Recueil* de GRUTHER.)

Bonté qui n'est seue ne vaut riens.

Bonté faite en charité n'est jamais perdue.

(*Anc. prov.*, Ms.) XIIIe siècle.

Brûler ne peut cueur
Qui par venin meurt.

(*Prov.* de BOUVELLES.) XVIe siècle.

Buer est né cui on doute.

Bien est né celui qu'on redoute.

Buer (*bien*) jeûne au matin qui au vespre est sous.

(*Anc. prov.*, Ms.) XIIIe siècle.

Car Dieu et le bon droit et bonne volonté
Laboure en bonne ouvrage sans penser fauceté;
Et il t'aidera bien si tu l'as appelé.

Car entre faire et dire et vouloir et penser
Y a grand différence, c'est vérité prouvée.

(*Roman de Siperis de Vignevaux.*) XIIIe siècle.

Car il pert assez à l'esteule
Que bons n'est mie li espis.

Car on voit bien à la paille que l'épi ne vaut rien.

(*Fabliaux*, t. I, p. 102.) XIIIe siècle.

Car plus perd-on moins fait-on à douter.

Plus on perd moins on est redoutable.

(*Roman de Siperis de Vignevaux.*) XIIIe siècle.

Car nule riens cil n'i puet perdre
Qui se vuelt au prier aerdre.

Car celui qui veut s'obstiner à demander ne peut rien perdre.

(*Roman de la Rose*, t. I, p. 161.) XIIIe siècle.

Car qui le sien donne recroiaument
Son gré en pert et si couste ensement.

Car qui donne le sien à regret en pert le gré, et cela lui coûte aussi.

(*Chanson du Châtelain de Coucy.*) XIIIe siècle.

Car qui trop despent il s'endete.

Qui dépense trop s'endette.

(*Fabliaux*, t. III, p. 74.) XIIIe siècle.

Car suffisance fait richesse
Et convoitise fait povresse.

(*Roman de la Rose*, t. III, p. 198.) XIIIe siècle.

Car tel cuide abaisser sa honte,
Ou vengier, il acroit et monte.

(*Chanson contre Hugues Aubriot*, coupl. 18.) XIVe siècle.

Car tielz est bien armez qui po de pouvoir a,
Et tielz est mal vestuz qui au corps bon cuer a.

(*Roman de Siperis de Vignevaux.*) XIIIe siècle.

Car tieux quide ferir qui tue.

Car tel croit frapper qui tue.

(ISOPET I, *Fables de Robert*, p. 173.) XIVe siècle.

Car volontiers recorde bouche
Chose qui près du cuer il touche.

(*Roman de la Rose*, t. II, p. 130.) XIIIe siècle.

Cas de crime est trop villain.

(*Prov. Gallic.*, Ms.) xve siècle.

Case ou maison de terre, cheval d'herbes,
Amy de bouche ne vaillent pas une mouche.

(Gabr. Meurier, *Trésor des Sentences.*) xvie siècle.

Ce advient en une heure qui n'advient pas en cent.

(*Prov. communs.*) xve siècle.

Cela fait un grant éclat dans le monde.

(*Dictionn. comique,* par P. J. Le Roux, t. I, p. 420.)

Cela ne fait que croître et embellir.

(*Dictionn. comique,* par P. J. Le Roux, t. I, p. 433.)

Cela n'est pas crû en ton jardin.

(*Adages françois.*) xvie siècle.

Cela ne se prend pas sans mitaine.

(*Dictionn. comique,* par P. J. Le Roux, t. II, p. 173.)

Cela ne vaut pas un manche d'étrille.

(*Dictionn. comique*, par P. J. Le Roux, t. I, p. 483.)

Cela va sans dire.

Cele tant com tu peux le blame de ton ami.

(*Anc. prov.*, Ms.) xve siècle.

Celuy à qui il meschiet tous lui courent.

(*Prov. communs.*) xiiie siècle.

Celuy bien ne pense
Qui ne contrepense.

(*Suite aux Mots dorés de Caton.*) xvie siècle.

Celuy de bon sens ne jouit
Qui boit et ne s'en resjouit.

(*Gazette franç.*, par Marcellin Allard, fol. 68 v°.) xviie siècle.

Celuy est bien mon oncle
Qui le ventre me comble.

(Gabr. Meurier, *Trésor des Sentences.*) xvie siècle.

Celuy est fol qui avise et prend garde
Aux faits d'autruy, et aux siens ne regarde.

Celuy est pourveu de peu de sçavoir
Qui se tue pour ce que ne peult avoir.

(Gabr. Meurier, *Trésor des Sentences.*) xvie siècle.

Celuy là est fou qui jette le manche après la coignée.

(*Mimes* de Baïf, fol. 22.) xvie siècle.

Celuy louer debvons
De qui le pain mangeons.

(Gabr. Meurier, *Trésor des Sentences.*) xvie siècle.

Celuy ne veut qui tart veut.

(Gabr. Meurier, *Trésor des Sentences.*) xvie siècle.

Celuy n'est digne d'aise qui n'a essayé malaise.

(*Recueil* de Gruther.)

Celuy qui a de se faire riche
Faind l'indigence et devient chiche.

(Gabr. Meurier, *Trésor des Sentences.*) xvie siècle.

Celuy qui dit vray point ne ment.

(*Plaisants Devis des Suppôts du Seigneur de la Coquille*, de l'an 1589.)

Celuy qui en misère vit
Se pense offensé quand on rit.

(*Gazette franç.*, par Marcellin Allard, fol. 234.) xviie siècle.

Celuy qui est tombé ne peut relever le tombé.

(Gabr. Meurier, *Trésor des Sentences.*) xvie siècle.

Celuy qui n'a le cuer ni triste ni dolent
Va bien facilement un ami consolant.

(*Gazette franç.*, par Marcellin Allard, fol. 235.) xvie siècle.

Celuy qui n'ayme que pour mascher
N'estime pour ton ami cher.

Celuy qui rit toujours trompe souvent.

Celuy qui trop parle et babille
Trouve plus de trous qu'autre cheville.

(Gabr. Meurier, *Trésor des Sentences.*) xvie siècle.

Celuy sçait assez qui bien vit.

(*Adages françois.*) XVIe siècle.

Cist monde ne vaut une plume
Chascuns convoite ce qu'il n'a.

(*Dis* de JEH. LE RIGOLET.) XIIIe siècle.

Ce ne sera rien, n'en parlons plus.

Ce n'est pas de soif que je baille.

(*Adages françois.*) XVIe siècle.

Ce n'est pas honte de chaoir, mais de trop gésir.

(*Anc. prov.*, Ms.) XIIIe siècle.

Ce n'est pas pour enfiler des perles.

(*Dictionn. comique,* par P. J. LE ROUX, t. I, p. 448.)

Ce n'est pas tout de courir, il faut partir à temps.

(*Recueil* de GRUTHER.)

C'est peu que de courir, il faut partir à point.

(LA FONTAINE, fable *du Lièvre et de la Tortue.*)

Ce qu'à aultruy tu auras faict soys certain qu'aultruy te fera.

(RABELAIS, liv. III, ch. 9.) XVIe siècle.

Ce qu'art ne peut hazard l'achève.

Ce qu'aujourd'huy tu peux faire
Au lendemain ne diffère.

(*Mimes* de BAÏF.) XVIe siècle.

Ce que tu peux faire au matin
N'attens vespres ne lendemain.

(*Prov. Gallic.*, Ms.) XVe siècle.

Ce que chacun scet n'est pas conseil.

(*Prov. Gallic.*, Ms.) XVe siècle.

Ce que chiche espargne large despend.

(*Adages françois.*) XVIe siècle.

Ce que croist soubdain périt le lendemain.

Ce que doibst estre ne peult manquer,
Non plus que la pluye en hyver.

(Gabr. Meurier, *Trésor des Sentences.*) XVIe siècle.

Ce que fait as si pren.

(*Prov. Gallic.*, Ms.) XVe siècle.

Ce que gouste à la bourse
Desgouste la bouche.

(Gabr. Meurier, *Trésor des Sentences.*) XVIe siècle.

Ce que l'on veut trop on l'escoute.

(*Mimes* de Baïf, fol. 45.) XVIe siècle.

Ce que l'un faict l'autre despèce.

(*Adages françois.*) XVIe siècle.

Ce que l'ung faict l'autre destruict.

(*Prov. communs.*) XVe siècle.

Ce que l'un ne scet l'autre scet.

Ce que l'un ne voit l'autre voit.

(*Prov. Gallic.*, Ms.) XVe siècle.

Ce que l'ung perd l'autre reçoit.

(*Prov.* de Jeh. Miblot, Ms.) XVe siècle.

Ce qui me haite (*plaît*) m'est bon.

(*Prov. Gallic.*, Ms.) XVe siècle.

Ce qui se donne par équité
Pas ne se donne par charité.

(Gabr. Meurier, *Trésor des Sentences.*) XVIe siècle.

Ce qui doit advenir on ne puet nullement
Destourner qu'il n'advienne, ce dit-on bien souvent.

(*Roman de Siperis de Vignevaux.*) XIIIe siècle.

Ce qui est bon à prendre est bon à rendre.

(*Prov. Gallic.*, Ms.) XVe siècle.

On dit aussi :

Ce qui est bon à prendre est bon à garder.

« Or, ce qui est bon à prendre n'est point bon » à rendre. Les hérétiques disent au contraire : Hé!

» pauvres bêtes, qu'y a-t-il au monde de plus fâ-
» cheux que de rendre? »

(*Moyen de parvenir*, chapitre intitulé *Livre de Raison.*)

Ce qui est différé n'est pas perdu.

Ce qui est écrit est écrit.

Ce qui est fait est fait.

(*Dictionn. comique*, par P. J. Le Roux, t. I, p. 386 et 425.)

Ce qui est fait n'est mie à faire.

(*Roman du Renart,* v. 732.) XIIIe siècle.

Ce qui est grief à supporter
Est après doux à raconter.

(*Gazette franç.*, par Marcellin Allard, fol. 251 v°.) XVIIe siècle.

Ce qui est passé ne peut revenir.

(*Adages françois.*) XVIe siècle.

Ce qui nuit à l'un duit (*profite*) à l'autre.

(*Matinées sénonaises,* p. 325.)

Ce qui est ray ne se peult tondre,
Non plus que ce qui est gras fondre.

Ce qui plaist marché faict.

(Gabr. Meurier, *Trésor des Sentences.*) XVIe siècle.

Ce qu'on donne aux méchants toujours on le regrette.

(La Fontaine, fable 6, liv. II.)

Ce qu'on donne luit, ce qu'on mange put.

(Gabr. Meurier, *Trésor des Sentences.*) XVIe siècle.

Ce serait trop vilain jeux
De un dommage faire deux.

(Chrestien de Troyes.) XIIe siècle.

Ce sont deux promettre et tenir.

(*Mimes* de Baïf.) XVIe siècle.

Ce sont les pires bourdes que les vrayes.

(*Prov. communs.*) XVe siècle.

C'est apperçu jour à midy.

C'est après faire barguigner.

(*Prov.* de JEH. MIELOT.) XVe siècle.

C'est assez dit à qui entend.

(*Prov. Gallic.*, Ms.) XVe siècle.

C'est belle chose que bien faire.

(*Adages françois.*) XVIe siècle.

Cet belle chose que de besogne faite.

(*Prov. communs.*) XVe siècle.

C'est bien allé quant on revient.

(*Prov.* de JEH. MIELOT.) XVe siècle.

C'est bien dict, mais cerchez qui le face.

C'est bille mal pareille.

(*Adages françois.*) XVIe siècle.

On dit encore :

Ces deux hommes ont fait bille pareille,

Pour signifier qu'ils ont également réussi.

(*Dictionn. comique,* par P. J. LE ROUX, t. I, p. 114.)

C'est chose ardue et trop profonde
Que d'agréer à tout le monde.
C'est chose illustre et très louable
Tost oublier l'irrécouvrable.
C'est cruauté et ignorance
De mettre sa fame en nonchalance.

(GABR. MEURIER, *Trésor des Sentences.*) XVIe siècle.

C'est demye vie que de feu.

(BOVILLI *Prov.*, liv. I.) XVIe siècle.

C'est demy vie que de rire.

C'est demy vie que d'estre soul.

« Et ceci avint du temps qu'il y avoit grand » débat entre les moines et les ministres, pour » décider qui étoit mieux dit : *C'est demy vie que » d'estre soul* ou *c'est demy vie que de rire.* »

(*Moyen de parvenir*, au chapitre intitulé *Métaphrase.*)

C'est dol (*deuil*) prendre et ne pouvoir rendre.

(*Mimes* de BAÏF.) XVIe siècle.

C'est dur ennui que la contrainte.

(*Mimes* de BAÏF.) XVIe siècle.

C'est folement amer quant on fait son damage.

(*Roman de Baudouin de Sebourc*, t. I, p. 9.) XIVe siècle.

C'est folie bien gaigner et mal espargner.

(GABR. MEURIER, *Trésor des Sentences.*) XVIe siècle.

C'est folie de faire boire un asne s'il n'a soif.

(*Adages françois.*) XVIe siècle.

C'est folie de faire de son médecin son héritier.

C'est folie de faire un coing de son poing.

C'est folie de se jouer de son maistre.

C'est folie de béer contre un four.

C'est folie de manger cerises avec seigneurs,
Car ils prennent toujours les plus meures.

C'est folie de perdre la chair pour les os.

C'est folie de perdre la volée pour le bon.

C'est folie de réveiller le chat qui dort.

C'est folie de vanner les plumes au vent.

C'est folie de vouloir voler sans aile.

C'est folie mestre les estoupes trop près du feu.

C'est folie puiser l'eau au cribleau.

C'est folie se bouger quant on est bien.

C'est folie se despouiller avant d'aller coucher.

C'est folie se harper aux femmes et aux bestes.

(GABR. MEURIER, *Trésor des Sentences.*) XVIe siècle.

C'est forte chose s'entremettre du commun.

(*Prov. Gallic.*, Ms.) XVe siècle.

C'est fouet gref et félon
D'estre bastu de son baston.

(GABR. MEURIER, *Trésor des Sentences.*) XVIe siècle.

C'est grand mal d'un pauvre endormy.

(*Suite aux Mots dorés de Caton.*) XVIe siècle.

C'est grand peine d'aller à cheval, et la mort d'aller à pied.

(*Adages françois.*) XVIe siècle.

C'est grand peyne d'estre pauvre et vieux,
Mais il ne l'est pas qui veult.

C'est grand prudence et sagesse
D'espargner pour la jeunesse.

(GABR. MEURIER, *Trésor des Sentences.*) XVIe siècle.

C'est grand miracle si une femme meurt sans faire folie.

(*Adages françois.*) XVIe siècle.

C'est la pire roue, comme es très seüre,
Qui fait plus de bruit et rumeur.

(GABR. MEURIER, *Trésor des Sentences.*) XVIe siècle.

C'est la fin qui couronne l'œuvre.

(*Mimes* de BAÏF, fol. 42.) XVIe siècle.

C'est la mer à boire.

Pour dire : C'est une chose difficile à faire.

Si je pouvois remplir mes coffres de ducats,
Si j'apprenois l'hébreu, les sciences, l'histoire?
Tout cela, *c'est la mer à boire,*
Mais rien à l'homme ne suffit.

(LA FONTAINE, fable 25, liv. VIII.)

C'est le chief de la besogne.

(*Prov. Gallic.*, Ms.) XVe siècle.

C'est le ventre de ma mère, on n'y retourne plus.

(*Adages françois.*) XVIe siècle.

C'est mieux venu que bien à point.

(*Prov.* de JEH. MIELOT.) XVe siècle.

C'est œuvre de Dieu de nient priser et despiter tout le monde.

(*Anc. prov.*, Ms.) XIIIe siècle.

C'est pain béni que d'attraper un homme qui fait le fin.

(*Dictionn. comique*, par P. J. Le Roux, t. I, p. 106.)

C'est passé comme un cocq sur brèse.

(*Prov.* de Jeh. Mielot, Ms.) xve siècle.

C'est plus légière chose de passer un chamel par le pertuis d'un aguille que un riche homme entrer au paradis.

(*Imitation de Job.*) (*Anc. prov.*, Ms.) xiiie siècle.

C'est prins d'un sac double mousture.

(*Prov.* de Jeh. Mielot.) xve siècle.

C'est sa beste noire.

C'est sa vache à lait.

C'est toujours le refrein de la ballade.

(Henry Estienne, *les Prémices, etc.*, p. 11.) xvie siècle.

Vous disent : mais, monsieur, me donnez-vous cela?
C'est toujours le refrein qu'ils font à leur balade.

(Régnier, *Poésies*, satire Ire.) xviie siècle.

C'est tout un de choir ou de tresbucher.

(*Adages françois.*) xvie siècle.

C'est trop aymé, quand on en meurt.

(G. Alexis, *Martyrologe des fausses langues.*) xve siècle.

C'est trop belle chose quand l'homme et la femme s'entre ayment.

C'est trop belle chose d'être certain de sa parole.

C'est trop belle chose de dire voir (*vrai*).

C'est trop belle chose d'estre de bon renom.

C'est trop laide chose d'estre de mentir repris.

C'est trop laide chose que de povre orgueilleux, jeune paresseux et vieil luxurieux.

(*Prov. Gallic.*, Ms.) xve siècle.

C'est un fâcheux troupeau à garder
Que de sottes filles à marier.

(GABR. MEURIER, *Trésor des Sentences.*) XVIe siècle.

C'est un fin homme, il a de l'argent caché à un fer d'esguillettes.

(*Adages françois.*) XVIe siècle.

C'est un fou, un sot à triple étage.

(*Dictionn. comique*, par P. J. LE ROUX, t. I, p. 478.)

C'est un homme de rien, un homme léger, le cheval au pied blanc.

(*Adages françois.*) XVIe siècle.

C'est un grand arracheur de dens.

(*Prov.* de JEH. MIELOT.) XVe siècle.

C'est un grand clerc.

(*Dictionn. comique*, par P. J. LE ROUX, t. I, p. 256.)

C'est un mauvais mal que le mal, m'amie.

(*Adages françois.*) XVIe siècle.

C'est une belle chose que de besogne faite.

(GABR. MEURIER, *Trésor des Sentences.*) XVIe siècle.

C'est une bibliothèque vivante.

Se dit d'un homme qui a beaucoup lu. De même de celui qui a l'esprit confus :

C'est une bibliothèque renversée.

(*Dictionn. comique*, par P. J. LE ROUX, t. I, p. 112.)

C'est une grève croix
De n'avoir pille ne croix.

(GABR. MEURIER, *Trésor des Sentences.*) XVIe siècle.

C'est une vile ingratitude
De ne rendre avec promptitude.

(GABR. MEURIER, *Trésor des Sentences.*) XVIe siècle.

Cet homme a des chambres à louer dans la tête.

(*Dictionn. comique*, par P. J. LE ROUX, t. II, p. 99.)

Cet homme n'enrage pas pour mentir.

(*Dictionn. comique,* par P. J. Le Roux, t. I, p. 454.)

Cet homme n'est pas manchot.

(*Dictionn. comique,* par P. J. Le Roux, t. II, p. 125.)

Cet homme se fait de fête.

(*Dictionn. comique,* par P. J. Le Roux, t. I, p. 509.)

Ceulx qui ont plus ont plus envis muerent.

(*Prov.* de Jeh. Mielot.) xve siècle.

Chacun a sa marotte.

(Méry, *Hist. des Prov.*, t. I, p. 244.)

Chacun à sa mode,
Et les asnes à l'antique corde.

Chacun à sa teste,
Martin le veau et autre beste.

(Gabr. Meurier, *Trésor des Sentences.*) xvie siècle.

Chacun a son opinion et non discrétion.

(*Recueil* de Gruther.)

Chascung à son tour.

(*Prov. communs.*) xve siècle.

Chacun a son ver coquin.

(*Mimes* de Baïf, fol. 41.) xvie siècle.

Chascung aime et prise et se trait
Vers celuy qui son mestier fait.

Chacun aime, prise et fréquente celui qui fait ce dont il a besoin.

(*Castoiement d'un Père à son fils*, v. 139.) xiiie siècle.

Chacun ayme le sien.

(Gabr. Meurier, *Trésor des Sentences.*) xvie siècle.

Chacun ayme miex le sien petit
Que il ad en pais sanz doutance
Qu'autrui richesce à mésestance.

(Marie de France, fable 9.) xiiie siècle.

Chacun buchet fait son tison.

(*Prov. Gallic.*, Ms.) xve siècle.

Chacun brasse et cabasse
Et le cerveau se casse.

Chacun caresse les gros queux (*cuisiniers*),
Et déchasse les pauvres gueux.

Chacun cherche son propre profit.

(GABR. MEURIER, *Trésor des Sentences.*) xvie siècle.

Chacun cherche son semblable.

(*Adages françois.*) xvie siècle.

Chacun croit être certain de son fait.

Chacun demain apporte son pain.

(GABR. MEURIER, *Trésor des Sentences.*) xvie siècle.

Chascun dist : J'ay bon, j'ay bon; mais la veue descouvre tout.

(*Prov. communs.*) xve siècle.

Chacun dit : J'ay bon droit.

(*Adages françois.*) xvie siècle.

Chacun doit penser du commun profit.

(*Prov. Gallic.*, Ms.) xve siècle.

Chascun doit volentiers fere ce qu'il plait à son maître.

(*Prov. anciens.*) xiiie siècle.

Chacun en sa beauté se mire.

(*Mimes* de BAÏF, fol. 46 v°.) xvie siècle.

Chacun est coustumier
De louer son œuvre et mestier.

Chacun est éloquent
Pour defendre son different.

Chacun est roy en sa maison.

Chacun faict ce qu'il peult.

Chacun fait rage,
Et les fous gastent le potage.

Chacun fait le bizard,
Portant la queue de Regnard.

Chacun fait le bragard
Et chacun n'a pas un patart.

Chacun ira au molin avec son propre-sac.

(GABR. MEURIER, *Trésor des Sentences.*) XVIe siècle.

Chacun mouche son nez.

(*Recueil* de GRUTHER.)

Chascun moulin trait à luy eau.

(*Prov. anciens,* Ms.) XIIIe siècle.

Chacun naquit en plourant,
Et aulcuns meurent en riant.

(BOVILLI *Prov.*) XVIe siècle.

Chacun n'a pas cinq sols après ses pois.

(*Adages françois.*) XVIe siècle.

Chacun n'a pas ce qu'il chasse,
D'amour, de court ny de chasse.

Chacun n'a pas sa demande.

Chacun n'a pas son molinet.

Chacun ne dort pas en mol lit net.

(GABR. MEURIER, *Trésor des Sentences.*) XVIe siècle.

Chacun ne fait pas du sien à son talent.

(*Prov. Gallic.*, Ms.) XVe siècle.

Chacun n'est pas joyeux qui danse.

(*Prov.* de JEH. MIELOT.) XVe siècle.

Chascun ne set qui li pens au nés.

Chascuns ne set quel avenir lui est.

(*Anc. prov.*, Ms.) XIIIe siècle.

Chacun peut bien renoncer à son droit.

(*Prov. Gallic.*, Ms.) XVe siècle.

Chacun potier loue ses pots
Et davantage les cassez et rots.

Chacun portera son fardeau.

Chacun pour son prix, pour sa valeur et poids
N'a pas deux œufs après ses pois.

Chacun pour soy et Dieu pour tous.

Chacun s'ayde de sa pratique,
L'un à la moderne, l'autre à l'antique.

Chacun se deult du mal de flancs,
Impute la coulpe au pauvre temps.

(GABR. MEURIER, *Trésor des Sentences.*) XVIe siècle.

Chacun quiert son semblable.

(*Prov. communs.*) XVe siècle.

Chacun se doit porter selon son estat.

(*Prov. Gallic.*, Ms.) XVe siècle.

Chacun se plaind
Que son grenier n'est pas plein.

Chacun son péché, soit sage ou sot,
Nul ne voit le sac qu'il porte sur le dos.

(GABR. MEURIER, *Trésor des Sentences.*) XVIe siècle.

Chacun tire à son profit.

(*Adages françois.*) XVIe siècle.

Chacun tire l'eau à son moulin.

(GABR. MEURIER, *Trésor des Sentences.*) XVIe siècle.

Chacun tourne en réalités
Autant qu'il peut ses propres songes,
L'homme est de glace aux vérités,
Il est de feu pour le mensonge.

(LA FONTAINE, *Fables*, liv. IX, fable 6.)

Chacun vault où il est prudent.

(*Mimes* de BAÏF.) XVIe siècle.

Chacun veut avoir le sien.

(*Prov. Gallic.*, Ms.) XVe siècle.

Chacun veut être homme de bien.

(*Recueil* de GRUTHER.)

Chacun veult prendre bon temps et son esbat.

(Gabr. Meurier, *Trésor des Sentences.*) xvie siècle.

Chacun vivant en son élément bien se entretient.

(Bovilli *Prov.*, liv. iii.) xvie siècle.

Chacun y est pour soi.

(*Adages françois.*) xvie siècle.

Chacune cité a mestier (*besoin*)
D'art, stile et mestier.

Chacune maison a sa croix et passion.

Chacune mort a sa bataille,
Et chacun grain sa paille.

(Gabr. Meurier, *Trésor des Sentences.*) xvie siècle.

Chacune vielle son deul plaint.

(*Anc. prov.*, Ms.) xiiie siècle.

Chacune vielle à son tour
Plaint son deuil et dolour.

(Gabr. Meurier, *Trésor des Sentences.*) xvie siècle.

Charité bien ordonnée commence par soi-même.

(*Matinées sénonaises*, p. 310.)

Cheminer en pas de larron.

Cheoir sur ses pieds.

(Bovilli *Prov.*, liv. ii.) xvie siècle.

Chère de bouche souvent cœur ne touche.

Chevalier qui ne faict prouesse,
Prince qui n'aime noblesse,
Conseiller vuide de sagesse,
Prestre qui ne sçait sa messe,
Fille qui de courir ne cesse,
Enfant arrogant en jeunesse,
Serviteur remply de paresse,
Servante blasmant maistre et maistresse;
Et juge qui vérité délaisse,
Ne sont jamais en pris ny presse.

(Gabr. Meurier, *Trésor des Sentences.*) xvie siècle.

Chez toy priser au marché vendre.

(*Mimes* de BAÏF, fol. 50.) XVIe siècle.

Chose accoustumée rarement prisée.

(GABR. MEURIER, *Trésor des Sentences.*) XVIe siècle.

Chose acquise facilement
Ne se garde chèrement.

Chose acquise à suée
Est plus chérie qu'héritée (*héritage*).

(*Recueil* de GRUTHER.)

Chose bien commencée est à demi achevée.

Chose bien dite n'a replique ne redite.

(GABR. MEURIER, *Trésor des Sentences.*) XVIe siècle.

Chose bien donnée n'est jamais perdue.

(*Adages françois.*) XVIe siècle.

Chose chèrement tenue à demy vendue.

(GABR. MEURIER, *Trésor des Sentences.*) XVIe siècle.

Chose contraincte ne vaut rien.

(*Adages françois.*) XVIe siècle.

Chose contraincte ne fut oncques saincte.

(*Recueil* de GRUTHER.)

Chose deffendue et prohibée est souvent la plus désirée.

(*Adages françois.*) XVIe siècle.

Chose défendue chose désiderée.

(*Recueil* de GRUTHER.)

Choses difficiles embellissent l'effect.

(*Adages françois.*) XVIe siècle.

Chose donnée ne se doibt choisir,
Ne moins le presté retenir.

(GABR. MEURIER, *Trésor des Sentences.*) XVIe siècle.

Chose du monde en pris
De Dieu est en mespris.

(*Recueil* de GRUTHER.)

Chose faicte de grâce vault qui aultrement ne vaudroit mie.

Chose faicte par force ne vault rien.

Chose faicte sans arroi ne vault rien.

(*Prov. Gallic.*, Ms.) xve siècle.

Chose faicte conseil prins.

(GABR. MEURIER, *Trésor des Sentences.*) xvie siècle.

Chose forcée de petite durée.

(*Recueil* de GRUTHER.)

Chose la plus recommandée
Du chat est souvent emportée.

(GABR. MEURIER, *Trésor des Sentences.*) xvie siècle.

Chose mal acquise
Prend mal fin et guise.

(*Recueil de* GRUTHER.)

Chose non connue n'est haïe ne désirée.

(*Prov. anc.*, Ms.) xiiie siècle.

Chose perdue
Chose congnue.

(GABR. MEURIER, *Trésor des Sentences.*) xvie siècle.

Chose perdue cent sols vault.

(*Anc. prov.*, Ms.) xiiie siècle.

Chose rarement veue est plus chère tenue.

(*Recueil* de GRUTHER.)

Chose tard venue pour rien est tenue.

Chose tortue ne feit oncques bonne venue.

(GABR. MEURIER, *Trésor des Sentences.*) xvie siècle.

Cil dist moult bien qui set conter
C'une foiz doit le pot verser.

Cil en porte la colée
Qui s'entremet d'autre engigner.

(*Roman du Renart*, v. 7,443 et 1,186.) xiiie siècle.

Cil fait plaisance trop petite
A seigneur s'il ne li profite.

(ISOPET, *Fables de Robert*, t. II, p. 464.) XIVe siècle.

Cil n'aime pas souverainement
Qui aimme pour avoir argent.

(*Prov. aux Philosophes*, Ms.) XIIIe siècle.

Cil n'abat pas qui ne luite.

Celui-là n'abat pas qui ne lutte.

(*Roman du Renart*, v. 21,224.) XIIIe siècle.

Cil netoye l'aigue et raince
Le bon vessel et molt l'amende,
Mès jà nus hom qui soit n'atende
A malvès veissel faire net,
Li malvès vaissel tost empire
Quant qu'on y mest.

L'eau nettoie le bon vase et le rend propre, mais que nul ne croie pouvoir rendre bon un vase mauvais. Le vase mauvais empire tout ce qu'on y met.

(*Bible* de GUYOT DE PROVINS, vers 2,417.) XIIIe siècle.

Cil prent mal coup qui trop haut monte.

(*Chanson sur Hugues Aubriot*, 3e coupl.) XIVe siècle.

Cils qui a plus fort s'acompaigne
De soi bien est droit qu'il s'en plaigne.
A poines voit-on homme fort
Qui au faible loyauté port.

Celui qui fait sa société de plus fort que soi il est bien juste qu'il s'en plaigne. On ne voit pas l'homme puissant au faible porter loyauté.

(ISOPET, *Fables de Robert*, t. I, p. 35.) XIVe siècle.

Cil qui de legier croit de legier est décéus, et por ce ne doit on pas croire de legier à chascune parole.

Celui qui croit légèrement est facilement trompé; aussi ne doit-on pas croire facilement chaque parole.

(*Prov. ruraux et vulgaux.*) XIIIe siècle.

... Cil qui despend par raison
En bien mouteplier (*multiplier*) voit-on.

(*Prov. aux Philosophes*, Ms.) XIIIe siècle.

Cil qui d'autruy voudra parler regarde soy il se taira.

(*Recueil* de GRUTHER.)

Cil qui dui choses chace nul n'en prent.

Cil qui fait d'oreille nasse
Grant torment à son cueur amasse.

(*Prov. anc.*, Ms.) XIIIe siècle.

Cil qui mauvais et félon sert
Sa peine et son service pert.

(ISOPET, *Fables de Robert*, t. II, p. 464.) XIVe siècle.

Cil qui ment volontiers ne fait point accroire.

(*Prov. anc.*, Ms.) XIIIe siècle.

Cil qui n'entent mon sen me troble,
Et qui entent mon sen me doble.

Celui qui ne me comprend pas me trouble, et celui me comprend me double.

(*Bible* de GUYOT, vers 620.) XIIIe siècle.

Cil qui plus voit plus doit savoir.

(*Bible au seigneur de Berzé.*) XIIIe siècle.

Cil qui tot convoite tot perd.

(*Roman du Renart*, v. 1,186.) XIIIe siècle.

« Li proverbes dit en apert
» Cil qui tot convoite tout pert. »

(LAI DE L'OISELET, *Fabliaux*, t. III, p. 128.) XIIIe siècle.

Cil reprend la meillor voie
Qui par autrui sens se chastoie.

(*Roman du Renart*, v. 6,265.) XIIIe siècle.

Cil venge mal son dueil qui parmi l'a doblé.

(*Roman de Doon de Mayence.*) XIIIe siècle.

Cœur blessé ne se peut ayder.

(Bovilli *Prov.*, liv. II.) XVIe siècle.

Cœur content et manteau sur l'épaule.

Cœur content, grand talent.

(Gabr. Meurier, *Trésor des Sentences.*) XVIe siècle.

Cœur de verre,
Cœur loyal et ouvert.

Cœur en bouche.
Bouche en cœur.

(Bovilli *Prov.*) XVIe siècle.

Cœur et courage font l'ouvrage.

(Gabr. Meurier, *Trésor des Sentences.*) XVIe siècle.

Cœur pensif ne sait où il va.

(G. Alexis, *Martyrologe des fausses langues.*) XVe siècle.

Cœur qui soupire n'a pas ce qu'il désire.

Cognoistre on doit avant aymer,
Tant soit le doux comme l'amer.

(Gabr. Meurier, *Trésor des Sentences.*) XVIe siècle.

Comme à autruy fait tu auras
D'autruy enfin tu recepvras.

(*Gazette franç.* de Mart. Allard, fol. 219 v°.) XVIIe siècle.

Comme grand dormir n'est pas sans songe
Grand parler n'est pas sans mensonge.

(Gabr. Meurier, *Trésor des Sentences.*) XVIe siècle.

Comme les choses prospères
D'orgueil sont les fécondes mères.

(*Gazette franç.* de Mart. Allard, fol. 213 v°.) XVe siècle.

Comme tu me esveilleras
Je te esveilleray.

(*Prov. Gallic.*, Ms.) XVe siècle.

Commencement n'est pas fusée,
Mauvaise vie est tost finée.

(Gabr. Meurier, *Trésor des Sentences.*) XVIe siècle.

A vous Anglois qui de nouvel
Avez mis le siege à Pontoise,
Vous faites rage de revel
Et d'escrier bien à vostre aise,
Mais la fin en sera mauvaise,
Ains que vostre œuvre soit usée;
Commencement n'est pas fusée.

(*Ballade contre le siége de Pontoise*, coupl. 1er.) XVe siècle.

Commun n'est pas comme un.

Compagnie de un compagnie de nul,
Compagnie de deux compagnie de Dieu,
Compagnie de trois compagnie de rois,
Compagnie de quatre compagnie de diable.

(*Anc. prov.*, Ms.) XIIIe siècle.

(GABR. MEURIER, *Trésor des Sentences.*) XVIe siècle.

Compaignie fait bien et mal.

(*Prov. Gallic.*, Ms.) XVe siècle.

Compagnie fait pendre les gens.

Compagnie nuist.

Compagnon à compagnon il n'y a que la main.

(*Adages françois.*) XVIe siècle.

Compagnon facond par chemin
Excuse un char, coche et roncin.

(GABR. MEURIER, *Trésor des Sentences.*) XVIe siècle.

Compagnon bien parlant
Vaut en chemin chariot branlant.

(HENRY ESTIENNE, *Précellence, etc.*, p. 175.) XVIe siècle.

Comparaisons sont odieuses.

(*Adages françois.*) XVIe siècle.

Comparaisons sont haineuses.

Comparaison n'est pas raison.

(*Anc. prov.*, Ms.) XIIIe siècle.

Compter les estoiles.

C'est, vulgairement, perdre sa peine.

(Bovilli *Prov.*) xvie siècle.

Conjecture de preuves a couverture.

(Gabr. Meurier, *Trésor des Sentences.*) xvie siècle.

Conseil de nuit
Ne faict ennui,
Conseil en vin
N'a bonne fin.

(*Prov. de* Bouvelles.) xvie siècle.

Conseil d'oreille ne vaut pas une grouseille.

Conseilleurs ne sont pas les payeurs.

Contentement passe richesse.

Continuance se convertit en usance.

Contre fort et faulx
Lettres, cédules ne sceaulx.

Contre fortune force aucune.

Contre fortune la diverse
N'y a si bon char qui ne renverse.

(Gabr. Meurier, *Trésor des Sentences.*) xvie siècle.

Contre la mort n'y a point d'apel.

(*Adages françois.*) xvie siècle.

Contre un jaseur remply de sot langage
Jamais ne prends débats, si tu es sage.

(Gabr. Meurier, *Trésor des Sentences.*) xvie siècle.

Convenances (*coutumes*) vainquent loy.

(*Prov. ruraux et vulgaux*, Ms.) xiiie siècle.

Conversation en jeunesse,
Fraternité en vieillesse.

Convoitise fait petit mont.

(Gabr. Meurier, *Trésor des Sentences.*) xvie siècle.

Conveitise ne set entendre
A riens qu'à l'autrui acrochier,
Conveitise a l'autrui trop chier.

(*Roman de la Rose*, v. 191.) XIIIe siècle.

Convoitise preste à usure
Et fait recouper les mesures
Pour convoiter d'avoir plus aise.

(*Fabliaux*, t. II, p. 92.) XIIIe siècle.

Cordœuil, doleur et ennuy
Ne produisent fleur ne fruit.

(GABR. MEURIER, *Trésor des Sentences.*) XVIe siècle.

Cortoisie est que l'on sequeure
Celi dont on est au desseure.

La courtoïsie consiste à secourir celui auquel on est supérieur.

(*Roman de la Rose*, v. 3,293.) XIIIe siècle.

Coupable craint de comparaître.

(*Mimes* de BAÏF, fol. 16 v°.) XVIe siècle.

Courroux est vain sans forte main.

(GABR. MEURIER, *Trésor des Sentences.*) XVIe siècle.

Courtes folies sont les meilleures.

(*Prov. communs.*) XVe siècle.

Courtois de bouche, main au bonnet,
Peu couste et bon est.

(GABR. MEURIER, *Trésor des Sentences.*) XVIe siècle.

Courtoisie qui ne vient que d'ung costé ne peult longuement durer.

(*Prov. communs.*) XVe siècle.

Courtoisie passe beauté.

(*Prov. Gallic.*, Ms.) XVe siècle.

Courtoisie valt moult contre vezié (*rusé*) ennemi.

(*Anc. prov.*, Ms.) XIIIe siècle.

Coutume dure
Vaut nature.

(*Prov.* de Bouvelles.) xvie siècle.

Coutume est une autre nature.

(*Mimes* de Baïf, fol. 7 v°.) xvie siècle.

Cracher au bassin.

(Rabelais, liv. i, ch. 2.) xvie siècle.

Crains l'ennemy qui moins appert.

Croire de légier n'est pas séur.

(*Mimes* de Baïf, fol. 12 r°.) xvie siècle.

— J'aime mieux le croire que d'y aller voir.

(*Comédie des Prov.*) xviie siècle.

Cui advient une n'advient seule.

A qui il arrive un malheur, il en advient un autre.

(*Anc. prov.*, Ms.) xiiie siècle.

Cui conscience ne reprent plustot au mal qu'au bien entend.

(*Chronique de Rheins,* chap. 32, p. 235.) xiiie siècle.

Cui il meschiet on luy mesoffre.

Cui poine (*à qui peine*) croit poine endure.

(*Prov. anc.*, Ms.) xiiie siècle.

Cuider (*croire*) fait souvent l'homme menteur,
Et d'un maistre petit serviteur.

(Gabr. Meurier, *Trésor des Sentences.*) xvie siècle.

Cuider n'est pas juste mesure.

(*Recueil* de Gruther.)

Cuideurs sont en vendenge.

(*Prov. communs.*) xve siècle.

Dans tout ce que tu fais considère la fin.

Dans tout ce que tu fais hâte-toi lentement.

D'aultrui cuir large couroye.

(*Prov. ruraux et vulgaux*, Ms.) xiiie siècle.

Or me monstre Diex plainement
C'on ne doit trop hardiment
D'autrui cuir tailler grant courroi.

(CONGÉ BAUDE FASTOUL d'Arras, *Fabl.*, t. II, p. 128.) XIVe siècle.

De bel conter envie l'on.

(*Anc. prov.*, Ms.) XIIIe siècle.

De bien faire grant mal vient.

Souvent, dist li serpens, avient
Que de bien faire grant mal vient.

(*Castoiement d'un Père à son fils,* conte IV, v. 22.) XIIIe siècle.

De bien gagner et espargner devient-on riche.

(*Prov. communs goth.*) XVe siècle.

De bien mal acquis courte joye.

(GABR. MEURIER, *Trésor des Sentences.*) XVIe siècle.

On lit dans Rabelais, liv. III, ch. 1 :

« De choses mal acquises le tiers hoir ne jouira. »

De bonne amour vient séance et beauté.

(*Chansons du roi de Navarre.*) XIIIe siècle.

De bon espoir désespoir.

(*Adages françois.*) XVIe siècle.

De capricieux à capricieux, et de brave à brave malaisément la concorde y règne.

Brantôme cite ce proverbe à propos du rappel de M. de Biron de la province de Guyenne, où le maréchal ne pouvait s'entendre avec le roi de Navarre. Ce dernier en fit même des remontrances à Henri III, et il lui déclara que si Biron demeurait davantage, il y aurait danger que la guerre ne recommençât.

Voyez BRANTÔME, t. IV des Œuvres complètes, p. 19.

De ce que l'avarre amasse et espargne
Le large s'en esjouyt, égaye et baigne.

(GABR. MEURIER, *Trésor des Sentences.*) XVIe siècle.

De ce que tu pouras faire jamais n'attens à aultruy.

(*Prov. communs.*) XVe siècle.

De chiens, d'oiseaux, d'armes, d'amours
Pour un plaisir mille doulours.

(GABR. MEURIER, *Trésor des Sentences.*) XVIe siècle.

De chiens, d'oiseaux, d'armes, d'amours
(Chacun le dit à la vollée)
Pour un plaisir mille doulours.

(VILLON, *Poésies*, *Grand Testament*, st. 53.) XVe siècle.

De choses tristes et adversaires
En temps de joie il se faut taire.

(BOVILLI *Prov.*) XVIe siècle.

De continuel ris
Peu de sens et d'advis.

(GABR. MEURIER, *Trésor des Sentences.*) XVIe siècle.

De deux max prend-en le menor.

De deux maux prend-on le plus petit.

(*Roman du Renart*, v. 13,598.) XIIIe siècle.

De doulce assemblée dure dessevrée (*séparation*).

(*Anc. prov.*, Ms.) XIIIe siècle.

De fol amour ne vient que mal.

(*Mimes* de BAÏF, fol. 64.) XVIe siècle.

De forte cousture forte déchirure.

(*Prov. communs.*) XVe siècle.

De gaspilleur jamais bon amasseur.

De gens de biens ne vient que bien.

De geste farouche et tetric (*arrogant*)
Jamais fait héroïc.

De grand amour grand dueil et dolour.

(GABR. MEURIER, *Trésor des Sentences.*) XVIe siècle.

De grant courroux grant amitié.

De grant fiance grant faillance.

(*Prov. Gallic.*, Ms.) XVe siècle.

De grand langage
Peu de fruict, grand dommage.
(GABR. MEURIER, *Trésor des Sentences.*) XVIe siècle.

De grands languaiges grandes baies (*mensonges*).
(*Mimes* de BAÏF, fol. 11 v°.) XVIe siècle.

De grand train sur l'estrain (*paille*).
(GABR. MEURIER, *Trésor des Sentences.*) XVIe siècle.

De grans vanteurs petits faiseurs.
(*Prov. communs.*) XVe siècle.

De grande disputation
De vérité perdition.

De grande éloquence
Petite conscience.
(GABR. MEURIER, *Trésor des Sentences.*) XVIe siècle.

De grande prospérité petite seureté.
(*Recueil* de GRUTHER.)

De grasse matinée
Robe déchirée.
(GABR. MEURIER, *Trésor des Sentences.*) XVIe siècle.

De jeune héritier le bien tost dépendu.
(*Recueil de* GRUTHER.)

De jeune marié ménage malotru.
(GABR. MEURIER, *Trésor des Sentences.*) XVIe siècle.

De l'abondance du cœur la langue parle.
(*Prov. communs.*) XVe siècle.

De la cause vient le mérite.
(ISOPET Ier, *Fables de Robert*, t. II, p. 470.) XIVe siècle.

De la chose que tu feras
Garde à quel fin tu en verras.
(*Anc. prov.*, Ms.) XIIIe siècle.

De la compaignie as félons
Mauvais est li gueredons.
(MARIE DE FRANCE, fable 79.) XIIIe siècle.

De la fortune nul n'est content.
(BOVILLI *Prov.*) XVIe siècle.

De large cuer adès largesce,
Et de cuer dur toujours détresce.
(*Prov. ruraux et vulgaux*, Ms.) XIIIe siècle.

De long pélerinage, de grant enfermeté,
Voit-on pou de gens amender.
(*Anc. Prov.*, Ms.) XIIIe siècle.

De male vente telle rente.
(GABR. MEURIER, *Trésor des Sentences.*) XVIe siècle.

De mauvaise vie mauvaise fin.
(*Prov. Gallic.*, Ms.) XVe siècle.

De médecin qui ne sçait bien l'art,
D'amy fardé, flatteur et papelart,
De serviteur qui refuse le lart,
De maistre fait en toute hâte d'un souillard,
De folle femme inconstante et friande,
De saupicquet de potiron en viande,
De fin galand qui refusant demande,
D'arrest de court où il gist grosse amande,
De fol prescheur qui tant se recommande,
De faux notaire ayant main à commande,
D'avocat jeune et procureur vieillard,
Nous garde Dieu, et de voisin paillard.
(GABR. MEURIER, *Trésor des Sentences.*) XVIe siècle.

De plusieurs choses Dieu nous garde :
De toute femme qui se farde,
D'un serviteur qui se regarde,
Et d'un bœuf sallé sans moutarde ;
De petit dîner qui trop tarde,
De lances aussi de dards,
De la fumée des Picards,
Avec les boucons des Lombards ;

De *et cœtera* de notaire,
De *qui pro quo* d'apoticaire,
De charrete en petite rue,
De fol qui porte massue,
De noyse de petits enfans
Et de boire avec des brigans.

(*Suite aux Mots dorés de Caton.*) **xvie siècle.**

De toute femme qui se farde,
De personne double et languarde,
De fille qui se recommande,
De vallet qui commande,
De chair sallé sans moustarde,
De vache sans lait,
De géline qui point ne pond,
Du petit disner qui trop tarde,
De cheval qui recule,
De viel chien qui urle,
De fol portant massue,
De beste cornue en estroite rue,
De vieille femme borgne ou bossue,
De femme mauvaise et malotrue,
De prestres, sergens et coulombs,
De languards en nos maisons,
De fille oiseuse et rioteuse,
De jument vieille et boiteuse,
Du jeune arrogant en jeunesse,
De serviteurs remply de paresse,
De chambrière mal soigneuse,
De bourse vuide et creuse,
De serf saffre et chat cendrier,
De jeune médecin et vieil barbier,
De cuisinier morveux et poulain rogneux,

De vin esventé et pain fenestré,
De femmelette barbue et devine,
De femme trottière et latine,
De vilain enrichy et favorisé,
De maison envinée,
De personne de Dieu signée,
De chausse déchirée,
De fièbvre ague enracinée,
D'ennemy familier et privé,
D'amy simulé et réconcilié,
Et de choir en deptes toute ceste année,
Libera nos, Domine.

(GABR. MEURIER, *Trésor des Sentences,*) XVIe siècle.

De mesme cœur il prend qui rend.

(*Mimes* de BAÏF, fol. 15 r°.) XVIe siècle.

De nécessité vertu.

(GABR. MEURIER, *Trésor des Sentences.*) XVIe siècle.

De nouvel tout m'est bel.

(*Anc. prov.*, Ms.) XIIIe siècle.

De nouveau tout semble bon et beau.

(GABR. MEURIER, *Trésor des Sentences.*) XVIe siècle.

De nouvelle parolle nouveau conseil.

(*Prov. Gallic.*, Ms.) XVe siècle.

De oy et non vient toute question.

De paresse nulle noblesse, ny prouesse.

(GABR. MEURIER, *Trésor des Sentences.*) XVIe siècle.

De part et d'autre la balance.

(*Mimes* de BAÏF, fol. 42 r°.) XVIe siècle.

De pauvreté fatigue et peine.

(GABR. MEURIER, *Trésor des Sentences.*) XVIe siècle.

De petit petit, et d'assez assez.

(*Adages françois.*) XVIe siècle.

De petit et de bœuf grant pièce.

(*Anc. prov.*, Ms.) XIIIe siècle.

De petit petit pleure qui ne sçait de quoy.

(*Prov. communs.*) XVe siècle.

De petit s'échauffe qui en son poing port.

(*Prov. Gallic.*, Ms.) XVe siècle.

De petite chose vient souvent grande noise.

(*Recueil* de GRUTHER.)

De petite chose peu de plaict.

(*Prov. communs.*) XVe siècle.

De peu de cas vient chose grande.

(*Mimes* de BAÏF, fol. 5 v°.) XVIe siècle.

De peu de chose vient grand chose.

(*Adages françois.*) XVIe siècle.

De plume ou de pinceau gratter
C'est par beaulx mots aultruy flatter.

(BOVILLI *Prov.*) XVIe siècle.

De prodome doit l'en amender.

(*Anc. prov.*, Ms.) XIIIe siècle.

De pou pou, de néant volenté.

(*Prov.* de JEH. MIELOT.) XVe siècle.

De povreté peine,
De vérité haine.

(*Prov.* de BOUVELLES.) XVIe siècle.

De prison plaist estre délivré.

(*Prov.* de JEH. MIELOT.) XVe siècle.

De proditeur (*traître*) traistres rapports.

(G. ALEXIS, *Martyrol. des fausses langues.*) XVIe siècle.

De qui je me fie Dieu me garde.

(*Recueil* de GRUTHER.)

De rien rien.

(*Adages françois.*) XVIe siècle.

De sçavoir vient avoir.

(Gabr. Meurier, *Trésor des Sentences.*) xvie siècle.

De se vanter doit l'en prendre garde.

(*Prov. Gallic.*, Ms.) xve siècle.

De sens, d'argent et de foy
Nul n'en a pas trop pour soy.

(Gabr. Meurier, *Trésor des Sentences.*) xvie siècle.

De si haut si bas.

(*Anc. prov.*, Ms.) xiiie siècle.

De son ennemy réconcilié
Il se faut garder.

(Bovilli *Prov.*) xvie siècle.

De tel fait tel retrait,
Ce dit li vilains.

(*Prov. au Villain*, Ms.) xiiie siècle.

De telle vie telle fin.

(*Prov. communs.*) xve siècle.

De tous soyez bien et de tous vous guectez.

(*Prov. Gallic.*, Ms.) xve siècle.

De tout et partout est mesure.

(*Anc. prov.*, Ms.) xiiie siècle.

De tout rien qui n'a vertu.

(*Adages françois.*) xvie siècle.

De tout se parle l'en.

De tout parle-t-on.

(*Prov. Gallic.*, Ms.) xve siècle.

De tristesse et ennuy nul fruict.

De trop près se chaufe qui se brûle.

De vérité malgrâce et haine.

(Gabr. Meurier, *Trésor des Sentences.*) xvie siècle

Défiance est la mère de sûreté.

Depuis que décret eurent ailes
Et gendarmes portèrent malles,
Moynes allèrent à cheval,
Toutes choses allèrent mal.

(RABELAIS, liv. IV, chap. 53.) XVIe siècle.

Desir
Ne peut mourir.

(*Prov.* de BOUVELLES.) XVIe siècle.

Desplaire à gens d'incorrecte vie
Est vraye indice de preud'hommie.

(GABR. MEURIER, *Trésor des Sentences.*) XVIe siècle.

Desrobbe, prend, possède, amasse,
Tout faut laisser quand on trespasse.

(*Recueil* de GRUTHER.)

Desoubs le ciel n'a riens estable.

(*Prov.* de JEH. MIELOT.) XVe siècle.

Deux petits et un grand
Font l'homme riche et grand.

(GABR. MEURIER, *Trésor des Sentences.*) XVIe siècle.

Deux petitz font un grand.

(*Prov. Gallic.*, Ms.) XVe siècle.

Deux sûretés valent mieux qu'une,
Et le trop en cela ne fut jamais perdu.

(LA FONTAINE, *Fables,* liv. IV, fable 15.)

Deux yeux voient plus clair qu'un.

(GABR. MEURIER, *Trésor des Sentences.*) XVIe siècle.

Devant faire don
Avoir doit on.

(*Prov.* de BOUVELLES.) XVIe siècle.

Dire quelque chose de but en blanc.

Dire quelque chose sans prendre de précautions.

(*Dictionn. comique*, par P. J. LE ROUX, t. I, p. 116.)

Diseurs de bons mots mauvais caractère.

(PASCAL.)

Diversité d'opinion
Cause de procez l'occasion.

Dix ans de guerre et une heure de bataille.

(GABR. MEURIER, *Trésor des Sentences.*) XVIe siècle.

Dommage suit la fausse honte.

(*Mimes* de BAÏF, fol. 1.) XVIe siècle.

Don d'ennemy c'est malencontre,
Chastoy d'ami c'est bonne encontre.

(*Mimes* de BAÏF, fol. 10 v°.) XVIe siècle.

Don à plusieurs conféré
Peu de grace et moins de gré.

(GABR. MEURIER, *Trésor des Sentences.*) XVIe siècle.

Dont me tient me souvient.

(*Prov. anc.*, Ms.) XIIIe siècle.

Dont me souvient ai remembrance.

(*Proverbes ruraux et vulgaux*, Ms.) XIIIe siècle.

Dormir en hault un trésor vault.

(GABR. MEURIER, *Trésor des Sentences.*) XVIe siècle.

D'ou miex te fie miex te garde.

(*Prov. anc.*, Ms.) XIIIe siècle.

Douce est la peine qui ameine après tourment contentement.

(*Recueil* de GRUTHER.)

Douce parole n'escorche langue.

(GABR. MEURIER, *Trésor des Sentences.*) XVIe siècle.

Douce parolle n'escorche pas la bouche.

(*Adages françois.*) XVIe siècle.

Douces parole fraint grant ire,
Durs parlers felon cuer aïre.

Douces paroles apaisent une grande colère, dures paroles irritent un cœur félon.

(*Prov. aux Philosophes*, Ms.) XIIIe siècle.

Douces paroles ront grant ire.

(*Prov. communs.*) xve siècle.

Douces promesses fols lient.

(*Adages françois.*) xvie siècle.

Drois est qui mal vieut faire autruy
Que le mal s'en vaingne par lui.

Il est juste qu'à celui qui veut faire mal à autrui le mal retombe sur lui.

(*Roman du Renart*, v. 18,485.) xiiie siècle.

Droit à droit revient.

(*Anc. prov.*, Ms.) xiiie siècle.

Droit dit qu'on ne doit pas mesdire.

Droit deffend toute vilanie,
Droit monstre toute courtoisie.

Droit dit que l'en soit de bon aire,
Droit dit que l'en se doit bien taire.

Droit dist qu'un mesdisant vaut pis
Qu'avoir deux morteux anemis.

. . . .

Droit dit grant mestier a de fol
Qui de soi mesme le fait.

Droit dit que cil fet à reprendre
Qui ne set, ne ne velt aprendre,
Et velt contrefaire le sage.

Droit dit c'un poids de soutenance
Gité (*jette*) home de desesperance.

Droit dit que cil a double enuie,
Qui en autre œil voit poutie (*poussière*),
Et ou sien ne la puet veoir.

Droit dit que sages est qui fuit
Compaignie de mauvais fruit.

Droit dit mar (*malheureux*) fu nés qui n'amende.

(*Dit de Droit.*) xiiie siècle.

Droit ne se remue.

(*Prov. Gallic.*, Ms.) XVe siècle.

Du bien le bien chacun doit dire.

(*Prov.* de JEH. MIELOT.) XVe siècle.

Du bon l'on n'apprend que tout bien
Et du meschant tout n'en vaut rien.

(*Recueil* de GRUTHER.)

Du dit au fait a grant trait.

(GABR. MEURIER, *Trésor des Sentences.*) XVIe siècle.

Du fier la gloire devient honte,
Tort il attrait qui n'en fait conte.

(*Mimes* de BAÏF, fol. 12.) XVIe siècle.

Du mauvais vient malhureté,
Et du bon pais et seureté.

(ISOPET Ier, *Fables, etc.*, t. II, p. 462.) XVIIe siècle.

Du petit on vient au grand.

(*Prov. communs.*) XVe siècle.

Du prudomme vous guectez?

(*Prov. Gallic.*, Ms.) XVe siècle.

Du puissant la commande haute
S'il ne commande bien se pert.

(*Mimes* de BAÏF, fol. 12.) XVIe siècle.

Du riche prospère et opulent
Chacun est cousin et parent.

(GABR. MEURIER, *Trésor des Sentences.*) XVIe siècle.

Du temps fault parler pour propos renouveller.

(BOVILLI *Prov.*) XVIe siècle.

Dure chose est regimber contre aguillon.

(*Prov. ruraux et vulgaux,* Ms.) XIIIe siècle.

Dure parole grant ire.

(*Prov. anc.*, Ms.) XIIIe siècle.

Égal est le mal qui ne nuit
Au bien qui ne donne profit.

(*Recueil* de GRUTHER.)

Einsi est de ce monde,
Quant l'ung descent l'autre monte.
Einsi l'enmaine qui l'a.

(*Prov. Gallic.*, Ms.) XVe siècle.

En amour est folie et sens.

(*Adages françois.*) XVIe siècle.

En aventure gist biaus cous.

(*Anc. prov.*, Ms.) XIIIe siècle.

En adventure gisent grands coups.

(*Prov. communs.*) XVe siècle.

En bienfaisant l'on guerroye le meschant.

(*Recueil* de GRUTHER.)

En bien servir convient eur avoir.

En servant bien il est juste que le bonheur vous arrive.

(*Anc. prov.*, Ms.) XIIIe siècle.

En cas hastif n'y a advis.

En ce monde chetif et mesquin
Quand il y a du pain n'y manque le vin.

(GABR. MEURIER, *Trésor des Sentences.*) XVIe siècle.

En ce monde fortune et infortune abonde.

(BOVILLI *Prov.*) XVIe siècle.

En ce monde n'a qu'eur et maleur.

(*Prov. communs goth.*) XVe siècle.

En cest monde n'est si sage
Qui à la fois n'aut (*n'aille*) au folage.

(*Roman du Renart*, v. 6,485.) XIIIe siècle.

En cent folies n'a pas un sens.

(*Prov. Gallic.*, Ms.) XVe siècle.

En chasque pays vertu est en pris.

(*Recueil* de GRUTHER.)

En cheminant l'on se lasse.

En chomant l'on apprend à mal faire.

(GABR. MEURIER, *Trésor des Sentences.*) XVIe siècle.

En compaignie ne doit point avoir de maistrise.

(*Prov. Gallic.*, Ms.) xve siècle.

En conseil oy le vieil.

En conseil écoute l'homme âgé.

(GABR. MEURIER, *Trésor des Sentences.*) XVIe siècle.

En desespoir
Vertu croist.

(*Prov.* de BOUVELLES.) XVIe siècle.

En espérance et passience fait bon vivre.

(*Recueil* de GRUTHER.)

En faisant les maistres desfaillent à la fois (*quelquefois*).

En faisant on apprend.

(GABR. MEURIER, *Trésor des Sentences.*) XVIe siècle.

En fortune n'a point de raison.

(*Prov. communs goth.*) XVe siècle.

En gardant le sien on fait guerre à autruy.

(GABR. MEURIER, *Trésor des Sentences.*) XVIe siècle.

En grand fardeau n'est pas l'acquest.

(*Adages françois.*) XVIe siècle.

En grand pauvreté n'a pas grand loyauté.

(*Adages françois.*) XVIe siècle.

En grande beauté rarement loyauté.

(GABR. MEURIER, *Trésor des Sentences.*) XVIe siècle.

En ire
On ne doit rire.

(*Prov.* de BOUVELLES.) XVIe siècle.

En la bouche du discret
Le public est secret.

(GABR. MEURIER, *Trésor des Sentences.*) XVIe siècle.

En la fin cognoist on le bon et le fin.

(*Recueil* de GRUTHER.)

En mauvais voisinage souvent se loge-on.

(*Adages françois.*) XVIe siècle.

En nul trop n'a reson, n'en poi se petit non.

Dans tout ce qui est trop il n'y a raison, et dans peu il n'y a que peu.

(*Anc. prov.*, Ms.) XIIIe siècle.

En petit lict et grand chemin
Se cognoist l'ami et l'affin (*proche, dévoué*).

(GABR. MEURIER, *Trésor des Sentences.*) XVIe siècle.

En petit ventre gros cueur.

(*Adages françois.*) XVIe siècle.

En sec jamais l'ame n'habite.

(*Recueil* de GRUTHER.)

En soucy s'endormir.

(BOVILLI *Prov.*) XVIe siècle.

En souhaittant nul n'enrichit.

(GABR. MEURIER, *Trésor des Sentences.*) XVIe siècle.

En soy mocquant dit on bien vray.

(*Adages françois.*) XVIe siècle.

En ta vie ne te fie.

(*Recueil* de GRUTHER.)

En temps, lieu et saison
Le donner et moisson.

En tous temps et saisons de l'année
Feu, argent et santé sont en grande estimée.

(GABR. MEURIER, *Trésor des Sentences.*) XVIe siècle.

En tout temps faut-il bien faire.

En toutes choses a mesure.

(*Prov. communs.*) XVe siècle.

En toutes choses faut-il commencement.

(*Adages françois.*) XVIe siècle.

En toute saison duit raison.

(GABR. MEURIER, *Trésor des Sentences.*) XVIe siècle.

En toutes les mennieres c'on puet doit on grever son ennemi.

De toutes les manières qu'on peut doit-on grever son ennemi.

(*Anc. prov.*, Ms.) XIIIe siècle.

En trop fier git le dangier.

(GABR. MEURIER, *Trésor des Sentences.*) XVIe siècle.

En trop parler n'y a pas raison.

(*Adages françois.*) XVIe siècle.

En un corps grand bien rarement
Sagesse prend son ébergement.

(GABR. MEURIER, *Trésor des Sentences.*) XVIe siècle.

En usaige et action gist maistrise et experiment.

(BOVILLI *Prov.*) XVIe siècle.

En vain fait par deus qui puet faire par un.

En vain quiert conseil qui ne le croit.

(*Anc. prov.*, Ms.) XIIIe siècle.

En vain veut-on chose impossible.

(BOVILLI *Prov.*) XVIe siècle.

En vivant l'on devient vieux.

(GABR. MEURIER, *Trésor des Sentences.*) XVIe siècle.

Encontre la mort n'a nul ressort.

(*Anc. prov.*, Ms.) XIIIe siècle.

Encontre vezié recuit.

Contre rusé retort.

(*Roman du Renart*, v. 2.058.) XIIIe siècle.

Encore n'a pas failly qui a à commencer.

(*Prov. communs.*) XVe siècle.

Encore n'a pas failli qui a encore à ruer (*à résister*).

(*Adages françois.*) XVIe siècle.

Encore n'est pas couché qui aura male nuyt.

(*Prov. communs.*) XVe siècle.

Encore ne sçait-il pas par quel bout il le tient.

(*Adages françois.*) XVIe siècle.

Encore valent un jor de bien quatre de mal.

Engins vaut mieux que force.

(*Anc. prov.*, Ms.) XIIIe siècle.

Ennemy ne dort.

(*Adages françois.*) XVIe siècle.

Envye en tout art est en vie.

(*Recueil* de GRUTHER.)

Envieux meurent, mais envie ne meurt jamais.

(*Adages françois.*) XVIe siècle.

Ennuy nuit jour et nuit.

(GABR. MEURIER, *Trésor des Sentences.*) XVIe siècle.

Entend premier, parle le dernier.

(*Recueil* de GRUTHER.)

L'entente est au diseur.

(LOYSEL, *Institutes coutumières*, n° 369.)

Entrailles, cœurs et boursettes,
Aux amis doibvent être ouvertes.

Entre bride et l'esperon
De toute chose gist la raison.

Entre chair et ongle
Picquer ne dois cousin n'y oncle.

(GABR. MEURIER, *Trésor des Sentences.*) XVIe siècle.

Entre deux amis n'a que deux paroles.

(*Prov. communs.*) XVe siècle.

Entre deux de pareil estat
Par l'huys estroict sort le débat.

(BOVILLI *Prov.*) XVIe siècle.

Entre faire et dire
Y a moult à dire.

Entre gens mariez
Presbtres et soldats ne sont aimez.

Entre paix et trève
Qui chasse ne lève.

Entre promesse et l'effect
Y a grant traict.

(Gabr. Meurier, *Trésor des Sentences.*) xvie siècle.

Ent e telz tel deviendras.

(*Prov. communs*) xve siècle.

... Envie est telle racine
Où touz li max prennent orine.

Envie est la racine où tous les maux prennent origine.

(*Roman du Renart*, v. 185.) xiiie siècle.

Envie fait homme tuer,
Et si fet borne remuer.
Envie fet rooingnier terre,
Envie met ou siècle guerre,
Envie fet mari et fame
Haïr, envie destruit ame.
Envie met descorde es freres,
Envie fet haïr les meres.
Envie destruit gentillece,
Envie grieve, envie blece;
Envie confont charité,
Envie occist humilité.

(Rutebeuf, *Du Scorestain, etc.*, OEuvres, t. I, p. 304.) xiiie siècle.

Envie ne mouru jà.

(*Anc. prov.*, Ms.) xiiie siècle.

Envie ne peut mourir,
Mais envieux meurent.

(*Prov. Gallic.*, Ms.) xve siècle.

Envye soy même se desvye.

(*Recueil* de Gruther.)

Envieux comme une femme grosse.

(*Adages françois.*) XVIe siècle.

Envis donne qui a appris à panre.

(*Anc. prov.*, Ms.) XIIIe siècle.

A regret donne qui a appris à prendre.

Envis (*à regret*) meurt qui apris ne l'a.

(*Anc. prov.*, Ms.) XIIIe siècle. (*Recueil* de GRUTHER.)

Envis (*à regret*) tait-on ce qu'on aprent.

(*Anc. prov.*, Ms.) XIIIe siècle.

Es grans honneurs se perd l'advis.

(*Prov.* de JEH. MIELOT.) XVe siècle.

Escoute beaucoup, parle peu.

(*Recueil* de GRUTHER.)

Escouter m'a mis honte.

(*Prov. Gallic.*, Ms.) XVe siècle.

Espoir de gain diminue la peine.

(*Recueil* de GRUTHER.)

Et comme mauvais est li soulas (*plaisir*),
Dont on dit à la fin hélas!

(*Anc. prov.*, Ms.) XIIIe siècle.

Et qu'en affaire douteuse
L'audace est avantageuse!

(BRUSCAMBILLE, *Voyage d'Espagne.*) XVIIe siècle.

Euvres de fait sont deffendues.

(*Adages françois.*) XVIe siècle.

Expérience corrige.

Expérience est mère de science.

(*Recueil* de GRUTHER.)

Face chacun son devoir.

(*Prov. Gallic.*, Ms.) XVe siècle.

Facile c'est de penser,
Difficile est pensée jetter.

(BOVILLI *Prov.*) XVIe siècle.

Fai à autruy ce que tu voroies c'on te féist.
(*Anc. prov.*, Ms.) XIIIe siècle.

Fais à autrui ce que tu voudrais qu'on te fît.

Faire de nécessité vertu.
(*Adages françois.*) XVIe siècle.

Faire et taire, par mer et par terre?
(*Recueil* de GRUTHER.)

Faire faux visaige.
(BOVILLI *Prov.*) XVIe siècle.

Fay bien sans demeure,
En peu de temps passe l'heure.
(*Adages françois.*) XVIe siècle.

Fais ce que tu dois, adviegne que pourra.
(*Prov. communs.*) XVe siècle.

Fais de la nuit nuit, et du jour jour,
Et vivra sans ennuy et dolour.
(GABR. MEURIER, *Trésor des Sentences.*) XVIe siècle.

Fait de nuit est trop fort à prouver.
(*Prov. Gallic.*, Ms.) XVe siècle.

Fais par bon conseil tout ce que tu feras,
Jà puis après le fait ne t'en repentiras.
(*Anc. prov.*, Ms.) XIIIe siècle.

Fays premier le nécessaire,
Puis ce qui à plaisir fault faire.
(BOVILLI *Prov.*) XVIe siècle.

Faulte d'aage
Cause le jeune n'estre sage.

Faute de bien
Va sus le fien (*fumier*).
(*Prov.* de BOUVELLES.) XVIe siècle.

Faulte d'expérience et d'usage
Cause le jeune n'estre sage.
(*Recueil* de GRUTHER.)

Faussété est prochaine à la vérité
Comme adversité à prospérité.

(Gabr. Meurier, *Trésor des Sentences.*) xvie siècle.

Fiance est mère de despit.

Confiance est mère de déception.

(*Prov. communs.*) xve siècle.

Fier engendre soing et fièvre.

(Gabr. Meurier, *Trésor des Sentences.*) xvie siècle.

Folle espérance deçoit l'homme.

(*Prov. communs.*) xve siècle.

Folie est d'autruy ramposner,
Ne gens de chose araisoner
Dont ils ont anui ou vergoigne.

C'est folie de se moquer d'autrui, et de parler aux gens de ce qui leur déplaît.

(*Fabliaux*, t. I, p. 100.) xiiie siècle.

Force diminut la crainte.

(*Recueil* de Gruther.)

Force passe droit.

(*Adages françois.*) xvie siècle.

Force n'est pas droit.

(*Prov. communs.*) xve siècle.

Force n'est mie droit, pieça l'ai oï dire.

(Huon de Villeneuve.) xiiie siècle.

Fort contre fort.

Fort qui abat,
Et plus fort qui se relièvе.

(*Adages françois.*) xvie siècle.

Forte main n'attend le lendemain.

(Gabr. Meurier, *Trésor des Sentences.*) xvie siècle.

Fortune aveugle les siens aveugle.

(*Recueil* de Gruther.)

Fortune fait d'un petit un grand,
Et à coup le devest en blanc.

(GABR. MEURIER, *Trésor des Sentences.*) XVIe siècle.

Fortune ne vient seule.

(*Prov. communs.*) XVe siècle.

Fortune ou clère ou brune,
Ne vient sans autre aucune.

(*Recueil* de GRUTHER.)

Fortune secort les hardiz.

(*Roman du Renart*, v. 13,609.) XIIIe siècle.

Fortune soudainement l'homme monte
Et puis à coup le renverse et démonte.

Fortune varie comme la lune,
Aujourd'hui serène, demain brune.

(GABR. MEURIER, *Trésor des Sentences.*) XVIe siècle.

... Le jeu de dame Fortune
Est muable comme la lune :
Maintenant à visage d'ange,
Et puis après tantost le change.

(ISOPET II, *Fables*, t. I, p. 19.) XIVe siècle.

Fy de richesse, d'estat, d'argent et d'or,
Qui de vertu n'ayme le trésor.

(*Recueil* de GRUTHER.)

Garde que tu donne et à cui.

(*Anc. prov.*, Ms.) XIIIe siècle.

Prend garde à ce que tu donnes et à qui.

Garde toy de l'homme angulaire.

(BOVILLI *Prov.*) XVIe siècle.

Garde toy du crud,
Et d'aller à pied nud.

(GABR. MEURIER, *Trésor des Sentences.*) XVIe siècle.

Gardez vous de l'enfant mal ceinct.

(Bovilli *Prov.*) xvie siècle.

Gens blancs sont volontiers tendres.

Gens chauds ont beaucoup de meaux.

(*Adages françois.*) xvie siècle.

Gens de bien ayment le jour
Et les meschants la nuict.

Gens de biens portent tousjours honneur.

Gens de bien se monstrent toujours où ils sont.

Gens de bien sont toujours gracieux.

(*Adages françois.*) xvie siècle.

Gens de mesme estat gens envieux.

Gens paresseux jamais riches.

(*Recueil* de Gruther.)

Gens révérends sont tousjours par devant.

(*Adages françois.*) xvie siècle.

Gens saouls ne sont pas grand mangeurs.

(Gabr. Meurier, *Trésor des Sentences.*) xvie siècle.

Gens sont plus sotz que bestes.

Gentillesse se monstre là où elle est.

Grairie (*flatterie*) soit honnie.

(*Prov. Gallic.*, Ms.) xve siècle.

Grans aisé est d'avoir les clez des chans.

(*Anc. prov.*, Ms.) xiiie siècle.

Grand amour cause grand dolour.

Grand bandon grand larron.

(Gabr. Meurier, *Trésor des Sentences.*) xvie siècle.

Grand bandon fait les gens larrons.

(*Adages françois.*) xvie siècle.

Grans biensfais à besoing puet estre reprouvez.

(*Anc. prov.*, Ms.) xiiie siècle.

Grand bienfait dans le besoin peut être reproché.

Grand bien ne vient pas en peu d'heure.

(*Adages françois.*) XVIe siècle.

Grand chère petit testament.

(*Recueil* de GRUTHER.)

Grand chose a où faire le convient.

Grand convoitise fait petit mont.

(*Prov. communs.*) XVe siècle.

Grand débonnaireté a maints hommes grevé.

(*Adages françois.*) XVIe siècle.

Grans demandes n'emplient pas bourse.

(*Anc. prov.*, Ms.) XIIIe siècle.

Grant honte feit à sa mère qui ne resamble son père.

(*Anc. prov.*, Ms.) XIIIe siècle.

Grand nombre d'enfans et planté
Diminue libéralité.

Grand péché ne peut demeurer caché.

(GABR. MEURIER, *Trésor des Sentences.*) XVIe siècle.

Grands personnages ont, par usage,
Faute d'enfans, ou ne sont sages.

Grand prometteur petit donneur.

(*Recueil* de GRUTHER.)

Grand science est follye
Si bon sens ne la guyde.

Grand venteur petit faiseur.

(GABR. MEURIER, *Trésor des Sentences.*) XVIe siècle.

Gueres plus belle courtoisie
Ne peut homme faire à autruy
Que luy prester son argent sec.

(*Prov. Gallic.*, Ms.) XVe siècle.

Haine du populaire
Supplice gref et aigre.

Happe qui peut,
Non qui veut,

(Gabr. Meurier, *Trésor des Sentences.*) xvie siècle.

Hardiment heurte à la porte
Qui bonne nouvelle y apporte.

(*Adages françois.*) xvie siècle.

Hardiment parle qui a la teste saine.

(Gabr. Meurier, *Trésor des Sentences.*) xvie siècle.

Hardi à l'escuelle et couart au baston.

(*Prov. Gallic.*, Ms.) xve siècle.

Hardy de la langue,
Couard de la lance

(Gabr. Meurier, *Trésor des Sentences.*) xvie siècle.

Hardy le gaigne, hardy le pert et despend.

(*Recueil* de Gruther.)

Hàs avant et il recule.

(*Anc. prov.*, Ms.) xiiie siècle.

Hasard n'est pas sans danger.

(*Recueil* de Gruther.)

Haste ne vient seule.

(*Adages françois.*) xvie siècle.

Haste qui n'est cuite ne vault rien.

(*Prov. Gallic.*, Ms.) xve siècle.

Hastivité engendre repentance.

(Gabr. Meurier. *Trésor des Sentences.*) xvie siècle.

Hâtez-vous lentement.

(*Matinées sénonaises*, p. 312.)

Haussons le temps.

(*Adages françois.*) xvie siècle.

Homicide, mensonge et larcin
S'avèrent (*se découvrent*) indubitablement en la fin.

(*Recueil* de Gruther.)

Honneste povreté est clère semée.

(BOVILLI *Prov.*) XVIe siècle.

Honneur
Change mœur.

(*Prov.* de BOUVELLES.) XVIe siècle.

Honneurs changent les mœurs.

On lit dans le *Roman de la Rose*, t. II, p. 103 :

« Et si dit l'en une parole
» Communement qui est moult fole,
» *Que les honors les meurs remuent* (*changent*) ;
» Mais cil mauvaisement arguent :
» Car honors ne font pas muance (*changement*),
» Mais il font signe et demonstrance
» Quex (*quels*) meurs en eux avant avoient. »

(XIIIe siècle.)

Honnore les grands, ne méprise les petits.

Honte n'est utile ne décente à ame pauvre et indigente.

(*Recueil* de GRUTHER.)

Honteux doit estre mout qui se meffait.

(*Anc. prov.*, Ms.) XIIIe siècle.

Horloge entretenir,
Jeune femme à gré servir,
Vieille maison à réparer,
C'est tousjours à recommencer.

(GABR. MEURIER, *Trésor des Sentences.*) XVIe siècle.

Hors reigle et compas
Je ne sçay ny degré ny pas.

(BOVILLI *Prov.*) XVIe siècle.

Humer et souffler,
Courir et ensemble corner
N'est pas chose à tolérer.

(GABR. MEURIER, *Trésor des Sentences.*) XVIe siècle.

Humer le vent.

(BOVILLI *Prov.*) XVIe siècle.

Humilité à tout homme bien sied,
Qui plus bas se tient plus haut on l'assied.

(*Recueil* de GRUTHER.)

Ignorance fait molt de mal.

(*Prov. Gallic.*, Ms.) XVe siècle.

Ignorance ne quiert pas prudence.

Il a beau se lever matin qui a le renom de dormir la grasse matinée.

(*Adages françois.*) XVIe siècle.

Il a beau temps qui ne s'entremet que de soy.

(*Prov. Gallic.*, Ms.) XVe siècle.

Il a beu son honte.

(BOVILLI *Prov.*) XVIe siècle.

Il a deux taches, il est beau et bon.

(*Adages françois.*) XVIe siècle.

Il ha jà quatre jours, il est puant.

(BOVILLI *Prov.*) XVIe siècle.

Il a le cœur haut et la fortune basse.

(*Dictionn. comique,* par P. J. LE ROUX, t. II, p. 9.)

Il a les pieds poudreux.

(*Adages françois.*) XVIe siècle.

Il a l'esprit au talon.

(*Dictionn. comique,* par P. J. LE ROUX, t. I, p. 471.)

Il a peur de son ombre.

(*Adages françois.*) XVIe siècle.

Il a pou de pouvoir qui ne peut nuire.

(*Prov. Gallic.*, Ms.) XVe siècle.

Il commence bien à mourir qui abandonne son désir.

(COTGRAVE, *Dictionnaire.*)

Il advient souvent que luxurieux meurt meschamment.
(*Prov. communs.*) XVe siècle.

Il en est jaloux comme un gueux de sa besace.
(*Dictionn. comique,* par P. J. LE ROUX, t. II, p. 3.)

Il est assez beau qui a tous ses membres.
(*Prov. Gallic.*, Ms.) XVe siècle.

Il est aussi blanc qu'un double neuf.

Il est aussi bon que bon, il n'est pas fardé.

Il est bien de son pays.
(*Adages françois.*) XVIe siècle.

Il est bien engrainé.
(*Dictionn. comique,* par P. J. LE ROUX, t. I, p. 451.)

Il est bien larron qui dérobe un larron.

Il est bien pauvre qui ne voit goutte.
(*Adages françois.*) XVIe siècle.

Il est bien sot qui ne scet son nom.
(*Prov. Gallic.*, Ms.) XVe siècle.

Il est bon d'avoir des amis partout.
(*Matinées sénonaises,* p. 291.)

Il est bon pour aller querir la mort.

Il est des mauvais le pire.
(*Adages françois.*) XVIe siècle.

Il est facile d'avoir le nom,
La chose à grand peine peut-on.

Il est ployé.
(BOVILLI *Prov.*) XVIe siècle.

Il est plus de trompeurs que de trompettes.
(*Adages françois.*) XVIe siècle.

Il est plus facile de conseiller que de faire.

Il est plus facile de menacer que de tuer.

Il est plus facile démolir que bastir.

Il est plus facile descendre que monter.

Il est plus facile despendre que gaigner.

Il est plus facile dire que faire.

Il est plus facile férir que guarir.

Il est plus facile lascher que retenir.

Il est plus facile parler que taire.

Il est plus facile penser que d'estre.

(Gabr. Meurier, *Trésor des Sentences.*) xvie siècle.

Il est plus facile présumer que sçavoir.

Il est plus facile promettre que de donner.

Il est plus facile de prendre que de rendre.

Il est plus facile souhaiter qu'enrichir.

Il est plus facile tomber que se relever.

Il est plus facile vouloir que voler.

(Gabr. Meurier, *Trésor des Sentences.*) xvie siècle.

Il est près de la terre et loing du ciel.

(*Adages françois.*) xvie siècle.

Il est prud'homme qui convenant tient.

(*Prov. Gallic.*, Ms.) xve siècle.

Il est réglé comme un papier de musique.

(*Dictionn. comique*, par P. J. Le Roux, t. II, p. 199.)

Il est seur de son baston.

(*Adages françois.*) xvie siècle.

Il est souple comme un gant.

(*Dictionn. comique*, par P. J. Le Roux, t. I, p. 562.)

Il est temps de bastir, temps de démolir.

Il est temps de besogner, temps de chomer.

Il est temps de donner, temps de garder.

Il est temps de parler et temps de rire.

Il est temps de hayr et temps d'aymer.

Il est temps de parler et temps de taire.
Il est temps de souffler, temps de humer.
Il est temps de tailler, temps de coudre.
Il est temps de tuer, temps de saller.
Il est temps de veiller temps de reposer.
(GABR. MEURIER, *Trésor des Sentences.*) XVIe siècle.

Il est toujours bon avoir aucune chose soubs le mortier.
(*Prov. Gallic.*, Ms.) XVe siècle.

Il est tousjours feste pour celuy qui bien fait.
Il est toujours feste après besogne faite.
(GABR. MEURIER, *Trésor des Sentences.*) XVIe siècle.

Il est toujours feste quand amys s'entrassemblent.
(*Prov. Gallic.*, Ms.) XVe siècle.

Il est tost deceu qui mal pense.
(*Adages françois*) XVIe siècle.

Il est trop deceu qui cuide estre sage et ne l'est.
(*Prov. Gallic.*, Ms.) XVe siècle.

Il est trop fin pour faire doublure.
(*Adages françois.*) XVIe siècle.

Il est venu la gueule enfarinée.
(*Dictionn. comique,* par P. J. LE ROUX, t. I, p. 448.)

Il fait bon ouvrer o (*travailler avec*) conseil
(*Prov. Gallic.*, Ms.) XVe siècle.

Il fait bon reculer pour mieux salir (*sauter*).
(*Anc. prov.*, Ms.) XIIIe siècle.

Il faut à la fois reculer pour mieux saillir.
(GABR. MEURIER, *Trésor des Sentences.*) XVIe siècle.

Il faut mal pener (*travailler*) sur mauvais fondement.
(*Anc. prov.*, Ms.) XIIIe siècle.

Il fait mal nourrir autruy enfant,
Car il s'en va quand il est grant.
(*Prov. Gallic.*, Ms.) XVe siècle.

Il fait mal tensier à voisin.

(*Anc. prov.*, Ms.) XIIIe siècle.

... Il fait malvès attendre
En leu (*dans un lieu*) ou l'en ne puet rien prendre

(*Roman du Renart*, v. 6,511.) XIIIe siècle.

Il fait toujours bon aller en bonne compagnie.

(*Prov. Gallic.*, Ms.) XVe siècle.

Il faudra se lever de bon matin pour l'attraper.

Il faut aider à la lettre.

(*Dictionn. comique*, par P. J. Le Roux, t. II, p. 83 et 84.)

Il faut apprendre, puis le rendre.

Il faut apprendre qui veut savoir.

(Gabr. Meurier, *Trésor des Sentences.*) XVIe siècle.

Il faut avoir mauvaise beste par douceur.

(*Prov. communs.*) XVe siècle.

Il faut commencer avant acheveter.

Il faut connoistre avant aimer.

(Gabr. Meurier, *Trésor des Sentences.*) XVIe siècle.

Il faut donner quelque chose au hasard.

(*Dictionn. comique*, par P. J. Le Roux, t. II, p. 8.)

Il faut endurer qui veut vaincre et durer.

(Gabr. Meurier, *Trésor des Sentences.*) XVIe siècle.

Il faut laisser le monde comme il est.

(*Dictionn. comique*, par P. J. Le Roux, t. I, p. 483.)

Il faut laisser suer ceux qui ont chaud et trembler ceux qui ont froid.

(Gabr. Meurier, *Trésor des Sentences.*) XVIe siècle.

Il faut mourir.

(*Adages françois.*) XVIe siècle.

Il faut morrir qui veut vivre.

(Gabr. Meurier, *Trésor des Sentences.*) XVIe siècle.

Il faut oster le trop et en faire une haquée.
(*Adages françois.*) XVIe siècle.

Il faut payer qui veut acheter.

Il faut pendre le pot au feu
Selon son estat et revenu,
Et qui guères n'a despendre peu.

Il faut sçavoir avant que penser.

Il faut travailler en jeunesse
Pour reposer en vieillesse.

Il faut travailler qui veut manger.
(GABR. MEURIER, *Trésor des Sentences.*) XVIe siècle.

Il faut trop de choses en mesnaige.
(*Prov. Gallic.*, Ms.) XVe siècle.

Il faut une fois mourir.
(GABR. MEURIER, *Trésor des Sentences.*) XVIe siècle.

Il ferait enrager la beste et le marchand.
(*Dictionn. comique,* par P. J. LE ROUX, t. I, p. 454.)

Il n'a droit en sa peau qui ne la défend.
(*Prov. Gallic.*, Ms.) XVe siècle.

Il n'a ni foi ni loi.
(*Dictionn. comique*, par P. J. LE ROUX, t. I, p. 528.)

Il n'a pas fait qui commence.
(GABR. MEURIER, *Trésor des Sentences.*) XVIe siècle.

Il n'a que faire de livre humain
Qui sçait lire au livre mondain.
(BOVILLI *Prov.*) XVIe siècle.

Il n'a que mangier et à table s'assiet.
(BOVILLI *Prov.*) XVIe siècle.

Il n'a riche hom au monde qui die j'abonde.
(*Anc. prov.*, Ms.) XIIIe siècle.

Il n'a rien oublié, sinon le dire Adieu.
(*Adages françois.*) XVIe siècle.

Il n'aura pas bonne part de ses nopces qui n'y est.

Il n'aura ja joye qui ne l'a d'amer.

(*Prov. Gallic.*, Ms.) xve siècle.

Il ne chante qu'une chanson, il n'aura qu'un denier.

(*Adages françois.*) xvie siècle.

Il ne choisit pas qui emprunte.

(*Prov. communs.*) xve siècle.

Il ne convient este ayré (*irrité*)
Quand la chose ne vient pas à gré.

(Gabr. Meurier, *Trésor des Sentences.*) xvie siècle.

Il ne fait jamais souppe grasse.

(Bovilli *Prov.*) xvie siècle.

Il ne fait pas ce qu'il veut qui fait des chausses de sa femme un chapperon.

(*Prov. communs.*) xve siècle.

Il ne fait rien qui n'achève bien.

(Gabr. Meurier, *Trésor des Sentences.*) xvie siècle.

Il ne faut pas cacher la lumière sous le boisseau.

Il ne faut pas mettre ses amis à tous les jours.

(*Dictionn. comique*, par P. J. Le Roux, t. II, p. 58 et 104.)

Il ne faut s'enquérir d'où est l'homme, d'où est le vin, d'où est le dire, mais qu'il soit bon.

Il ne le craint ny aux champs ny à la ville.

(*Adages françois.*) xvie siècle.

Il ne peut issir (*sortir*) du sac que ce qu'il y a.

(Gabr. Meurier, *Trésor des Sentences.*) xvie siècle.

Il ne peut issir (*sortir*) du vaissel fors ce qu'on y a mis.

(*Anc. prov.*, Ms.) xiiie siècle.

Il ne peut ny ne veut.

(*Adages françois.*) xvie siècle.

Il ne sçait rien de cette affaire, il est innocent comme l'enfant qui vient de naître.

(*Dictionn. comique*, par P. J. Le Roux, t. I, p. 447.)

Il ne scet rien qui hors ne va.

(*Prov. communs.*) xve siècle.

Il ne sçait rien qui ne va par la ville.

(Gabr. Meurier, *Trésor des Sentences.*) xvie siècle.

Il ne sçait sur quel pied danser.

(*Adages françois.*) xvie siècle.

Il ne set qu'à l'oil li pent.

Il ne sait pas ce qu'à l'œil lui pend.

Roman du Renart, v. 16,078.) xiiie siècle.

Il ne se fourvoie point qui à bon hostel va

(*Prov. communs.*) xve siècle.

Il ne se garde pas bien qui ne se garde toujours.

(*Adages françois.*) xvie siècle.

Il ne se tort point qui va plein chemin.

(*Prov. communs.*) xve siècle.

Il ne se s'enfuit pas qui à sa maison s'en va.

(*Prov. Gallic.*, Ms.) xve siècle.

Il ne seroit nulz medisans s'il n'estoit des escoutans.

Il ne va pas du tout à honte qui de demy voye retourne.

(*Prov. communs.*) xve siècle.

Il ne vienne jà demain.

(*Prov. Gallic.*, Ms.) xve siècle.

Il n'en est venu que deux ou trois bateaux.

(*Adages françois.*) xvie siècle.

Il n'est anglet sans coingt.

(Bovilli *Prov.*) xvie siècle.

Il n'est avoir que de preudhommie.

(Gabr. Meurier, *Trésor des Sentences.*) xvie siècle.

Il n'est bon maistre qui ne faille.

(*Prov. Gallic.*, Ms.) xve siècle.

Il n'est chance qui ne retourne.

(*Adages françois.*) xvie siècle.

Il n'est chère que de homme joyeux.

(Gabr. Meurier, *Trésor des Sentences.*) xvie siècle.

Il n'est chose qu'on ne face.

(*Adages françois.*) xvie siècle.

Il n'est damaige qui ne porte aucun profit.

(*Anc. prov.*, Ms.) xiiie siècle.

Il n'est entreprinse que de homme hardy.

(Gabr. Meurier, *Trésor des Sentences.*) xvie siècle.

Il n'est jamais tard à bien faire.

Il n'est mal dont bien ne vienne.

(Gabr. Meurier, *Trésor des Sentences.*) xvie siècle.

Il n'est nulle laide amour, ni belle prison.

(*Adages françois.*) xvie siècle.

Il n'est mal qui ne soyt puni,
Et bien qui ne soit mery (*récompensé*).

(*Prov. Gallic.*, Ms.) xve siècle.

Il n'est nul mauvais amis.

(Gabr. Meurier, *Trésor des Sentences.*) xvie siècle.

Il n'est nul petit amys.

Il n'est nul petit ennemy.

(*Adages françois.*) xvie siècle.

Il n'est nul si meschant qui ne trouve sa meschante.

(*Prov. Gallic.*, Ms.) xve siècle.

Il n'est orgueil que de pauvre enrichy.

(Gabr. Meurier, *Trésor des Sentences.*) xvie siècle.

Il n'est pas à soy qui est yvre.

Il n'est pas ayse qui se courrouce.

Il n'est pas bien caché à qui le cûl pert (*paraît*).
(*Adages françois.*) XVIe siècle.

Il n'est pas bon escolier
Qui tort et faute volontier.

Il n'est pas content qui se plaint.
(GABR. MEURIER, *Trésor des Sentences.*) XVIe siècle.

Il n'a pas de toute monnoye un picquotin.
(*Adages françois.*) XVIe siècle.

Il n'est pas échappé qui traîne son lien.
(GABR. MEURIER, *Trésor des Sentences.*) XVIe siècle.

Il n'est pas glout qui n'essaye de tout.

Il n'est pas hardy qui ne s'adventure.

Il n'est pas heureux qui ne le cognoist.

Il n'est pas jambon et vin d'une année,
Et amy d'une sieclée.

Il n'est pas maître qui n'ose commander.
(GABR. MEURIER, *Trésor des Sentences.*) XVIe siècle.

Il n'est pas seigneur du sien
Qui n'en fait à son talent.
(*Prov. Gallic.*, Ms.) XVe siècle.

Il n'est pas perdu quanques au péril gist.
(*Anc. prov.*, Ms.) XIIIe siècle.

Tout ce qui est en péril n'est pas perdu.

Il n'est pas quitte qui doit de reste.
(*Adages françois.*) XVIe siècle.

Il n'est pas riche qui est chiche.

Il n'est pas seur à qui ne mescheut onques.

Il n'est pas tousjours feste.
(GABR. MEURIER, *Trésor des Sentences.*) XVIe siècle.

Il n'est pas usurier qui veult.

Il n'est pas voisin qui ne voisine.
(*Prov. Gallic*, Ms.) XVe siècle.

Il n'est pas vray amy
Qui ne meurt avec son chéry.

Il n'est pauvreté que d'ignorance et maladie.

Il n'est que d'aller le grand chemin.

Il n'est que d'avoir affaire à gens de bien.

Il n'est que de hanter les preuds et bons.

(Gabr. Meurier, *Trésor des Sentences.*) xvie siècle.

Il n'est que de nager en grande eau.

Il n'est que d'estre là où on fait le pot bouillir.

Il n'est que de vivre.

Il n'est que les premiers amours.

Il n'est qui puisse la mort fuir.

Il n'est reigle qui ne faille.

(*Adages françois.*) xvie siècle.

Il n'est richesse que de science et santé.

(Gabr. Meurier, *Trésor des Sentences.*) xvie siècle.

Ils n'est rien que les gens ne facent.

(*Adages françois.*) xvie siècle.

Il n'est rien si bien fait où l'on ne trouve à redire.

(*Prov. Gallic.*, Ms.) xve siècle.

Il n'est secours que de vray amy.

(Gabr. Meurier, *Trésor des Sentences.*) xvie siècle.

Il n'est si biau service comme de larron.

(*Anc. prov.*, Ms.) xiiie siècle.

Il n'est si bien ferré qui ne glisse.

(Gabr. Meurier, *Trésor des Sentences.*) xvie siècle.

Il n'est si bon acquest que de don.

Il n'est si bon qu'il n'ait son compagnon.

(Gabr. Meurier, *Trésor des Sentences.*) xvie siècle.

Il n'est si bon que bon ne soit.

Il n'est si foible ne si fort s'il est tué qui ne soit mort.

Il n'est si grant despit que de pauvre orgueilleux.

(*Adages françois.*) XVIe siècle.

Il n'est si grant max qui n'aït (*n'aide*),
Ne bien qui ne nuise par cures.

(*Roman du Renart*, v. 16,260.) XIIIe siècle.

Il n'est si grand mal qui n'aide, ni bien qui ne nuise parfois.

Il n'est si max donner que de povre gent.

(*Anc. prov.*, Ms.) XIIIe siècle.

Il n'est si petit qui ne puist nuire.

(BOVILLI *Prov.*) XVIe siècle.

Il n'est si riche qu'il n'ayt affaire d'amis.

Il n'est si sage qui ne folie aucune fois.

Il n'est pas soul qui n'a rien mangé.

Il n'est vie que d'estre bien aise.

Il n'est vie que de coquins.

Il n'est vie que de faire bonne chère,
Mais la fin n'en vaut rien.

(*Adages françois.*) XVIe siècle.

Il n'est vieille si chauve qui ne sache son adventure.

(*Prov. Gallic.*, Ms.) XVe siècle.

Il n'y a chance qui ne rechange.

Il n'y a chose moins recouvrable que le temps.

Il n'y a chose qui plus décontente
Que de vivre entre mal gent.

Il n'y a chose tant ardue
Qu'en bien cherchant ne soit cognue.

Il n'y a chose tant soit celée
Que le temps ne rende avérée.

(GABR. MEURIER, *Trésor des Sentences.*) XVIe siècle.

Il n'y a en cest siecle (*en ce monde*) que eur et mal eur.

(*Prov. Gallic.*, Ms.) XVe siècle.

Il n'y a ennemi plus venefie (*dangereux, venimeux*)
Que le familier et domestique.

(GABR. MEURIER, *Trésor des Sentences.*) XVIe siècle.

Il n'y a meilleur parent
Que l'amy fidel et prudent.

(GABR. MEURIER, *Trésor des Sentences.*) XVIe siècle.

Il n'y a pas de bonne fête sans lendemain.

(*Matinées sénonaises*, p. 238.)

Il n'y a pire débat
Que plusieurs mains à un plat.

Il n'y a pire ennemy qu'un familier amy.

(GABR. MEURIER, *Trésor des Sentences.*) XVIe siècle.

Il n'y a plus d'enfants.

(*Dictionn. comique*, par P. J. LE ROUX, t. I, p. 44.)

Il n'y a point de dettes si tôt payée que le mépris.

(*Dictionn. comique,* par P. J. LE ROUX, t. II, p. 152.)

Il n'y a que une bonne pinte de vin en un vaisseau.

(*Prov. communs.*) XVe siècle.

Il n'y a rien sur la terre
Que en temps et en lieu ne se serre.

(BOVILLI *Prov.*) XVIe siècle.

Il n'y a si difficile que le commencement.

Il n'y a si fort à escorcher que la queue.

Il n'y a si fort que la mort ne renverse.

Il n'y a si vile qui ne soit utile.

(GABR. MEURIER, *Trésor des Sentences.*) XVIe siècle.

Il vit et lit,
Il dit et escrit.

(*Prov.* de BOUVELLES.) XVIe siècle.

Il peut bien pou qui ne peut nuyre.

(*Prov. Gallic*, Ms.) XVe siècle.

Il s'échauffe dans son harnois.

(*Dictionn. comique,* par P. J. LE ROUX, t. I, p. 417.)

Il sent les aulx et les oignons.

(BOVILLI *Prov.*) XVIe siècle.

Il sent son ça venez ça.

(*Adages françois.*) XVIe siècle.

Il s'essauce qui s'umilie.

(*Roman du Renart,* v. 6,514.) XIIIe siècle.

Il s'a beau taire de l'escot
Celuy qui est franc.

(GABR. MEURIER, *Trésor des Sentences.*) XVIe siècle.

Il va en son vivant en enfer qui par avarice à deux hostels sert.

(*Prov. communs.*) XVe siècle.

Il vaut mieulx alonger le bras que le col.

(BRUSCAMBILLE, *Voyage d'Espagne.*) XVIIe siècle.

Il vaut mieux boire à la fontaine que au ruisseau.

Il vaut mieux croire que mescroire.

Il vaut mieulx en bonheur naistre que des bons estre.

(*Prov. Gallic.*, Ms.) XVe siècle.

Il vaut mieux être marteau qu'enclume.

(*Dictionn. comique,* par P. J. LE ROUX, t. I, p. 445.)

Il vaut mieux estre seul que mal acompaigné.

(*Prov. communs.*) XVe siècle.

Il vaut mieux laisser son enfant morveux que de lui arracher le nez.

(*Dictionn. comique,* par P. J. LE ROUX, t. II, p. 68.

Il vaut mieux ployer que rompre.

(*Prov. communs.*) xve siècle.

Il vaut mieulx se corriger par soy que par autruy.

Il vault mieulx se taire que follement parler.

(*Prov. Gallic.*, Ms.) xve siècle.

Il vaut mieux sentir du vin que le boire.

(*Prov. communs.*) xve siècle.

Il vaut mieux tard que jamais.

(*Prov. communs.*) xve siècle.

Il veut avoir l'œuf et la maille.

Il vient aucune foiz d'une bonne chose un mauvais clou.

(*Prov. Gallic.*, Ms.) xve siècle.

Il y a gens et gens.

(*Prov. communs*) xve siècle.

On dit aujourd'hui dans le même sens :

Il y a fagot et fagot.

Il y grant différence entre faire et dire.

Il y a grant différence entre saisi et désaisi.

(*Prov. Gallic.*, Ms.) xve siècle.

Il y a remède à tout fors à la mort.

(*Matinées sénonaises*, p. 127.)

Il y a tout plain d'estouppes en ma quenoille.

(Bovilli *Prov.*) xvie siècle.

Incontinent qu'ils sont mariez les oreilles leur pendent d'un pied.

(*Adages françois.*) xvie siècle.

Ingratitude tarit les fonds
Et le temps rompt les ponts.

Iniquité engendre adversité.

(Gabr. Meurier, *Trésor des Sentences.*) xvie siècle.

Jà n'aye bon marché qui ne l'ose demander.

(*Prov. communs.*) xve siècle.

Jà nus ne baera à chose
Qu'il n'i vigne, coment qu'il chose.

(*Couronnement du Renart*, v. 177.) xiiie siècle.

Jamais personne ne désirera ardemment une chose qu'il n'y parvienne par quelque moyen que ce soit.

Jà pour longue demeurée n'est bonne amour oubliée.

(*Prov. communs.*) xve siècle.

J'ayme bien mes voisins, mais je n'ay cure d'eux.

(*Adages françois.*) xvie siècle.

J'aime mieux un raisin pour moy
Que deux figues pour toy.

Jamais chiche ne fut riche.

Jamais dormeur ne feit bon guet.

Jamais poltron ne feit beau fait.

Jambon passant un an n'est pas bon,
Mais l'amy d'une siclée est très bon.

(GABR. MEURIER, *Trésor des Sentences.*) xvie siècle.

J'ay bon couraige, mais les jambes me faillent.

(*Prov. communs.*) xve siècle.

Ge amasse mieulx que ta mere en fut avortée.

(*Prov. Gallic.*, Ms.) xve siècle.

Je di cilz est fox qui alume
Le feu pour ardoir ce qu'il a;
Et cil est fox qui de la reume
Se puet garir et d'apostume,
Qui tantost ne s'en garira.

(*Dis* de JEH. LE RIGOLET, Ms.) xiiie siècle.

Je di que souvent de ses droits
Retolt nourreture à nature.

Je dis que souvent l'éducation l'emporte sur la nature.

(*Renart le Nouvel*, v. 5,230.) xiiie siècle.

Je l'ay bien mangé, il n'a garde de revenir sur le cœur.

(*Adages françois.*) XVIe siècle.

Ge ne puis jouer ne rire,
Se la panche ne me tire.

Ge n'ay cure de fame qui se farde,
Ne de varlet qui se regarde.

(*Prov. Gallic.*, Ms.) XVe siècle.

Je n'ai pas laict, mais j'ay mail.

(*Adages françois.*) XVIe siècle.

Je ne boys, ne mange et ne jeune,
C'est quand mon potaige je hume.

(BOVILLI *Prov.*) XVIe siècle.

Ge ne croy pas ce que je oy dire, mais ce que je vois.

(*Prov. Gallic.*, Ms.) XVe siècle.

Je ne le dy pas pour moy, mais les bergers demeurent trop à la ville.

(*Adages françois.*) XVIe siècle.

Ge te villeray comme tu me villeras.

(*Prov. Gallic.*, Ms.) XVe siècle

Je porte tout quand et moy,
Quand tout mon bien est dedans moy.

Je recule pour mieulx approcher.

(BOVILLI *Prov.*) XVIe siècle.

Je sçay cela avant que tu fusses né.

(*Adages françois.*) XVIe siècle.

Je suis votre, dit l'avare ancien,
Aimant le vôtre comme le mien.

(*Recueil* de GAUTHER.)

Je trouverois autant de chevilles que tu trouveras de pertuis.

(BOVILLI *Prov.*) XVIe siècle.

Jeunesse oyseuse vieillesse diseteuse.

(Gabr. Meurier, *Trésor des Sentences.*) xvie siècle.

Journée gaignée, journée despendue et mangée.

Joye au cœur fait beau teint.

(*Recueil* de Gruther.)

Joye triste cueur travaille.

(*Prov. communs.*) xve siècle.

Joyeux serviteurs sots aux seigneurs.

(*Prov.* de Bouvelles.) xvie siècle.

Joyeuse vie père et mère oublie.

(Gabr. Meurier, *Trésor des Sentences.*) xvie siècle.

Jugement n'a point d'amys.

Là où l'en cuide la belle voye
Là y est le bouillon.

(*Prov. Gallic.*, Ms.) xve siècle.

Là où pain fault tout est à vendre.

(*Prov. communs.*) xve siècle.

Là où raison fault sens d'homme n'a mestier.

(*Prov. communs.*) xve siècle.

La belle chière amende moult l'hostel.

(*Adages françois.*) xvie siècle.

La bonne mère ne dit pas : veux-tu?

La bourse ouvre la bouche.

La chandelle esclaire chacun et allume,
Et soy mesme se détruit, font et consume.

(Gabr. Meurier, *Trésor des Sentences.*) xvie siècle.

La chose guerre véue
Est chiere tenue.

(*Prov. françois.*) xve siècle.

La chose qui est sacrée
Doit estre bien honnorée.

(*Prov. Gallic.*, Ms.) xve siècle.

La chose qui estre doit
Ne peut estre qu'elle ne soit.

La chose qui touche tous doit estre de tous approuvée.

(*Prov. Gallic.*, Ms.) xve siècle.

La chose qu'on ne puet amender ne drecier
Nus prudons ne la doit elever n'esaucier.

(Huon de Villeneuve.) xiiie siècle.

La dure mort saisit le faible et fort.

(*Recueil* de Gruther.)

La familiarité engendre le mépris.

(*Dictionn. comique*, par P. J. Le Roux, t. I, p. 450.)

La fiance (*bonne foi*) de cest siecle ne vault rien.

(*Prov. Gallic.*, Ms.) xve siècle.

La fin fait tout.

(*Prov. communs.*) xve siècle.

La fin loue la vie, et le soir le jour.

(*Recueil* de Gruther.)

La fin couronnera le tout.

(*Plaisants devis des Suppôts du Seigneur de la Coquille*, p. 155.)

La fourche emporte cil à qui touche.

(Gabr. Meurier, *Trésor des Sentences.*) xvie siècle.

La foy, l'œil, la renommée ne doyvent être jamais touchées.

(*Recueil* de Gruther.)

La gourmandise tue plus de gens que l'épée.

(*Matinées sénonaises*, p. 219.)

La honte qui vient tout d'une part n'est rien.

(*Prov. Gallic.*, Ms.) xve siècle.

La journée bien commencée
Semble toujours bientost passée.

A la fin juge de la vie
Et au soir de la journée,
Auparavant peut l'envie
En changer la destinée.

Le soir achève la journée
Et la mort notre destinée.

(*Dictionn. comique*, par P. J. Le Roux, t. II, p. 59.)

La langue lui va comme la navette d'un tisseran.

(*Dictionn. comique,* par P. J. Le Roux, t. II, p. 203.)

La langue me frétille.

(*Dictionn. comique,* par P. J. Le Roux, t. I, p. 546.)

La langue n'a grain ny d'os
Et rompt l'échine et le dos.

La langue ne doibt jamais parler
Sans congé au cœur demander.

(*Recueil* de Gruther.)

La manière fait tout.

(*Prov. Gallic.*, Ms.) xve siècle.

La manière fait le jeu.

(Gabr. Meurier, *Trésor des Sentences.*) xvie siècle.

La mauvaise vie atrait la mauvaise fin.

(*Anc. prov.*, Ms.) xiiie siècle.

La mémoire du tort et injure
Moult plus que bénéfice dure.

(*Recueil* de Gruther.)

La mort n'espargne ne foible ne fort.

(*Prov. Gallic.*, Ms.) xve siècle.

La mort n'y mord.

(*Devise de Clément Marot, dans ses premières poésies.*) XVIe siècle.

La mort vient qu'on ne sçait l'heure.

(*Prov. communs.*) XVe siècle.

La mort par tout mord.

(GABR. MEURIER, *Trésor des Sentences.*) XVIe siècle.

. . . Li mors prend tout à son kius
Sitost les jouenes com les vius.

La mort prend tout à sa faux, aussitôt les jeunes comme les vieux.

(*Renart le Nouvel,* v. 5,895.) XIIIe siècle.

La mort vient, mais on ne sçait l'heure.

(*Recueil de* GRUTHER.)

La nécessité est la mère des inventions.

(*Dictionn. comique,* par P. J. LE ROUX, t. II, p. 49.)

Nécessité tire parti de tout.

La nuict a conseil.

(*Prov. communs.*) XVe siècle.

La nuict porte conseil.

La nuict est mère des pensées.

(GABR. MEURIER, *Trésor des Sentences.*) XVIe siècle.

La nuict, l'amour, le vin
Ont leur poison et venin.

La paesle se moque du fourgon.

(*Recueil* de GRUTHER.)

La pauvreté n'est pas vice, mais c'est une espèce de ladrerie, chacun la fuit.

(*Dictionn. comique,* par P. J. LE ROUX, t. II, p. 67.)

La petite aumosne est la bonne.

(*Prov. Gallic.*, Ms.) XVe siècle.

La pierre en l'or.

(BOVILLI *Prov.*) XVIe siècle.

La piours amors c'est de nonains.

(*Anc. prov.*, Ms.) XIIIe siècle.

Le plus fort amour est celui des nonnains.

La peur a bon pas.

(*Matinées sénonaises*, p. 95.)

La queue est la pire à escorcher.

(GABR. MEURIER, *Trésor des Sentences.*) XVIe siècle.

La queue luy traine et n'a que manger.

(*Adages françois.*) XVIe siècle.

La roue de la fortune
N'est pas toujours une.

(GABR. MEURIER, *Trésor des Sentences.*) XVIe siècle.

La vérité comme l'huile vient audessus.

(*Recueil* de GRUTHER.)

La vérité l'anglet défuit.

(BOVILLI *Prov.*) XVIe siècle.

La vérité fuit les détours.

La victoire est aisée quand on ne se deffend pas.

La voix redouble son poids.

(*Recueil* de GRUTHER.)

La voulenté est réputée pour le fait.

(*Prov. communs.*) XVe siècle.

La voye de vertu ressamble à la pyramide.

(BOVILLI *Prov.*) XVIe siècle.

L'abbatu veult tousjours luicter.

L'abondance engendre la nausée.

(*Prov. communs.*) XVe siècle.

L'ablatif est un cas désolatif,
Et le datif est partout optatif.

(GABR. MEURIER, *Trésor des Sentences.*) XVIe siècle.

L'aisement fait le péché.

(*Prov. Gallic.*, Ms.) XVe siècle.

L'âme et le corps
Souvent discors.

(*Prov.* de BOUVELLES.) XVIe siècle.

L'amour passe le gant et l'eau le housseau.

L'apprendre est grand sueur,
Mais son fruict est doulceur.

L'attente tourmente.

(GABR. MEURIER, *Trésor des Sentences.*) XVIe siècle.

Labeur ne grève point quand on y prend plaisir.

(*Prov. communs.*) XVe siècle.

Langage ne paist pas gens.

(*Prov. Gallic.*, Ms.) XVe siècle.

Le beau du jeu
Est bien faire et parler peu.

(GABR. MEURIER, *Trésor des Sentences.*) XVIe siècle.

Li mestiers duit l'ome.

(*Anc. prov.*, Ms.) XIIIe siècle.

Le besoin apprend à l'homme.

Le bien est très mal employé
Qui de son maistre n'est subjugué.

(GABR. MEURIER, *Trésor des Sentences.*) XVIe siècle.

Le bien sieut (*suit*) la gent.

Le clair ne doit pas demourer pour l'obscure.

(*Prov. Gallic.*, Ms.) XVe siècle.

Le cœur ou courage fait l'ouvrage.

(GABR. MEURIER, *Trésor des Sentences.*) XVIe siècle.

Le cueur fait l'œuvre, non pas les grans jours.

(*Prov. communs.*) XVe siècle.

Le coust faict perdre le goust.

(GABR. MEURIER, *Trésor des Sentences.*) XVIe siècle.

Le demander n'est pas villanie, mais l'offrir est courtoisie.

(*Recueil* de GRUTHER.)

Le dernier venu est le mieux aimé.

(*Prov. communs.*) xve siècle.

Le dernier venu ferme la porte.

(GABR. MEURIER, *Trésor des Sentences.*) xvie siècle.

Le détracteur vit de fien (*ordure*) humain
Qui dict mal et cèle le bien.

(BOVILLI *Prov.*) xvie siècle.

Le dire sans fait à Dieu desplait.

(*Recueil* de GRUTHER.)

Li don qu'on prent lient la gent.

(*Anc. Prov.*, Ms.) xiiie siècle.

Le don humilie rochier et mont.

(GABR. MEURIER, *Trésor des Sentences.*) xvie siècle.

Le frère veut bien que sa sœur ait, mais que rien du sien n'y ait.

(*Prov. communs.*) xve siècle.

Le fuseau doit suivre le garreau.

C'est-à-dire si l'homme travaille au champ, la femme ne doit chômer à la ville.

(GABR. MEURIER, *Trésor des Sentences.*) xvie siècle.

Le grand doit le petit aidier
De ce qu'il a trop, sans plaidier.

(ISOPET Ier, *Fables*, t. II, p. 477.) xive siècle.

Le jeune honteux est à priser et le vieillard à mespriser.

(*Recueil* de GRUTHER.)

Li ligiers pardoners fait renchoir en péché.

(*Anc. prov.*, Ms.) xiiie siècle.

Le pardonner aisément fait retomber dans le péché.

Le loing porter souvent ennuye.

(*Adages françois.*) xvie siècle.

Le long jour ne fait pas l'ouvrage.

Le loyal, riche et gracieux
Est bien venus en chascuns lieux.

(*Recueil* de GRUTHER.)

Le mal ne peut se céler.

(*Prov. Gallic.*, Ms.) XVe siècle.

Le milieu est le meilleur.

(*Recueil* de GRUTHER.)

Le moindre n'est pas de cet avis.

(*Adages françois.*) XVIe siècle.

Le monde a pris son pli sur cela, c'est le tracas du monde.

(*Dictionn. comique*, par P. J. LE ROUX, t. II, p. 178.)

Le monde est bien mangé de rats.

(*Adages françois.*) XVIe siècle.

Le monde est rond,
Qui ne sçait nager va au fond.

(GABR. MEURIER, *Trésor des Sentences.*) XVIe siècle.

Le monde n'est monde.

(*Prov.* de BOUVELLES.) XVIe siècle.

Le monde parle, l'eau coule,
Le vent souffle et l'aage s'escoule.

(GABR. MEURIER, *Trésor des Sentences.*) XVIe siècle.

Le mort n'a point d'amy,
Le malade n'en a qu'un demy.

(*Prov. communs.*) XVe siècle.

L'en ne peut aimer qui mal fait.

L'en ne peut avoir trop d'aisance.

(*Prov. Gallic.*, Ms.) XVe siècle.

L'entente est au diseur.

(*Dictionn. comique*, par P. J. LE ROUX, t. I, p. 457.)

Le papier endure tout.

Le peu donné en temps excuse un grand présent.

(*Recueil de* GRUTHER.)

Le plus brief est le meilleur.
(*Adages françois.*) XVIe siècle.

Le plus chier et le meilleur.
Le plus de la noise vaut le moins de l'argent.
Le plus digne emporte le moins digne.
(*Prov. Gallic.*, Ms.) XVe siècle.

Le plus grand est le premier pourry.
Le plus riche n'emporte qu'un linseul.
(*Prov. communs.*) XVe siècle.

Le plus sage se taist.
(*Adages françois.*) XVIe siècle.

Le pouvre semble au noyer.
(BOVILLI *Prov.*) XVIe siècle.

Le premier erreur (*sic*) ne corrige le second, encore moins le troisième.
(*Recueil* de GRUTHER.)

Le rechief est le pire.
(*Prov. Gallic.*, Ms.) XVe siècle.

Le rendre fait mal à la gorge.
(GABR. MEURIER, *Trésor des Sentences.*) XVIe siècle.

Le ris et le caquet pas ne duisent en bancquet.
(*Recueil* de GRUTHER.)

Le sabbat invite à l'esbat.
(GABR. MEURIER, *Trésor des Sentences.*) XVIe siècle.

Le sage se conforme à la vie de ses compagnons.
(*Adages françois.*) XVIe siècle.

Le temps s'en va légièrement,
Estudiez diligemment.
(*Prov. communs.*) XVe siècle.

Le temps et l'usage
Rendent l'homme sage.
(*Recueil* de GRUTHER.)

Li tans s'en veit et je n'ai riens fait.
(*Anc. prov.*, Ms.) XIIIe siècle.

Le temps n'est pas toujours en bonne disposition.
Le temps ouvre.

(*Prov. communs.*) xve siècle.

Le temps se change en bien peu d'heure,
Tel rit le matin que le soir pleure.

Le traitement fait à parens
De tes enfans semblable attens.

(*Recueil* de GRUTHER.)

Le trop et le trop peu
Rompt la feste et le jeu.

Le trou et l'occasion invitent le larron.

(GABR. MEURIER, *Trésor des Sentences.*) xvie siècle.

Les aulx resentent le mortier,
Barat de barat est portier.

(ISOPET Ier, *Fables*, t. I, p. 105.) xive siècle.

Les beaux esprits se rencontrent.

(*Matinées sénonaises*, p. 127.)

Les biens fourrez les reins au feu,
Les mal vestus le dos au vent,
Les biens sont d'iceux qui en jouissent.

(GABR. MEURIER, *Trésor des Sentences.*) xvie siècle.

Les bonnes coustumes sont à garder
Et les mauvaises à laisser.

Les choses ne vallent que ce qu'on les faict valoir.

(*Adages françois.*) xvie siècle.

Les courtes folies sont les meilleures.

Les derniers venus pleurent les premiers.

(GABR. MEURIER, *Trésor des Sentences.*) xvie siècle.

Les derniers venus sont souvent les maistres.

(*Adages françois.*) xvie siècle.

Les entrailles, casses et cassettes
Aux amis doivent être ouvertes.

(GABR. MEURIER, *Trésor des Sentences.*) xvie siècle.

Les entrailles et le denier
A l'amy ne doibt denier.

(*Recueil de* Gruther.)

Les estoupes arrière du feu,
Et les jeunes une lieue de jeu.

(Gabr. Meurier, *Trésor des Sentences.*) xvie siècle.

Les faits se montreront
Et les ditz se passeront.

Les jugemens sont moult doubteux.

(*Prov. Gallic.*, Ms.) xve siècle.

Les mesgres mangent plus que les gras.

(Bovilli *Prov.*) xvie siècle.

Les morts avec les morts, les vifz à la toustée.

(*Prov. Gallic.*, Ms.) xve siècle.

Les morts et les avoyez
Sont bientost oubliez.

(Gabr. Meurier, *Trésor des Sentences.*) xvie siècle.

Les morts ont tort.

(*Matinées sénonaises,* p. 412.)

Les nourrices peuvent bien dormir les enfans s'esbatent.

Les parolles du soir ne ressemblent pas à celles du matin.

Les paroles font le jeu.

(*Adages françois.*) xvie siècle.

Les petites mesures ne reviennent pas aux grandes.

(*Dictionn. comique,* par P. J. Le Roux, t. II, p. 158.)

Les plaisirs portent ordinairement les douleurs en crouppe.

(Bruscambille, *Voyage d'Espagne.*) xviie siècle.

Les plumes
Sont englumes.

(*Prov.* de Bouvelles.) xvie siècle.

Les plus fins y sont affinez.

(*Adages françois.*) XVIe siècle.

Les plus riches sont les plus chiches.

(*Recueil* de GRUTHER.)

Les plus rouges sont les premiers prins.

(*Prov. communs.*) XVe siècle.

Les plus rusez sont les premiers prins.

Les plus sages faillent souvent en bon chemin.

(*Adages françois.*) XVIe siècle.

Li péchiez des mauvais griève les bons par plusieurs fois.

Le péché des mauvais nuit aux bons plusieurs fois.

Ri plus enporte le moins.

(*Anc. prov.*, Ms.) XIIIe siècle.

Li plusor voelent se loer
Que il devreient blasmer,
Et ce haïssent que il devreient
Forment loer, se il l'aveient.

(MARIE DE FRANCE, fable 33.) XIIIe siècle.

Plusieurs veulent louer ce qu'ils devraient blâmer et ils haïssent ce qu'ils devraient louer beaucoup s'ils l'avaient.

Les recelleurs sont pire que les malfaiteurs.

(*Prov. Gallic.*, Ms.) XVe siècle.

Et l'en dit que cil ne puet fuire qui les talons a bréulez.

(*Chr. de Godef. de Paris*, éd. Buchon, p. 25.)

Les talons démangent.

Les talons et paulmes des mains ne craignent le raisoner.

Les troys dois par escripture quantz maulx quantz biens ont faict.

Les trois doigts par écriture ont fait beaucoup de mal et beaucoup de bien.

(BOVILLI *Prov.*) XVIe siècle.

Les veux au trone.

(*Prov. Gallic.*, Ms.) xve siècle.

Les vieilles gens qui font gambades
A la mort sonnent des aubades.

(BRUSCAMBILLE, *Voyage d'Espagne.*) xviie siècle.

L'escoutant fait le médisant.

(GABR. MEURIER, *Trésor des Sentences.*) xvie siècle.

L'escriture ne ment point.

(*Recueil* de GRUTHER.)

L'espoir du doux repos soulage
Le dur labeur de tout ouvrage.

(GABR. MEURIER, *Trésor des Sentences.*) xvie siècle.

L'estat mine
Plus que vermine.

(*Prov.* de BOUVELLES.) xvie siècle.

L'huyle, comme aussi vérité,
Retournent tousjours en sommité.

(*Recueil* de GRUTHER.)

L'on connoist avec le temps
Les bons payeurs et les marchands.

L'on congnoist les parens et les amis
A nopces et à la mort, en maints païs.

(GABR. MEURIER, *Trésor des Sentences.*) xvie siècle

L'en croist plustost le mal que le bien.

L'en doit aimer qui amende.

(*Prov. Gallic.*, Ms.) xve siècle.

L'en doit avoir joye du bien à son voysin.

L'en dit avoir pitié de mauvaise adventure qui vient par cas de fortune.

L'en doit considérer la chose qui estre peut.

L'en doit contre félonie bonté.

L'en doit de toutes choses rendre raison.

L'en doit estre payé avant la main.

C'est-à-dire avant de livrer la marchandise.

L'en doit estre tous pers (*égal*) en compaignie.

L'en doit faire de la terre la fosse.

L'en doit juger loyaument.

L'en doit la noise eschiver (*éviter*).

L'on doit laisser aller ce que l'en ne peut tenir.

L'en doit mectre peine à charier droit.

L'en doit pener pour son amy.

L'en doit prendre le temps comme Dieu l'envoye.

L'en doit prier pour ses bienfaicteurs.

L'en doit regarder le commun prouffit.

L'en doit tousjours bien faire aux siens.

L'en doit tousjours jouer au moins perdre.

L'en doit toujours présumer pour bien.

L'en doit user de bonne foi.

(*Prov. Gallic.*, Ms.) XVe siècle.

L'en endure tout, mais que le trop (*même le trop*).

(*Adages françois.*) XVIe siècle.

L'en endure tout, mais que trop aise.

(*Prov. communs.*) XVe siècle.

L'en n'a nul demain.

L'en n'amande pas de vieillir.

L'en n'aura jà à faire que pour le sien.

L'en ne doit jà aller au conseil qui n'y est appellé.

L'en ne doit point aller aux nocez qui n'y est convoyé.

L'en ne doit jà acoustumer à son enfant mal amorson (*mauvaise coutume*).

L'en ne doit jà avoir pitié de larron.

L'en ne doit jà dire chose qui ne doye avoir effet.

L'en ne doit jà estre oisif de bien faire.

L'en ne doit pas avoir d'un pêchié deux pénitences

L'en ne doit pas avoir honte de soy servir.

L'en ne doit pas avoir les yeux plus grands que le ventre.

L'en ne doit pas mentir à son conseil.

L'en ne doit pas mettre son sens à un enfant.

L'en ne doit pas plourer quand son ami est mort.

L'en ne doit pas tant mener ses mains
Que l'en devienne de plus au moins.

L'en ne doit pas une chose louer que l'en ne puisse blasmer.

L'en ne peut bien faire qui ne soit mery (*récompensé*),
Ne mal qui ne soit puny.

L'en ne peut bien servir à Dieu et au monde.

(*Prov. Gallic.*, Ms.) XVe siècle.

L'on ne peut cacher éguilles en sac.

L'on ne peut courir ensemble et corner.

(GABR. MEURIER, *Trésor des Sentences.*) XVIe siècle.

L'en ne peut de plus haut clocher que de la teste.

L'en ne peut desdire ce que chascun scet.

(*Prov. Gallic.*, Ms.) XVe siècle.

L'on ne peut escorcher une pierre.

(GABR. MEURIER, *Trésor des Sentences.*) XVIe siècle.

L'en ne peut faire bon édifice sur mauvais fondement.

(*Prov. Gallic.*, Ms.) XVe siècle.

L'en ne peut faire de bois tord droicte flèche.

L'en ne peut faire les morts revivre.

(*Prov. Gallic.*, Ms.) XVe siècle.

L'on ne peut fester avant de commencer.

(GABR. MEURIER, *Trésor des Sentences.*) XVIe siècle.

L'en ne peut gens mieux servir.

(*Prov. Gallic.*, Ms.) XVe siècle.

L'on ne peut humer et souffler tout ensemble.

(GABR. MEURIER, *Trésor des Sentences.*) XVIe siècle.

L'en ne peut juger du temps advenir.

L'en ne peut tout avoir en mémoire.

L'en ne peut pas toujours mal traire.

L'en ne peut pas toutes ses hontes venger.

L'en ne peut pas tout signer.

L'en ne peut perdre ce que l'en n'eut onc.

L'en ne peut rien faire soubz terre qui ne soit sçeu dessus.

L'en ne peut rien prendre là où rien n'a.

L'en ne peut voler sans ailes.

L'en ne scet combien l'en ayme tant comme l'en le voit.

L'en ne scet les adventures.

L'en ne scet pas bien en qui se fier.

L'en ne scet où l'en chiet (*tombe*).

L'en ne se doit pas plaindre trop de légier.

L'en ne s'en va pas de foire comme de marché.

L'en ne se peut gaiter de mauvaise adventure.

L'en ne sera blasmé de lesser l'autruy.

L'en ne sera jà plus riche de tout le sien garder.

L'en ne sera jamais traye (*trahi*) que par le sien.

(*Prov. Gallic.*, Ms.) XVe siècle.

L'on ne tient pas tousjours ce qu'on promet.

(*Prov. communs.*) XVe siècle.

L'en ne vauldra jà mieulx de diffamer autruy.

L'en ne vit pas de vent.

L'en passe la haye par où elle est la plus basse.

L'en peut aucune foix demander la chose que l'en a.

(*Prov. Gallic.*, Ms.) XVe siècle.

L'en se doit haster une foiz plus que autre.

L'en se doit toujours fonder sur raison.

L'en se doit toujours guetter du mal.

L'en se doit toujours tenir garny.

L'en se rit plustot du mal que du bien.

(*Prov. Gallic.*, Ms.) XVe siècle.

L'on voit par cette petite achoison
Le domage venir à foison.

(ISOPET I, *Fables*, t. II, p. 467.) XIVe siècle.

L'or à celuy qui est lié n'est rien prisé.

L'œil voit sa semblance
De laquelle porter n'a grevance.

(BOVILLI *Prov.*) XVIe siècle.

L'ung amy pour l'autre veille.

(*Prov. communs.*) XVe siècle.

L'ung cousteau aguyse l'aultre.

(BOVILLI *Prov.*) XVIe siècle.

L'un meurt dont l'autre vit.

(*Adages françois.*) XVIe siècle.

Li uns pechiez atire l'autre.

L'une bonté l'autre requiert et colée sa per.

(*Anc. prov.*, Ms.) XIIIe siècle.

L'usurier se nourrit de pillage et n'a rien de plus cher que voir l'argent d'autruy dans sa bourse espancher.

(BRUSCAMBILLE, *Voyage d'Espagne.*) XVIIe siècle.

Légier comme la fumée, comme la pluye, comme la nue, comme l'irundelle, comme la forme au mirouer.

(Bovilli *Prov.*) xvie siècle.

Lerres emble de légier là où il n'a garde.

Le voleur prend facilement là où on fait mauvaise garde.

(*Anc. prov.*, Ms.) xiiie siècle.

Lever matin ce n'est pas heur, mais desjeuner est le plus seur.

(*Adages françois.*) xvie siècle.

Lever matin et prendre esbatement,
Donner pour Dieu selon son aisement,
Fuir couroux, vivre joyeusement,
Entendre au sien et vivre sobrement,
Coucher en haut, dormir escharcement,
Loing de manger soy tenir nettement,
Fait l'homme riche et vivre longuement.

Libre n'est celuy qui sert autruy.

(*Recueil* de Gruther.)

Licite est chose qui plaist.

Lime, lime, lime.

(Bovilli *Prov.*) xvie siècle.

Lire et rien entendre
Est comme chasser et ne rien prendre.

Lire souvent bonne doctrine
Guérit les maux de la poitrine.

(Gabr. Meurier, *Trésor des Sentences.*) xvie siècle.

Loing de cité loing de santé.

Loing de l'œil loing du cœur.

(*Recueil* de Gruther.)

Longue demourée fait changier ami.

(*Anc. prov.*, Ms.) xiiie siècle.

Longue demeure faict changer d'amy.

(*Adages françois.*) XVIe siècle.

Longue langue courte main.

(GABR. MEURIER, *Trésor des Sentences.*) XVIe siècle.

Longue riote (*querelle*) n'a mestier.

(*Prov. Gallic.*, Ms.) XVe siècle.

Louange d'amy n'a nul crédit, ny mépris d'un ennemy.

(*Recueil* de GRUTHER.)

Louange humaine est chose vaine.

(GABR. MEURIER, *Trésor des Sentences.*) XVIe siècle.

Léaulté (*loyauté*) dort.

Loyaulté se playdoye.

Loyaulté soit benoiste (*bénite*).

Loyaulté vault cent marcs.

(*Prov. Gallic.*, Ms.) XVe siècle.

Loyauté vaut mieux qu'argent.

(*Adages françois.*) XVIe siècle.

Loyer est sorcier.

L'ung amy pour l'autre veille.

L'un bien attrait l'autre, et l'une pauvreté l'autre.

(*Prov. Gallic.*, Ms.) XVe siècle.

L'une bonté l'autre requiert.

L'un petit croit l'autre.

L'un tronçon fait l'autre.

L'un voit souvent ce que l'autre ne voit.

L'un va avant et l'autre arrière.

(*Prov. Gallic.*, Ms.) XVe siècle.

Luxurieux ort, sale et aveugle, ne voit pas le dangier où il plonge.

(*Prov. communs.*) XVe siècle.

Mâchez-lui les morceaux il les avalera.

(*Dictionn. comique*, par P. J. Le Roux, t. II, p. 107.)

Maintenant seule pécune est réputée saige par fortune.

(Bovilli *Prov.*) xvie siècle.

Maintes choses sont blamées,
Qui après se sont bien amées.

Maintes gens maintes choses ont
Qui petit de pourfit leur font,
Dont uns homs souffreteus seroit
Riches qui la lui donneroit.

(Isopet I, *Fables*, t. II, p. 515 et 477.) xive siècle.

Mal acroist qui ne doit rendre.

(*Prov. communs.*) xve siècle.

Mal advisé ne fut jamais sans peine.

(*Adages françois.*) xvie siècle.

Mal batus longuement plore et gronce.

(*Anc. prov.*, Ms.) xiiie siècle.

Mal contre poys fait à l'enclume
Qui luy contremet une plume.

(Bovilli *Prov.*) xvie siècle.

Mal est batuz qui pleurer n'ose.

(*Anc. prov.*, Ms.) xiiie siècle.

Mal fait inviter l'asneau (*ânon*)
A porter la somme ou l'eau.

(Gabr. Meurier, *Trésor des Sentences.*) xvie siècle.

Mal norrist qui n'asavoure.

Mal nourrit qui n'adoucit.

(*Anc. prov.*, Ms.) xiiie siècle.

Mal oyt le bien qui ne l'aprent.

(*Prov. Gallic.*, Ms.) xve siècle.

Mal se guête dou larron qui l'enclot en sa meison.

(*Anc. prov.*, Ms.) xiiie siècle.

Mal se joue
Qui fiert la joüe (*frappe la joue*).

(*Prov.* de Bouvelles.) XVIe siècle.

Mal se moille qui ne s'essue.

Mal se mouille qui ne s'essuye.

Mal se prent garde de lui qui le sien oublie.

(*Anc. prov.*, Ms.) XVe siècle.

Mal nécessaire.

(*Adages françois.*) XVIe siècle.

Mal partionier (*mauvais partageur*)
Attend l'encombrier.

(Gabr. Meurier, *Trésor des Sentences.*) XVIe siècle.

Mal pense qui ne repense.

(*Adages françois.*) XVIe siècle.

Mal se peut laver la teste ne couronne
Qui au barbier ne va en personne.

Mal soupe qui tout disne.

Mal sur mal n'est pas santé,
Mais un mal est par un autre contenté.

(Gabr. Meurier, *Trésor des Sentences.*) XVIe siècle.

Mal sur mal n'est pas ayse.

(*Prov. Gallic.*, Ms.) XVe siècle.

Mal vit qui ne s'amende.

Malheure ne dure pas tousjours.

(*Adages françois.*) XVIe siècle.

Mal d'autruy n'est que songe.

Ou bien encore :

On a toujours assez de force pour supporter le malheur de ses amis.

(*La Chasse aux Larrons.*) XVIIe siècle.

A mal faire n'y a point d'honneur.

(*Prov. communs.*) XVe siècle.

A mal faire n'y gist qu'amende.

(*Adages françois.*) XVIe siècle.

A mal enraciné remède tart apphresté.

(GABR. MEURIER, *Trésor des Sentences.*) XVIe siècle.

A mal exploiter bien écrire.

(*Dictionn. comique,* par P. J. LE ROUX, t. I, p. 113.)

A mal ou bien manger,
Trois fois convient trinquer.

(GABR. MEURIER, *Trésor des Sentences.*) XVIe siècle.

A mal marchié bien vivre.

(*Anc. prov.*, Ms.) XIIIe siècle.

Au mal qui n'est point évitable c'est grand folie en avoir peur.

(*Mimes* de BAÏF.) XVIe siècle.

A malheur et grant encombrier,
Patience vaut un bon bouclier.

Au malheureux peu profite estre valeureux.

(GABR. MEURIER, *Trésor des Sentences.*) XVIe siècle.

Matin lever et tart coucher n'est eur de bien avoir.

(*Prov. Gallic.*, Ms.) XVe siècle.

Maudissons (*malédiction*) sont feuilles, qui les seme il les recueille.

(*Prov. communs.*) XVe siècle.

Maudite est de folie la feuille,
Qui l'espart et sème la recueille.

(GABR. MEURIER, *Trésor des Sentences.*) XVIe siècle.

Maugré les dens.

(*Adages françois.*) XVIe siècle.

Mar nait qui n'amende.

Malheureux naît qui ne se corrige.

(*Anc. prov.*, Ms.) XIIIe siècle.

Marché devisé moult vault.

Maudisson de vielle truye ne passe le talon.

(*Prov. communs.*) XVe siècle.

Mauvaise chausse est déchaussée.

(*Prov. Gallic.*, Ms.) XVe siècle.

Mauvais fait croire qu'anc'on ot (*tout ce qu'on entend*).

Mauvaise haste n'est preus.

(*Roman du Renart*, v. 6,344. — 1,034.) XIIIe siècle.

Mauvais hoir se déshérite.

(*Prov. Gallic.*, Ms.) XVe siècle.

Mauvais renommée va plutost que la bone.

(*Anc. prov.*, Ms.) XIIIe siècle.

Meilleurs nudz piedz
Que nulz piedz.

(*Prov.* de BOUVELLES.) XVIe siècle.

Mémoire de ligière (*légère*) durée de plume doit estre confortée (*rafraîchie; renouvelée*).

Mémoire du mal a longue trasse,
Mémoire du bien tantost passe.

(BOVILLI *Prov.*) XVIe siècle.

Mémoire et usage rendent l'homme sage.

(*Recueil* de GRUTHER.)

Menaces vainquent loy.

(*Anc. prov.*, Ms.) XIIIe siècle.

Menacez vivent et decollez meurent.

(*Prov. communs.*) XVe siècle.

Manechié vivent, ce dist-on.

(*Roman de Blonde d'Oxfort*, p. 127, v. 3,394.)

Mentir a mestier à la fiée.

Le mensonge a besoin qu'on le croie.

(*Prov. Gallic.*, Ms.) XVe siècle.

Messagier ne doyt mal ouyr ne mal avoir.

(*Prov. communs.*) XVe siècle.

Messaiger ne doit périr ne mal avoir.

(*Prov. Gallic.*, Ms.) XVe siècle.

Meschante parolle gettée va partout à la vollée.

Meschantes parolles ont meschant lieu.

(*Prov. communs.*) XVe siècle.

Mesmes parcelles ensembles sont belles.

(*Prov. Gallic.*, Ms.) XVe siècle.

Met raison en toy, ou elle s'y mettra.

(*Adages françois.*) XVIe siècle.

Mieulx aymerois estre néant que d'estre pauvre et n'avoir rien.

(BOVILLI *Prov.*) XVIe siècle.

Mieulx vault aise que orgueil.

(*Prov. communs.*) XVe siècle.

Mieulx vault amy au besoing,
Que denier au poing.

(GABR. MEURIER, *Trésor des Sentences.*) XVIe siècle.

Mieulx vaut assez que trop.

(*Prov. Gallic.*, Ms.) XVe siècle.

Mieulx vault avoir qu'espoir.

(GABR. MEURIER, *Trésor des Sentences.*) XVIe siècle.

Mieux vaut bataille que la mort.

(*Prov. Gallic.*, Ms.) XVe siècle.

Mieux vaut belle manche que belle panse.

(GABR. MEURIER, *Trésor des Sentences.*) XVIe siècle.

Mieulx vault bon escondit que mauvais attrait.

(*Prov. Gallic.*, Ms.) XVe siècle.

Mieulx vault bon que beau.

(*Prov. communs.*) XVe siècle.

Miex vaut bons fuir que mauvaise atente.

(*Anc. prov.*, Ms.) XIIIe siècle.

Mieulx vault bon gardeur que bon gaigneur.
(*Prov. communs.*) XVe siècle.

Miex vaut bons taisirs que mauvais parlers.
Miex vaut bonne attente que malvaise haste.
(*Anc. prov.*, Ms.) XIIIe siècle.

Mieulx vault bonne renommée que grandes richesses.
Mieux vaut chenu que chauve sec et nud.
Mieulx vault chomer que mal besogner.
(GABR. MEURIER, *Trésor des Sentences.*) XVIe siècle.

Mieux vault cils qui despent sa folie
Que clerc qui cele sa clergie.
(*Anc. prov.*, Ms.) XIIIe siècle.

Mieux vaut couart que trop hardy.
(*Prov. communs.*) XVe siècle.

Mieulx vault demander
Que faillir et errer.
Mieux vaut descousu que rompu.
Mieulx vault deslier que couper.
Mieulx vault deux pieds que trois eschasses.
Mieux vaut dire veux tu du mien
Que de dire donne moy du tien.
Mieux vaut engin que force,
Et bois qu'escorce.
(GABR. MEURIER, *Trésor des Sentences.*) XVIe siècle.

Mius vaut engins que ne fait forche.
(*Roman du Renart*, v. 1,354.) XIIIe siècle.

Mieulx vault enviné qu'enhuilé.
Mieulx vault estre que sembler homme de bien.
(GABR. MEURIER, *Trésor des Sentences.*) XVIe siècle.

Mieux vault estre envié qu'apitoyé.
Mieux vaut estre petit pomier fécond et fruictier,
Qu'un grand liban sec estendu loin de sentier.
(GABR. MEURIER, *Trésor des Sentences.*) XVIe siècle.

Mieux vaut euf donné que euf mangié.
(*Prov. Gallic.*, Ms.) xve siècle.

Mieulx vault eur que trop beau nom.
(*Prov. communs.*) xve siècle.

Mieux vault folier en herbe qu'en gerbe.

Mieux vault fontaine que cisterne.

Mieulx vault gaige en arche que pleige en place.

Mieux vaut grain que peu perdre.

Mieulx vault heur et félicité que beauté.
(Gabr. Meurier, *Trésor des Sentences.*) xvie siècle.

Miex vaut honor que ventrée.
(*Anc. prov.*, Ms.) xiiie siècle.

Mieulx vault juger entre ennemys qu'entre ses amys.
(Bovilli *Prov.*) xvie siècle.

Mieux vault la vieille voie que le nouveau sentier.
(*Prov. communs.*) xve siècle.

Mieulx vault l'œuvre d'entendement
Que de mémoires à toutes gens.
(Bovilli *Prov.*) xvie siècle.

Mieux vaut louer que redarguer (*critiquer*).
(*Prov.* de Bouvelles.) xvie siècle.

Mieulx vault mendiant qu'ignorant.
(Gabr. Meurier, *Trésor des Sentences.*) xvie siècle.

Mieux vaut mestier que chévrier.
(*Prov. Gallic.*, Ms.) xve siècle.

Mieux vault mords que mangé et mort.

Mieux vault monocle ou borgne qu'aveugle.

Mieux vaut obédience que sacrifice.
(Gabr. Meurier, *Trésor des Sentences.*) xvie siècle.

Mieux vault os donné que os mengé.

Mieulx vault pain en bosche que escu en paroy.
(*Adages françois.*) xvie siècle.

Mieux vaut peu que rien.

(Gabr. Meurier, *Trésor des Sentences.*) XVIe siècle.

Mieux vaut plein poing de bonne vie
Que ne faict sept muys de clergie.

(*Prov. communs.*) XVe siècle.

Mieux vaut ployer que rompre.

(Gabr. Meurier, *Trésor des Sentences.*) XVIe siècle.

Mieulx vault prochain amy que long parent (*parent éloigné*).

(*Prov. communs.*) XVe siècle.

Mieux vaut reculer que mal saillir.

Mieux vaut rien que peu parler.

Mieulx vaut roder que se noyer.

Mieux vault savoir que penser.

(Gabr. Meurier, *Trésor des Sentences.*) XVIe siècle.

Mieulx vault science que richesse.

Mieulx vault sens acheter que sens emprunter.

(*Prov. communs.*) XVe siècle.

Mieux vaut se taire pour paix avoir
Que d'estre battu pour dire veoir.

Mieux vault seul que mal accompagné.

(Gabr. Meurier, *Trésor des Sentences.*) XVIe siècle.

Mieulx vault soy taire que folie dire.

(*Prov. communs.*) XVe siècle.

Mieux vaut son bon voisin que longue parenté.

(*Prov. Gallic.*, Ms.) XVe siècle.

Mieux vaut souffrer que se bruler.

(Gabr. Meurier, *Trésor des Sentences.*) XVIe siècle.

Mieux vaut subtilité que force.

(*Adages françois.*) XVIe siècle.

Mieulx vault suer que trembler.

Mieux vaut tard que jamais.

(Gabr. Meurier, *Trésor des Sentences.*) XVIe siècle.

Miex vaut tendre que rompre.

Miex vaut tous maux souffrir
Qu'à mal consentir.

(*Anc. prov.*, Ms.) XIIIe siècle.

Mieulx vaut trésor d'onneur que d'or.

(*Prov. communs.*) XVe siècle.

Mieulx vault un en la main
Que deux demain.

(GABR. MEURIER, *Trésor des Sentences.*) XVIe siècle.

Mieux vaut un œil que nul.

(*Recueil* de GRUTHER.)

Mieux vaut un pied nud que nul.

Mieux vaut un pied que deux échasses.

(GABR. MEURIER, *Trésor des Sentences.*) XVIe siècle.

Mieulx vaut un présent que deux attend.

Mieux vaut un présent que deux futurs.

(GABR. MEURIER, *Trésor des Sentences.*) XVIe siècle.

Mieus vaut un tien que deus tu l'auras.

(*Anc. prov.*, Ms.) XIIIe siècle.

Mieux vaut vieille debte que nouveau melon.

(*Prov. Gallic.*, Ms.) XVe siècle.

Miex voil vivre et sofrir les colx
Que morir pour avoir repos.

(*Roman de Lancelot.*) XIIIe siècle.

Mode par tout.

(*Prov. communs.*) XVe siècle.

Mol comme tripe.

(*Adages françois.*) XVIe siècle.

Moins vault quelquefois le vin que la lie.

Monstre moy un menteur,
Je te monstrerai un larron.

(GABR. MEURIER, *Trésor des Sentences.*) XVIe siècle.

Monte, monte en l'eschelette, montez là.

(*Prov. Gallic.*, Ms.) XVe siècle.

Mordre sa langue et mal penser.

(BOVILLI *Prov.*) XVIe siècle.

Mort n'a amy.
Mort n'espargne ni petits ny grands.

(*Adages françois.*) XVIe siècle.

Moult a à faire qui la mer a à boire.

(*Prov. communs.*) XVe siècle.

Moult a dur cueur qui n'amolie
Quant il troeve qui l'en suplie.

. . . .

Engriété vaint humilités.

(*Roman de la Rose*, v. 3,295.) XIIIe siècle.

Moult a entre fere et dire.
Moult annuie qui attent.

(*Roman du Renart*, v. 832 et 5,992.) XIIIe siècle.

.... Molt est fox qui se demore
De son prou faire une sole hore.

(CHRESTIEN DE TROYES.) XIIe siècle.

Bien est fou celui qui attend une seule heure à faire ce qui lui est avantageux.

Moult parler nuit, moult grater cuit.

(GABR. MEURIER, *Trésor des Sentences.*) XVIe siècle.

Molt se descuevre folement
Qui commun blasme sor lui prent

. . . .

Mais la roe dou char qui bret
Ne se puet celer ne covrir.

(*Bible* de GUYOT, vers 37.) XIIIe siècle.

Mult s'entrement de grant folie
Qu'à plus fort que lui s'acumpaigne,
N'i puet pas faire grant gaaigne.

(MARIE DE FRANCE, fable 12.) XIIIe siècle.

Moulin de ça, moulin de là,
Si l'un ne meult l'autre meuldra.

(*Prov. Gallic.*, Ms.) XVe siècle.

Moul vaut un poi d'afaitement (*éducation*)
Que ne fet assez vilanie,
Ne plain un val de lecherie.

(*Roman du Renart*, v. 2,284.) XIIIe siècle.

Moyen partout.

(*Adages françois.*) XVIe siècle.

Musser son trésor devant les larrons.

(BOVILLI *Prov.*) XVIe siècle.

N'attendre pas à faire au vespre ce que tu puès faire au matin.

(*Anc. prov.*, Ms.) XIIIe siècle.

Nature a produit à toute beste son ennemy.

(BOVILLI *Prov.*) XVIe siècle.

Nature est contente de peu.

(*Adages françois.*) XVIe siècle.

Nature fait chien chasser.

(GABR. MEURIER, *Trésor des Sentences.*) XVIe siècle.

.... Nature ne puet mentir,
Car Oraces néis (*même*) raconte,
Qui bien set que tel chose monte,
Qui vodroit une forche prendre
Por soi de nature deffendre
Et la boteroit hors de soi,
Reviendroit-ele, bien le soi.

(*Roman de la Rose*, v. 14,219.) XIIIe siècle.

Nature passe nourriture
Et nourriture survainc nature.

(*Anc. prov.*, Ms.) XIIIe siècle.

N'avoir pas vaillant un quart d'écu.
(*Dictionn. comique*, par P. J. Le Roux, t. I, p. 425.)

N'avoir sang aux dents.
(Bovilli *Prov.*) xvie siècle.

Ne blasme ame.
(*Recueil* de Gruther.)

Nécessité n'a point de loi.
(*Dictionn. comique*, par P. J. Le Roux, t. II, p. 97.)

Ne compère, ne ami, l'enfant est mort.
(*Prov. Gallic.*, Ms.) xve siècle.

Ne croy pas tout ce que tu oy (*entends*).
(*Recueil* de Gruther.)

Ne de l'un ne de l'autre joye.
(*Adages françois.*) xvie siècle.

Ne dis pas tout ce que tu sçais et pense.
(*Recueil* de Gruther.)

Ne dois ton ami esaier (*entretenir*)
De la chose dont n'as mestier (*besoin*).
Cil n'aime pas souverainement
Qui aime pour avoir argent.
(*Prov. aux Philosophes*, Ms.) xiiie siècle.

Ne donne pas tout ce que tu as.
(*Recueil* de Gruther.)

Ne fais à nullui (*aucun*) nuisement (*mal*),
Se vivre veuls séurement.
(Isopet Ier, *Fables*, t. II, p. 468.) xive siècle.

Ne fais pas d'un fol ton messager.
(*Adages françois.*) xvie siècle.

Ne fut le mauvais vent et femme sans raison,
Jamais n'aurions mauvais temps, journée en saison.
(Gabr. Meurier, *Trésor des Sentences.*) xvie siècle.

Ne juge pas tout ce que tu voys.
(*Recueil* de Gruther.)

Ne mettre à tes piés ce que tu tiens à tes mains.

(*Anc. prov.*, Ms.) XIIIe siècle.

Ne mets ton doigt en anneau trop étroit.

C'est-à-dire ne contracte pas d'alliance inégale, ou bien ne te charge pas d'une affaire embarrassante.

(*Origine de quelques coutumes, etc.*, par MOSANS DE BRIEUX.)

Ne peu ne trop.

(*Recueil* de GRUTHER.)

Ne plore pas ce que tu n'eus oncques.

(*Anc. prov.*, Ms.) XIIIe siècle.

Ne pour trop dire, ne pour dire droit ne se remue.

(*Prov. Gallic.*, Ms.) XVe siècle.

Ne potage sans bacon,
Ne nopces sans son.

(GABR. MEURIER, *Trésor des Sentences.*) XVIe siècle.

Ne prends pas tout ce que tu désire.

(*Recueil* de GRUTHER.)

. . . Ne puet durer
Larges cuer por riens à l'aver (*avare*).

(*Roman du Renart*, v. 2,025.) XIIIe siècle.

Ne puet noier qui doit pendre.

On ne peut noyer celui qui doit être pendu.

Ne quiers point de gloire, ce ne dolra pas quant tu n'en aras pas.

(*Anc. prov.*, Ms.) XIIIe siècle.

Ne cherche pas la gloire, tu ne seras pas malheureux pour n'en pas avoir.

Ne reprens ce que tu n'entens.

(*Prov.* de BOUVELLES.) XVIe siècle.

Ne rompt l'œuf mollet
Si ton pain n'est aprestė.

(GABR. MEURIER, *Trésor des Sentences.*) XVIe siècle.

Ne set qu'il pert qui pert son bon ami.

(*Anc. prov.*, Ms.) XIIIe siècle.

N'espargnons la chair qui pourrira en terre.

Ne te baisse jà, tu n'as garde de ce coup.

(*Adages françois.*) XVIe siècle.

Ne tuer ne manger vivant, affin que l'âme ne soit deslogée.

(BOVILLI *Prov.*) XVIe siècle.

Nécessité abaisse gentillesse,
Nécessité n'a loy, foy, ne roy.

(GABR. MEURIER, *Trésor des Sentences.*) XVIe siècle.

Nécessité apprend les gens.

(*Adages françois.*) XVIe siècle.

Nécessité est mère d'invention.

(*Recueil* de GRUTHER.)

Nécessité est de raison la moitié.

(*Recueil* de GRUTHER.)

Nécessité n'a point de loy.

(*Adages françois.*) XVIe siècle.

N'est pas perdu quanque en péril gist.

(*Prov. communs.*) XVe siècle.

N'est pas richesse ne de vair ne de gris,
Mais est richesse de parens et d'amis,
Le cuer d'un homme vaut tout l'or d'un païs.

(*Roman de Garin*, t. II, p. 218.) XIIe siècle.

N'est pas viande qui au cuer ne plait.

N'est si bel rendre comme laissier à prendre.

(*Anc. prov.*, Ms.) XIIIe siècle.

N'est si belle vivance qui n'estange (*n'empêche de*) mourir.

(*Prov. Gallic.*, Ms.) XVe siècle.

N'est si male chose qui n'ayde ne sy bonne qui ne nuyse.

(*Prov. communs.*) XVe siècle.

Netteté nourrist la santé.

(*Matinées sénonaises*, p. 267.)

Noviax pechiez nuit et viez dete aide.

(*Anc. prov.*, Ms.) XIIIe siècle.

Non d'où tu es, mais d'où tu pais.

(GABR. MEURIER, *Trésor des Sentences.*) XVIe siècle.

Non pas une seule larme.

(BOVILLI *Prov.*) XVIe siècle.

Nostre fin s'approche de jour en jour.

(*Prov. Gallic.*, Ms.) XVe siècle.

N'oublier rien pour dormir.

(BOVILLI *Prov.*) XVIe siècle.

Nourriture passe aage.

(*Prov. Gallic.*, Ms.) XVe siècle.

Nourriture passe nature.

(GABR. MEURIER, *Trésor des Sentences.*) XVIe siècle.

Nous demandons sans cesse notre fin.

Nous en parlerons aux amis de la fille.

Nous n'avons que notre vie en ce monde.

(*Adages françois.*) XVIe siècle.

Nous n'emporterons de cest siècle que même vie.

(*Prov. Gallic.*, Ms.) XVe siècle.

Nous suymes en la raye de fortune.

(*Prov. Gallic.*, Ms.) XVe siècle.

Nul bien sans hayne.

(GABR. MEURIER, *Trésor des Sentences.*) XVIe siècle.

Nul bien sans peine.

(*Prov. communs.*) XVe siècle.

Nule chose est plus grand d'acoustumance.

(*Anc. prov.*, Ms.) XIIIe siècle.

Nul sourfait n'est bon.

(*Prov. Gallic.*, Ms.) xve siècle.

Nul mal et nul bien
Sans peine ne vient.

(GABR. MEURIER, *Trésor des Sentences.*) xvie siècle.

Nul miel sans fiel.

Nul mondain soulas sans son hélas.

(*Recueil* de GRUTHER.)

Nus n'amende s'il ne mesfait.

(*Roman du Renart*, v. 7,734.) xiiie siècle.

Nul ne doit dire qu'il ait rien fait
Devers amis que parfait l'ait.

Nul ne doit être tesmoing en sa cause.

(*Prov. Gallic.*, Ms.) xve siècle.

Nul ne doit fais entreprendre s'il ne le peut porter.

(*Adages françois.*) xvie siècle.

Nul ne parvient à la vieillesse
Qui n'a passé par la jeunesse.

(*Recueil* de GRUTHER.)

Nul ne pèle son fromage qu'il n'y ait perte ou dommage.

(*Adages françois.*) xvie siècle.

Nul ne pert qu'autruy ne gaigne.

(*Prov. communs.*) xve siècle.

Nus ne puet tant grever com privés ennemis.

(*Anc. prov.*, Ms.) xiiie siècle.

Nus n'est de tous amé
Ne de tous hay.

(*Prov. Gallic.*, Ms.) xve siècle.

Nus ne set que c'est bien qui n'essaie qu'est max.

(*Anc. prov.*, Ms.) xiiie siècle.

Nus n'est si bons qui ne puist empirier,
Ne si mauvais qui ne puist amender.

(*Anc. prov.*, Ms.) XIIIe siècle.

Nul ne sait si bien la besoigne que celuy à qui elle est.

(*Prov. communs.*) XVe siècle.

Nus n'est parfais en toutes choses.

Nus n'est si chaux qui ne refroide.

(*Anc. prov.*, Ms.) XIIIe siècle.

Nus n'est si large que celuy qui n'a que donner.

(*Prov. communs.*) XVe siècle.

Nus n'est sur qui on ne mesdie.

Il n'y a personne sur qui on ne médise.

(*Roman du Renart*, v. 2,018.) XIIIe siècle.

Nul ne puet servir deux maistres à la fois.

(*Dictionn. comique*, par P. J. LE ROUX, t. II, p. 117.)

Nul pain sans peyne.

(GABR. MEURIER, *Trésor des Sentences.*) XVIe siècle.

Nul sang blanc, nulle puce blanche.

(BOVILLI *Prov.*) XVIe siècle.

Nul, tant soit fort et vigoureux,
Ne puet à soy souffire seus (*seul*).

(ISOPET Ier, *Fables*, t. I, p. 172.) XIVe siècle.

Nul trop n'est bon, ne peu assés.

(*Prov. communs.*) XVe siècle.

Nul vice sans supplice,
Nuls vifs sans vices.

(*Recueil* de GRUTHER.)

Nulle heure est tant heureuse qu'inheureuse ne soit.

(*Adages françois.*) XVIe siècle.

Nulle maison sans croix et passion.

(GABR. MEURIER, *Trésor des Sentences.*) XVIe siècle.

Nulluy ne fait si bien l'œuvre que celluy à qui elle est.

(*Prov. communs.*) XVe siècle.

Ny les estoupes proches aux tisons,
Ny moins les filles près les barons.

(GABR. MEURIER, *Trésor des Sentences.*) XVIe siècle.

N'y pense plus, tu l'auras.

(*Prov. communs.*) XVe siècle.

Offre ne vaut rien qui à bourse ne vient.

(GABR. MEURIER, *Trésor des Sentences.*) XVIe siècle.

On a beau être lassé on ne laisse pas d'aller.

(*Dictionn. comique,* par P. J. LE ROUX, t. II, p. 68.)

On n'a pas lettres de tousjours vivre.

(*Adages françois.*) XVIe siècle.

On a plustost fait folie que savoir.

(*Prov. Gallic.*, Ms.) XVe siècle.

On apprend un mestier que pour y mourir.

(*Adages françois.*) XVIe siècle.

On blasme mout de choses par envie, ou pour ce qu'on est si souffisans com cil qui les pronunce.

(*Anc. prov.*, Ms.) XIIIe siècle.

On connoist bien porpoint au collet.

(GABR. MEURIER, *Trésor des Sentences.*) XVIe siècle.

On cognoist bien l'yvrognerie à la trogne.

(*Recueil* de GRUTHER.)

. . . . . On dit souvent que grans pais
Gist en bien grant guerre à le fie (*à la fin*).

(*Roman du Renart,* v. 2,370.) XIIIe siècle.

On doit achepter pais et maison faite.

(*Prov. communs.*) XVe siècle.

On doibt de chose faicte user,
Quand on les faict point regarder.

(BOVILLI *Prov.*) XVIe siècle.

On doit dire le bien du bien.

(*Prov. communs.*) xve siècle.

On doit mout souffrir de son ami.

On doit plus plaindre le daimage du temps perdu que les choses.

(*Anc. prov.*, Ms.) xiiie siècle.

On doit quérir en jeunesse
Dont on vive en la vieillesse.

(*Prov. communs.*) xve siècle.

On doit souffrir paciament ce c'on ne puet amander seinement.

(*Anc. prov.*, Ms.) xiiie siècle.

On donne les offices et promotions,
Et non prudence et discretion.

(*Recueil* de Gruther.)

On en a bien veu d'autres.

On est à Dieu ou au Diable.

(*Adages françois.*) xvie siècle.

On n'est pas battu et esconduit tout ensemble.

(*Dictionn. comique*, par P. J. Le Roux, t. I, p. 422.)

On est plus en terre qu'en prez.

(*Adages françois.*) xvie siècle.

On fait bien mal pour pis à remanoir.

(*Anc. prov.*, Ms.) xiiie siècle.

On fait bien mal pour pys abattre.

On honore communément ceux qui ont beaux habillemens.

(*Prov. communs.*) xve siècle.

On lie bien son sac ains (*avant*) qu'il soit plains.

(*Anc. prov.*, Ms.) xiiie siècle.

On met mieulx entre ses dentz
Qu'on ne le rejette quand est dedens.

(Bovilli *Prov.*) xvie siècle.

On ment tant c'on ne set que croire.
(*Anc. prov.*, Ms.) XIIIe siècle.

On meurt bien de joye.
(BOVILLI *Prov.*) XVIe siècle.

On n'a rien pour rien.
(*Prov. communs.*) XVe siècle.

On n'abat pas un chesne au premier coup.
(GABR. MEURIER, *Trésor des Sentences.*) XVIe siècle.

On ne conoit pas la gent pour aler la voie.
(*Anc. prov.*, Ms.) XIIIe siècle.

On ne doibt contraindre le temps,
Ne sur Dieu haster les ans.

On ne doibt dire son secret à femme, fol et enfant.
(BOVILLI *Prov.*) XVIe siècle.

On ne doibt juger d'homme ne de vin
Sans les esprouver, soir et matin.
(GABR. MEURIER, *Trésor des Sentences.*) XVIe siècle.

On ne doibt le droict violer
Si non à cause de dominer.
(BOVILLI *Prov.*) XVIe siècle.

On ne doit pas laisser le plus pour le moins.
(*Prov. communs.*) XVe siècle.

On ne doibt pas mettre les estoupes près le feu.
(GABR. MEURIER, *Trésor des Sentences.*) XVIe siècle.

On ne doibt pas prendre le mal et laisser le bien.
(*Prov. communs.*) XVe siècle.

On ne doibt servir à boire qu'à une main.
(*Adages françois.*) XVIe siècle.

On ne fait pas de rien grasse porée.

On ne fait pas tout en ung jour.

On ne peut à tous complaire.
(*Prov. communs.*) XVe siècle.

On ne puet mie auques (*beaucoup*) avoir pour mentir auques.

(*Anc. prov.*, Ms.) XIIIe siècle.

On ne peut mourir que d'une mort.

(*Adages françois.*) XVIe siècle.

On ne peut pas courir et corner.

(*Prov. communs.*) XVe siècle.

On ne peut pas deffendre bien le chien à abaier (*aboyer*) ne le mentour à jaingler (*mentir*).

(*Anc. prov.*, Ms.) XIIIe siècle.

On ne peut souffler et humer ensemble.

(*Recueil* de GRUTHER.)

On ne peut trop avoir d'amis et peu d'anemis.

On ne peut voler sans ailes.

(*Prov. communs.*) XVe siècle.

On ne sçauroit assez tost se defaire d'un fascheux et d'un importun.

Brantôme cite ce proverbe en parlant des importunités de Vely, ambassadeur de France à la cour de l'empereur Charles-Quint. L'empereur en fut si rebuté qu'il lui déclara tout net : « Monsieur l'ambassadeur, il faut que je » vous dye que vous estes fort fâcheux et importun de me » rompre la teste... de me parler et de me demander une » chose où le roy n'y a non plus de droit que l'empire » de Turc. » (*Hommes illustres françois*, t. I.)

On ne sçauroit faire le feu si bas que la fumée n'en sorte.

(*Adages françois.*) XVIe siècle.

On ne saurait manier du beurre qu'on ne s'en graisse les doigts.

(*Dictionn. comique*, par P. J. LE ROUX, t. I, p. 451.)

On ne scet qui meurt ne qui vit.

(*Prov. communs.*) XVe siècle.

On ne sçait qui meurt ne qui vit,
Par quoy fait bon mettre en escrit.
(*Suite aux Mots dorés de Caton.*) XVIe siècle.

On ne trouva jamais meilleur messager que soi-même.
(*Dictionn. comique*, par P. J. Le Roux, t. II, p. 152.)

On ne vend qu'une fois.
(*Adages françois.*) XVIe siècle.

On n'en meurt de faim chez nous.

On n'est pas quitte en payant.

On n'est prins qu'en prenant.

On n'est jamais riche si l'on ne met du bien d'autruy avec le sien.
(*Adages françois.*) XVIe siècle.

En oublie plustost le bien que le mal.
(*Anc. prov.*, Ms.) XIIIe siècle.

On ouvre mieulx l'esperit que l'en ne le clost.
(Bovilli *Prov.*) XVIe siècle.

On peut selonc raison ce c'on veut.
(*Anc. prov.*, Ms.) XIIIe siècle.

On pert en peu d'heures ce qu'on a gaigné en long temps.
(*Prov. communs.*) XVe siècle.

On peut tout lire sans encombrier (*encombre*),
De tout user y a dangier.
(Bovilli *Prov.*) XVIe siècle.

On peut user une fois l'an de sa conscience.
(*Adages françois.*) XVIe siècle.

On prend plustost un menteux
Qu'un aveugle ou un boiteux.
(Gabr. Meurier, *Trésor des Sentences.*) XVIe siècle.

En (*on*) regarde volentiers ce qu'on aime.
(*Anc. prov.*, Ms.) XIIIe siècle.

On s'avise tard en mourant.

On sçait bien quand on part, mais pas quand on reviendra.

(*Prov. communs.*) xve siècle.

On se fasche bien de manger pain blanc.

(Bovilli *Prov.*) xvie siècle.

On se puet bien trop tasir (*taire*).

On sue bien pour trop grant aise.

On sueffre à paine ce c'on n'aime pas.

On sueffre les pechiez dont on est entechiez.

En sueffre tout est miex que aise.

(*Anc. prov.*, Ms.) xiiie siècle.

On trouve le terme aussi bien de son propre que de son douaire.

(*Adages françois.*) xvie siècle.

On va volontiers où on aime.

(*Anc. prov.*, Ms.) xiiie siècle.

Oncques ne fais ton conseiller
D'omme ki ne soit de boin nom.

(*Roman du Renart*, v. 2,008.) xiiie siècle.

Oncques souhait n'emplit le sac.

(Gabr. Meurier, *Trésor des Sentences.*) xvie siècle.

Or et salle
Ne soit en sale.

(*Prov. de* Bouvelles.) xvie siècle.

Or est venu qui aymera.

(*Prov. Gallic.*, Ms.) xve siècle.

Orgueilleuse semblance montre fol cuidance.

(*Prov. communs.*) xve siècle.

Orgueilleux comme s'il étoit immortel en ce monde.

(*Adages françois.*) xvie siècle.

Oster la pouldre de ses pieds.

(BOVILLI *Prov.*) XVIe siècle.

Où ceste vie prend fin
Commence mort ou joye sans fin.

(GABR. MEURIER, *Trésor des Sentences.*) XVIe siècle.

Où force est raison n'a lieu.

Où il y a abundance de parolle il n'y a pas grande sagesse.

(*Prov. communs.*) XVe siècle.

Où il n'y a point de mal il ne faut point d'emplâtre.

(*Dictionn. comique*, par P. J. LE ROUX, t. I, p. 440.)

Où li amors est li cueurs est.

(*Anc. prov.*, Ms.) XIIIe siècle.

Où manque la police abonde malice.

(*Recueil* de GRUTHER.)

Où n'est raison y a confusion.

(*Prov.* de BOUVELLES.) XVIe siècle.

Où nous avons disné nous soupperons.

(*Prov. communs.*) XVe siècle.

Ou rendre ou prendre.

(*Anc. prov.*, Ms.) XIIIe siècle.

Où sensualité domine moult est proche la ruyne.

(*Recueil* de GRUTHER.)

Ou tost ou tard, ou près ou loing,
A li fort du foible besoin.

(*Roman du Renart*, v. 27,829.) XIIIe siècle.

Ou un beau si, ou un beau non.

(GABR. MEURIER, *Trésor des Sentences.*) XVIe siècle.

Ou vente ou pleut, si vet qui estuet.

Qu'il vente ou pleuve, celui qui a besoin va toujours.

Outre pouvoir noient (*rien*).

(*Anc. prov.*, Ms.) XIIIe siècle.

Ouvre ta bourse j'ouvriray ma bouche.

(Bovilli *Prov.*) xvie siècle.

Ouyr, voir, et se taire de tous,
Fait l'homme estre bien venu partout.

(Gabr. Meurier, *Trésor des Sentences.*) xvie siècle.

Ouyr dire va par ville.

(*Prov. communs.*) xve siècle.

Oy, voy et tay,
Si tu veux vivre en paix.

Paix engendre prospérité,
De prospérité vient richesse,
De richesse orgueil et volupté,
D'orgueil contention sans cesse,
Contention la guerre adresse.
La guerre engendre pauvreté,
Pauvreté humilité,
D'humilité revient la paix,
Ainsi retournent les humains.

(*Recueil* de Gruther.)

Par beau parler et par servir
Peu l'en à moult grand bien venir.

Par compagnie se fait l'en prendre.

(*Prov. Gallic.*, Ms.) xve siècle.

Por demander n'acquiert on pas amis.

(*Anc. prov.*, Ms.) xiiie siècle.

Par mauvais consel mains hosteus est honnis.

(*Roman du Renart*, v. 2,005.) xiiie siècle.

Par mauvais hoirs
Dechieent viles et manoirs.

(*Anc. prov.*, Ms.) xiiie siècle.

Par eslargir et par presser on voit l'esponge boire et plouvoir.

(Bovilli *Prov.*) xvie siècle.

Par grand beauté
Est l'homme hébété.

(*Prov.* de BOUVELLES.) XVIe siècle.

Par leur orgueil pareilles gens sont defraudez le plus souvent.

(BOVILLI *Prov.*) XVIe siècle.

Par maulvaise compagnie enfans suivent mauvaise vie.

(*Prov. communs.*) XVe siècle.

Par paour, par haine, par amour, par avoir,
Sont souvent li sens d'om trouvé en non savoir.

(*Anc. prov.*, Ms.) XIIIe siècle.

Pour néant pense qui ne contre pense.

(*Prov. Gallic.*, Ms.) XIIIe siècle.

Par sçavoir
Vient avoir.

(*Prov.* de BOUVELLES.) XVIe siècle.

Par tel est corrigé le membre dont il a offensé.

(*Prov. communs.*) XVe siècle.

Par traïtor sont déceu
Maint preudomme.

(*Roman du Renart*, v. 807.) XIIIe siècle.

Par trop cruel à son ennemy
Sera rude à son amy.

(GABR. MEURIER, *Trésor des Sentences.*) XVIe siècle.

Par trop parler et estre mu
L'on est souvent pour fol tenu.

(*Prov. communs.*) XVe siècle.

Par trop songer cerveau ronger.

Parens sans amis, amis sans pouvoir,
Pouvoir sans vouloir, vouloir sans effet,
Effet sans profit, profit sans vertu
Ne vallent pas un festu.

(GABR. MEURIER, *Trésor des Sentences.*) XVIe siècle.

Parler à ung mur.

Parler comme plusieurs,
Sentir comme peu.

(BOVILLI *Prov.*) XVIe siècle.

Parler contre le soleil.

Parler en maistre.

(*Adages françois.*) XVIe siècle.

Parler selon le commun,
Tenir comme un.

(*Prov.* de BOUVELLES.) XVIe siècle.

Parolle qui n'est escoutée ne vault rien;
Parolle qui ne vaut ne doit jà estre écouté.

(*Prov. Gallic.*, Ms.) XVe siècle.

Paroy à l'oreille
Qui toujours veille.

(GABR. MEURIER, *Trésor des Sentences.*) XVIe siècle.

Paroys blanchis,
Paroys fenduz.

(BOVILLI *Prov.*) XVIe siècle.

. . . Parolle ouie est perdue
S'elle n'est de cuer entendue.

(*Roman du chevalier au Lion.*) XIIIe siècle.

Parole mal entendue est mal jugiée,
Paroles raportées sont envenimées.

(*Anc. prov.*, Ms.) XIIIe siècle.

Parolles sont femelles,
Et les faits malles.

(GABR. MEURIER, *Trésor des Sentences.*) XVIe siècle.

. . . Parole une fois volée
Ne puet plus estre rapelée.

(*Roman de la Rose*, v. 16,747.) XIIIe siècle.

Partie des hommes à l'espée,
Partie au bouclier est ressemblant.

(BOVILLI *Prov.*) XVIe siècle.

Partout a manière.

Partout est l'aventure.

Partout est le péril.

(*Prov. Gallic.*, Ms.) xve siècle.

Pas à pas on va bien loing.

(Gabr. Meurier, *Trésor des Sentences.*) xvie siècle.

Passer l'étamine.

(*Dictionn. comique*, par P. J. Le Roux, t. I, p. 478.)

Pautonnier fait larron et gibbessier compaignon.

(*Prov. communs.*) xve siècle.

Pauvre et loyal.

Pauvres et chétifs et malheureux ne sont subjets aux envieux.

Pauvre et prudhomme.

Pauvres gens n'ont guerres d'amys.

(*Adages françois.*) xvie siècle.

Povreté abaisse courtoisie.

(*Prov. communs.*) xve siècle.

Pauvreté n'est pas vice;

Et ne desanoblit pas, ajoute l'ancien axiome de droit. Voyez Loisel, *Institutes coutumières*, n° 34.

Pouvreté
Prent tout en gré.

(*Prov.* de Bouvelles.) xvie siècle.

Paye pinte et tu boiras le premier.

(*Adages françois.*) xvie siècle.

Peine nourrit
Plume destruit.

(*Prov.* de Bouvelles.) xvie siècle.

Pensée de preudhomme si est sens et sa parole jugement.

(*Anc. prov.*, Ms.) xiiie siècle.

Pense, dy et fays.

(BOVILLI *Prov.*) XVIe siècle.

Pense moult, parle peu, escris moins.

(GABR. MEURIER, *Trésor des Sentences.*) XVIe siècle.

Pensée me emporte.

(*Prov. Gallic.*, Ms.) XVe siècle.

Perdre son habit en un jour de froid.

(BOVILLI *Prov.*) XVIe siècle.

Père doulx et piteux fait les enfans malheureux et paresseux.

(*Prov. communs.*) XVe siècle.

Pescher au costé droit et on aura plain rays.

(BOVILLI *Prov.*) XVIe siècle.

Pescher en eau trouble
Est gain triple ou double.

(GABR. MEURIER, *Trésor des Sentences.*) XVIe siècle.

Pescheur
N'est pescheur.

(*Prov.* de BOUVELLES.) XVIe siècle.

Petit à petit on va bien loing.

(*Anc. prov.*, Ms.) XIIIe siècle.

Petit disné longuement attendu n'est pas donné mais chierement vendu.

(*Prov. communs.*) XVe siècle.

Petit don est le hain (*hameçon*) du plus grand don.

(BOVILLI *Prov.*) XVIe siècle.

Petit queu (*cuisinier*), petit pot et petit feu.

Petit mesnage, grand repos, petit potage.

(GABR. MEURIER, *Trésor des Sentences.*) XVIe siècle.

Petite chose de loing poise.

Petite chose est bonne.

(*Prov communs.*) XVe siècle.

Petite compagnie, vie alègre et lie.

Petite conscience et grande diligence
Font l'homme riche en vaillence.

Petites querelles et noisettes
Sont aiguillons d'amourettes.

Peu aide et rien n'ayde.

Peu de bien peu de soucy.

(Gabr. Meurier, *Trésor des Sentences.*) xvie siècle.

Peu de chose ayde.

Peu de chose ne fait que ung peu de mal.

(*Prov. communs.*) xve siècle.

Peu de gens sans rire ont esté,
Ou ne rit nul qui n'ait ploré.

(Bovilli *Prov.*) xvie siècle.

Peu de paix est don de Dieu.

(*Prov. communs.*) xve siècle.

Peut être engarde les gens de mentir.

(*Dictionn. comique*, par P. J. Le Roux, t. I, p. 449.

Peu parler bien ouvrer.

(*Prov.* de Bouvelles.) xvie siècle.

Peu vault honneur qui si tost passe.

(*Prov. communs.*) xve siècle.

Peuple sans blé
Mal assemblé.

(*Prov.* de Bouvelles.) xvie siècle.

Peuple seur n'a pas besoin de mur.

Pied de montagne et port de mer
Font enrichir et profiter.

(Gabr. Meurier, *Trésor des Sentences.*) xvie siècle.

Pire est une heure que cent.

Pire est los qui fait.

(*Prov. Gallic.*, Ms.) xve siècle.

Pis vaut encontre qu'agais.

(*Anc. prov.*, Ms.) XIIIe siècle.

Pis vaut le rompu que le décousu.

(GABR. MEURIER, *Trésor des Sentences.*) XVIe siècle.

Plain poing de baillié cent soltz vault.

(*Prov. Gallic.*, Ms.) XVe siècle.

Plaisirs mondains finent en pleurs.

(*Prov. communs.*) XVe siècle.

Plein jusqu'au goullet.

(*Adages françois.*) XVIe siècle.

Plus a apprins qui se taist
Que qui parle et haut brait.

(BOVILLI *Prov.*) XVIe siècle.

Plus aisément qu'on entre en la vie on en sort,
Elle n'a qu'une porte et mille en a la mort.

(BRUSCAMBILLE, *Voyage d'Espagne.*) XVIIe siècle.

Plus chère est un don
Que chose achaptée, voit-on.

(BOVILLI *Prov.*) XVIe siècle.

Plus de morts moins d'ennemis.

(*Recueil* de GRUTHER.)

Plus dure honte que chiers tens.

(*Anc. prov.*, Ms.) XIIIe siècle.

Plus dure honte que povreté.

(*Prov. communs.*) XVe siècle.

Plus fait celuy qui veut
Que celuy qui peut.

(GABR. MEURIER, *Trésor des Sentences.*) XVIe siècle.

Plus me haste et plut me gaste.

(BOVILLI *Prov.*) XVIe siècle.

Plus sont de compères que d'amis.

(*Anc. prov.*, Ms.) XIIIe siècle.

Plutôt souffrir que mourir,
C'est la devise des hommes.

(La Fontaine, *Fables*, liv. I, fable 16.)

Plustot mourir.

(*Adages françois.*) XVIe siècle.

Poindre en porion
Ne sent l'esguillon.
Point ne parle à celuy qui boit.

(Bovilli *Prov.*) XVIe siècle.

Porte serrée teste gardée.

(Gabr. Meurier, *Trésor des Sentences.*) XVIe siècle.

Porter lanterne à midy.

(Bovilli *Prov.*) XVIe siècle.

Pour affermer ne pour noier n'est muée la chose.

(*Anc. prov.*, Ms.) XIIIe siècle.

Pour affirmer ni pour nier n'est changée la chose.

Pur ce dit-um en reprovier :
Plusur ne savent damagier,
Ne contrester lur anemis
Qu'il ne facent à auz le pis.

(Marie de France, fable 45.) XIIIe siècle.

Pour ce l'on dit en proverbe : Plusieurs ne savent nuire à leurs ennemis sans faire pire à eux-mêmes.

Pour ce le me fais que le te face.

(*Prov. communs.*) XVe siècle.

Pose dessus, pose dessous.

(*Prov. Gallic.*, Ms.) XVe siècle.

Pour ce te fais que tu me refaces,
L'une bonté l'autre requiert.

(*Anc. prov.*, Ms.) XIIIe siècle.

Pour donner et pour prendre
Sont mère et fille bien ensemble.

(*Prov. Gallic.*, Ms.) xve siècle.

Pour escu sauver
Maille à louer.

(*Prov.* de Bouvelles.) xvie siècle.

Pour les domaiges ne demeurent les pertes.

(*Prov. Gallic.*, Ms.) xve siècle.

Pour mener une bonne vie,
Art, ordre et règle y remédie.

(Gabr. Meurier, *Trésor des Sentences.*) xvie siècle.

Pour néant demande conseil qui ne le veult croire.

(*Prov. communs.*) xve siècle.

Pour néant demande pardon qui pardonner ne veut.

(*Prov. Gallic.*, Ms.) xve siècle.

Pour néant recule qui mal jour attend.

(*Prov. communs.*) xve siècle.

Pour sçavoir
Duit avoir.

(*Prov.* de Bouvelles.) xvie siècle.

Pour soy recouvrer convient ouvrer.

(Gabr. Meurier, *Trésor des Sentences.*) xvie siècle.

Pour trois jours manger à planté.

(Bovilli *Prov.*) xvie siècle.

Pour une joye mille douleurs.

Pour ung perdu deux retrouvez.

Pouvres chétifs et malheureux ne sont subjets à ennuyeux.

(*Prov. communs.*) xve siècle.

Pouvre orgueilleux soit hony,
Et jeune paresseux et vieil luxurieux.

Pouvreté et loyauté soient benoiste.

(*Prov. Gallic.*, Ms.) xve siècle.

Prélat irrévérent et qui de Dieu n'a cure,
Pasteur nonchalant des brebis de sa cure,
Prince sévère et inclément,
Belle femme variant à tous vent,
Chevalier qui sans cause son pays vent et engage,
Chambrière qui de courir à matines fait usage,
Juge coustumier de mentir et ordinaire,
Échevin tournant le droit au contraire,
Vieil homme ententif et vacant à mal,
Moyne par trop à cheval,
Jeune escolier trotier et amoureux,
Pauvre homme de vin connaissant et convoiteux,
Font une douzaine de gens d'étrange guise,
De peu d'estime et de basse mise.

(Gabr. Meurier, *Trésor des Sentences.*) xvie siècle.

Premier à prendre
Puis le rendre.

(*Prov.* de Bouvelles.) xvie siècle.

Premier levé, premier chaussé.

(Gabr. Meurier, *Trésor des Sentences.*) xvie siècle.

Prendre conseil à l'oreillier.

(Bovilli *Prov.*) xvie siècle.

Prendre la poudre d'escampette.

(*Dictionn. comique*, par P. J. Le Roux, t. I, p. 468.)

Prendre le bien
Quand il vient.

(*Prov.* de Bouvelles.) xvie siècle.

Prester argent fait perdre la mémoire.

Prévoir pour voir.

(*Adages françois.*) xvie siècle.

Prodigue et grand buveur de vin
Fait rarement four ne moulin.

(Gabr. Meurier, *Trésor des Sentences.*) xvie siècle.

Prodhomme trouve moult qui sa table luyt mect.

(*Prov. Gallic.*, Ms.) xve siècle.

Promettre et tenir sont deux.

(LOYSEL, *Institutes coutumières*, n° 260.)

Promettre est facile, mais effectuer difficile.

(*Moyen de parvenir.*)

L'auteur ajoute : « Tenir tout ce que l'on promet est » faire comme le seigneur de notre paroisse, qui ne vous » refuse rien et baille encore moins. »

Et qui promet et point ne solt
Le cuer de son ami se solt.

(*Chronique de Godefroy de Paris*, p. 33.)

Promettre est veille de donner.

(GABR. MEURIER, *Trésor des Sentences.*) xvie siècle.

Promettre peut-on et tenir.

(*Prov. communs.*) xve siècle.

Promettre sans donner est à fol contenter.

(*Anc. prov.*, Ms.) xiiie siècle.

Prospérité, amour, fumée ne toux
Longuement ne se peuvent cacher de tous.
Prospérité est sœur d'adversité.

(*Recueil* de GRUTHER.)

Prudens vault tout bien.

(*Prov. communs.*) xve siècle.

Puis que la parolle est issue du corps elle n'y peut jamais entrer.

(*Prov. Gallic.*, Ms.) xve siècle.

Quant bel vient sur bel si pert bel sa saison.

(*Anc. prov.*, Ms.) xiiie siècle.

Quand beau vient sur beau beau perd sa beaulté.

(*Prov. communs.*) xve siècle

Quant bien vient cœur fault.

(GABR. MEURIER, *Trésor des Sentences.*) XVIe siècle.

Quand chacun a ce qui luy appartient ce n'est pas trop.

(*Adages françois.*) XVIe siècle.

Quand gens oyseux y a en une place,
Sagement fait qui d'icelle desplace.

(*Suite aux Mots dorés de Caton.*) XVIe siècle.

Quand je serai mort si me feras chandel.

(*Anc. prov.*, Ms.) XIIIe siècle.

Quand je serai seul faites-moi du broet.

(*Prov. communs.*) XVe siècle.

Quand la chose est faite li consaus (*conseil*) en est pris.

(*Anc. prov.*, Ms.) XIIIe siècle.

Quand l'aveugle porte la banière,
Mal pour ceux qui marchent derrière.

(GABR. MEURIER, *Trésor des Sentences.*) XVIe siècle.

Quand le bien vient on le doibt prendre.

(*Prov. communs.*) XVe siècle

Quand le corps demene
L'ame ne peut mourir.

(*Prov. Gallic.*, Ms.) XVe siècle.

Quand le fol se taist il est réputé sage.

(*Prov. communs.*) XVe siècle.

Quand le seul avec le seul sera seul,
Sçaura le seul que seul peut estre seul.

(GABR. MEURIER, *Trésor des Sentences.*) XVIe siècle.

Quant l'en a assez attendu si convient il poier.

(*Anc. prov.*, Ms.) XIIIe siècle.

Quand l'en prent morceau
A l'emblée toute sa vie luy dure?

(*Prov. Gallic.*, Ms.) XVe siècle.

Quand les biens viennent les corps faillent.

Quand les pillars auront pillé
Et les pilliez seront pilliez,
Les pilliés auront du pain
Et les pillars mourront de faim.

Quand les yeulx voient ce que virent oncques,
Le cueur pense ce qu'il ne pensa oncques.

Quand on est bien on ne s'y peult tenir.

(*Prov. communs.*) xve siècle.

Quant on i a tant mis si convient il paier.

(*Anc. prov.*, Ms.) xiiie siècle.

Quand *Oportet* vient en place,
Il est besoing qu'on le face.

Quand orgueil chevauche ou va le galoppe,
Daim (*dommage*) et honte le suit en croppe.

(Gabr. Meurier, *Trésor des Sentences.*) xvie siècle.

Quand orgueil chevauche devant, honte et dommage suivent de près.

(Commynes, *Mémoires*, etc.).

Quand quelqu'un te fait villenie,
Mest le en ton sac et le lie;
Et quand viendra le temps,
Deslie ton sac et le vends.

(Bruscambille, *Voyage d'Espagne.*) xviie siècle.

Quand tard arrive mal loge.

Quand tiens bon ordre ne peut tordre.

(Gabr. Meurier, *Trésor des Sentences.*) xvie siècle.

Quand tous aultres peschés laissent l'homme vieulx,
Seule avarice tient le lieux.

(*Prov. communs.*) xve siècle.

Quant une fortune vient ne vient seule.

(*Prov. communs.*) xve siècle.

Quand vous serez tout seul, si allez le premier.

(*Prov. Gallic.*, Ms.) xve siècle.

Que d'user bien de pauvreté
C'est richesse et pauvreté.

Que le malin qui tend le piége decevant,
En voulant prendre autruy se prent le plus souvent.

(BRUSCAMBILLE, *Voyage d'Espagne.*) xviie siècle.

Que plus pert-on et mains a-on.

Que quant plus a de buche ou feu plus art.

(*Anc. prov.*, Ms.) xiiie siècle.

Quel pour moy tel pour toy.

(GABR. MEURIER, *Trésor des Sentences.*) xvie siècle.

Quelque chose que l'homme sache,
S'il dit mal jamais n'est reputé sage.

(*Prov. communs.*) xve siècle.

Quelque pauvretté qu'il est
Il tient sa vaisselle nette.

(BOVILLI *Prov.*) xvie siècle.

Quereller en mariage n'accroist grain, bien, n'héritage.

(*Recueil* de GRUTHER.)

Ki a affaire à preudome il se repose.

(*Anc. prov.*, Ms.) xiiie siècle.

Qui a age doit estre sage.

(*Recueil* de GRUTHER.)

Qui à aise tent ayse luy fault.

(*Prov. communs.*) xve siècle.

Qui a bon commencement il a moitié de s'euvre.

(*Anc. prov.*, Ms.) xiiie siècle.

Qui a à partir si a à marrir.

Celui qui a à partager a aussi à chagriner.

(*Prov. Gallic.*, Ms.) xve siècle.

Qui a à perdre il pert tousjours.
Qui a argent il a beau faire.
Qui a argent il a des belles choses.
Qui a argent il fait ce qu'il veult.

(*Prov. communs.*) XVe siècle.

Qui a assez d'argent a assez parans.

(*Anc. prov.*, Ms.) XIIIe siècle.

Qui a besoing de feu avec le doigt le va querre.

(*Prov. Gallic.*, Ms.) XVe siècle.

Qui a bon chef est franc de mechef.

(GABR. MEURIER, *Trésor des Sentences.*) XVIe siècle.

Qui a bonne cause si ait bons despens.
Qui aise atant ayse soyt.

(*Prov. Gallic.*, Ms.) XVe siècle.

Qui a bon voisin a bon matin.

(GABR. MEURIER, *Trésor des Sentences.*) XVIe siècle.

Qui a maul voisin si a maul matin.
Qui a mauvais voisin a mauvais matin.

(*Anc. prov.*, Ms.) XIIIe siècle.

« . . . On dit qui a mal voisin
« Que il a souvent mal matin. »

(*Roman du Renart*, v. 3,527.) XIIIe siècle.

Qui a bu boira.
Ki a compeignon il a mestre.

(*Anc. prov.*, Ms.) XIIIe siècle.

Qui a d'affaire à meschante gents
Aura la guerre malgré ses dents.
Qui a des noix il en casse,
Qui n'en a il s'en passe.
Qui a des pois et du pain d'orge,
Et du lard pour oindre sa gorge,
Avec cinq sols et ne doibt rien,
Il peut dire qu'il est très-bien.

(GABR. MEURIER, *Trésor des Sentences.*) XVIe siècle.

Qui à eure vuet mengier ainz eure doit aparillier.

Qui heureux veut manger prépare avant son bonheur.

(*Anc. prov.*, Ms.) XIIIe siècle.

Qui a faim mange tout pain.

(*Prov.* de BOUVELLES.) XVIe siècle.

Qui a fait la faulte si la boyve.

(*Prov. communs.*) XVe siècle.

Qui a faute d'heur (*bonheur*) vie lui surabonde.

(GABR. MEURIER, *Trésor des Sentences.*) XVIe siècle.

Qui a honte de manger a honte de vivre.

(*Prov. communs.*) XVe siècle.

Qui a le cuer en sa commande
Outrageus est qui plus demande.

(*Roman de la Rose*, v. 2,006.) XIIIe siècle.

Qui a la sien rien ne perd.

(*Prov. Gallic.*, Ms.) XVe siècle.

Qui a mal au doy gésir en doit.

(*Prov. communs.*) XVe siècle.

Qui a mangé le rot ronge l'ost.

Qui a marastre a le diable en l'astre.

Qui a pécune sage est tenu par fortune.

(GABR. MEURIER, *Trésor des Sentences.*) XVIe siècle.

Qui a peur il est asseur.

Qui a suffisance il a prou de bien,
Qui n'a suffisance il n'a rien.

(*Prov. communs.*) XVe siècle.

Qui à tables assez n'aura
En lieu de graces murmurera.

(BOVILLI *Prov.*) XVIe siècle.

Qui a tort si lament (*se lamente*).

(*Anc. prov.*, Ms.) XIIIe siècle.

Qui aime autruy plus que soy
Au molin se meurt de soif.

(Gabr. Meurier, *Trésor des Sentences.*) xvie siècle.

Qui ayme et n'est aymé il est d'amour mal assigné.

Qui ayme il craint.

(*Prov. communs.*) xve siècle.

Qui ayme labeur parvient à honneur.

(Gabr. Meurier, *Trésor des Sentences.*) xvie siècle.

Qui ayme l'escu est dur chrétien.

(*Adages françois.*) xvie siècle.

Qui aise atent aise le fuit.

(*Roman du Renart*, v. 15,566.) xiiie siècle.

Qui a pain et bourras si trouve assez soulas.

(*Prov. Gallic.*, Ms.) xve siècle.

Qui art a
Par tout part a.

(Gabr. Meurier, *Trésor des Sentences.*) xvie siècle.

Qui auques (*longtemps*) vit et souffrir peut,
Il joït auques de ce qu'il veut.

Qui assez grate ne demange plus.

(*Anc. prov.*, Ms.) xiiie siècle.

Qui a son droit si l'aquiert courtoisement.

Qui asne touche et femme maine,
Dieu ne l'a pas gardé de paine.

(*Prov. Gallic.*, Ms.) xve siècle.

Qui attendre peut a ce qu'il veut.

(Gabr. Meurier, *Trésor des Sentences.*) xve siècle.

Qui attent il a fort temps.

(*Prov. communs.*) xve siècle.

Qui a un bon amy n'est pas pauvre.

(*Prov. Gallic.*, Ms.) xve siècle.

Qui aura mal fait si amande.
Qui aura son vin beu si le gart?

(*Prov. Gallic.*, Ms.) XVe siècle.

Qui avec les blancs se font blanc,
Qui noirs avec les noirs deviennent,
Qui gris avec les gris se tiennent.

(*Mimes* de BAÏF.) XVIe siècle.

Qui avec malheureux couche
Il a froid, quoy qui luy touche.

(BOVILLI *Prov.*) XVIe siècle.

Qui avec mal plaisant se couche
Souvent sur luy le vent se jouche.

(GABR. MEURIER, *Trésor des Sentences.*) XVIe siècle.

Ki aver (*avare*) sert son loier pert.

(*Anc. prov.*, Ms.) XIIIe siècle.

Qui avient une n'avient seule.

(*Roman du Renart*, v. 15,720.) XIIIe siècle.

Qui barat quiert baraz lui vient,
Rutebuès (*Rutebeuf*) dit, bien m'en souviens.

(*Fabliaux*, t. III, p. 91.) XIIIe siècle.

Qui bel semblant fait par devant et traïst par derriers il ne fait point acointier (*loyauté*).

Ki bel veut oïr bel die.

(*Anc. prov.*, Ms.) XIIIe siècle.

Ki bien aime à tart oublie.

(*Anc. prov.*, Ms.) XIIIe siècle.

Qui bien aime bien chastie.

(GABR. MEURIER, *Trésor des Sentences.*) XVIe siècle.

Chastiez bien et récompensez de mesme.

« Ce proverbe vient du duc d'Albe qui commandoit les
» armées de Philippe II, roy d'Espagne en Flandres. Ce
» général récompensoit ses soldats sans aucun esgard à la
» naissance, la seule valeur faisoit leur recommandation.

» Il avoit coutume de dire dans la distribution des em-
» plois : Chastiez bien et récompensez de même, et vos
» armées seront pleines de vaillants soldats, paroles que
» l'on a depuis appliquées en plusieurs occasions aussy
» bien qu'à la guerre. »

(FLEURY DE BELLINGEN, *Étym. des Prov. franç.*, p. 137.)

Qui bien ayme en vis hait.

(*Prov. communs.*) xve siècle.

Qui bien atant ne soratant.

(*Anc. prov.*, Ms.) XIIIe siècle.

Qui bien attend n'attend pas en vain.

Qui bien commence bien avance.

(*Mimes* de BAÏF.) XVIe siècle.

Qui bien désire bien lui vient.

(*Prov. Gallic.*, Ms.) xve siècle.

Qui bien dort pulce ne sent.

(GABR. MEURIER, *Trésor des Sentences.*) XVIe siècle.

Qui bien est boiteux longuement chancelle.

(*Prov. communs.*) xve siècle.

Qui bien est ne se remue.

(*Anc. prov.*, Ms.) XIIIe siècle.

Qui bien est gart qui ne s'en bouge,
Tiengne soy chacun en son bouge.

(ISOPET Ier, *Fables*, etc., t. I, p. 184.) XIVe siècle.

Qui bien fait ne luy chaut qui de lui parle.
Qui bien fait ne luy chault qui le voye.

(*Prov. communs.*) XVIIe siècle.

Qui bien fera bien trovera.

(*Anc. prov.*, Ms.) XIIIe siècle.

Qui bien gaigne et bien espargne devient tantost riche.

(*Prov. communs.*) xve siècle.

Qui bien lie bien deslie.

(*Recueil* de GROTHER.)

Qui bien tire deux en a.

Qui bien veut mourir bien vive.

Qui bien veult parler bien se doibt pourpanser.

Qui bien veut payer bien se doibt obliger.

Qui bien vit saulvé sera.

(*Prov. communs.*) XVe siècle.

Qui boit au pot ne boit prou ne trop.

(GABR. MEURIER, *Trésor des Sentences.*) XVIe siècle.

Qui boit avec son hote
Paye souvent la maltote.

Qui boit et mange sobrement
Vit de coustume longuement.

(GABR. MEURIER, *Trésor des Sentences.*) XVIe siècle.

Qui boit une fois o (*avec*) ses choux
De la bouche de Dieu est absoulz.

(*Prov. Gallic.*, Ms.) XVe siècle.

Qui bon l'achète bon le vend.

(GABR. MEURIER, *Trésor des Sentences.*) XVIe siècle.

Qui bon l'achète bon le boit.

(*Prov. communs.*) XVe siècle.

Ki bontés fait bontés atant.

Qui bon morsel met en sa bouche
Bonne nouvele ou cuer li touche.

(*Anc. prov.*, Ms.) XIIIe siècle.

Qui boute l'ung il frappe l'autre.

(*Prov. communs.*) XVe siècle.

Qui cerche il péche.

Qui cerche le mal bientost le trouve.

(GABR. MEURIER, *Trésor des Sentences.*) XVIe siècle.

Qui chapon mange chapon lui vient.

(*Matinées sénonaises*, p. 264.)

Qui chetif envoi à la mer il ne rapporte poisson ne sel.

(*Prov. communs.*) XVe siècle.

Qui compaignie à saige tient par raison plus sage en devient.

(*Prov. Gallic.*, Ms.) xve siècle.

.... Quiconque a beaucoup vu
Peut avoir beaucoup retenu.

(La Fontaine, *Fables*, liv. i, fable 8.)

Quiconque a l'estomach plain bien peut jeuner.

(Bovilli *Prov.*) xvie siècle.

Kiconques chiet en non poeir.
S'il pert sa force et son aveir,
Mult le tiennent à grant vilté
Neis li plus qui l'ont amé.

(Marie de France, fable 15.) xiiie siècle.

Quiconque tombe en non-pouvoir, s'il perd sa force et son avoir, bien le tiennent pour vil même ceux qui l'ont aimé.

Quiconque est loup agisse en loup,
C'est le plus certain de beaucoup.

(La Fontaine, *Fables*, liv. iii, fable 3.)

Quiconque mange à lesche doit
Vaisseaus laver on ne luy doibt.

Quiconque menace son ennemy,
Il craint de combattre avec luy.

(Bovilli *Prov.*) xvie siècle.

Quiconque preste or ou argent
Deux choses il perd entièrement,
Sçavoir : l'amy et l'argent.

Quiconque se vest de drap meschant
Deux fois pour le moins se vest l'an.

(Gabr. Meurier, *Trésor des Sentences.*) xvie siècle.

Quiconque veut perdre son service,
Serve le vieil, l'enfant et femme nice :
Le vieil se meurt, l'enfant s'oublie,
La femme (dit-on) tousjours varie.

(*Recueil* de Gruther.

Qui contre aguilon regibe deux fois se point.

Celui qui contre l'aiguillon regimbe deux fois se pique.

(*Anc. prov.*, Ms.) XIIIe siècle. (*Prov. communs.*) XVe siècle.

Qui coupe son nez défigure son visage.

Qui court et fuit trouve qui le suit.

(GABR. MEURIER, *Trésor des Sentences.*) XVIe siècle.

Qui crache en l'air reçoit le crachat sur soy.

(BOVILLI *Prov.*) XVIe siècle.

Qui craint la peau
Forme l'appeau.

(GABR. MEURIER, *Trésor des Sentences.*) XVIe siècle.

Qui croit paroles doucereuses
Souvent les trouve venimeuses.

(ISOPET Ier, *Fables de Robert*, t. I, p. 117.) XIVe siècle.

Qui croit quand il ot (*tout ce qu'il entend*)
Il est musart et sot.

(ISOPET II, *Fables de Robert*, t. I, p. 12.) XIVe siècle.

Qui cuide estre saige il est fol.

(*Prov. communs.*) XVe siècle.

Qui cuir voit tailler couroie demande.

(*Anc. prov.*, Ms.) XIIIe siècle. (*Prov. communs.*) XVe siècle.

Qui danse bien sans menestrier
Peut bien chevaucher sans estrier.

Qui d'autruy bien se vest tost se devest.

(GABR. MEURIER, *Trésor des Sentences.*) XVIe siècle.

Qui d'autrui duel avez courage
Tex foiz est près de son domage;
L'on ne doit pas amer celui
Qui ha joie d'autrui ennui.

(*Prov. aux Philosophes*, Ms.) XIIIe siècle.

Qui d'autry veste se vest
A blasme tost se devest.

(GABR. MEURIER, *Trésor des Sentences.*) XVIe siècle.

Qui d'aultruy tromper se met en peine
Souvent lui advient la peine.

(*Prov. communs.*) xve siècle.

Qui de boens est soef (*bon, agréable*) flaire.

Qui de fols fait son portier,
De traïctour (*traître*) son conseiller,
De fole femme sa moillier (*femme*),
Morir ne puet sans encombrier (*encombre*).

(*Anc. prov.*, Ms.) XIIIe siècle.

Qui de friand vin est amy
De soy mesme est gref ennemy.

(GABR. MEURIER, *Trésor des Sentences.*) XVIe siècle.

Qui de glaive fiert aultruy
A glaive irra le corps à luy.

Qui de honneur n'a cure
Honte est sa droicture.

(*Prov. communs.*) XVe siècle.

Qui de léger donne pardon
De plus pécher donne acheson (*occasion*).

(*Prov. Gallic.*, Ms.) XVe siècle.

Qui de l'œil voit de cœur croid.

(GABR. MEURIER, *Trésor des Sentences.*) XVIe siècle.

Qui de *longe providet*, de *prope gaudet.*

Qui de loin prévoit bientôt se réjouit.

Qui de pou aime de pou het.

Qui aime aisément haït de même.

(*Anc. prov.*, Ms.) XIIIe siècle.

Qui de tout se tait de tout a pais.

(*Anc. prov.*, Ms.) XIIIe siècle.

(GABR. MEURIER, *Trésor des Sentences.*) XVIe siècle.

Qui demeure avec les bons il vit en paix.

(*Prov. communs.*) XVe siècle.

Qui deux fois se recule deux fois se fait poindre.
(*Prov. Gallic.*, Ms.) xve siècle.

Qui disne tout
Il n'a que souper.
(*Prov. communs.*) xve siècle.

Qui doibt à Luc et paye à François
Paye une autre fois.

Qui doibt mord son doigt.
(GABR. MEURIER, *Trésor des Sentences.*) xvie siècle.

Qui dom denier maine à son plait,
Quanqu'il demande est tantost fait.
(*Prov. communs.*) xve siècle.

Qui donne cher vend,
Si vilain n'est celui qui prend.

Qui donne le sien avant mourir
Bien tost s'appreste à moult souffrir.
(GABR. MEURIER, *Trésor des Sentences.*) xvie siècle.

Ki donne tost il donne deux fois.
(*Anc. prov.*, Ms.) xiiie siècle.

Qui dort grasse matinée
Trotte toute la journée.

Qui dort jusqu'au soleil levant
Vit en misere jusqu'au couchant.
(GABR. MEURIER, *Trésor des Sentences.*) xvie siècle.

Qui doulcement en jeunesse nourrit son serviteu,
Enfin le trouvera fier et despiteux.
(*Prov. communs.*) xve siècle.

Qui doute entreprend d'assurance.
(*Mimes* de BAÏF.) xvie siècle.

Qui du fait d'aultruy se mêle il n'est pas saige.
(*Prov. communs.*) xve siècle.

Qui d'une est de sens de cent est mesureus.
Ki emprunte du sien vit.

(*Anc. prov.*, Ms.) XIIIe siècle.

Qui en haste se marie à loisir se repend.

(GABR. MEURIER, *Trésor des Sentences.*) XVIe siècle.

Qui en l'espérance d'avoir mieux
Tant vit le loup qu'il devient vieux.

(BRUSCAMBILLE, *Voyage d'Espagne.*) XVIIe siècle.

Qui en maints lieux son cœur espart
Par tout a petite part.

(GABR. MEURIER, *Trésor des Sentences.*) XVIe siècle.

Qui ennuy fait ennuy requiert,
Et ferus doit estre qui fiert.
Souvent pour petit de mesfait
Recouvrent mains pis que n'ont fait.

(ISOPET Ier, *Fables de Robert*, t. II, p. 467.) XIVe siècle.

Qui entend mal raporte mal.

(*Prov. Gallic.*, Ms.) XVe siècle.

Qui esloigne de l'œil esloigne du cœur.

Qui est à couvert quand il pleust
Est bien fol s'il se boge et meut.

Qui est à table et n'ose manger,
Qui est en lict ne veut dormir,
Qui est esperonné et dit haye :
Mérite playe sur playe.

(GABR. MEURIER, *Trésor des Sentences.*) XVIe siècle.

Qui est à touz si est à nulz.

(*Prov. communs.*) XVe siècle.

Qui est biaus et ne est bon
Refuser le doit l'on.

(*Anc. prov.*, Ms.) XIIIe siècle.

Qui est bien
Si se y tiengne.

(*Prov. communs.*) XVe siècle.

Qui est cendrier il seiche?

Qui est coupable d'aucun mesfaict
Tousjours pense qu'on parle de son faict.

(GABR. MEURIER, *Trésor des Sentences.*) XVIe siècle.

Qui est courroucé n'est pas aise.

(*Prov. communs.*) XVe siècle.

Qui est franc d'escot ne die mot.

(GABR. MEURIER, *Trésor des Sentences.*) XVIe siècle.

Qui est garnis il n'est seurpris

(*Anc. prov.*, Ms.) XIIIe siècle.

Qui est lié n'est lie.

(*Prov.* de BOUVELLES.) XVIe siècle.

Qui est loing de son escuelle est près de son domaige.

(*Prov. Gallic.*, Ms.) XVe siècle.

Qui est malade il n'est pas aise.

(*Prov. communs.*) XVe siècle.

Qui est marry n'est pas cortois.

(*Prov. Gallic.*, Ms.) XVe siècle.

Qui est mort
Il est mort.

Qui est prins il a tort.

Qui est sage il se doute.

Quiers tu meilleur pain que du forment.

(*Prov. communs.*) XVe siècle.

.... Qui euvre selon reson
Ne l'en puet venir se bien non;
Moult est fox qui meine posnée (*pompe, parure*).
De chose que li est prestée.

(*Roman de la Rose*, v. 27,819.) XIIIe siècle.

Qui fait bien n'a ny gré ny grâce.

(*Mimes* de BAÏF.) XVIe siècle.

Qui fait ce qu'il ne doit
Il lui advient ce qu'il ne voudroit.

(*Prov. communs.*) XVe siècle.

Ki fait ce qu'il puet on ne luy doit plus demander.

(*Anc. prov.*, Ms.) XIIIe siècle.

Qui fait credos
Charge son dos.

(*Prov.* de BOUVELLES) XVIe siècle.

Qui fait haye souvent dit haye.

(GABR. MEURIER, *Trésor des Sentences.*) XVIe siècle.

Qui fait la chappe doit faire le chaperon.

(*Prov. Gallic.*, Ms.) XVe siècle.

Qui fait la faute la boit.

(*Matinées sénonaises*, p. 295.)

Qui fait la trappe qu'il n'y cheie.

(*Mimes* de BAÏF.) XVIe siècle.

Ki fait péchié il est serf de péchié.

(*Anc. prov.*, Ms.) XIIIe siècle.

Qui fait le péché attend la pénitence.

(*Recueil* de GRUTHER.)

Qui fait les pots les peut rompre.

(GABR. MEURIER, *Trésor des Sentences.*) XVIe siècle.

Qui fait nopces en sa maison et plaide à son seigneur, il met le sien à abandon.

(*Prov. communs.*) XVe siècle.

Qui fait un fer
Cent en sçait faire.

(GABR. MEURIER, *Trésor des Sentences.*) XVIe siècle.

Qui felon sert itant en a.

(*Roman de la Rose*, v. 2,943.) XIIIe siècle.

Qui flatte il gratte.

(GABR. MEURIER, *Trésor des Sentences.*) XVIe siècle.

Qui foi ne tient seirement ne garde.
(*Anc. prov.*, Ms.) XIIIᵉ siècle.

Qui follie dit follie veut ouir.

Qui forvoye si groignoye (*grogne*).
(*Prov. Gallic.*, Ms.) XVᵉ siècle.

Qui franchise vend pour avoir
Bien dessert à souffrance avoir.
L'or et l'argent de toute Frise,
Ne d'Altemont ne vaut franchise.
(ISOPET Iᵉʳ, *Fables*, t. I, p. 27.) XIVᵉ siècle.

Ki fuit il trueve qui le chace.
(*Anc. prov.*, Ms.) XIIIᵉ siècle.

Qui fuit la moelle fuit la farine.
(GABR. MEURIER, *Trésor des Sentences.*) XVIᵉ siècle.

Qui fuit recombattra demain.
(*Mimes* de BAÏF.) XVIᵉ siècle.

Ki gaige a argent atent.
(*Anc. prov.*, Ms.) XIIIᵉ siècle.

Qui gaigne bien et bien despend
N'a mestier bourse pour son argent.
(GABR. MEURIER, *Trésor des Sentences.*) XVIᵉ siècle.

Qui gaigner ne peult
Perte luy peinne.
(*Prov. Gallic.*, Ms.) XVᵉ siècle.

Qui garde de son disner
Mieulx luy en est à son souper.
(*Prov. communs.*) XVᵉ siècle.

Qui glène (*glane*)
Il ne fait pas ce qu'il veut.
(*Prov. communs.*) XVᵉ siècle.

Qui glouton haste
Estrangler le veult.
(*Prov. communs.*) XVᵉ siècle.

Qui hante cuisine vit de fumée.

(GABR. MEURIER, *Trésor des Sentences.*) XVIe siècle.

Qui honeure pere et mere honeure soy même.

(*Prov. Gallic.*, Ms.) XVe siècle.

Qui jure trop
Il se damne.

(*Prov. communs.*) XVe siècle.

Qui jouxte mauvais voisin demeure
A la fois chante et souvent pleure.

(GABR. MEURIER, *Trésor des Sentences.*) XVIe siècle.

Qui la maison de son voisin voit ardre il doit avoir paour de la sienne.

(*Prov. communs.*) XVe siècle.

Qui lasve la teste a bien un jour.
Qui tue pourceau un mois,
Qui se marie un an,
Qui se fait moine toute sa vie.

(GABR. MEURIER, *Trésor des Sentences.*) XVIe siècle.

Ki le bien set dire le doit.

(*Roman du Renart*, v. 1.) XIIIe siècle.

Qui le bien voit et le mal prent,
Fait folie en bon escient.

(*Anc. prov.*, Ms.) XIIIe siècle. (*Prov. communs.*) XVe siècle.

Qui bien voit et mau prent,
S'il s'en repent c'est à bon droit.

(*Roman du Renart*, v. 6,070.) XIIIe siècle.

Virgiles dit :

Qui le bien voit et le mal prent
Il se foloie à escient;
L'on doit por fol tenir
Celui qui pourchace son ennui.

(*Prov. aux Philosophes*, Ms.) XIIIe siècle.

Qu'il est bon à faire une enseigne à bière.

(*Dictionn. comique*, par P. J. LE ROUX, t. I, p. 456.)

Qui le sien garde assaut l'autruy.

(*Mimes* de BAÏF.) XVIe siècle.

Qui le sien donne avant mourir
Bientost s'appreste à moult souffrir.

(LOYSEL, *Institutes coutumières*, n° 668.)

Qu'il n'est rien tel que de vivre,
Quelqu'assaut que fortune livre.

(BRUSCAMBILLE, *Voyage d'Espagne.*) XVIIe siècle.

Qui lui perd d'autrui ne joït.

Qui se perd ne jouit pas des autres.

(*Anc. prov.*, Ms.) XIIIe siècle.

Qui m'ayme ma bouche le scet.

(*Prov. Gallic.*, Ms.) XVe siècle.

Qui m'aime me suive.

Montaigne attribue à Cyrus ce mot, devenu proverbe; ce prince exhortait ses soldats en disant : *Qui m'aime si me suive.*

Qui maintes fist maintes fera.

(*Anc. prov.*, Ms.) XIIIe siècle.

Qui mal dit mal lui vient.

(*Prov. Gallic.*, Ms.) XVe siècle.

Qui mal entend mal respont.

(*Prov. communs.*) XVe siècle.

Qui mal fait il het la clarté.

(*Anc. prov.*, Ms.) XIIIe siècle.

Qui mal fait son lict
Mal couche et gist.

(GABR. MEURIER, *Trésor des Sentences.*) XVIe siècle.

Qui mal fera
Mal trouvera.

(*Prov. communs.*) XVe siècle.

Qui mal se marie tost se marrie.

(GABR. MEURIER, *Trésor des Sentences.*) XVIe siècle.

Qui mal serche mal trouve.

(*Prov. communs.*) XVe siècle.

Qui mal vit son propre mal le suit.

Qui mange avec le boulanger
Mange à son grand coust et dénier.

(GABR. MEURIER, *Trésor des Sentences.*) XVIe siècle.

Ki mavais achat fait il pert plus qu'il ne gaigne.

Qui mavais signor sert son loier pert.

(*Anc. prov.*, Ms.) XIIIe siècle.

Qui menace son ennemy
Combattre ne veut encontre luy.

Qui meschant n'est tenu
S'il fait mal il n'est cru.

Qui meschant chemin tient et suit
Chardon picquant trouve qui luy nuit.

Qui mesparle des grands s'en répend,
Qui par trop les prise faut qu'il ment.

(GABR. MEURIER, *Trésor des Sentences.*) XVIe siècle.

Qui merci crie aura pardon.

(*Roman du Rènart*, v. 13,060.) XIIIe siècle.

Qui mius aimme autruy que soi l'en le doit bien por fol tenir.

Qui miex aime de mère c'est fainte norrice.

(*Anc. prov.*, Ms.) XIIIe siècle.

Qui m'aime mieux qu'une mère c'est une fausse nourrice.

Qui mieux luy fait et pire l'a.

Qui mieux ne peut faire o (*avec*) sa veille se dort.

(*Prov. Gallic.*, Ms.) XVe siècle.

Qui moins despend plus despend.

Qui moins mange plus mange.

Qui n'a cheval, nef, ne chariot
Ne charge pas quand il voudroit.

Qui n'a conscience n'a honte ne science.
(GABR. MEURIER, *Trésor des Sentences.*) XVIe siècle.

Qui n'a deniers si laisse gaige.
(*Prov. Gallic.*, Ms.) XVe siècle.

Qui n'a gras megre desire.
(*Anc. prov.*, Ms.) XIIIe siècle.

Qui n'a guères n'a guerres.
(GABR. MEURIER, *Trésor des Sentences.*) XVIe siècle.

Qui n'a honte il n'aura jà honneur.
(*Prov. communs.*) XVe siècle.

Ki n'a point d'argent il n'a nul ami.
(*Anc. prov.*, Ms.) XIIIe siècle.

Qui n'a laine
Boive à la fontaine.
(*Prov. communs.*) XVe siècle.

Qui n'a le corps n'a rien.
(*Prov. Gallic.*, Ms.) XVe siècle.

Qui n'a pacience il n'a rien.
(*Prov. communs.*) XVe siècle.

Qui n'a paix n'aura jà joie.

Qui n'a que l'autruy n'a rien.
(*Prov. Gallic.*, Ms.) XVe siècle.

Qui n'a que soy et servir ne veult
N'est merveille se povreté l'acqueult (*l'assaille*).

Qui n'a que ung oel (*agneau*) bien le garde.
(*Prov. communs.*) XVe siècle.

Qui n'a qu'un œil souvent le torche,
Qui n'a qu'un seul fils le fait fol,
Qui n'a qu'un porceau le fait gras.
(GABR. MEURIER, *Trésor des Sentences.*) XVIe siècle.

Qui n'a qu'une fille il en fait merveille.
(*Adages françois.*) XVIe siècle.

Qui n'a rien en ce maudit âge,
Est tenu fol, fust-il sage.

(*Mimes* de Baïf.) xvie siècle.

Qui n'a rien il ne perd rien.

Qui n'a santé il n'a rien,
Qui a santé il a tout.

(*Prov. communs.*) xve siècle.

Qui n'a seureté n'a nul bien.

(*Prov. Gallic.*, Ms.) xve siècle.

Qui n'a souffisance il n'a rien.

(*Prov. communs.*) xve siècle.

Qui n'a terre n'a guerre.

Qui n'amorce son haim (*hameçon*) pesche en vain.

Qui naist en fumier,
Mourir y veut comme héritier.

(Gabr. Meurier, *Trésor des Sentences.*) xvie siècle.

Qui n'aura deniers ne gaiges amours le délivreront.

Qui n'aura de quoy payer si soit battu au prix de l'argent.

(*Prov. Gallic.*, Ms.) xve siècle.

Qui ne commence ne peut achever.

Qui ne craint honte n'aura jà honneur.

Qui ne donne de sa poire
D'autre avoir n'ait espoir.

(Gabr. Meurier, *Trésor des Sentences.*) xvie siècle.

Qui ne fait ce qu'il doit
Lui advient ce qu'il ne vouldroit.

(*Prov. communs.*) xve siècle.

Qui ne fait il ne faut.

(Gabr. Meurier, *Trésor des Sentences.*) xvie siècle.

Qui ne feit quand il puet (*peut*)
Ne feit mie quand il vuet (*veut*).

(*Anc. prov.*, Ms.) xiiie siècle. (*Prov. communs.*) xve siècle.

Qui ne garde le bien et ne défend le los
N'est de l'avoir pour sepulcre à ses os.

(BRUSCAMBILLE, *Voyage d'Espagne.*) XVIIe siècle.

Qui ne luyte ne chiet.

(*Prov. Gallic.*, Ms.) XVe siècle.

Qui ne nourrit le petit
N'aura jà le grand.

(GABR. MEURIER, *Trésor des Sentences.*) XVIe siècle.

Qui ne obéit n'à pere et à mere n'a droit en leur héritage.

(*Prov. Gallic.*, Ms.) XVe siècle.

Qui ne paroist est tenu mort.

Qui ne peut comme il veut,
Veuille comme il peut.

(GABR. MEURIER, *Trésor des Sentences.*) XVIe siècle.

Qui ne peut galopper qu'il trotte.

(*Mimes* de BAÏF.) XVIe siècle.

Qui ne peut ne peult.

(*Prov. communs.*) XVe siècle.

Qui ne puet paier si soit batus à l'avenant.

(*Anc. prov.*, Ms.) XIIIe siècle.

Qui ne recorde souvent discorde.

Qui ne sait l'art sert la boutique.

Qui ne sçait refrener sa bouche
Sent à la fois de main la touche.

(GABR. MEURIER, *Trésor des Sentences.*) XVIe siècle.

Qui ne scet escorcher mal met la pele.

(*Prov. Gallic.*, Ms.) XVe siècle.

Qui ne sceit rien de rien ne doubte.

(*Prov. communs.*) XVe siècle.

Qui ne se fie n'est pas trompé.

Qui ne se mesure gueres ne dure.

(GABR. MEURIER, *Trésor des Sentences.*) XVIe siècle.

Qui ne se met à l'aventure
Ne trouve cheval ne monture.

Qui ne se met en hasard
Ne sera riche tost ne tard.

Qui ne se risque
Jamais ne sera riche.

(Gabr. Meurier, *Trésor des Sentences.*) xvie siècle.

Ki ne se set de cui garder si se gart de tous.

(*Anc. prov.*, Ms.) xiiie siècle.

.... Qui ne trove ne prent.

(*Roman du Renart,* v. 16,959.) xiiie siècle.

Qui n'est garni si est honny.

Qui n'est pas mort ne sceit de quelle mort il mourra.

(*Prov. communs.*) xve siècle.

Qui n'est plain
Se plainct.

(*Prov.* de Bouvelles.) xvie siècle.

Qui n'est sage à soy mesme il n'est pas saige.

(*Prov. communs.*) xve siècle.

Qui n'est riche à vingt ans,
Qui à trente ans ne sçait,
Et à quarante n'a,
De sa vie riche ne sera
Et jamais ne sçaura et n'aura.

Qui ne va à un four va à l'autre.

(Gabr. Meurier, *Trésor des Sentences.*) xvie siècle.

Qui ne veut tenir ses mains
Si tiegne ses yeux.

(*Prov. communs.*) xve siècle.

Qui ne voudra rompre qu'il ploye.

(*Mimes* de Baïf.) xvie siècle.

Qui n'y est n'y a sa part.

(*Prov. communs.*) xve siècle.

Qui n'y peut ataindre y rue?

(GABR. MEURIER, *Trésor des Sentences.*) XVIe siècle.

Qui oinct poinct.

(*Prov.* de BOUVELLES.) XVIe siècle.

Qui oncque ne mangea
Ne scet que manger vault.

(*Prov. communs.*) XVe siècle.

Qui paye sa debte fait grand acqueste.

(GABR. MEURIER, *Trésor des Sentences.*) XVIe siècle.

Qui paie le dernier paie bien.

(LOYSEL, *Institutes coutumières,* n° 677.)

Qui parle oultrageusement
Il se damne éternellement.

(*Prov. communs.*) XVe siècle.

Qui par art jure
Par art se parjure.

(*Prov. Gallic.*, Ms.) XVe siècle.

Qui partout va partout prend.

(GABR. MEURIER, *Trésor des Sentences.*) XVIe siècle.

Qui passe mesure n'a que faire de raison.

(*Adages françois.*) XVIe siècle.

Qui penseroit bien dont il vint et où il ira n'auroit jà joye.

Qui perd et retreuve ne scet que deul est.

(*Prov. Gallic.*, Ms.) XVe siècle.

Qui perd le bien perd le sens.

Qui pesche une seule fois
De pescheur a nom et voix.

(GABR. MEURIER, *Trésor des Sentences.*) XVIe siècle.

Qui petit a petit pert.

(*Anc. prov.*, Ms.) XIIIe siècle.

Qui petit me donne
Si veut il que je dîne.

(*Prov. communs.*) XVe siècle.

Qui peut il veut, qui veut il peut.

Qui plaisir faict plaisir attend.

(GABR. MEURIER, *Trésor des Sentences.*) XVIe siècle.

Qui plus a d'argent meurt plus ennuis souvent.

(*Prov. communs.*) XVe siècle.

Ki plus a plus li convient.

(*Anc. prov.*, Ms.) XIIIe siècle.

Qui plus a plus convoite.

(*Anc. prov.*, Ms.) XIIIe siècle. (GABR. MEURIER, *Trésor des Sentences.*) XVIe siècle.

Qui plus a et plus donne et plus fait de sa besogne,

(*Prov. Gallic.*, Ms.) XVe siècle.

Qui plus art plus resplendit.

(GABR. MEURIER, *Trésor des Sentences.*) XVIe siècle.

Qui plus aura mal fait plus amendera.

(*Prov. Gallic.*, Ms.) XVe siècle.

Ki plus convoite qui ne doit
Sa convoitise le déçoit.

(*Anc. prov.*, Ms.) XIIIe siècle.

Ki plus conveite que son dreit
Par li méismes se deceit,
Kar ce k'il a pert il souvent
Et de l'autrui n'a il talent.

(MARIE DE FRANCE, fable 5.) XIIIe siècle.

Qui plus despend que n'a vaillant
Il fait la corde à quoy se pend.

Qui plus despent qu'il ne gaigne n'a mestrise en bonne ville.

(*Prov. communs.*) XVe siècle.

Qui plus emprent ne peut juvir,
Il ne peut à honte faillir.

(*Anc. prov.*, Ms.) XIIIe siècle.

Qui plus haut monte qui ne doit
De plus haut chiet qui ne voudroit.
(*Anc. prov.*, Ms.) XIIIe siècle. (*Prov. communs.*) XVe siècle.

Qui plus haut monte de plus haut chiet.

Qui plus i a mis plus i a perdu.
(*Anc. prov.*, Ms.) XIIIe siècle.

Qui plus mange moins mange.
(GABR. MEURIER, *Trésor des Sentences.*) XVIe siècle.

Qui plus se mire plus se voit.

Qui plus tost monte qu'il ne doit
Descent plus tost qu'il ne vouldroit.
(*Prov. Gallic.*, Ms.) XVe siècle.

Qui plus vit plus languit.
(GABR. MEURIER, *Trésor des Sentences.*) XVIe siècle.

.... Qui pou emprunte pou rent.
(*Roman du Renart*, v. 27,805.) XIIIe siècle.

Qui premier commence fait la meslée.

Qui premier engrène premier doit mouldre.
(*Prov. Gallic.*, Ms.) XVe siècle.

Qui premier pren ne s'en repend.
(*Anc. prov.*, Ms.) XIIIe siècle. (GABR. MEURIER, *Trésor des Sentences.*) XVIe siècle.

Qui prend doibt rendre
Ou l'enfer attendre.

Qui prent il se vent,
Ou vilain est s'il ne rend.
(GABR. MEURIER, *Trésor des Sentences.*) XVIe siècle.

Qui prend s'oblige.
(*Recueil* de GRUTHER.)

Qui preste n'en joït et qui ne preste mal oït.
(*Anc. prov.*, Ms.) XIIIe siècle.

Qui preste non r'a,
Qui r'a non tost,
Qui tost non tout,
Si tout non gré,
Si gré non tel,
Garde-toi donc de prester,
Car à l'emprunter cousin-germain,
Et au rendre, fils de p.....

Qui prie et mendie ne mesdie.
(GABR. MEURIER, *Trésor des Sentences.*) XVIe siècle.

Car Escripture dist, je l'ay oy conter :
Qui prie pour autrui pour lui fait labourer.
(BAUDOUIN DE SEBOURC, t. I, p. 9.) XIIIe siècle.

Ki prie nue main il se travaille en vain.
(*Anc. prov.*, Ms.) XIIIe siècle.

Qui put le plus le plus s'embome.
(*Mimes* de BAÏF.) XVIe siècle.

Qui quiert richesse plus qu'il ne doit,
Certainement il se déçoit.
(*Prov. communs.*) XVe siècle.

Qui refuse muse.
(*Matinées sénonaises*, p. 278.)

Qui respont avant qu'il n'entent
Sa folie monstre en present.
(*Anc. prov.*, Ms.) XIIIe siècle.

Qui répond il paye, et le sien répand.
(GABR. MEURIER, *Trésor des Sentences.*) XVIe siècle.

Qui riens apporte riens ne li chiet.
(*Anc. prov.*, Ms.) XIIIe siècle. (GABR. MEURIER, *Trésor des Sentences.*) XVIe siècle.

Qui rien commence doit sentir
A quel chief il en peut venir.

Qui rien n'a rien n'est prisé.
(*Prov. Gallic.*, Ms.) XVe siècle.

Qui rien ne porte rien ne luy chiet.
(*Prov. Gallic.*, Ms.) xve siècle.

Qui rien ne sçait de rien ne doubte.
(GABR. MEURIER, *Trésor des Sentences.*) xvie siècle.

Qui rit le matin pleure le soir.
(*Mimes* de BAÏF.) xvie siècle.

Qui sa flesche une fois au blanc but
Tousjours voudroit bander ou tirer but.
(GABR. MEURIER, *Trésor des Sentences.*) xvie siècle.

Qui s'aime trop n'a point d'amy.
(*Mimes* de BAÏF.) xvie siècle.

Qui sang sue
Peut nourrir sangsue.
(*Prov.* de BOUVELLES.) xvie siècle.

Qui sans gants fait haye
Dit à la fois haye.
(GABR. MEURIER, *Trésor des Sentences.*) xvie siècle.

Qui sceit mestier il est renté.

Qui sera marry si se deschauce.
(*Prov. communs.*) xve siècle.

Qui se acquitte ne se encombre.
(*Prov. Gallic.*, Ms.) xve siècle.

Qui se colere en la feste
Est tenu pour une beste.
(GABR. MEURIER, *Trésor des Sentences.*) xvie siècle.

Ki se garde il se retrouve.

Qui se loe si s'enboe.
(*Anc. prov.*, Ms.) xiiie siècle.

Qui se marie ou édifie,
Sa propre bourse il purifie.

Qui se marie par amours
A bonnes nuicts et mauvais jours.

Qui se mesle d'autruy mestier
Trait sa vache en un panier.

(Gabr. Meurier, *Trésor des Sentences.*) xvie siècle.

Qui se mesure veut durer.

Qui se pourra sauver se sauve.

(*Mimes* de Baïf.) xvie siècle.

Qui se ressemble s'assemble.

Qui se tait est veu consentir.

(Bovilli *Prov.*) xvie siècle.

Qui se mordra se va lêchant.

(*Mimes* de Baïf.) xvie siècle.

Qui s'enfuit
On l'ensuit.

(*Prov. communs.*) xve siècle.

Qui s'en va coucher sans souper
Ne cesse la nuict se demener.

(Gabr. Meurier, *Trésor des Sentences.*) xvie siècle.

Qui seroit bien advisé il ne feroit point de folie.

Qui sert commun
Il ne sert nesung (*pas un*).

(*Prov. communs.*) xve siècle.

Qui sert et ne parsert
Son loyer perd.

(*Anc. prov.*, Ms.) xiiie siècle. (Gabr. Meurier, *Trésor des Sentences.*) xvie siècle.

Qui ses vices ne dompte
Porte en ses mains sa honte.

Qui s'esbat ne fier et ne bat.

(Gabr. Meurier, *Trésor des Sentences.*) xvie siècle.

Qui se sent morveux se mouche.

(*Mimes* de Baïf.) xvie siècle.

Qui seus (*seul*) rit de folie se remembre.

(*Anc. prov.*, Ms.) xiiie siècle.

Qui son doigt sain lie sain le delie.
(Gabr. Meurier, *Trésor des Sentences.*) xvie siècle.

Qui sont en grands honneurs molestés sont de mieux.
(*Prov. communs.*) xve siècle.

Qui soul va soule voye tient.
(*Prov. Gallic.*, Ms.) xve siècle.

Qui seufre
Il vainct.
(*Prov. communs.*) xve siècle.

Qui tant a fait qu'il n'en peut mais
Il se doit bien tenir en paix.
(*Prov. Gallic.*, Ms.) xve siècle.

Qui tant l'aime tant l'achepte.
(Gabr. Meurier, *Trésor des Sentences.*) xvie siècle.

Qui tard se marie mal se marie.

Qui tard veut ne veut.

Qui temps a vye a.
(Gabr. Meurier, *Trésor des Sentences.*) xvie siècle.

Qui tient sa foy fait tenir foy.
(*Mimes* de Baïf.) xvie siècle.

Qui tient s'y tiegne.
(*Prov. communs.*) xve siècle.

Qui tient verse et boit,
Est vilain en tout endroit.
(Gabr. Meurier, *Trésor des Sentences.*) xvie siècle.

Qui tire ne lâche pas.
(*Adages françois.*) xvie siècle.

Qui tost donne deux fois donne.

Qui tost revient en son hostel, mieulx lui en est à son souper.
(*Prov. communs.*) xve siècle.

Qui tout convoite tout pert.
(*Anc. prov.*, Ms.) xiiie siècle. (*Prov. communs.*) xve siècle.

Qui tousjours est oisif et chomme,
Ne meliore et ne fait somme.

Qui tousjours grandit
Fera petit mon et profit.

(GABR. MEURIER, *Trésor des Sentences.*) XVIe siècle.

Qui tousjours prend et rien ne soult (*solde*)
L'amour de son amy se toult.

(*Prov. communs.*) XVe siècle.

Qui tout le donne
Tout l'abandonne.

Qui tout le mange du soir,
Lendemain ronge son pain noir.

(GABR. MEURIER, *Trésor des Sentences.*) XVIe siècle.

Qui tout tient tout pert.

(*Anc. prov.*, Ms.) XIIIe siècle.

Qui traite la poix s'embrouille les doits.

(GABR. MEURIER, *Trésor des Sentences.*) XVIe siècle.

Qui trecherie mène trecherie luy vient.

(*Prov. Gallic.*, Ms.) XVe siècle.

Qui trompe le trompeur et robbe le larron,
Gaigne cent jours de vrai pardon.

Qui trop à son enfant pardonne
Ne vaudra jamais une prune.

Qui trop boist tard paye ce qu'il boit.

Qui trop court moult se lasse.

Qui trop embrasse peu estraind.

(GABR. MEURIER, *Trésor des Sentences.*) XVIe siècle.

Qui trop se haste en cheminant en beau chemin souvent se fourvoie.

(*Prov. communs.*) XVe siècle.

Qui une fois a bien n'a mie tousjours mal.

(HUON DE VILLENEUVE.) XIIIe siècle.

Qui une fois escorche ne deux, ne trois ne tont.
(*Anc. prov.*, Ms.) XIIIe siècle.

Qui va doucement va seurement.

Qui va et retourne fait bon voyage.
(GABR. MEURIER, *Trésor des Sentences.*) XVIe siècle.

Qui va il lesche, qui repose il sèche.
(*Prov. communs.*) XVe siècle.

Qui va le plain va sain.
(GABR. MEURIER, *Trésor des Sentences.*) XVIe siècle.

Qui va sans barbe ou tout nud.
Au vent de bise est morfondu.
(BOVILLI *Prov.*) XVIe siècle.

Qui va tard
Pont sur le lard.
(*Prov.* de BOUVELLES.) XVIe siècle.

Qui vaine gloire croit et chasce,
Sa perte et sa honte pourchasce.
(ISOPET Ier, *Fables*, *etc.*, t. I, p. 10.) XIVe siècle.

Qui vend le public il se vend.
(*Mimes* de BAÏF.) XVIe siècle.

Qui veut avoir bon serf ou chien
Il faut qu'il les gouverne bien, *vel*
Il faut qu'il lui couste du sien.
(GABR. MEURIER, *Trésor des Sentences.*) XVIe siècle.

Qui veult avoir bon serviteur il le faut nourrir.

Qui veult bien juger
Il doit la partie escouter.
(*Prov. communs.*) XVe siècle.

Car qui voelt cheminer et aler à foison
A l'esploit du matin bien tenir se doit on.
(BAUDOUIN DE SEBOURC, t. I, p. 36.) XIIIe siècle.

Qui veut enrichir en an
Se face pendre en six mois.
(GABR. MEURIER. *Trésor des Sentences.*) XVIe siècle.

Qui veut entretenir son amy
N'ait que besoigner avec luy.

(*Prov. communs.*) xve siècle.

Qui veut estre bien en tous lieux,
Laisse dire fols, sages, jeunes et vieux.

(Gabr. Meurier, *Trésor des Sentences.*) xvie siècle.

Qui veut faire une porte d'or il y met tous les jours un clou.

(*Adages françois.*) xvie siècle.

Qui veut payer bien se laisse lier.

(Gabr. Meurier, *Trésor des Sentences.*) xvie siècle.

Qui veut sa conscience munde
Il doit fuir le monde immunde.

(*Prov. communs.*) xve siècle.

Qui veut son pouvoir efforcier (*augmenter*),
Aint (*aime*) son ami et tiegne chier.

(*Anc. prov.*, Ms.) xiiie siècle.

Qui veut sentir plaisir et ennuy,
Le galler premier plaist et puis nuit.

(Gabr. Meurier, *Trésor des Sentences.*) xvie siècle.

Qui veut vaincre il doit souffrir.

(*Anc. prov.*, Ms.) xiiie siècle.

Qui veut vivre sain
Disne peu et soupe moins.

(Gabr. Meurier, *Trésor des Sentences.*) xvie siècle.

Qui vient est beau,
Qui apporte est encore plus beau.

(*Prov. communs.*) xve siècle.

Qui vient le dernier pleure le premier.

(Gabr. Meurier, *Trésor des Sentences.*) xvie siècle.

Qui vient tard les autres il regarde.

(*Mimes* de Baïf.) xvie siècle.

Qui vit à compte
Il vit à honte.

(*Prov. communs.*) XVe siècle.

Qui vit à taille et à compte vit à honte.

Qui vit en paix dort en repos.

Qui vit il voit, qui tousse il boit.

Qui vit, il voit et oit.

(GABR. MEURIER, *Trésor des Sentences.*) XVIe siècle.

Qui vivra se plaint.

(*Anc. prov.*, Ms.) XIIIe siècle.

Qui vivra verra.

Quoy que fol tarde
Jour ne tarde.

(*Prov. communs.*) XVe siècle.

Raison a souvent bon mestier
D'aide en chacun art et mestier.

(GABR. MEURIER, *Trésor des Sentences.*) XVIe siècle.

Raison contre le fort
Est un très piteux port.

(*Recueil* de GRUTHER.)

Raison est au molin.

Raison fait maison.

(GABR. MEURIER, *Trésor des Sentences.*) XVIe siècle.

Raison si aporte.

(*Prov. Gallic.*, Ms.) XVe siècle.

Rarement est et peu souvent
Le vieil usurier sans argent,
Ville marchande sans fin larron,
Vieil grenier sans rats ou ratton;
Vieil bouc sans barbe, chèvre sans troux,
Teste teigneuse sans lendes (*vermines*) ou poux.

(GABR. MEURIER, *Trésor des Sentences.*) XVIe siècle.

R'avoir n'est pas sans peine.

(*Adages françois.*) XVIe siècle.

Recalcitrer contre pointure
Ne sert que de double pointure.

(GABR. MEURIER, *Trésor des Sentences.*) XVIe siècle.

Recouvrir les festes de village.

(*Adages françois.*) XVIe siècle.

Recouvrer n'est pas mort.

(GABR. MEURIER, *Trésor des Sentences.*) XVIe siècle.

Rendre ou prendre,
Ou le gibet d'enfer attendre.

(GABR. MEURIER, *Trésor des Sentences.*) XVIe siècle.

Repos est demye vie.

(*Adages françois.*) XVIe siècle.

Riche homme ne sçait qui luy est amy.

(GABR. MEURIER, *Trésor des Sentences.*) XVIe siècle.

Riche home ont tout le tans près.

Riches ne set que les povres sont.

(*Anc. prov.*, Ms.) XVe siècle.

Riche qui peut dire : Dieu ayt l'ame de son père et de sa mère.

Richesse faict le conte, marquis, duc, empereur.

(*Adages françois.*) XVIe siècle.

Rien de trop.

(*Matinées sénonaises*, p. 302.)

Rien moins à perdre que le temps.

(*Adages françois.*) XVIe siècle.

Rien n'a qui assez a.

(GABR. MEURIER, *Trésor des Sentences.*) XVIe siècle.

Rien ne chet à qui rien ne porte.

(*Mimes* de BAÏF.) XVIe siècle.

Rien ne faict
Qui ne commence et parfaict.

(GABR. MEURIER, *Trésor des Sentences.*) XVIe siècle.

Rien ne va où cher va.

(*Prov. communs.*) XVe siècle.

Rien ne vault grand cueur en pouvre pance.

Rien ne vault orgueil contre aise.

(*Prov. Gallic.*, Ms.) XVe siècle.

Rien n'est d'armes quand la mort assaut.

(*Prov. communs.*) XVe siècle.

Rien n'est si chère vendu
Que le prié et trop attendu.

(GABR. MEURIER, *Trésor des Sentences.*) XVIe siècle.

Rien n'est si dangereux qu'un ignorant ami,
Mieux vaudroit un sage ennemi.

(LA FONTAINE, *Fables*, liv. VIII, fable 10.)

Rien plus cher que les ans.

(*Adages françois.*) XVIe siècle.

Rien pour rien.

(*Matinées sénonaises*, p. 305.)

Rien sans peine.

(GABR. MEURIER, *Trésor des Sentences.*) XVIe siècle.

Rigueur vient ou supplice tarde.

(*Mimes* de BAÏF.) XVIe siècle.

Rire sans propos
Est propre aux fols.

Robe d'autruy ne profite à nully.

(GABR. MEURIER, *Trésor des Sentences.*) XVIe siècle.

Robe refait moult l'homme.

(*Prov. communs.*) XVe siècle.

Rompre ne doibt un œuf mollet.
Avant que ton pain soit bien prest.

(GABR. MEURIER, *Trésor des Sentences.*) XVIe siècle.

Ronfler en peu de plumes.

Ronger sa plume.

Ronger son frain.

(Bovilli *Prov.*) xvie siècle.

S'accorder comme les orloges.

(*Adages françois.*) xvie siècle.

Sac percé.

(Bovilli *Prov.*) xvie siècle.

Sac plein dresse l'oreille.

Sagesse et grant avoir
Sont rarement en un manoir.

(Gabr. Meurier, *Trésor des Sentences.*) xvie siècle.

Sagesse vaut mieux que force.

(*Prov. communs.*) xve siècle.

Sans danger on ne vient jamais au dessus du danger.

(*Adages françois.*) xvie siècle.

Sans fin chasser et ne rien prendre.

(*Mimes* de Baïf.) xvie siècle.

S'avient en un jour qui n'avient en cent ans.

(*Anc. prov.*, Ms.) xiiie siècle.

Secret de deux secret de Dieu,
Secret de trois secret de tous.

(Gabr. Meurier, *Trésor des Sentences.*) xvie siècle.

Selon la guaine le couteau.

(*Prov. communs.*) xve siècle.

Selon la règle de droit
Qui n'a rien rien ne doit.

Selon l'entrée la despense,
Sage n'est que bien n'y pense.

(Gabr. Meurier, *Trésor des Sentences.*) xvie siècle.

Selon les heures et le tens
A bien mestier folie et sens.

(*Roman du Renart*, v. 7,122.) XIIIe siècle.

S'entendre comme larrons en foire.

(*Dictionn. comique*, par P. J. LE ROUX, t. I, p. 528.)

Se porter comme pelisson en hayes

(*Adages françois.*) XVIe siècle.

Se taire du haineux est ruse.

(*Mimes* de BAÏF.) XVIe siècle.

Se tenir aux tisons.

S'en aller sans dire adieu.

(BOVILLI *Prov.*) XVIe siècle.

Service par force ne vaut rien.

(*Prov. Gallic.*, Ms.) XVe siècle.

Serviteur prié, parent ne amy
Ne prendras si veux estre bien servy.

Seurement va qui rien n'a.

(GABR. MEURIER, *Trésor des Sentences.*) XVIe siècle.

.... Se cascuns punis
Estoit de ses meffais, avis
M'est qu'il n'est nus, ne haus, ne bas,
Qui bien ne péust dire hélas!

(*Roman du Renart*, v. 4,539.) XIIIe siècle.

Se en cest siecle veus vivre en pais oi et escoute et si te tais.

(*Anc. prov.*, Ms.) XIIIe siècle.

Si est-il raison et droit.
Del engignière (*trompeur*) qu'on l'engint.

(*Roman du Renart*, v. 16,438.) XIIIe siècle.

Si jeunesse sçavoit,
Si vieillesse pouvoit.

(GABR. MEURIER, *Trésor des Sentences.*) XVIe siècle.

Si j'eusse voulu cuire le four fut chaut.

(BOVILLI *Prov.*) XVIe siècle.

Si le sage n'erroit le niais creveroit.

(GABR. MEURIER, *Trésor des Sentences.*) XVIe siècle.

Si les grands biens admenoyent tranquillité, les riches vivroient plus que les pauvres.

(*Adages françois.*) XVIe siècle.

Si ton voisin se va nier (*noyer*)
Tu ne dois point pourtant aller.

(*Prov. Gallic.*, Ms.) XVe siècle.

Si tu ne metz raison en toy,
Elle s'y mettra malgré toy.

Si tu ne puis dire
Si le monstre au doigt.

(*Prov. communs.*) XVe siècle.

Si tu veux cognoistre quel soit l'homme
Donne luy office, charge ou somme.

(GABR. MEURIER, *Trésor des Sentences.*) XVIe siècle.

Siecle sot met au ciel un sot.

Siffler, vous aurez belle à attendre,
S'il revient pour s'y laisser prendre.

(*Mimes* de BAÏF.) XVIe siècle.

Six choses au monde n'ont mestier :
Prestre hardy, ne couard chevalier,
Juge convoiteux, ne puant barbier,
Mere piteuse, ne rogneux boulengier.

(GABR. MEURIER, *Trésor des Sentences.*) XVIe siècle.

Soef (*doucement*) noe à qui l'en tient le menton.

Soef taille couteau en autruy main.

Soef se chastie qui par autruy se chastie.

(*Prov. Gallic.*, Ms.) XVe siècle.

Soit heureux qui peut,
Il ne l'est qui veut.

(BOVILLI *Prov.*) XVIe siècle.

Son bon hoste doit on haitier (*caresser*).

(*Prov. communs.*) XVe siècle.

Sot amy c'est un ennemy.

S'oublier quelquefois profitte.

(*Mimes* de BAÏF.) XVIe siècle.

Soubs couverture d'or
Poison gist et dort.
Soubs la lame ne gist l'âme.

(*Recueil* de GRUTHER.)

Soubz le ciel n'a monde qui ne trouve sa couverture.

(*Prov. communs.*) XVe siècle.

Soucy d'yvrongne.

(BOVILLI *Prov.*) XVIe siècle.

Soudain qu'on fault si Dieu usoit de foudre
En peu de temps le monde seroit poudre.

(BRUSCAMBILLE, *Voyage d'Espagne.*) XVIIe siècle.

Soueve nourriture n'est pas eur.

(*Prov. communs.*) XVe siècle.

Souffrance à la fois torne en deshéritance.

(*Anc. prov.*, Ms.) XIIIe siècle.

Souffre quand tu seras enclumeau
Et frappe quand tu seras marteau.

(GABR. MEURIER, *Trésor des Sentences.*) XVIe siècle.

Souhaiter ne peut ayder.

(*Recueil* de GRUTHER.)

Soulier rompu ou sain
Vaut mieux au pied qu'en main.

(GABR. MEURIER, *Trésor des Sentences.*) XVIe siècle.

Souventes foys advient mesprise
Que force à beaulté est submise.

(BOVILLI *Prov.*) XVIe siècle.

Souvent on est blasmé de trop parler.

(*Prov. communs.*) XVe siècle.

Souvent perdre, assez despendre et rien gagner
Mène à l'hôpital le pauvre mercier.

(Gabr. Meurier, *Trésor des Sentences.*) xvie siècle.

Souvent se plaint qui injurie son prochain.

(Bovilli *Prov.*) xvie siècle.

Soys dure à ouir qui accuse.

(*Mimes* de Baïf.) xvie siècle.

Soys léal et ne te fie en nulz.

(*Prov. communs.*) xve siècle.

Soy recognoistre.

(Bovilli *Prov.*) xvie siècle.

Sur la doctrine la force ne domine.

Sur le corps l'âme doit estre dame.

(*Recueil* de Gruther.)

Sur petit commencement
Fait-on bien grand fusée.

(Gabr. Meurier, *Trésor des Sentences.*) xvie siècle.

Ta chemise ne sache ta guise.

Taire et faire par mer et par terre.

(*Recueil* de Gruther.)

Tant as, tant vaus et tant te pris.

(*Anc. prov.*, Ms.) xiiie siècle.

Tant comme homme a, plus et plus il convoite.

Tant comme le jeu est beau l'en doit lesser.

(*Prov. Gallic.*, Ms.) xve siècle.

Tant de gens tant de guise.

(*Recueil* de Gruther.)

Tant de maulx et puis mourir.

Tant de pauvres ne sont pas bons à un huys.

(*Prov. communs.*) xve siècle.

Tant est povre qui ne voit.

Tant plusieurs tant peseurs.

Tantost pris tantost pendu.

Tant vaut la chose comme elle peut être vendue.
(*Prov. Gallic.*, Ms.) xve siècle.

Tant vault la chose comme on en peult avoir.
(*Prov. communs.*) xve siècle.

Tant voit qui vit et verra qui vivra.
(*Prov. Gallic.*, Ms.) xve siècle.

Tard se repend qui tout despend.

Tay toy, dit ce ribaud Therence,
Ou dis chose meilleure que silence.

Tel a beaux yeux qui ne voit goutte.
(GABR. MEURIER, *Trésor des Sentences.*) xvie siècle.

Tel a bon lot qui l'a à tort.
Tel l'a mauvais qui n'en peut mais.
(*Prov. communs.*) xve siècle.

Tel a bonne cause qui est condamné.
(*Prov. communs.*) xve siècle.

Tel a le nom qui l'effect non.
(GABR. MEURIER, *Trésor des Sentences.*) xvie siècle.

Telle a mari qui à deul vit.
(*Anc. prov.*, Ms.) xiiie siècle.

Tel a necessité qui ne s'en vante pas.

Tel au matin rit
Qui au soir pleure.
(*Prov. communs.*) xve siècle.

.... Teus au main (*matin*) sue.
Qui à viespre (*soir*) a froid.
(*Roman du Renart*, v. 1,288.) xiiie siècle.

Tel cerveau tel chapeau.

Tel change qui ne gaigne pas.

Tel chante qui n'a joye.

(Gabr. Meurier, *Trésor des Sentences.*) XVIe siècle.

Tex commence qui ne peut assevir (*continuer*).

(*Anc. prov.*, Ms.) XIIIe siècle.

Tel consent
Qui se repent.

(*Prov. communs.*) XVe siècle.

Tel conteur tel auditeur.

(Gabr. Meurier, *Trésor des Sentences.*) XVIe siècle.

Tel convoite qui a assez.

(*Prov. communs.*) XVe siècle.

Tex croit mensunge en sun curaige
Qui li aturne à grant damaige;
Si fist l'arunde le vilain
Qui les moigniax prist lendemain.

(Marie de France, fable 84.) XIIIe siècle.

Tel ajoute foi au mensonge qui lui fait grand dommage; ainsi l'hirondelle crut le vilain qui le lendemain s'empara des moineaux.

Mais tex gabe à le fois autrui
Que li gabois revient souz lui.

(*Roman de Blonde d'Oxfort*, p. 99.) XIIIe siècle.

Tel se moque d'autrui qui voit au même instant la moquerie lui revenir.

Tel cuide aimer qui muse.

Tel cuide autre decepvoir qui soy-mesme se conchie.

(*Prov. communs.*) XVe siècle.

Tel cuide avoir des œufs au feu
Qui n'a que des escailles.

(Gabr. Meurier. *Trésor des Sentences.*) XVIe siècle.

Tel cuide avoir fait qui commence.

(*Prov. communs.*) xve siècle.

Tex cuide faire compagnie qui la depiece (*sépare, rompt*).

Tex cuide ferir qui tue.

(*Anc. prov.*, Ms.) xiiie siècle.

Tex cuide gaigner qui pert,
Et autre emborse le gaaing.

(*Roman du Renart*, v. 20,864.) xiiie siècle.

Tex cuide haut monter qui tumbe.

(*Dis* de Jeh. Le Rigolet, Ms.) xiiie siècle.

Teus cuit estre moult senés
Qui tost se croke sor le nés.

Tel croit être bien sage qui tombe tout à coup sur son nez.

(*Roman du Renart*, v. 1,288.) xiiie siècle.

Tel quide son duel vengier
Moult bien qui son annui porchace,
Et son damage quiert et chace.

(*Roman du Renart*, v. 18,428.) xiiie siècle.

Tex cuide vengier sa honte qui l'acroist.

(*Anc. prov.*, Ms.) xiiie siècle.

Car tel cuide l'autrui avoir
Qu'il pert son cors et son avoir.

(*Chr. de* Godefroi de Paris, éd. Buchon, p. 40.)

Tel demandeur tel refuseur.

Tel denier tel loyer.

Tel don tel donneur.

Tel est bien haut monté
Qui n'est pas le plus asseuré.

(Gabr. Meurier, *Trésor des Sentences.*) xvie siècle.

Tex est comperes n'est amis.

(*Anc. prov.*, Ms.) xiiie siècle.

Tel est confesse
Qui n'est point absoult.

(*Prov. communs.*) XVe siècle.

Tex est febles qui devient fors.

(*Roman du Renart*, v. 20,616.) XIIIe siècle.

Tel est mal vestu
Qui est fourré de vertu.

(GABR. MEURIER, *Trésor des Sentences.*) XVIe siècle.

Tel est petit qui bien boit.

Tel est plain qui encore se plaint.

(GABR. MEURIER, *Trésor des Sentences.*) XVIe siècle.

Teus est tous haitiés aujourd'hui
Espoir ne vivra demain.

(*Roman du Renart*, v. 3,912.) XIIIe siècle.

Tel est tout joyeux aujourd'hui qui peut-être ne vivra pas demain.

Tel fait ce qu'il peult qui ne fait chose qui vaille.

(GABR. MEURIER, *Trésor des Sentences.*) XVIe siècle.

Te fait la faulte que ung autre boit.

(*Prov. communs.*) XVe siècle.

Tel fiert qui ne tue pas.

(J. J. ROUSSEAU, *Confessions.*)

Tel grain tel pain.
Tel pedagogue tel disciple.
Tel auteur tel œuvre.
Tel pere tel fils.

(GABR. MEURIER, *Trésor des Sentences.*) XVIe siècle.

Tel huchie le chien ès brebis qui ne le peut retraire.

(*Prov. Gallic.*, Ms.) XVe siècle.

Tel crie après son chien lancé sur les brebis qui ne peut plus l'en retirer.

Tex jure de son marchié qui puis en taist.

(*Anc. prov.*, Ms.) XIIIe siècle.

Tel répond de son marché qui plus tard n'en dit rien.

Tel l'a mauvais qui n'en peut mais.

(GABR. MEURIER, *Trésor des Sentences.*) XVIe siècle.

Tel le véez.
Tel le prenez.

(*Prov. communs.*) XVe siècle.

Tex me menace qui ne m'ose touchiés.

(*Anc. prov.*, Ms.) XIIIe siècle.

Tel menace qui n'est gueres audace.

Tel menace qui puis est battu.

(GABR. MEURIER, *Trésor des Sentences.*) XVIe siècle.

Tel menasse
Qui craint.

(*Prov. communs.*) XVe siècle.

Te monstre la dent
Qui de mordre n'a talent.

(GABR. MEURIER, *Trésor des Sentences.*) XVIe siècle.

Tex ne peche qui encort (*est puni*).

(*Roman du Renart*, v. 14,160.) XIIIe siècle.

Tel nœud tel coignet.

(GABR. MEURIER, *Trésor des Sentences.*) XVIe siècle.

Tex nuit qui ne peut aidier.

(*Anc. prov.*, Ms.) XIIIe siècle.

Tel ouvrier tel ouvrage.

(GABR. MEURIER, *Trésor des Sentences.*) XVIe siècle.

Tel paie l'escot qui onc ne but.

(*Prov. Gallic.*, Ms.) XVe siècle.

Tel pain tel levain.

Tel pense voler qui ne se peult bouger.

Tel peché tel pardon.

(GABR. MEURIER, *Trésor des Sentences.*) XVIe siècle.

Tel pédagogue tel disciple.

Tel ne peut qui ne veut.

(*Recueil* de GRUTHER.)

Tel pié deschause on qu'on vouroit qu'il fu ars.

(*Anc. prov.*, Ms.) XIIIe siècle.

Tel pied déchausse-t-on qu'on voudrait qu'il fût brûlé.

Tel pied tel soulier.

(GABR. MEURIER, *Trésor des Sentences.*) XVIe siècle.

Tel purcace (*pourchasse*) le mal d'autrui
A qui ce meime vient seur lui,
Si cum li lous fist dou goupil (*renard*)
Qu'il volcit mettre à grant eissil (*mal, perte*).

(MARIE DE FRANCE, fable 59.) XIIIe siècle.
(*Roman de Blonde d'Oxfort*, p. 117, v. 3,391.)

Tex puet blamer les fais d'autrui
Qui miex devreit reprendre lui.

(MARIE DE FRANCE, fable 40.) XIIIe siècle.

Tel rechigne (*grince*) des dents qui n'a nul talent de mordre.

(*Prov. communs.*) XVe siècle.

Tel refuse qui après muse.

(BOVILLI *Prov.*) XVIe siècle.

Tel rit du matin qui le soir pleure.

(GABR. MEURIER, *Trésor des Sentences.*) XVIe siècle.

Tex se cuide chaufer qui s'art.

(*Anc. prov.*, Ms.) XIIIe siècle.

Tel se cuide bien gardé
Qui se frape sur le né.

(*Prov. communs.*) XVe siècle.

Tel se plaint qui n'a point de mal.

Tel s'excuse qui s'accuse.

(GABR. MEURIER, *Trésor des Sentences.*) XVIe siècle.

Tel semble estre bon par dehors
Qui sent mauvais par dedans.

(*Anc. prov.*, Ms.) XIIIe siècle.

Tel semble gras et gros
Qui n'a que la peau et les os.
(GABR. MEURIER, *Trésor des Sentences.*) XVIe siècle.

Tels sont aujourd'hui
Qui demain ne verront pas.

Tels sont les marchiez que on les fait.
(*Prov. communs.*) XVe siècle.

Tel peut qui ne veut,
Tel veut qui ne peut.

Tel prolonge qui ne l'eschape pas.
(GABR. MEURIER, *Trésor des Sentences.*) XVIe siècle.

Tel vend qui ne livre pas.
(*Dictionn. comique,* par P. J. LE ROUX, t. II, p. 95.)

Tel vice tel supplice.
(GABR. MEURIER, *Trésor des Sentences.*) XVIe siècle.

Tel voyt une grande ordure en l'œil de son voisin qui ne la voit au sien.
(*Prov. Gallic.*, Ms.) XVe siècle.

Tel voyez tel prenez.

Telle amour telle dolour.

Telle beste telle teste.

Telle bouche telle souche.

Telle boursette telle monoye.

Telle chair telle saulce.

Telle debte telle recepte.

Telle dent telle morsure.

Telle jambe telle chausse.

Telle laine telle trame.
(GABR. MEURIER, *Trésor des Sentences.*) XVIe siècle.

Telle lame telle gaine.
(*Prov. communs.*) XVe siècle.

Telle lanterne telle chandelle.

(GABR. MEURIER, *Trésor des Sentences.*) XVIe siècle.

Telle main telle moufle (*gant*).

(GABR. MEURIER, *Trésor des Sentences.*) XVIe siècle.

Tel m'a demandé dont je viens
Qui ne scet où il me tient.

(*Prov. Gallic.*, Ms.) XVe siècle.

Telle nouvelle telle oreille.

Telle robe telle forme.

Telle vente telle rente.

Telle vie telle fin.

(GABR. MEURIER, *Trésor des Sentences.*) XVIe siècle.

Temps, vent, femme, fortune,
Tournent et changent comme lune.

(*Recueil* de GAUTHER.)

Tesmoing qui l'a véu est meilleur que cil qui la ouy, et plus seur.

(BOVILLI *Prov.*) XVIe siècle.

Tirer la laine sur le dos.

Tirer les verts du nez.

(*Adages françois.*) XVIe siècle.

Tison brusle tison.

Tixer une toille facheuse.

(BOVILLI *Prov.*) XVIe siècle.

Toille, femme layde ny belle
Prendre ne doibt à la chandelle.

(GABR. MEURIER, *Trésor des Sentences.*) XVIe siècle.

Tombeau chez l'imprimeur.

(*Adages françois.*) XVIe siècle.

Tost basty trop desmoly.

Tost faict tost deffaict.

Tost gaigné trop gaspillé.

(GABR. MEURIER, *Trésor des Sentences.*) XVIe siècle.

Tousjors aime qui est amis.

(*Roman de la Rose*, v. 4,946.) XIIIe siècle.

Tousjours est vengence maulvaise.

Tousjours ne dure orage ne guerre.

Tousjours ne sont pas nopces.

Tout a esté à autruy et sera à autruy.

(*Prov. communs.*) XVe siècle.

Tout a mestier en menage.

(*Prov. Gallic.*, Ms.) XVe siècle.

Tout belement on va bien loin.

(*Anc. prov.*, Ms.) XIIIe siècle.

Tout ce qui gist en peril n'est pas perdu.

(*Prov. communs.*) XVe siècle.

Tout contraire luist à son contraire.

Tout contraire en son contraire prent vertu pour soy refaire.

(BOVILLI *Prov.*) XVIe siècle.

Tout corps sont forgés d'une matiere.

(*Prov. communs.*) XVe siècle.

Tout destruit orguex (*orgueil*) où il se mest.

Tout empire par mauvais hoir (*héritier*).

(*Anc. prov.*, Ms.) XIIIe siècle.

Tout est fait negligemment
Là où l'ung à l'aultre on se attent.

Tout estat est viande à vers.

Tous faut mourir pour une pomme.

Tout faut pourrir on ne sçait quand.

(*Prov. communs.*) XVe siècle.

Tout habit au pauvre duit.

(GABR. MEURIER, *Trésor des Sentences.*) XVIe siècle.

Tout passe fors que bienfait.

Tout se passe fort le mérite.

(*Prov. communs.*) XVe siècle.

Tous songes sont mensonges.

(*Dictionn. comique*, par P. J. Le Roux, t. II, p. 150.)

Tout va mal.

Tout va pis que devant.

(*Prov. communs.*) xve siècle.

Tout vice humain en idolatrie se tourt (*tourne*).

Tout vice humain
En paresse a refrain.

(Bovilli *Prov.*) xvie siècle.

Tout vient à point qui peut attendre.

(Gabr. Meurier, *Trésor des Sentences.*) xvie siècle.

Toute chose veut son temps.

(Gabr. Meurier, *Trésor des Sentences.*) xvie siècle.

Toute fois est faict ce que envis (*par contrainte*) est fait.

Toutes heures ne sont pas bonnes.

Toute joye fault en tristesse.

(*Prov. communs.*) xve siècle.

Toute médaille a son revers.

(*Dictionn. comique*, par P. J. Le Roux, t. II, p. 146.)

Toutes paroles se laissent dire, et tout pain mengier.

(*Anc. prov.*, Ms.) xiiie siècle.

Trahison plaist et traistre déplait.

(Gabr. Meurier, *Trésor des Sentences.*) xvie siècle.

Triste comme un bonnet de nuit sans coeffe.

(*Ducatiana*, p. 467.)

Trois freres trois chasteaux.

Trop aimer est amer.

(Gabr. Meurier, *Trésor des Sentences.*) xvie siècle.

Trop chèrement un bienfait est vendu,
Quand pour l'avoir trop de temps s'est perdu.

(Bruscambille, *Voyage d'Espagne.*) xviie siècle.

Trop demeure qui ne vient.
(*Anc. prov.*, Ms.) XIIIe siècle.

Trop dormir cause mal vestir.
(GABR. MEURIER, *Trésor des Sentences.*) XVIe siècle.

Trop enquerir n'est pas bon.
(*Anc. prov.*, Ms.) XIIIe siècle.

Trop est trop.

Trop fier engendre fiebvre.
(GABR. MEURIER, *Trésor des Sentences.*) XVIe siècle.

Trop grande faveur n'est pas bonne.
(*Prov. Gallic.*, Ms.) XVe siècle.

Trop large en court
A l'argent court.
(*Prov.* de BOUVELLES.) XVIe siècle.

Trop parler nuit plus que trop taire.
(*Anc. prov.*, Ms.) XIIIe siècle.

Trop parler nuit, trop gratter cuit.
(*Devis des Suppôts du Seigneur de la Coquille*, p. 169.) XVIe siècle.

Trop parler porte dommaige.
(*Prov. communs.*) XVe siècle.

Trop penser fait resver.
(GABR. MEURIER, *Trésor des Sentences.*) XVIe siècle.

Trop peut on menacier, car c'est folie.
(*Anc. prov.*, Ms.) XIIIe siècle.

Trop plaidoyer fait mendier.

Trop prendre fait pendre.
(GABR. MEURIER, *Trésor des Sentences.*) XVIe siècle.

Trop soubtilz souvent sont sourprins.
(*Prov. communs.*) XVe siècle.

Trop tendre fait briser ou fendre.

Trop tirer rompt la corde.
(GABR. MEURIER, *Trésor des Sentences.*) XVIe siècle.

Trop tost vient qui male nouvelle aporte.

(*Anc. Prov.*, Ms.) XIIIe siècle.

Trop tost vient à la porte
Qui triste nouvelle y apporte.

(GABR. MEURIER, *Trésor des Sentences.*) XVIe siècle.

Troys choses jamais ne cessent,
Le soleil, le feu, l'esperit de l'homme.

Troys choses sont à l'homme grand desir,
Honneur, utilité et plaisir.

(BOVILLI *Prov.*) XVIe siècle.

Troys jours de respit valent cent livres.

(*Prov. communs.*) XVe siècle.

Tuit voir ne sont pas bel à dire.

Toutes vérités ne sont pas bonnes à dire.

(*Anc. prov.*, Ms.) XIIIe siècle.

Un adverty en vaut deux.

Un amy pour l'autre veille.

(*Recueil* de GRUTHER.)

Un beau mourir toute la vie embellist.

(*Adages françois.*) XVIe siècle.

Un beau si et un beau non
De bénéfice a couleur et nom.

(GABR. MEURIER, *Trésor des Sentences.*) XVIe siècle.

Un bien acquiert l'aultre.

(*Prov. communs.*) XVe siècle.

Un bien fait l'autre.

Un bienfait n'est jamais perdu.

(*Adages françois.*) XVIe siècle.

Un bon courage décore visage.

Un bon père de famille doit être partout,
Dernier couché premier debout.

(*Recueil* de GRUTHER.)

Un compagnon de quatre blancs
Vaut une fille de cent francs.

(*Adages françois.*) XVIe siècle.

Un commun
N'est comme un.
Une communauté
N'est comme unité.

(*Prov.* de BOUVELLES.) XVIe siècle.

Un cousteau aguise l'autre.

(GABR. MEURIER, *Trésor des Sentences.*) XVIe siècle.

Un Dieu, une foy, une loy.

(*Recueil* de GRÜTHER.)

Un dormir attrait l'aultre.

(*Prov. communs.*) XVe siècle.

Un glaive, comme l'on dist, ou cousteau,
Fait tenir l'autre en son fourreau.

(GABR. MEURIER, *Trésor des Sentences.*) XVIe siècle.

Un jour de respit cent sols vaut.

(*Anc. prov.*, Ms.) (*Roman du Renart,* v. 15,930.) XIIIe siècle.

Un mal apaisé ne rudoye.

(*Mimes* de BAÏF.) XVIe siècle.

Un mal attire l'autre.

Un malheur ne vient jamais seul.

(GABR. MEURIER, *Trésor des Sentences.*) XVIe siècle.

Un mauvais gouverneur en une ville,
Un noyer en une vigne,
Un porceau en un blé,
Un amas de taupes en un pré,
Un sergent en un bourg,
C'est assez pour tout gaster.

(GABR. MEURIER, *Trésor des Sentences.*) XVIe siècle.

Un mauvais los (*éloge*) vaut un grand blasme.

(*Prov. Gallic.*, Ms.) XVe siècle.

Un mauvais paresseux ne sauroit laisser ses mœurs.

(*Prov. communs.*) XVe siècle.

Un œuf ne vault guere sans sel.
Un prestre ne vault guere sans clerc.
Un cerveau ne vault guere sans langue.
Un gasteau ne vault guere sans miche.
Un feux ne vault guere sans creux.

Un pas de jour vaut deux de nuit.

(*Prov. Gallic.*, Ms.) XVe siècle.

Un peu de belle force vault moult.

(*Prov. communs.*) XVe siècle.

Un plaisir est assez vendu
Qui longuement est attendu.

Un plaisir requiert l'autre.

(GABR. MEURIER, *Trésor des Sentences.*) XVIe siècle.

Un pied chaussé et l'autre nud.

(BOVILLI *Prov.*) XVIe siècle.

Un pou de levain esgrist grand paste.

(*Prov. Gallic.*, Ms.) XVe siècle.

Une autre fois me croyez moins.

(*Prov. Gallic.*, Ms.) XVe siècle.

Une bonté l'autre requiert.

(*Prov. communs.*) XVe siècle.

Une chose faite ne peut pas être à faire.

(BRUSCAMBILLE, *Voyage d'Espagne.*) XVIIe siècle.

Une fois en mauvais renom
Jamais puits n'est estimé bon.

(GABR. MEURIER, *Trésor des Sentences.*) XVIe siècle.

Une fois fault compter à l'hoste.
(*Prov. communs.*) xve siècle.

Une fois n'est pas coutume.

Une follie est tost faicte.
(*Adages françois.*) xvie siècle.

Une goutte de miel
Engendre un gouffre de fiel.

Une heure paye tout.
(Gabr. Meurier, *Trésor des Sentences.*) xvie siècle.

Une main lave l'autre.
(Bovilli *Prov.*) xvie siècle.

Une parolle bien dicte vault
Mieux que deux mauvaisent.
(*Prov. Gallic.*, Ms.) xve siècle.

Une parole touche l'autre.
(Gabr. Meurier, *Trésor des Sentences.*) xvie siècle.

Une vieille et deux tisons
Ja bonne chiere ne feront.

Usage rend maistre.
(*Prov. Gallic.*, Ms.) xve siècle.

Use de ton pain tu seras frans.
(*Anc. prov.*, Ms.) xiiie siècle.

Vaine esperance nourrit les chetifs.
(*Recueil* de Gruther.)

Va où tu veux, quand et comment,
Là où tu doibs mourir convient.
(Bovilli *Prov.*) xvie siècle.

Va où tu peulx, meurs où tu doibs.
(*Prov. communs.*) xve siècle.

Vendre ou donner.
(*Prov. Gallic.*, Ms.) xve siècle.

Verité engendre hayne.

(*Prov. communs.*) xve siècle.

. . . Veritez est la maçue
Qui tot le mont (*tout le monde*) occit et tue.

(*Roman des sept Sages.*) XIIIe siècle.

Verité ne se cache point,
Mais meschante vie quiert les coings.

(*Prov. communs.*) xve siècle.

Verité se plaidoie.

(*Prov. Gallic.*, Ms.) xve siècle.

Verité d'homme tout donne.

(*Prov.* de BOUVELLES.) XVIe siècle.

Vertu excelle force.

(GABR. MEURIER, *Trésor des Sentences.*) XVIe siècle.

Vertu gist au milieu.

Vertu plaist et pesché nuit.

Vertu seule fait l'homme parfaict.

(*Prov. communs.*) xve siècle.

Vest toy chaudement, mange escharchement,
Boy par raison, tu vivras longuement.

(GABR. MEURIER, *Trésor des Sentences.*) XVIe siècle.

Veulx-tu apprendre au filz de pêcheur à manger du poisson.

(*Prov. communs.*) xve siècle.

Viande et boisson perdition de maison.

Vie brutalle plaist au coquin rural,
Grandir à la taverne et mourir à l'hôpital.

(GABR. MEURIER, *Trésor des Sentences.*) XVIe siècle.

Vieilles amours et vieux tisons
S'allument en toutes saisons.

(BRUSCAMBILLE, *Voyage d'Espagne.*) XVIIe siècle.

Vieil en amours hyver en fleurs.

Vieil medecin et jeune barbier
Sont à louer et apprecier.
(GABR. MEURIER, *Trésor des Sentences.*) XVIe siècle.

Vieillard de soy ayant cure
Cent ans vit et plus, s'il dure.

Vieilles debtes aydent et vieulx pechés nuisent.
(*Prov. communs.*) XVe siècle.

Les vieilles gens ont tost froidure,
Bien savés que c'est lor nature.
(*Roman de la Rose*, v. 404.) XIIIe siècle.

Vis (*vil*) est tenu partout qui riens n'a.
(*Anc. prov.*, Ms.) XIIIe siècle.

Vis par compas,
Vas pas à pas.
(*Prov.* de BOUVELLES.) XVIe siècle.

Vive chacun comme il veut mourir,
Aille le pas qui ne peult courir.
(GABR. MEURIER, *Trésor des Sentences.*) XVIe siècle.

Vivre ou monde n'est mie feste.
(*Roman du Renart*, v. 5,478.) XIIIe siècle.

Vivre de sa gresse.
(BOVILLI *Prov.*) XVIe siècle.

Voicy de bonne viande
Il n'en a pas qui en demande.
(*Prov. communs.*) XVe siècle.

Voici le reste de nos écus.
(*Dictionn. comique*, par P. J. LE ROUX, t. I, p. 425.)

Voisin scet tout.

Volonté n'est que droit.
(*Prov. Gallic.*, Ms.) XVe siècle.

Vostre parole soit : ouy, ouy, non, non.
(GABR. MEURIER, *Trésor des Sentences.*) XVIe siècle.

Vouloir dire et n'avoir licence
De parler c'est un grand tourment.

(*Mimes* de BAÏF.) XVIe siècle.

Vouloir voller avant qu'avoir des aisles.

(*Adages françois.*) XVIe siècle.

Vous seriez capable de ruiner un pauvre homme.

(*Mimes* de BAÏF.) XVIe siècle.

APPENDICES.

APPENDICE N° I.

DISTIQUES DE DYONISIUS CATO, EN LATIN ET EN VERS FRANÇAIS DU XIIe SIÈCLE.

(Manuscrit de la Bibliothèque Royale, n° 277, N.-D. fol. 197 r°.)

Ici comence Catun. Cum animadverterem quam plurimos homines graviter errare in via morum, succurrendum opinioni eorum et consulendum fore existimavi, maxime ut gloriose viverent et honorem contingerent.

Cum jeo aparséusse plusurs [de la voie de mors forvoier, [avis pur voir m'estoit [e grant bien seroit [de voir cunsillier; [pur ceo maismement [ke glorinsement [el munt vesquissent [et par itel afere [dignetez en terre [e honors cunquéissent.

Nunc te, fili karissime, docebo quo pacto mores tui animi componas.

Ore, beaus fiz très chier, [toi voel jeo enseignier, ke tu soies plus sages, [par kel covenant [tu purras en avant [aorner tun curage.

Igitur mea precepta ita legito ut intelligas; legere enim et non intelligere est negligere.

Pur tels acheisons, fiz, [jeo te semoing ke mes preceps lises; [mais nient entendre e lire [ceo est adès pire, [si voil que tu t'en chasties.

Itaque Deo supplica. Parentes ama.

Deu amez e le requerez [de ceo ke averois mestier. [Pere et mere amez, [vos parenz honurez [e mult les tenés chierz.

Datum serva. Foro te para.

Mult soit bien gardée [chose ki est donée [par Deu et par gent. [Al marchié quant vus alez, [mult bel vus atornez [e ascemeément.

Mutuum da. Cum bonis ambula. Cui des videto. Antequam voceris ad cunsilium ne accesseris.

As loiaus prestez. [Od les bons alez. [Voyez à qui vous facies dons. [A conseil n'approchez [devant ke vus seez [apelez ou semons.

Conviva raro. Mundus esto. Quod satis est dormi. Saluta libenter.

Reelement gestoiez. [Net e chastes séez. [Dormez assez sanz plus. [Volantiers saluez [cels ke vus veez [venir encountre vus.

Conjugem ama. Majori cede.

Ta femme par amur [aime. E al greignur [tut tens donez lui; [kar quant n'as le poeyr [qu'il puisse contre ester [n'est pas de belle giu.

Magistrum metue. Vino tempera. Verecundiam serva.

Ton mestre *tutes* hures [doute, et toi amesures, quant beivre devras. [Garde ke tu soies [honteus tote voies; [de tant mielz le fras.

Libros lege, quod legeris memento. Rem tuam custodi.

Livres lisez, [e ceo ke liu averez [ne metés en obli. [Garde bien ta chose : [ceo faut en poi de pose [ke lonc tans est coilli.

Liberos erudi. Diligenciam adhibe. Blandus esto. Jusjurandum serva.

Tez enfans apernez [e savoir e sen. [Si soiez diligent. [Soiez douz e soef [et ne mie griès. E garde bien ton serment.

Familiam cura. Irasci abs re noli. Neminem irriseris. Meretricem fuge.

Ta meisnie chastie. [Si ne soies mie [de petit iriez. [N'escharniez null. [Si vus comand e pri [ke p.... fuiez.

In judicium adesto; ad pretorium stato.

Volentiers aidiez [à cels ke vus poez; [quant estes al jugement [à la prevosterie, [estez ne flechisiez mie [pur or ne pur argent.

Literas disce. Consultus esto.

En bone escripture [tut tens asséure [tes diz e tes faiz. [Conseil pernez [des sages e des senez, [quant doiz tenir tes plez.

Bonis benefacito. Virtute utere. Tute consule. Maledictus ne esto.

Feites bien as bons, [e nomeement à toz [où sés de vertus. Séur conseil donez. [Maudit ne soiez; [ne maudites nul.

Troco lude; aleas fuge.

Si jöer volez, [au toupet juez [e ne mie à hasart; [les tables fuiez, [ke tenuz ne soiez [à fol ne à musart.

Existimacionem retine.

Si tu quides rien [de mal ou de bien, [dont tu ne sois mie cert, [faites come sages : [tien le en ton corage, [ke il ne seit descovert.

Patere legem quam ipse tuleris. Equum judica. Nil mentire.

Sueffre en droit de toi mesme la lei que tu as donée. Tout tens droit jugiez. E rien ne ment, kar ceo est vice.

Beneficii accepti memor esto. Pauca in convivio loquere. Minime judica.

Benefice receue [en memoire soit tenue [de fere en gueredon. [A feste poi parlez. [Nul hume ne jugez, [kar ceo est detraction.

Illud stude agere quod justum est. Pugna pro patria.

Tant com tu vis en terre, [estudie de fere [ceo ke à droit apent. [E si tu vois la guere, [combatoie pur ta terre, [e ton païs deffent.

Alienum noli concupiscere. Parentes patienter vince.

[Ne voillez en ton quer [autrui chose aver. [Pur nul aventure, [veincre ton pere [voilles e sormunter [par suffrance e par mesure.

Minorem ne contempseris. Noli nimium confidere in tua virtute sive fortitudine.

Mendre de toi, [mes ke soies rois, [unkes ne despises. [E se tu force as, [ne te fiez pas [trop ne te prises.

Nil arbitrio virium tuarum feceris. Libenter amorem ferto.

Par propre volenté [rien ne soit ovré [de quanque tu feras. [Volentiers e de gré [suffrez tote amistié, [quant porchacé l'auras.

Si Deus est animus nobis, ut carmina dicunt,
Hic tibi precipue pura sit mente colendus.

Si Deu à coltiver [est ou pur penser, [come dient li ditié, là soit tun curage [ferm sanz estre remué [en son estage.

Plus vigila; semper ne sompno deditus esto;
Nam diuturna quies viciis alimenta ministrat.

Toz jurz vus gardez [ke vos veillez [plus ke ne pernez sompne; [kar par trop dormir [seut sovent chaïr [en vices maint homme.

Virtutem primam esse puta compescere linguam;
Proximus ille Deo qui scit racione tacere.

La vertu premeraine [ke à toi soit chiere, [ceo est lange refrener : [à Deu est prochain [ki par droit certain [seit taire e parler.

Sperne repugnando tibi tu contrarius esse;
Conveniet nulli qui secum dissidet ipse.

Nul ne soit contrarius [à soi par droit, [ne en dit ne en fait; [kar ki descorde à sei [ou autre, com jeo croi, [n'avera ja concordance.

Si vitam inspicias hominum, si denique mores,
Cum culpas alios, nemo sine crimine vivit.

Quant autre blameras, [tei meismes blameras [ou jugeras tut primerement; [kar nul n'est ki vit [ou ne soit grant ou petit, [ki ne mesprent.

Que nocitura tenes, quamvis sint cara, relinque;
Utilitas opibus preponi tempore debet.

Ceo ke tu as chier, [dunt quides empoirier, [de toi hosteras; [kar, pur ton profit, [richesce en despit [avoir deveras.

Constans et lenis, ut res expostulat, esto :
Temporibus mores sapiens sine crimine vivit.

Roides e suef seez, [solunc ceo ke vus veez [ke la chose velt : [li sages, sans blasmer [les mors seit changier, [solunc ceo qu'il sont.

Ne temere uxori de servis crede querenti;
Sepe etenim mulier quem conjux diligit odit.

Ne croi folement [ta femme, quant sovent [de tes sergans se claime; [kar sovent avient [que la femme het celui [ki le seignur aime.

Cumque mones aliquem, nec se velit ipse moneri,
Si tibi sit carus, noli desistere ceptis.

Si de ses folies [aucun chasties, [e il ne l' voelle entendre [ne l' dois pur ceo lesser, [si tu l'as chier, [mès plus e plus le reprendre.

Contra verbosos noli contendere verbis.
Sermo datur cunctis, animi sapiencia paucis.

Encontre janglor [ne n'aies deshonur, [ne voilles estriver; [kar plusurs ont jangle [e tançon de langue, [mais poi sen e savoir.

Dilige sic alios ut sis tibi carus amicus.
Sic bonus esto bonis, ne te mala dampna sequantur.

Les autres issi aime; [ke tu à toi meisme [soies chiers amis. [Si sois bons as bons; [e si done as tuens, [ke à toi ne seit lo pis.

Rumores fuge, ne incipias novus auctor haberi;
Nam nuli tacuisse nocet, nocet esse locutum.

Noveles fui, ke trichoor ne soies reté ne tenus; le jangleor ne set pas tere, mais haut et bais parler ceo qu'il ad oï.

Spem tibi promissam certam promittere noli;
Rara fides ideo est, quia multi multa locuntur.

Chose ki est promise [à autre en nule guise [ne premettez avant : [el monde a poi de foi, [kar maint endroit de soi [est faus et soduant.

Cum te aliquis laudat, judex tuus esse memento;
Plus aliis de te quam tu tibi credere noli.

Quant tu te orras loer, [juge en ton quer [quel ceo est veirs ou nun; [e ja autre ne croies [de vertu ke aies [plus ke à ta resun.

Officium alterius multis narrare memento;
Atque aliis cum tu benefeceris, ipse sileto.

Autrui servises [voeil ke tu prises, [oiant tute gent; [mes quant tu bien feras, [ja n'em parleras, [par mun loement.

Multorum cum facta, senex, et dicta recenses,
Fac tibi succurrant juvenes quod feceris ipse.

Fai en ta juvente [de bone entente [de bien dire e faire; [kar quant viellars retrait [autri diz et faiz, [les tuens puissez retraire.

Ne cures, si quis tacito sermone loquatur :
Conscius ipse sibi de se putat omnia dici.

Si tu vois autre genz [parler tesiblement, [n'en aies jà ennui : [kar mauvais se sent [ki croit ke tote gent [parolent de li.

Cum fueris felix que sunt adversa caveto :
Non eodem cursu respondent ultima primis.

Tant cum est benuré, [encontre adversité [te pourvoy aïe; [kar le comancement [e le finement [ne se acordent mie.

Cum dubia et fragilis sit nobis vita tributa,
In mortem alterius spem tu tibi ponere noli.

Quant si est doutose [e fresle e perillouse [notre vie ici, [mult est grant enfance [de mettre esperance [en la mort d'autrui.

Exiguum munus cum det tibi pauper amicus,
Accipito placide et plene laudare memento.

Quant un petit don [te met à bandon [le tuen pour ami, [receves bonement [e plenierement [te loue par tot de li.

Infantem nudum cum te natura creavit,
Paupertatis honus pacienter ferre memento.

Quant tu el mund venis [povers e chaitifs [e nus et dolenz, [la charge de poverte [de mesese e de perte [soffrez bonement.

Ne timeas illam que vite est ultima finis;
Qui mortem metuit quod vivit perdit id ipsum.

Quant t'estuet morir [e à ta fin venir, [ne dois la mort doter, [kar ki doute la mort [ne joie ne deport [ne puet el monde avoir.

Si tibi pro meritis nemo respondet amicus,
Incusare Deum noli, sed te ipse coherce.

Si nul ami en foi [respond endroit de toi [del bien ke fet lui aueras, [ne dois Deu blamer, [mes dois amender [tei meismes ignele pas.

Ne tibi quid desit, quesitis utere parce,
Utque quod est serves semper tibi deesse putato.

Le tuen purchas despen [espernablement, [solonc ke vois mestier, [e ke tote voies [ke tu rien ne aies [pur bien le tuen garder.

Quod prestare potes ne bis promiseris ulli;
Ne sis ventosus dum vis bonus ipse videri.

Ne promet pas sovent, [mes done erraument [ceo ke tu pues doner; [ne soies vanteur [dunt vus deussez honor, [los e pris avoir.

Qui simulat verbis non corde est fidus amicus;
Tu quoque fac simile, sic ars deluditur arte.

Si aucuns, par parler [e ne mie du quer, [se feigne tun ami, [deceif art par art, [de la tue part [fai autretant à lui.

Noli homines blando nimium sermone probare:
Fistula dulce canit volucrem dum decipit auceps.

Ne voilles losengier [home ne trop loer, [fors sulunc le droit: [bel chante le frestel, [quant l'oiselor l'oisel [tret à soi e descoit.

Cum tibi sint nati nec opes, tunc artibus illos
Instrue, quo possint inopem defendere vitam.

Si tu n'ies pas mananz [e aies mulz enfanz, [fe les aprendre [art ou corteisie, [par unt il puissent lur vie [de poverté defendre.

Quod vile est carum, quod carum vile putato,
Sic tibi nec cupidus nec avarus nosceris ulli.

Dont autres unt chierté [ceo aies à vile [e le vile aies chier, [e ja n'iers blasmé [por escharseté [ne pur coveitise.

Que culpare soles ea tu ne feceris ipse;
Turpe est doctori cum culpa redarguit ipsum.

Que tu seus blasmer [ne voilles pas amer [ne faire pur nul plait: [ne avient à nului [de blasmer autrui [de ceo qu'il meisme fet.

Quod justum est petito, vel quod videatur honestum;
Nam stultum est petere quod possit jure negari.

Ke faire vels resqueste [droite seit e honeste, [e ke hum le puisse faire; [kar ceo ke l'em par droit [encuntre dire doit [n'est pas à requerre.

Ignotum tibi tu noli preponere notis :
Cognita judicio constant incognita casu.

Tus jurz aies tu plus privé le tuen ke les survenanz: [l'en quide bien en tel [ou il i a tot el [purvoi toi bien avant.

Cum dubia in certis versetur vita periclis,
Pro lucro tibi pone diem, quicumque laboras.

Quant vie est en peril, [en icest issil [e en dolur aperte, [quecumques labores, [gardes ke tutes hores [de gaing soies cert.

Vincere cum possis, interdum cede sodali;
Obsequio quoniam dulces retinentur amici.

Quant veincre le purras, [sovent meneiras [ton chier cumpaignun : [n'iert pas amur parfitè, si riens est f ite ou dite [qui despleise à l'un.

Ne dubites, cum magna petas, impendere parva;
Hiis et enim rebus conjungit gracia caros.

Ne doute pas ke tu n'oses, [où tu requiers granz choses, [le petit don doner; [kar voisins e amis [se sulent, ceo m'est vis, [par tant entre amer.

Litem inferre cave cum quo tibi gracia juncta est :
Ira odium generat, concordia nutrit amorem.

Ne muef ja tençon [vers tun compaignun [ne vers tun bienvoillant: kar ire engendre haor, [concorde nurit amur, [ke Deus prise tant.

Servorum culpis cum te dolor urget in iram,
Ipse tibi moderare tuis, ut parcere possis.

Si tu, par meffet [ke ton sergant ai fet, [as doel e ire au quer, [toi meisme amesure, [ke puisses à tel eure [as tuens esparnier.

Quem superare potes interdum vince ferendo;
Maxima etenim mors est semper patiencia virtus.

Quans tu aura poer [de autre sumuntre [dunc veincras par souffrance; [kar de estre pacient [est grand affetement [ki meint home avance.

Conserva pocius que sunt inparta labore;
Cum labor in dampno est, crescit mortalis egestas.

Ceo garde sagement [ke tu as nomeement [cunquis par labur, [kant labur est en perte, [dunc crest mortel poverte [e anguisse e dolur.

Dapsilis interdum notis ut carus amicus,
Cum fueris felix, semper tibi proximus esto.

A tes conus dois [estre aucune foiz [larges par mesure; mes plus soies ami [à toi ke à autrui, [tant cum bien te dure.

Telluris si forte velis cognoscere cultus,
Virgilium legito.....

Si tu vois savoir [terre cultiver, [ke blé n'y faille mie, [Virgille lises, [e savoir pourras assez [de gaignerie.

..... Quod si male nosce laboras,
Herbarum vires Macer tibi carmine dicet.

Si vus fisicien [volez estre, e savoir bien [doner les medicines, [Macre, ki ne ment, [les grans vertus aprent [de erbes e racines.

Si Romana cupis vel Punica noscere bellum,
Lucanum queras, qui Martis prelia dicet.

Si vels ke tu ne failles [de savoir les batailles [d'Aufrike ou de Rome, [Lucan apren, [kar illuec troveras [de guere la summe.

Si quid amare libet vel discere amare legendo,
Nasonem petito, sin autem cura tibi hoc est.

Si vels savoir d'amors, [come voilleut li pluseurs, [lise dunc les Ovides, [dunc saveras tost amer [e après desamer [melz ke tu ne quides.

Ut sapiens vivas, audi que discere possis,
Per que semotum viciis deducitur evum.

E si de ce n'as cure, [mes sen e mesure [voilles aprendre, [par ont come sage [puisses tun corage [de vices defendre.

Ergo ades et que sit sapiencia disce legendo.

Venez donc avant, [si orrez en lisant; [si voillez entendre [sen ou curteisie, [kar en tote guise [les voil en toi despendre.

Si potes, ignotis eciam prodesse memento :
Utilius regno est meritis adquirrere amicos.

Si tu pues, à tuz [e neis as mesconeux [pense de profiter; [kar bien e honur fere [e amis conquere [vaut melz ke regnier.

Mitte archana Dei celumque inquirere quid sit,
Cum sis mortalis, quæ sunt mortalia cura.

Quant tu es mortels, [les estres del ciel [lessez à enquerre, [à Dampne Deu lessez [avoir les privetez, [si pensez de la terre.

Linque metum leti, nam stultum est tempore in omni :
Dum mortem metuis, amittis gaudia vite.

Ne doute pas la mort [quant c'est nostre sort; [kar ceo est grant folie, [pur pour de la mort, [de perdre le deport [ki est en ceste vie.

Iratus de re incerta contendere noli :
Impedit ira animum ne possit cernere verum.

Quant tu ies iriés [de chose n'estrivez, [dunt nes n'es pas à toi; [kar re corage [desturbe nes al sage [de entendre verités.

Fac sumptum propere, cum res desiderat ipsa,
Dandum etenim est aliquid cum tempus postulat aut res.

Aucune foiz despen [molt hastivement [ton boivre e ta viande, [kar il t'estuet despendre, sulunc ke puès entendre [ke tens le demande.

Quod nimium est fugito, parvo gaudere memento :
Tuta magis est puppis modico que flumine fertur.

Mesure eies, [de petit liez soies, [kar c'est mesure : [nef ki va sur unde [ke gueres ne est parfunde, [plus est seure.

Quod pudeat socios prudens celare memento,
Ne plures culpent id quod tibi displicet uni.

Cointement celes, [ke ne soit vergondez, [le fet tun compaignun, [ke plusurs par toi [blament endroit soi [ses mesfez en communs.

Nolo putes pravos homines peccata lucrari,
Temporibus peccata latent et tempore parent.

Ne voil ke vus quidez [ke homme par pechiez [puisse rien gaignier, [kar pechies se tapissent [e rendent mal loeir.

Corporis exigui vires contempnere noli :
Consilio pollet cui vim natura negavit.

Ja n'aies en despit [le cors del petit [ne on pès ne en guerre ; [kar, là où force faut bon conseil mult i vaut, [kant home en ad afere.

Quem videas non esse parem tibi tempore cede;
Victorem a victo superari sepe videmus.

Sovent deporteras [à celui ke plus bas [de toi est e menor; [kar nus avvons veu [sovent le vaincu [veincre le vantéor.

Adversus notum noli contendere verbis,
Lis minimis verbis interdum maxima crescit.

O conu ne o per [ne voilles estriver [n'à jeu ne à decertes ; [kar grant tençon sovent [surt entre mainte gent, [dunt vienent guere après.

Quid Deus intendit noli perquirere sorte :
Quod statuit de te sine te deliberat ipse.

Ne voilles pas enquere [par sort ke Deus vout fere [de toi ne d'autrui : [de toi sanz toi face [ceo qu'il volt sa grace, [et tut toi met en lui.

Invidiam nimio cultu vitare memento,
Que si non ledit tamen hanc sufferre molestum est.

Pur eschivre envie, [gardez ke ne soies mies [trop noble de vesteure : [si envie ne nuit granment, [costeuse et nequident [e grief sa porteure.

Esto forti animo cum sis dampnatus inique :
Nemo diu gaudet qui judice vincit iniquo.

Si dampnez es à tort, [garde ke soies fort [e ferm en tun curage : [ne se esjoïst lunguement [ki par faus jugement [veint et par ultrage.

Litis preterite noli maledicta referre,
Post inimicicias iram meminisse malorum est.

De ceo ke l'en trespasse [puis ke est pardoné, [ne doiś les diz retraire [après enemisté, [ne iert ire recordée [de home deboneire.

Ne te collaudes, nec te culpaveris ipse,
Hoc faciunt stulti quos gloria vexat inanis.

Tu ne doiz loer toi ne blasmer, ceo aies en memoire; kar ceo sunt icels ki sunt briçons e fous e pleins de veine gloire.

Utere quesitis modice, cum sumptus habundat :
Labitur exiguo quod partum est tempore longo.

Done e despen [mesurablement [si cum ta chose creist : [ceo faut en poi de tens, [ke n'est gardé par sens, [ke lonc tens coilli est.

Insipiens esto cum tempus postulat aut res :
Stulticiam simulare loco prudencia summa est.

Fol viel ke tu soies, [sulunc ceo ke tu voies [ke la chose vet; [kar cointise est grant [de feindre soi non savant [pur fere sun espleit.

Luxuriam fugito simul et vitare memento;
Crimen avaricie, nam sunt contraria fame.

Fuiez luxure, [si n'en aiez cure [de nule de ses delices, [l'avarice ausi; [kar ceo sachez de fi [ces sunt dous mult grant vices.

Noli tu quedam referenti credere semper :
Exigua est tribuenda fides quia multa loquaris.

Ices cuntéors [ne créez ki à plusurs [content maint afere; [kar mut i a paroles [fauses e foles [e poi de foi en terre.

Quod potu peccas ignoscere tu tibi noli,
Nam nullum crimen vini est, set culpa bibentis.

Ne pardone à toi meismes [kant tu ies enteimés [par boivre mesfesant; [kar el vin n'est pas [la coupe del trepas, [mel el trop bevant.

Consilium archanum tacito committe sodali;
Corporis auxilium medico committe fideli.

Di ta priveté [à compagnon celé [ki feint n'est ne volage; [tun cors medeciner [al mire deis liverer [ki léal est e sage.

Successus dignos noli tu ferre moleste :
Indulget fortuna malis ut ledere possit.

Si par ta deserte [toi vient mal ou perte [ne l' pren trop à fès; [kar aventure eslieve [le malvais e le grieve [plus asprement après.

Prospice qui veniunt hos casus esse ferendos;
Nam levius ledit quicquid previdimus ante.

Les mals, pur mielz [suffrir, ki poent avenir, [cointement purvoi : [de tant purrunt il meins, [quant sunt purveu des enz, [grever e nuire à toi.

Rebus in adversis animum submittere noli,
Spem retine : spes una hominem nec morte relinquo.

Ne soies surmis ne [par nule adversité [en ceo où tu as tort; [mès de boue chance [aies grant esperance, [neis el point de mort.

Rem tibi quam noscis aptam dimittere noli,
Fronte capillata post est occasio calva.

Chose profitable, [kar fortune est chanjable, [ne soit de toi sesie : [le frunc est mult bel [quant le baterel [cauf est e pelé.

Quod sequitur specta quodque iminet ante videto,
Illum imitare Deum qui partem spectat utramque.

Iceo ki piert devant [soies entendant [e ceo ki seut après, [e cel Deu tut droit, [ki l'un et l'autre voit, [ensui tut adès.

Forcius ut valeas interdum parcior esto,
Pauca voluptati debentur plura saluti.

Mesurable doiz [estre aucune foiz, [ke soies mielz puissant : [mult doit l'en à santé [e poi à joliveté [estre entendant.

Judicium populi numquam contempseris unus;
Nam nulli placeas dum vis contempnere multos.

Jamais jugement, [où peoples se cunsent, [ne despises seul : [kar ki mulz despit [par fet et par dit [n'iert ami à nul.

Sic tibi precipue, quod primum est, cura salutis :
Tempora ne culpes, cum sit tibi causa doloris.

Tut premerement [à santé entent; [quant pers ton labur : [l'orage ne blames, [kar Deu pur nos pecchiez [le change tute jur.

Sompnia ne cures; nam mens humana quod optat,
Cum vigilat, sperat, per sompnum cernit idipsum.

De songe ke songes [conte ne tien; [kar quant home est veillant, [ceo qu'il covoite espoire, [e pus si vient eneire, [ceo meisme en dormant.

Hoc quicumque velis carmen cognoscere, lector,
Cum precepta feras que sunt gratissima vite.

Quicunkes tu seras [ki ses diz voudra [en lisant entendre, [oyse tun corage [en sen soies sage, [si te force de aprendre.

Instrue preceptis animum ne discere cesses,
Nam sine doctrina vita est quasi mortis imago.

Kar me dites aprent [choses ke l'em hortent [de vivre honestement, [e si mort ymage [est hom en chescun eage, ki nul bien ne aprent.

Commoda multa feres, sin autem spreveris illud,
Non me scriptorem, set te neglexeris ipsum.

Mult averas grant profit [si à cest ecrit [aprendre mes ta entente; [e si tu ne lises [moi pas ne despises, [enz faiz tun prou de meine.

Cum recte vivas, ne cures verba malorum :
Arbitrii nostri non est quod quisque loquatur.

Si tu vois droit e bien, [ne te soit à rien [ke les malvais parolent; [kar n'avum le poeir [des boches estoper [à ceus ki mal nus voillent.

Productus testis, salvo tamen ante pudore,
Quantumcumque potes celato crimen amici.

Quant tu es avant mené [pur dire verité, [sauve le ton honur, [e quanke tu porras [tuen ami sauveras [de crime e tuen seignur.

Sermones blandos blesosque cavere memento :
Simplicitas veri fama est, fraus ficta loquendi.

Paroles blesantes [e les blandisantes [deit chescuns homs despire, [kar nul home ne doit [en nul homme par droit [escuter les ne dire : [dire verité e [simplicité, [c'est bone fame; [feintement parler [e verité celer, [c'est boisdie et blasme.

Segnicie fugito que vite ignavia fertur;
Nam cum animus languet consumit inertia corpus.

Si tu ne faiz peresce [par droite dresce, [malvaise iert ta vie; [kar le quer languira [pur tant ke peresce a [le cors en sa baillie.

Interpone tuis interdum gaudia curis,
Ut possis animo quemvis sufferre laborem.

Entremeisler doiz [joie aucune foiz [ahait à ta cure, [ke puissez sanz damage [suffrir en tun corage, [se travail te vient soure.

Alterius dictum vel factum ne carpseris umquam,
Exemplo simili ne te derideat alter.

Autrui dit ne fait [ne voilles à nul fuer [reprendre ne blasmer : [si autre endroit de soi [face autretant à toi, [il t'en voudra peser.

Quod tibi sors dederit tabulis supprema notato,
Augendo serva ne sis quem fama loquatur.

Ceo ke te chiet en sort, [quant tun ami est mort, [asai de bien garder; [e pur sauver ta fame [ke tu n'en aies blasme [pense de la oitier.

Cum tibi divicie superant in fine senecte,
Munificus facito vivas, non parcus amicis.

En la fin de ta vieillesce [t'abunde richesce, [escars ne soies pas; [en tes amis despen [e done largement, [quant tu bien purras.

Utile consilium dominus ne despice servi,
Nullius sensum si prodest tempseris unquam.

Ne soies despisant [le cunseil tun sergant, [si il est profitable, [ne le sens de nulli, [quant tu ses tut de fi [qu'il est convenable.

Rebus et in censu si non est quod fuit ante.
Fac vivas contemptus eo quod tempora prebent.

Si tu n'ies manant [e a esté devant [come li plusurs sunt, [à toi soit suffisant [li petit e li grant, [si cum li tens respunt.

Uxorem fuge ne ducas sub nomine dotis,
Nec retinere velis, si ceperit esse molesta.

Femme ne docz [si cert ne seez [ke ele soit honeste, [ne pur nul desir [la voilles tenir, [si ele te fet moleste.

Multorum disce exemplo que facta sequaris,
Que fugias; nobis vita est aliena magistra.

L'essample retenez [de mouz ke vous sachiez [ke faire e ke lessier; [kar, queuke ele soit, [autrui vie vus doit [aprendre e chastier.

Quod potes id temptes, operis ne pondere pressus
Succumbat labor et frustra temptata recedit.

Ceo ke puès fere [ke quides à chief trere [assaie en mainté guise, [qu'il ne t'estuet après, [pur l'ennui de cel fès, [guerpir la toe emprise.

Quod nosti factum non rectum noli silere,
Ne videare malos imitare velle tacendo.

Ceo ke tun sen voi [ovre, e cuntre droit [tere pas ne doiz, [ke home ne soit quidant [ke voilles en teissant [seure les malvais.

Judicis auxilium sub iniqua lege rogato,
Ipse etiam leges cupiunt ut jure regantur.

Alie le juge à toi, [quant tu vois ke la loi [est sanz esquité, [kar les droites lois [voillent estre veirs [par droit governées.

Quod merito pateris pacienter ferre memento,
Cumque reus tibi scis ipsum te judice dampna.

Sueffre bonement, [e soies pacient [ceo ke as deservi; [e si te vois cupable, [juge te dampnable, [ne l' met pas en autrui.

Multa legas facito, perlectis perlege multa;
Nam miranda canunt, set non credenda pòete.

Lisez molz ditez, [e puis relisez [autres mult eneire; [merveilles dient granz [li poète en lur chanz, [si l'en les poeit creire.

Inter convivas fac sis sermone modestus,
Ne dicare loquax, dum vis urbanus haberi.

Garde toi tote voies [ke à feste ne soies [surfetos de parler, [dunt à gangléor [te tiengnent li plusor, [ne mie pur enseignié.

Conjugis irate noli tu verba timere,
Nam lacrimis struit insidias cum femina plorat.

Quant ta femme irée [te dit sa raponée, [n'en tieng jà nul plait; [quant ele losenge e plore, [gar toi icele oure, [kar dunc est en aguait.

Utere quesitis, sed ne videaris abuti :
Qui sua consumunt, cum deest, aliena sequentur.

Le tuen purchaz despent [si mesurablement [ke il ne te faille; [kar ki le suen degaste [d'autrui mult en haste [cunquerra la vitaille.

Fac tibi preponas mortem non esse timendam,
Que, bona si non est, finis tamen ipsa malorum est.

Fai tant en ta vie [qu'il ne t'estuit mie [douter mort ne poine : [fin est de tuz mals, [e tant si vals [à bien del sen demeine.

Uxoris linguam, si frugi est, ferre memento;
Nam malum est nil velle pati nec posse tacere.

Sueffre ta mulier [quant l'oïs bien parler [e tu te reposes; [kar ki ne veut suffrir [ne ne puet taisir, [ceo est male chose.

Dilige non egra caros pietate parentes,
Nec matrem offendas, dum vis bonus esse parenti.

Aim tes chier parenz [de quer parfit dedenz [ne mie malement; [ne curuce ta mere, si vels plaire à ton pere [e servir à talent.

Securam quicumque cupis deducere vitam,
Nec viciis habere animi que moribus obsunt.

Quicunkes vie pure [e honeste e seure [desires amener, [e le tuen corage [entre tut tun aage [de vices garder.

Nec tibi precepta semper relegenda memento,
Invenies aliquid quod te vitare magistro.

Aiez en memoire [les vers de ceste estoire [sovenierement, [choses i troveras [ke eschivre devra, [par mun enseignement.

Respice divicias si vis animo esse beatus;
Quas qui suspiciunt mendicant semper avari.

Richesces despis, [si vels ke bone ovre [soit en ton corage; [coveitus ki les unt [mendis e povres sunt [en trestut lur age.

Commoda nature nullo tibi tempore deerunt,
Si contemptus eo fueris quod tempora prebent.

Ja ne serra hure [quant à ta nature [ke n'aies à plenté [pur quei ke en te dure [e voilles mesure [bien ieres pae.

Cum sis incautus nec rem ratione gubernes,
Noli fortunam, que non est, dicere cecam.

Si fols est e briçon [ceo ke at par reison [ne l' governes mie, [ne dois blamer nule hure [pur ta mesaventure, [mais meisme ta folie.

Dilige denarium, sed parce dilige formam,
Quem nemo sanctus nec honestus captat habere.

Nient pur la beauté, mes pur necescité, [aime le denier, [kar c'est la summe, [nul seint ne honeste homme [ne l' convoite avoir.

Cum fueris locuplex, corpus curare memento;
Eger dives habet nimmos, set non habet ipsum.

Pur garir ton cors [despen tes tresorz : [ne te feignes jà [quel preu puet avoir [le riche malade d'avoir, [quant il se meismes n'a.

Verbera cum tuleris discens aliquando magistri,
Fer patris imperium, cum verbis exit in iram.

Quant tu aucune hure [sueffres la bature [de mestre pur aprendre, [bien dois tun pere en ire [suffrir de toi mesdire [e à lui descendre.

Res age que prosunt rursus vitare memento,
In quibus error inest nec spes est certa laboris.

Fai chose ki profite; [mes iceo qui delite [où il i a trespas, [ceo dun n'es mie seur, [ke sauf soit tun labur, [si tu me creis, lairas.

Quod donare potes gratis concede roganti,
Nam recte fecisse bonis in parte lucrosum est.

Ceo ke pués doner [done de bon quer [à celui ki quiert aïe : [kar fere droitement [bien à bone gent [gaeing est en partie.

Quod tibi suspectum est confestim discute quid sit,
Namque solent primo que sunt neglecta nocere.

Euquier chose à vaire [dunt soies averé, [pur bien savoir l'afaire; [kar ne nuit pas petit [d'avoir en despit [les choses à enquere.

Cum te detineat Veneris dampnosa voluptas,
Indulgere gule noli que ventris amica est.

Si encuntra tun profit [le damageus delit [te tient de lecherie, [dunc voil sur ce rien [ke tu te gardes bien [de glotonerie.

Cum tibi preponas animalia cuncta timere,
Unum precipio hominem plus esse timendum.

Quant tant fresle estes [ke vus doutez les bestes [e neis les serpenz, [dunc devez mut douter [homme de felun quer [e fuir le tut tens.

Cum tibi prevalide fuerint in corpore vires,
Fac sapias si tu poteris vir fortis haberi.

Si fort es e vaillant [e de tun cors puissant, [avec ceo soies sage, [si purras estre à pros [e à fort tenuz [en tut tun age.

Auxilium à notis petito si forte laboras,
Necquicquam medicus melior quam verus amicus.

Si te surt mestier, [de tes amis requere [sucurs e aïe; [kar mire nul ne sai [meillor ke ami verrai [en tote ceste vie.

Cum sis ipse nocens, moritur cum victima pro te,
Stulticia est in morte alterius sperare.

Par quele reisun provable, [quant tu ies cupable, [mort pur toi sacrement fise, [salu en autrui mort [espoire, ceo est tort [e folie e vice.

Cum tibi vel socium vel fidum queris amicum,
Non tibi fortuna est hominis, sed vita petenda.

Si tu as délit [de loial ami [choisir ou loial campaignie, [d'enquere l'aventure [del humme n'aies cure, [mes la bone vie.

Utere quesitis opibus, fuge nomen avari;
Quid tibi divicie prosunt, si pauper habundat.

Ceo ke as purchacié [en honesteté [e à droit despenderas; [kei vaut ta richesce [quant est en destresce [e nul bien n'en as.

Si famam servare cupis dum vivis honeste,
Fac fugias animo que sunt mala gaudia vite.

Si vels garder ta fame [de vilaine blasme, tant come es vivant, [as deliz del mund [ki malvais sunt [ne soies consentant.

Cum sapias animo, noli ridere senectam;
Nam quocumque sene puerilis sensus in illo.

Pur quei ke soies sages, [jà home de viel eage [ne serras gabant: [kar quant homs enveillist, [li sens li afeblist, [si devient enfant.

Disce aliquid; nam, cum subito fortuna recedit,
Ars remanet, vitam que hominis non deserit unquam.

Apren aucun art; [kar, si aventure se part [de toi sodeinement, [l'art remeindra [ke trop ne te laira [esgaré entre gent.

Prospicito cuncta tacitus quod quisque loquatur:
Sermo hominum mores et celat et indicat idem.

A chescun parlant soies, [entendant totes voies, [mes taisant te coevre; [kar la parole as humes [lur murs e lur costumes [ceile et descoevre.

Excerce studium quamvis perceperis artem,
Ut cura ingenium sicque manus adjuvat usum.

L'estuide hanteras, [ja soit ceo ke tu aies [l'art aparceu; [estuide le sans angoisse [e la main ke l'en use [plus ate l'avum véue.

Multum venturi ne cures tempora fati:
Non metuit mortem qui scit contempnere vitam.

N'aies pas grant cure [de penser à quel hure [tu deveras morir: [la mort ne doute mie [cil ki seit sa vie [en despit avoir.

Disce sed a doctis, indoctos ipse doceto;
Propaganda etenim est rerum doctrina bonarum.

Des sages apren, [e après dois [les autres aprendre: [son sen et son savoir, [pur bien multiploier, [doit chescuns homs despendre.

Hoc bibe quod possis si tu vis vivere sanus;
Morbi causa mali namque est quecumque voluptas.

Si tu vels vivere sain, [boif si meitié plain [ke tu soies puissant; [kar chescun delit en vin [e à chescun certain [de maladie grant.

Laudaris quodcumque palam quodcumque probaris,
Set inde ne rursus lenitatis crimine dampnes.

Ceo ke tu as loé [en communité [par toi de rechief [ne soit dampné [par nule legierité, tant soies sages e grief.

Tranquillis rebus que sunt adversa caveto;
Rursus in adversis melius sperare memento.

Quant tu bien es à eise, [pense dunc de mesaisie, [pur toi humilier; [kant as adversitès, mult grant bien esperez, [pour vous recunforter.

Discere ne cesses, cura sapiencia crescit;
Rara datur longo prudencia temporis usu.

En age e en juvente [d'aprendre met ta entente, [par cure croist savoir; [par user sei lunc temps [puet homme neis le sens, [ke estrange est, purchacier.

Parce laudato namque tu sepe probaris :
Una dies qualis fuerit monstrabit amicus.

Mesurablement [loe tute gent [desque l'esprover; [kar un jor voir te fera [ki ami tei serra, [quant auras grant mestier.

Ne pudeat que nescieris te velle doceri :
Scire aliquid laus est, pudor est nil discere velle.

Honte n'aies [de chose ke ne ses [enquerre e aprendre : [los est de savoir bien, [e hunte est nule rien [voleir entendre.

Cum Venere et Bacho lis est sed juncta voluptas,
Qui laudum est animo complectere sed fuge lites.

De forbeverie [i vient tençon e folie [e sen nul ou petit, [e de lecherie estrif e briçonie, mès od mult grant delit; [ke malvais delit [aies en despit; [e fui la tençon, [ne unques ne despises [les biens ke tu prises, [en ta discrescion.

Dimissos animo et tacitos vitare memento;
Quo flumen placitum forsan latet alterius unda.

Tuz jurz en chescun leu [humme celé eschive [e home tesant; [kar il devent ke l'unde, [où ele est parfunde; [ilnec est meins movant.

Cum fortuna tua rerum tibi displicet uni,
Alterius specta quo sis discrimine pejor.

Si en nule rien te chiet [si bien cum fet [à autre gent, [voi si tu as teche [ou vice en quoi ceo peche, [e tantost t'en amendes.

Quod potes id tempta; nam litus carpere remis
Tucius est multo quam velum tendere in altum.

Essaie t'enprise bien [ne n'enpren nule rien [ke ne puissiez achever : [plus est seur afere [de nager près de terre [ke en haute mer sigler.

Contra hominem justum prave contendere noli;
Semper enim Deus injustas ulscitur iras.

Contre homme dreiturel [ne voilles estriver [ne lui de rien mesdire; [kar tutes hures prent [Deu grant vengement [de torçonose ire.

Ereptis opibus noli merere dolendo,
Set gaude pocius tibi si contingat habere.

Si tu pers tun aver [ne voilles pas doler [par doubler tun damage; [mès si Deus l'en te envoit, [recoif le gaing ou ait, [si frez mult ke sage.

Est jactura gravis que sunt amittere; dampna
Sunt quedam que ferre decet pacienter amicum.

Damage est grief fès [dunt l'en doit doloir e perdre sun ami; [mais maint damage [a pur quoi li sages [ja n'iert dolent ne marriz.

Tempora longa tibi noli promittere vite :
Quocumque ingrederis, sequitur mors corporis umbram.

Ne te promet mie [tens de lunge vie [ke desçeu ne soies; [si tu vas enz ou hors, [l'umbre tun [cors ensiut mort tote voies.

Thure Deum placa, vitulum sine crescat aratro,
Ne credas placare Deum cum corde litatur.

Encens à Deu celestre [offre, e soeffre acreistre [le veel à la charue, [e ja ne creez [ke Deu de ceo soit liez [ke l'en les bestes tues.

Cede locum lesus fortune cede potenti;
Ledere qui potuit prodesse aliquando valebit.

Done liu au grant [e sueffre au puissant, [si face mal à toi; [kar cilli puet blescer, [il purra profiter [aucune foiz, ceo croi.

Numquid peccaris, castiga te ipse subinde :
Vulnera dum sanas dolor est medicine doloris.

Si peches par folie, [toi meismes chastie [tost e asprement : [dulur est medicine [de dolur ki fine [de totes dolurs l'entent.

Dampnaris unquam post longum tempus amicum;
Mutavit mores si pignora prima, memento.

Si tun ami deviengne [aucun, pur vielle haenge [ne le doiz pas dampner; [mais ke il ait ses murs [changié en amurs [vers toi, dois remembrer.

Gracior officiis, quo sis magis carior, esto,
Ne nomen subeas quod dicunt officii perdi.

Cum plus chier te vois, [de tant pener te doiz [deservir plus agre, [ne ne soies briçon [tenu, e vil nun [te soit après doné.

Suspectus caveas ne sis miser omnibus horis,
Nam timidis et suspectis aptissima mors.

Si sospeçoneus sunt [tuz jurz pour us [lur vie est meseisé; à tels vaut mielz murir [ke tel mal soffrir [si il ne fussent amendé.

Cum fueris servos proprios mercatus in usus,
Et famulos dicas, homines tamen esse memento.

Si à ta volenté [sers as acheté [pur avoir en tes us, [en quanque unkes front, [pense ke homes sunt [autre si com tu es.

Quam primum incipienda tibi est occasio prima,
Ne rursus queras que jam neglexeris ante.

Les bons ke tu poès errant [prendre en avant [ne met en respit, ou tu en fraudras, [quant avoir les voudras, [issi come jeo quit.

Morte repentina noli gaudere memento,
Felices obeunt quorum sine crimine vita est.

Esjoïr ne dois [quant vois les malvais [morir sodeinement; [kar tu veis les benurez [ke neis sunt sanz péchié [vont à définement.

Cum conjux tibi sit, nec res, et fama laboret,
Vitandum ducas inimicum nomen amici.

Si femme as ou amie, [e aucun la sordie [d'aucun tuen ami, [jà pur ceo ne aies, [devant ces ke cert soeis, [mal quer enver li.

Cum tibi contigerit studio cognoscere multa,
Fac discas multa vita nescire doceri.

Mult soies ententif, [tut aies mult apris [en estudiant, e plus plus [e savoir e sen [tant come es vivant.

Miraris verbis nudis me scribere versus,
Hec brevitas sensus fecit conjungere binos.

En esmerveillez ceo ke jeo aie [ces vers escrit [issi nuement, [mais ceo est l'acheison [ke deisse ma reison [en dous vers brièvement.

Dedanz Katon la trace [si près come la grace [Deu m'a enseignié; [si par trestut soi [e les sens de lui [en romans tresturné. [Ne me doit blasmer [home seculer [ne nul crestien, [kar c'est mun mestier [de fere e de penser [tuz jurz sen e bien; [mès si jeo mespris [ou autre chose mis [ke il n'i doit avoir, [li sage ki l'orrunt [amender le purrunt, [e je les en requier; [trestut cil ki l'orrunt [e en quer retendrent [le sen quant l'ont oï. [o Deu aient grant part [e del pecchéor Everart [si Damne Deu merci. Amen.

Katon estoit païen [e ne savoit riens [de crestiene loi, [e nepurquant ne dist [riens nule en sun escrit [encuntre notre foi; [partut bien se concorde, [e de riens ne descorde [à la Seinte Escripture; [amender le porra [cil ki bien voudra [entente mettre e cure. [Issi, come jeo quit, [la grace del Seint Esperit [dedenz Katon estoit, [kar ne sen ne savoir [n'est en homme pur voir [ki de Deu tut ne soit. [Par cel enseignement [ke danz Katon despent, [à sun fiz bien aprendre, [me semble qu'il aprent [moi et tote gent [si le volum entendre. [Si oïr le volez, [en terres le escoutez [mult amiablement, [mes proiez sanz essoine [pur Everard le moine [ki ceste ouvraigè enprent : [ore proiez pur le moine, [ke Deus son quer esloigne [de mal et de pecchié, [e qu'il lui doint sa grace, [ke il la chose face [sulonc la verité. Amen.

APPENDICE N° II.

EXTRAITS DES PROVERBES AU VILAIN, D'APRÈS UN MANUSCRIT DE LA BIBLIOTHÈQUE D'OXFORD.

(Manuscrit Digby, 86, Bodl. Library. Communiqué par M. F. MICHEL.)

Les proverbes del vilain.

Fol. 148, r°, col. 2.

Ici ad del vilain
Maint proverbe certein,
N'en ait nuls le respit
Del vilain en despit.
Tout l'entent autrement
Que le fols ne l'entent.
Sages houme prent motoun
En liu de veneisoun,
Ceo dist le vilain.

A grant folie entent
Qui deus choses enprent
E nule ne acheive;
Savez ki l'en dessert :
L'une par l'autre pert
E sei meismes greve.
Entre deux arçouns chet cul à terre, [Ceo dist le vilain.

Ja li houme ki est sages
Entre mals veisinages
Longes ne demorra.
Si sis veisin le het,
E soun dammage set
Ja lui ne monsterra.
Qui ad mal veisin
Si ad mal matin,
Ceo dist le vilein.

D'un pere e d'une mere
Naissent deus freres
Dount suresourt et mort.
Li ainz nés ad l'onour,
Pus partist al menour
Al meins ki il poeist à tort.
Qu'il ainz nest ainz peist.
[C. D. L. V. (1)

(1) On retrouve ces quatre lettres à la fin de presque toutes les strophes elles signifient; *ceo dist le vilain*.

L'oume delivres et sains
Ne ai plus ne al meins,
Ne s'en mait de soun nuire
Ait bon confortement;
Si guarrat léaumont,
Deus ne l'obblie mie.
Ki pain ad et sauntė riches est si ne l' set,
Ceo dist le vilain.

N'est sens ne prouesse
En houme saunz richesse,
Sovent l'ovoum véu.
Si ci venist Macrobe
E eust povre robe,
Mal sereit conéu,
[C. D. L. V.

Qui trestout le soen
A fere tout moun bon
Mettet à baundoune,
Qui trestout me abaundoune,
Tout me tout, tout me donne,
N'ai cure de tel doun.
Qui tout me donne tout me nie,
[C. D. L. V......

Prince ki deit valeir
Ki met à nounchaleir
E soun houm et soun houste,
Si weisin l'en haïssent,
De meimes l'envaïssent
E derere e d'encoste.
A mols paste lus chie leine,
[C. D. L. V.

Quant cil prince s'aresteit
E lur campaignouns vestreit
A Paske et à Nouel,
Après eus vount taunz
Esquier et serjaunz
Ki veillent autretel.
Qui vent quir d'altrui corei demande,
Ce dist le vilein.

Ribauz, en ces tavernes,
Fount boces et hernes
Es testes et ès dos.
Mès li povre en pais vivent,
Ne combatent, ne estrivent,
Ki al us sount fors clos.
Ceo fest vin que ewe ne poest,
[C. D. L. V.

Qui haut seingnor sert
E soun vivre en desert,
Ne de lui se muet,
Là deit prendre ensement
Chevaus, dras, or et argent;
E quante ke lui estuet.
Qui hautel sert de hautel vive,
[C. D. L. V.

Chescusn amis se fest,
E dit ben en treshait,
De tout en vous me met.
Si bosoign aviez
Dount à par roverez
Ceo ki jeo vous promet;
Plus sount comperes ke amis,
[C. D. L. V.

De ajuester vienent erres,
Qui de feins et des teres
Fount departir la gent.
Mès cil roi noun cil counte
Ne tienent houn les countes
De lour departement.
Qui primes prent nė se repent.
Ceo dist le vilain.

Povre houme trop endetté,
Suppris de poverté,
Qui li emple le poingn,
Ne li chault de sa vie.
Cil où plus se affie
Li faut al graunt bosoing.
Povres homme fest povre pleit,
[D. L. V.

Poi vaut sens ne prouesse
En houme senz richesse,
Quant il est en ses flors;
Cum il n'ad que prendre
Et quand il n'ad ke despendre,
N'ad amis, ne soucours.
Seue dame est senz seignour,
Ceo dist le vilain.

Mout ai que amis
Ki sovent me ount promis,
Que quidoie estre estable.
Que puis ert tout me[n]sounge.
A maniere de mensounge
Torne promesse à fable.
De bele promesse se fest fols lo (*sic*),
Ceo dist le vilain.

Celui tent jeo pur sot
Que al premerain mot
Soun marché prent et fest;
E celui ki sa amie,
Ja seit ki ele l'escoundie,
Al premerain mot lait.
Al premerain coup ne chet pas le chenne,
Ceo disi le vilain.

Povres touz tens laboure,
Pense, travaille et pleure,
Ouncques de quer ne rist.
Si riches rit et chaunte,
De graunt chose se vaunte,
De poi li est petit.
Ne set li saulfs cum esteit al sun,
Ceo dist le vilain.

Poverté vet et vent,
Mès cil ki hounte crent
S'esforce od bon corage;
Ne ja pur sa poverte
Se Deus li ad sofferte
Ne avera trop grant hountage.
Plus dure hounte ke soffreit,
[C. D. L. V.

Qui veut trop baretter
Ne put des en doter,
Quaunt acoustumé l'a.
Lores promet si s'acoste,
Lors plumez si soun houste,
Termes quiert taunt que l'a.
A courte chauce longe lanière,
[C. D. L. V.

Quant fol par noun saver
Ad perdu soun aver,
E il est ben matez
D'eus garder nel saver.
Mès si ore le avei.
Touz tens averei asez.
Quant le cheval est emblé dounke ferme fols l'estable,
[C. D. L. V.

Quant jeo vei, à ces feistes,
E de dras et de bestes
Faire si graunt barate,
Taunt sui jeo plus irrez,
Mariz et couroucez,

Quant n'ai dount jeo l'achate.
Muie de forment à dener, alas,
Dolent ki ne l'a.
Ceo dist le vilein.

Cist secles est mauvais;
Ja nul n'i avera pais,
Qui plus vit plus laboure
Bien ad qui il desert;
Mais tout soun meble pert
En une petite houre.
En la coue est li encumbres,
[C. D. L. V.

Tel vei fere despens
Dount forment me purpens,
Mès ke parler n'en os,
Si del sen le develt feire,
Ainz se lereit-il treire
Un chat par mi le dos.
Swef noue ke l'un tent par le mentoun,
Ceo dist le vilain.

De oiseaus et de chens corteis
Se fount fiz de burgeis
Mès à estrous se affolent;
Après la mort lour pere
Apoverisent lour mere;
E tout le sen li tolent.
Meus vaut mester ke esperver,
Ceo dist le vilain.

Meint houme par bon ovre
Touz ses parens recovre
Touz veut fournir et pestre,
Touz les fest recuillir,
Ne veult à nul faillir,
Ne puet plus riche estre.
Pierre volente ne quielt mosse,
[C. D. L. V.

Nuls ne puet deservir
Gré en feloun servir,
Sovent l'avoum véu.
Servise poi vaut
Si une feiz y fa[u]lt
Si l'ad l'em tout perdu.
Al seir lo l'um le jour et al matin soun houste,
Ceo dist le vilain.

Nature le houme preve
Itel cum il le treve,
Ne ja pur noreture
Li querз feuls et vilains,
Ne al plus ne al meins,
N'en perdra sa nature.
Ja de busard ne frez bon pernant esperver,
Ceo dist le vilain.

Od ben graunt tenement
Ai véu folement
Meint houme cuntenir;
Et tel ki poi aveit,
Que très ben en saveit
A grant honour venir.
A petit purcel doune Deus bon podnie,
Ceo dist le vilain.

Meint simple houme ai véu
Qui ben ert conéu
E preisez e amez.
Si ai véu maint sage
Qui en tout soun age
No out ounkes pain asez.
Voide chaunbre fest fole dame,
Ceo dist le Vilain.

Bien pert as fez morans,
As fors murailz

Les peines, les travails
Ki eurent les auncien,
A peine sount defeit
Ja ne serount resfait
Pur houme crestien.
Bien pert el chef quels les oilz furent,
Ceo dist le Vilain.

Ne vei ne fouls, ne sage
Qui coveite soun damage,
Ainz veut checun soun ben.
Li josnes ne li vieux
Mes nus freres nul meuz
Al soun oes que al mien.
Qui fest soun prou e vist sá main,
[C. D. L. V.

Meint houme toute sa vie
Se entremet de clergie,
En pris se vel mettre;
Si se fest mout delivre,
Si ne set niens escrivre
Un soul mot prod en lettre.
Ne sount pas tous chevalers ki sour cheval mountent,
[C. D. L. V.

Frauns quens, vostre maneie
Atent taunt ki jeo l'aie
Ne ay soins de autrui.
Ainz me priem et repriem
E si dout e si criem
Qui jeo ne vous ennui,
Qui bien ne se repent,
[C. D. L. V.

Cil qui ad si graunt dette
Al meins ki il puet la mette
N'en fest pas ke vilains;
Ja puis tout ne li toudra
Qui nient en soudra
Ainz dorra de taunt meins.
Qui se aquite ne se encumbre,
[C. D. L. V.

Si tis povres amis
En soun houstel te ad mis,
E seit de poverté leissiez
Pur fere tei honour,
Ne l'en diez gré menour
Qui si il te feseit asez.
Qui feist ceo k'il puet toutes ses leis accomplist,
[C. D. L. V.

Meint houme par aventure
Est riches saunz mesure
Sour touz ceus de sa rue;
Mes puis li court soure
Aventure en poi de houre,
Qui de ceo le trestourne.
De si haut si bas,
Ceo dist le vilein.

Meint houme veit soun veisin
Ou est pruf de sa fin,
Si coveite de sa tere
E par sount graunt aveir
E sei érite cunquere.
Longe coreie tire ki la mort son veisin desire,
Ceo dist le vilain.

Deus mester[s] ai enpris
A le terz fui apris;
Ne sui ne clercs ne lais.
De .I. ceo suis-jeo ben sers;
Ne sui ne lais ne clers,

Si sui clers et lais.
Qui deus chace et nul ne prent,
[C. D. L. V.

Meint fol houme soun ters het
Cunseiler ne se set
Ne eschiver soun ennui,
Uns cheitifs, un contraiz,
Un boçus, un mauveis,
Garde sai et autrui.
Torte buche fest dreit feu,
[C. D. L. V.

Meint houme despent et beit
E sur l'autrui acreit
Qui bèn tresaut soun noumbre;
Peus l'esleut esmaier
Ceo pur quei il s'encumbre.
Tel quide beivre le coutel sun cumpainum
Qui beit sa chape od tout le chaperoun,
Ceo dist le Vilein.

Meint dame essaie
E cerche la maneie,
De soun seignour sovent
Ben velt qui il entreprenne,
Jeo le di pure verité,
Pus s'est meint fol coveint.
Asez set chat ki barbe il leche,
[C. D. L. V.

Meint houme est de tel hait
Ke quant aukes li faut
Chose ki li desplaise,
Lores jure et rejure,
Et s'avoe et parjure,
Manace et remanace,
Manacés vivent et decolez murent, [C. D. L. V.

Li bons houmes plains de grant ire
Sei cumfount e empire,
Mès puis se resuage,
Si cum il remeint;
E soun talent refreint
E tempré sun corage.
N'est si haut k'il ne refreit,
[C. D. L. V.

Bons houm de petit grout
Tost respount cum estout,
Quant aukes le manace.
Mes al sage n'eschaut,
Kie die bas ne haut,
Mès touz dis soun preu face.
Touz dis se laissent dire, et touz Pains manger,
Ceo dist le Vilain.

De servir è manaie
A parent ke jeo aie.
Ne quer jour de ma vie;
N'ad celui marché faire
Dount ne me puisse retraire,
N'ai jeo point de envie.
Privé mal achate,
Ceo dist le Vilein.

Fols est ki ad tel soingne
De faire autrui besoingne
Ke il pert la sue
Il fest soun graunt meschef;
Le soen lait si fait chef
De autrui prou de suen coe.
Mal ovre ki se obblie,
[C. D. L. V.

Fols fest tost tele folie
Dount l'en si lie colie

Ke après se esteut toundre;
Mès li sages se taist,
Tel chose li desplaist
Dount il n'ose respoundre.
Meuz vaut bon teisir ke trop parler,
Ceo dist le Vilain.

Quand jeo ai neve robe
E aucuns la me rove
Mout l'aim quaunt l'ai premere;
Mès al terz jour m'en annuie,
Al vent et à la pluie
La met s'ataunt n'iert cher.
De novel tout bel et de veuz entre pez,
Ceo dist le Vilain.

Jeo provende requier
A un evesque et quier,
E de ceo me aparail;
Meuz qu'il la me vende
Que il me doint provende
Ceo vei en soun consel.
De voide main vaine promesse,
[C. D. L. V.

Gastée est entreprise
E tere saunz justise;
Princes qui par valour
Defént ke l'um ne l'arde;
Sa vie tense et garde
A nul honmes le jour.
Où chat n'est sorices revelent,
[C. D. L. V.

N'est ne reis ne quens,
Prince taunt seit bons,
Où il n'eyt à reprendre;
Ne nuls taunt Deu ne crent
Si cest secle maintent
Ne li estoce mesprendre,
Ainz ment li hom qu'il n'i merge,
[C. D. L. V.

Cil ki autrui emplaide
E al soun oues coveite,
Ne l' deit par tout huchir
Iceo est tere ne rente.
Fols est si il ne presente
Ceo qui il a plus cher.
Qui ne donne ke aime ne prent ke desire;
[C. D. L. V.

Lungement ai esté
Od clers, mès conquesté
N'en ai dras ne deners;
Riches et manaunz fuisse
Si lunguement éusse
A countez, chevalers,
Qui de loinz garde de près s'esjoïst,
[Ceo dist le Vilain.

N'ai garde de poverte
Ja ne ferai tele perte,
Dount li quers ne me gart,
Si de moi est lassez
Touz tens averai asez,
Ja al soun n'i part,
Aséur beit ki son lit veit,
[C. D. L. V.

Jeo ai meint houme véu
Qui taunt aveit acreu

Qui après en iert frarins,
Ceo quidout à chef trere
Dount eussent à fere
Quatre de ses veisins.
Mout remeint de ceo ke li fol pense,
Ceo dist le Vilain.

Si jeo les mauvais ost
D'un cunseil et d'un ost
Ne sai lesquels y lais;
Si mauveis est li reis
Checun en est pireis,
Uns houm fest cent mauveis,
A ki li chef deut touz les membres li faillent,
Ceo dist le Vilain.

Li vilains si manjue
Le blé de sa charue,
Ne cuilt sen ne saver;
Mès quant il est ivres
Lores quide asez aver.
Plus ad paroles en un seter
De vin ke en un mui de forment,
[C. D. L. V.

Si riches est vileins
E si sires ait meins
Si seit del prendre engrès
Tous tens le contraillie,
Jà puis jour de sa vie
N'avera desouz lui pais.
Mal partir fest au seingnour,
[C. D. L. V.

Cil ki ad bon seingnour
Qui il aime par amour,
Ne deit prendre ne atreire
Quantke il doreit,
Ne quantke il porreit
De soun aveir fors treire.
Ne est amis ki rens ne lait,
[C. D. L. V.

Bien ai apercéu
Ke de doun recéu
Guerdon deit l'em prendre;
Quer donaunz e pernaunz
Sount aunz parisaunz
E nient toudis prendre.
Hounte autre requert, e colée sa per,
[Ceo dist le Vilain.

Quant mal fount à estrous
Si ne gardent prouz
Li bachelers leger
Qui tauntes choses enbracent
Dount puis ne se deslacent;
De tel encumbrer.
Qui tout coveite tout pert,
[C. D. L. V.

Povres est de petit las;
Mès ceo ne sevent pas
Ne li reis ne li counte
Pur ki sefre poverte;
Asez petite perte
A graunt chose li mounte.
Li petit ad petit et de petit se deut,
Ceo dist le vilain.

Pus ke cheitiffs me estuet
Parler quant l'a surpris,
Jà merci n'en avera,
Ne aveir ne se saura;
Kar il ne l'ad apris.
Dolente est la vile ke asniers prieient,
Ceo dist le vilain.

Garçoun losenjour
Qui sont od haut seingnour
De maint houme se claiment,
Kar à ices se aparaillent
Qui sovent li cunsaillent;
Cil nous het, cil nous aiment.
Tel poest noiser ki ne puet aider,
Ceo dist le vilain.

Qui celer ne se veut,
Qui enchaut s'il se deut
Après de sa folie;
S'il ne se velt plaindre
Dount aut en tel liu maindre
Ke heume ne sache sa vie.
L'en escri le lu ki sa preie rescout,
Ceo dist le vilain.

Fols est ki taunt atent
Ke le suent enscient
Le suent prent e traïne,
Ainz ke cil le desceive,
Face qu'il se aperceive
Ke ben set sa covine,
E par pluie e par bel deit l'emporter sa chape,
[C. D. L. V.

Par sa chose demeine
Travaille uns houme e peine
E al chef venir ne puet.
Ben vei à escient
Ke vers autre pur nient
Ad quanke li estent.
Qui Deus veut asder ne li puet nuls houme nuire,
[C. D. L. V.

Gent sorparlere e fole
Ben petite parole.
Par orgoil hance et mounte
Quant ses moz ne repose,
Ainz tourne à taunt la chose
Ke ele vent ad graunt hounte.
Qui aventure avent ne vent soule,
[C. D. L. V.

Mainz houme soffre sa hounte
Semblaunt ne fest ne counte
Pus venge ses talenz;
Meinte hounte est refaite
Qui pus li est retraite
De le cheffs à set aunz.
Petite parole fest graunt tensons,
Ceo dist le vilain.

Cil ki se sent coupable
Espeire ben, saunz fable,
De touz autre gent
Dount il les semblaunz veit
Qui checun autel seit
Cum il meïmes sent.
Ceo quide li leres
Qui tous seient sis freres,
[C. D. L. V.

Cil ki est costumers
De mentir volounters
Pur mentir s'afiaunce.
S'il te fait serement,
Unc n'i t'i atent,
Ne plus que arche grache.
Qui feit ne ten ne serement,
Ceo dist le vilain.

A peine treve l'oum
Traïtour ne feloun
Qui tenge nule fai.
De fil à feloun pere

Ne faire toun coumpere
Jà ne tendra fai.
De put lin put oisel,
[C. D. L. V.

La veie de ultre mer,
Wei à meint amer,
Al aler jupe et huie;
Quant vient al revenir
Ne se pet sustenir,
A un bastoun s'apuie.
Las boef suef marche,
[C. D. L. V.

Mout est bon acuinters
De clers, de chevalers,
Ceo sachez trop veirs;
En nul liu arester
Ne puet nul cunquester
Grauntement pris saunz aveir.
Trop puet l'um garder le pilier soun aiel,
[C. D. L. V.

Ki volounters sojourne
A nul pris ne li tourne,
Mains envaït par dreiture,
Si va et çà et là
Meinte feiz prou y a
E meuz en ad sovent.
Ki vait leche, ki siet seche,
[C. D. L. V.

Il sount gent de mesters
E de vils et de chers,
Ne sount pas tout de un quer;
Teus est riches de cors
E moult bel par defors
Ki povres est de quer.
N'est mie tout or ke luist,
[C. D. L. V.

Tels ad hors graunt renoun
Qui dedenz sa meisoun
Mult laschement se vit;
E si Deu me beneie
Taunt de mal n'en irramie
En plusours cum l'um dun,
Li leus n'est mie si grant cum l'um l'escrie,
Ceo dist le vilain.

Ki deliverer se velt
De serjaunt dount se deut,
Blame li blasce e muet,
Dist ki il li ad emblé
Quant ki il li ad assemblé;
Li tolt ceo ki il puet.
Ki het son chien la rage li met soure,
Ceo dit le vilain.

Fols est ki soun serjaunt
Ou soun petit enfaunt
Fait sour lui damaisel.
Ki trop le dauncele
Toust li dist tele novele
Dount ne li est pas bel.
Sire privé fest fol vassal,
[C. D. L. V.

Maint houme vest soun pain quere
Soffraitous par la tere,
Ne li durrez graunt doun.
S'il veit soun ami
Semprès murreit pur li,
Soun cors à baundoun.
(*Al besoing veit l'um ki est amis*,
[C. D. L. V.

Ki soun ami descure
De alcune vilaine owre

S'il ad fest vers lui
Luie et assens fest hounte,
S'il à taunt li mounte
Qui il li treve ad enemi.
Qui soun nés coupe sa face dé-
sonoure, [C. D. L. V.

Jeo ai veut maint serjaunt
Qui se feiseit mult vaillaunt
De manger achater,
S'il venist à Paris,
Quere pain blaunc ou bis
Ne l'porreit-il trover
Qui fol enveit en mer
N'avera peissoun ne el,
[C. D. L. V....

L'em puet ben par usage
Feire le chat si sage
Qui il tent chaundeille ardaunt
Jà n'i ert si ben apris
S'il veit la soriz
Qu'il n'i aüt meintenaunt.
Meuz vaut nature ke noreture,
[C. D. L. V....

Nule fraunche pucele,
Taunt soit gente ne bele,
Ne de clere façoun,
Ne deit houme desdire,
Ne vieil houme despire,
Par dreit ne par reisoun.
Kar viel runcin fait joefne
puldre peire,
[C. D. L. V.

Ne deit nuls refuser
Marché achater
Pur petit gaingner,
Kar menu e sovent
Puet l'en muis de forment
Un euu grain manger.
Petit grain est bel quant il vent
sovent,
Ceo dist le vilain.

Fols est ki sour chemin
Comence soun gardin
Saunz mure saunz reoun;
Kar y getterount tuit,
Si en aportent le fruit
Checuns à baundoun.
Meuz vaut un g'iere ke loin-
taigne priere,
Ceo dist le vilain.

A qui cent mars de argent
Sount doné pur nient
Pur quei ne despendreit;
Si trop en est aveir
Ben l'en deit blameir
Ceo est jugement à dreit
Quant vent legerement
[C. D. L. V.

Li vilains out mangié
Del pain mal saecié
Trop y out de la paille
En dent del dolour out
Ounkes dormir ne pout
Par taunst reçust sa maille.
Meuz vaut paille en dent ke nient
[C. D. L. V.

Dame bien engulée
Quant ele vient saulée
A table soun seignour
Demeine graunt daunger,
Dist ki ele ne puet manger
K'en ne asavoure
Tierce nue paste set,
[C. D. L. V....

De celui m'esmervail
Qui soun privé cunsail
Si il molt ne se het
Wait counter à femme;
Ensemaunt l'espaunt cele
Qui checuns le set.
Malement se covre à qui le cul pert,
Ceo dist le vilain.

Qui veut aver bon livre
Fols est ki le fest escrivre
A tel ki ne veit goute;
Ausi est fols ou fole
Qui gauste sa parole
Où nuls ne l'escoute.
Vilé ad soun alleluia ki al cul del boef la chaunte,
[C. D. L. V.

Meint houme autre het,
E covrir ne se set,
Ne celer soun ennui.
Uns povres mesfaiz,
Qui est torz ou countraiz,
Garist sai e autrui.
Torte boche fest dreit fu,
[C. D. L. V.

Fols est par seint Mathu,
Qui trop en un liu
S'areste ne apuie;
Taunt cum il est novel
Si est soun estre bel,
Quant veuz est si ennuie.
De novel tout bel veus entrepiz,
[D. L. V. (*sic*).

Meinte dame ai véue
Qui ben esteit vestue
E de vair e de gris,
Qui pas tele n'esteit
Cum elle me parreit,
Ne el cors ne el vis.
Desouz chemise blaunche
Ad meinte brune haunche,
[C. D. L. V.

Dame enprisonnée,
Quant est estreit gardée,
Ad l'em sovent faus eir
Ne parler à chevaler
Parler ne d'ecuier
Ceo prent qui puet aveir.
Pur suffraite de prodoume si met l'em fol en baunt,
[C. D. L. V.

(Manuscrit Arundel [Musée Britannique], n° 220, fol. 303.)

Few de fere,
Raspe de eawe,
Gasteu de aveyne,
Enclyn de moyne,
Promesse de esquyer,
Enbracie de chevaler,
Serment de ribaud,
Lerme de noneyne,
Mensounge d'erbeyr,
Rechinne de anne,
Abay de chyn,
Huy de villeyn,
Daunger de norice,
Acoyntement de enfaunt,
Council de apostoile,
Pleyt de mariage,
Parlement de roy,
Assemblé de borjoys,
Turbe de villeyns,
Foule de garsouns,
Noyse de ffemme,
Grélée de gelyns,
Marteleys de ffeverys,
Buleterye de boulengers,
Anée de raas,
Wlle (*hurlements*) de lous,
Crucye de toneyre,
Avarisse de proveyre,
Coveyteyse de moyns blauns,
Envye de noyrs,
Mellé de ribaus,
Descors de chapitels,
Mensonges de procours,
Desléutés de pledours,
Orgoyl de templer,
Bobbaunt de ospitaler,
Touz ceuz ne valunt un dener.

APPENDICE N° III.

PROVERBES DE FRAUNCE, D'APRÈS UN MANUSCRIT DE CAMBRIDGE DU CORPUS CHRISTI COLLÉGE.

(Extraits communiqués par M. FRANCISQUE MICHEL.)

Cy commencent proverbes de Fraunce.
A bon demandeur bon escundur.
A bon jour bon hure.
A chescun oysel son nie si semble bel.
A chevell doné sa dent n'est agardé.
A dure asne dure aguylioun.
A la barbe son veisin deit home la soue ayster.
A la cour le roi chescun y est pur soi.
Aler e parler poet homme, aler e venir Dieu le fist.
Alons, alons, ceo dist la grue qui tout le jour ne se remue.
A longe corde tire qui autre mort desire.
A mal rat mau chat.
A mol pasteur lou lui chie laine.
Amour veint tut fors que quer de fellon.
Amour ne se poet celer.
Après grant guere grant pees.
Après grant joie grant corouce.
Après manger assez des coillers.
Arbe molt ramé fait à paine bon fruit.
Arme feit pees.
A seignurs tuz honurs.
Assez achate qui demaunde.
Assez escorche qui le piecent.

Assez june qui n'ad que maunger.
Assez poet plaier qi n'ad qe li paie.
Assez se tait qe ren fait.
Assez set Deus quel peleryn vous estes.
Assez tot vient que male novele porte.
Aseur beyt qe son lit veyt.
Aseur dort que n'ad qe perdre.
A tart crie le oysel quant il est pris.
A tart ferme l'om l'estable quant le cheval est perduz.
A tel coutel teu gaigne.
A tel seint tel offreid.
A besoigne veit qi ami est.
Au premer coup ne chet pas l'arbre.
Autresi bien sont amuretis souz burel com suz burnet.
A senechal de la mesoun puit hom conoistre li baroun.
Ausitost mort vel cum vache.
Atant despent aver cum large.
Atant gaine qui crie vin à quatre cum qi cire à duze.
Atant chant fol que prestre.
A vespre se movent li limasceons.
Ben parler ne counchie bouche.
Bens sanz bons ne vaut rien.
Bien se chastie qui par autre se chastie.
Bele chere vant un mès.
Belement veyt l'om loinz.
Benoyt soit le seignur en qui hostel hom amende.
Besoigna fait veille troter.
Besoigné ne garde qe il fait.
Bien deit despendre qi de legger gayne.
Boir sanz manger est past à grenoulles.
Bien escri le loue qi la pray receit.
Bon est l'un à l'autre, ceo dit le carpenter.
Bien june le jour qi à vespre est saul.
Boue journée fait qe de fol se delivre.
Bon marché tret argent de bourse.
Bon messager boue novelle apport.

Bone parole tient bon lieu.
Bon overour ne vendra ja tard à son overe.
Bonté autre rega.
Braier de lin fait male fine.
Boisson ad oreilles, boys escout.
Chastel abatu vaut demi fait.
Chat conoit bien qi barbe il lesche.
Chat engaunté ne surrizera ja bien.
Chat seul est sanz noise.
Chat sauvage est à toit hostilie.
Chastier fol est coupe e[n] ewe.
Cheitif ne avera bon hostel.
Chescun veil son doel pleint.
Ceo quid li leres qe tuz li seient freres.
Ceo n'est chose prest le levre en genesté.
Chen en cosyn compaignie ne desire.
Cil est mon uncle que le ventre me comble.
Çil est bien de l'eglise qe sen bien devise.
Cil est riche qe Deux eyme.
Covenant ley veynt.
Coutel en aicerz meyn sueff taile.
Cuer ne poet mentir.
D'ottre quir large curreie.
De ben chanter se ennoye l'om.
De bel promès est li fol en joy.
De bon estrange fait l'om bon privé.
De ceo que home quid savoir chet il en desepeir.
De chose contrer ne poet home bien fair.
De chose perdu le conseil ne se mue.
De Debles vint à Debles irra.
De demeyn en demeyn avera laie le puleyn.
De deus maus le meyudre.
De fol e d'enfaunt se deit hom garder.
De fol folies et de quir curreys.
De fole pensé vent fole paume.
De frumage croyse mangue lo chat.

De fort custure fort decirure.
De garbe remué chet le greyn.
De juvene papelard veil diable.
De grant vent petit pluye.
Dehez eit la bouche en mensonge desiret.
De grant vilanye grant cas.
Dehez eit le prestre qui blame se reliques.
De mauveys dettour prend hom aveyn.
De megre poil aspre pointure.
De deners mescountez ne grace ne grez.
Des ouäiles countez prent le loue.
Du novel semble bel e de veuz entre peez.
De pesché misericorde.
De petit oyl se deit hom garder.
De pou petit.
De boef grant piece.
De rouge matinée lede vesprée.
Desur son fumer se fait le chen fier.
Deus set qui bons est.
De tort busche feit-on dreit feu,
Du trunceon de la launce puit ome juster.
Devant veuz chat ne treez ja festu.
Deu grese ne pount en un sake.
Druge de veel ne dure pas tuz jourz.
De meillour fust qi l'en eyt deit fair flecches.
Dure oysel pele qi diable ou matoue escourche.
En aventure gist ben coup.
En burdant dit hom veir.
Euncore vendra blanche à la plaunche.
En estraunge terre chace la vache le boef.
En la coue gist le encumbrer.
En la fine se couche le carpeuter.
En lermes de feloun ou de femme se deit nul fier.
En petit buscheun trove l'em grant lever.
En petit hure Dieu laboure.
En petit mesoun a Dieu grant part.

Eyse fait larroun.
En totes eages redote l'om.
Entour la mesoun au chaceour deit homme quer le lever.
Entre bouche e coiller avent grant desturber.
Entre cent saveters n'ad pas un bon souler.
Entre deus seles chet dos à terre.
Entre deus verds la tierce est meur.
Envyous poet murrir, envie ne murra jà.
En un quart de quider n'ad plein poyng de saver.
Femme aver treys foiz sele.
Femme arme plein poigne de sa volunté.
Fol ne feloun ne puunt pees avoir.
Fol e aver ne se pount entreamer.
Fous est qe conseil ne creyt.
Fol fait de un damage deus.
Fol ne quelt devant q'il rayt.
Fol ne veyt en sa folie si bien noun.
Fol se targe e le terme aproche.
Folie n'est pas vasselage.
Folie gardé vaut deuz foiz dite.
Fort est autri veel lier au sien.
Fort est qui abat et plus est fort qui releve.
Fous vount à vespres e sages à matines.
Gelines ne oyent e angst.
Gentil oysel par se meisme se afet.
Goute enossé à peine est curé.
Grange vuide est ventouse.
Grant marché treyt argent de bourse.
Grant mestier a de fol qi de sa meisnie le fait.
Hardiement parle qi ad la teste sayne.
Haste à licher ne sera ja quit.
Home bien en beyvre ne fist unkes meu peu.
Home mort n'ad poynt de amy.
Honny soit manoie de fol e de enfant.
Hunte est chapel à fol.
Ja de boyssoun ne averez aulne ne de fol ami.

Ja femme lecheresse ne fra porré espesse.
Ja ne avera bon sergeaunt quine l'nurrist.
Je ne puis juer ne rir se le ventre ne me tire.
Je ne vis unkes riches muet.
Il est trop avers à qui Deus ne sufist.
Il fait bon juner après manger.
Il fait bon juner dont hom est à seyr saul.
Il fait bon pestrir près de farine.
Il fait mal lescher mel sus espyne.
Il ne ad pas seyf qe eve ne beyt.
Il ne perde pas sa anjou qi à sa femme l'a donné.
Il n'est si sage qe à la fiez n'est fol.
Il ne vaut du tut assentir qui à demi vey se returne.
Il perd sa alleluya qe à cul de boef le chaunt.
Jugement n'esperne ami.
La bele chere amende moult le hostel.
La beste est fort à garder qi soi meismes emble.
La fille son veisin n'est prus.
La force pest le pré.
Là où Deu voet il pluit.
Là où n'i ad chat surriz se revele.
Là où payn ne remeynt genz ne sont pas saul.
La pire roo de la charrette fait greigner noyse.
La surcharge abat l'asne.
La surriz est abaïe qi n'ad que un pertuz.
Larroun ne amera qui lui reynt de fourches.
Le bon esquier fait le bon chevalyer.
Lecherie est de grant coust e de petit au dereyn
Le dareyne coup abat le chesne.
Le fait juge l'ome.
Le fruit est mauveys qi ne se meure.
L'en deyt batre le fer tant qe soit chaud.
L'en deyt garder où l'en gist en yver, et où l'en dîne en quarreme.
L'en lye bien le sak enke soit pleyn.
L'en ne connoyst pas la gent au drapaus.

L'en ne deit pas lesser le plus pour le meyns.
L'en ne puit estre de tuz amé.
L'en ne poet fair de bosard ostour.
L'en ne puit de une fille faire deus gendres.
L'en ne pot cure et corner.
L'ome puit tant destreyndre le crust qe la mye ne vaudra rien.
L'ome parle volentiers de ceo qu'il ayme.
Lavez chen, peignez chen, toutevois n'est chien que chen.
Maint homme oinst la verge dont il meismes est batu.
Manger sans baivre est à berbiz.
Mal herbe meus crest.
Malement durra le soen qi autri tout.
Malement se covert à qi le dos piert.
Mal prie qui se ublie.
Mau fu nez qi primes veit e puis chatonne.
Mau fu nez qi ne se amende.
Mauveys chen ne trouve qe mordre.
Manaces ne sunt launces.
Manacés vivent, decollez morrunt.
Mounes paroles ensemble sunt beles.
Mere pitouse fait fille teignouse.
Messager ne deit bien oyr ne mal avoir.
Mesdire n'est pas vasselage.
Meuz eyme troy troyle qe rose.
Meuz avent taire qe folie dire.
Meuz valent le veilles veyes que les noves.
Meuz vaut ami par vei qe dener en currey.
Meuz vaut à bon heure nestre qe de bons estre.
Meuz vaut bōn gardour qe bon gaignour.
Meuz vaut bon escondit qe mauveys ottreyt.
Meuz vaut teste covert qe nue.
Meuz vaut gros qe nue dos.
Meuz vaut mester qe espervier.
Meuz vaut payn en meyn que escue.
Meuz vaut paile en dent qe nient.
Meuz vaut piece de porce que haunche de asne.

Meuz vaut pleine poigne de vie qe livre pleyn de cler.
Meuz vaut près cheri que lonteyn praerie.
Meuz vaut sen qe force.
Meuz vaut un ten qe deus tu le aueras.
Meus vaut un seyr qe deu matins.
Mole convenaunce fait dure tensceon.
Moult annoye à qi attent.
Molt est povre qui ne vayt.
Mout fait grant chaire quant viele vache beze.
Morte est ma fille perdu est mon gendre.
N'ad bien qi ne l'ad del soen.
Nature ne puit mentir.
Nature passe nurture.
Ne baillez pas vostre aignel à qi en voet la pel.
N'eveillez pas le chen qi dort.
Neyr geline ponne blank oef.
Ne set le saul coment est au mue.
Ne set veysin qe vaut molin fors qi le perd, ne vilein qe esperons valent.
N'est fu saunz fumé, ne amour sanz semblaunt.
N'est bon compaignoun qi tut voet retenir.
N'est pas or quantqe reluist.
N'est pas sanz maladie qe meyne lecherie.
N'est si fort qe ne chet.
Ne veit jour mes qe ne reveigne.
Nul ne bat tant sa femme cum cil qe ne l'ad.
Nul ne deit fes prendre qu'il ne puisse porter.
Nul n'est si large cum cil qi-n'ad dener.
Nul n'est si riche q'il n'ad mester des amis.
Nul n'est vileyn si du quer ne lui vient.
Nul seignour voet autre suffrir.
Nul trop est bon, ne nul pou est assez.
Oy dire vayt partut.
Oysel ne poet voler saunz eles.
Orguilleuse semblaunce mustre fole quidaunce.
O cele pele cum vest le lou l'estut murrir.

Parole que roi ad dit ne deit estre contredit.
Par un soul poynt perdi Bretoun sa asnesse.
Pasches desirré en un jour est alée.
Peresce ne fait hom esé.
Perillous compaignoun ad home feloun.
Poy e poy vent l'om loinz.
Petite geline semble longe pucyne.
Petite noys attreit grant gent.
Petite chose est tost alée.
Petit home abat graunt chesne.
Plus dure est hounte qe povreté.
Plus vaut sage à un oyle que fol à deus.
Poy valent richesses si l'om n'ait saunté.
Par petit vient l'om à grant.
Pur nient ad sa marchaundie qe ne l' monstre
Pur nient met home veil chen en lyen.
Pur nient ad il conseil qi ne l' creyt.
Pur rien va à foyre qi rien y desploye.
Pur un perdu deus recoverez.
Pouche à trouaund ne refuise rien.
Povre home n'ad nul amy.
Promesse saunz doner est au fol confort.
Prodhome voet tut bien.
Quant aver vient e corps fait.
Quant Deus donne farine diable tout le sak.
Quant fol veit tailler quir si demande correies.
Quant ci serrai mort si me feites candeles.
Quant la messe fu chauntée fu ma dame parée.
Quant sak vient au molyn pouche en aungle.
Qi prent bayard en amblour, si voet tenir le jour qu'il dure.
Queqe face le jour ne se targe.
Qe oyl ne voyt quer ne desyr.
Que soleyl ne veyt soleyl ne eschauf.
Qi ad compaignoun si ad mestre.
Qi ad hunte de manger si ad hunte de vivre.
Qi ad mauveys vaisin il ad mauveys matin.

Qi ad payn e saunté riche est si ne le set.
Qi ad besoigne de fu as ungles se quert.
Qui ad bon amy n'est pas tut desgarni.
Qi bien aime tard oblie.
Qi bien esta ne se remue.
Qui bien attent ne surattent.
Qi bien fra bien avera.
Qui bien oynt suef poynt.
Qi bien veyt e male aprent à bon droit se repent.
Qui countre aiguilloun s'eschaustre deux foiz se poynt.
Qi creyt meschine e dez quairré jà ne mourra saunz poverté.
Qi diables achate diables deit vendre.
Qi des autres dist folie sey meismes ublie.
Qi de bons est suef fleyr.
Qi de loing se prevoist de près s'en jöist.
Qi en jeu entre en jeu consente.
Qi eyse attent eyse fuist.
Qi est garni n'est pas honye.
Qi estoye de sun diner meuz li est de soun soper.
Qi fait à son vuyl fait à sun doeyl.
Qi fait chape se fait chaperoun.
Qi fait ceo que il poet ne se feynt.
Qi folie dit folie deit oïr.
Qi forment est boté longement chauncele.
Qi haste glut estrangler le voet.
Qi jesne est fous viel en ad les friçouns.
Qi meys sert sez hures perd.
Qi me eyme eme mon chen.
Qi meyn desreesoun se fiert de soun baston.
Qi pou me doune vivre me voet.
Qi mount plus tost q'il ne deyt chet plus tost q'il ne devereyt.
Qi ne ad cheval ayle au pié.
Qi n'ad del howe eyt del awe.
Qi n'ad qe un oyl sovent le terst.
Qi ne chet ne chevaunche.
Qi ne poynt en herbe ne crest poynt en espye.

Qi ne voet il ne se esgarde.
Qi à fumer lute à deuz près se conchie.
Qi à seigneur part poyres n'ad pas des plus beles.
Qi poynt si veint.
Qi partut seyme en ascun lieu crest.
Qi pou eyt e pou perd de grant se deut.
Qi poy seyme poy cuist.
Qi plus ayme autre de soy au molyn fu mort de seyf.
Qi plus eyme qe mere si est fausse norrice.
Qi plus ad e plus coveyt.
Qi plus covre le fu e plus arde.
Qi primes prent ne se repent.
Qi rien ne port rien ne lui chet.
Qi se aquite ne se mecompte.
Qi sert baroun si ad brahon.
Qi se esloingne de la court e la court de ly.
Qi se esloingne de sa esquel il aproche à soun damage.
Qi se remue soun lieu perd.
Qi son chien voet tuer la rage lui mette sure.
Qi son mestre ne ayme ne son mestre li.
Qi son neez coupe enledist sa face.
Qi tant ad fait q'il ne put mees, l'em le deit lessez en pees.
Qi tart vient al hostel primes se courouce.
Qi tient la pael par la coue si la tourne où il voet.
Qi tost donne deux foiz donne.
Qi tut coveyt tut perde.
Qi tute me donne tut me tout.
Qi trop se haste se empesche.
Qi voyt la mesoun son veisine arder deit creyndre de la sowe.
Rische est qi loynz meynt.
Riche home ne set qi ami li est.
Si l'os est dure le chen est de leysir.
Sergeaunt au roi est pair à counte.
Si com il ad braché si beyve.
Solonc le peché la penitaunce.

Solonc mesure fist Deus chaud.
Solonc seigneur meisnie duite.
Seurparler nuist, seurgrater cuist.
Sovent serra blamé qi trop est enparlez.
Tant cum le jeu est bel l'em le deit lesser.
Tant vaut home tant vaut sa terre.
Tant va le pot al ewe q'il brise.
Tel ad son desirrez qi ad son encombrer.
Tel demaund amendes qi les deit doner.
Teu li durras tel le prendras.
Teu manace ad grant péour.
Teu ne peche qe encourt.
Teu pest le chen de son payn q'il le morde en la mayn.
Teu puit nuir qi ne puit eider.
Teu rist au matin qi ploure devant vespre.
Teu se quide avauncer qe se desturbe.
Tel quide venger sa hounte qi l'acrest.
Teu cuilt la verge dont il meismes est batu.
Tute choses unt lour sesoun.
Tut choses ne sount à crere.
Tutes hures ne sont meures.
Tut veyr ne fait à dire.
Trop enquer n'est pas bon.
Trop est avers à qui Deus ne suffist.
Tu le serras, dit le boef au thorel.
Vessel mauveys fait vin puneys.
Vient jour vient conseil.
Veuz chen enrage bien.
Veuz chen n'est pruz à mettre en laundon.
Veuz peché nove vergoyn.
Vileyn coroucé est demy aragé.
Un pense l'asne et [autre] le asner.
Une foiz en l'an chevaunche le hiwan.
Un jour de respit .c. souz vaut.
Un mauveys loos vaut un grant blasme.
Un petit de renayn enegrist grant past.

Unqe bien ne me ama qi pour si poy me het.
Unqes ne vi riches muet.
Usage rend mestre.
Veysyn set tut.
Voide chambre fait fole dame.

Ici finissent Bourdes, folies, et proverbe de Fraunce.

APPENDICE N° IV.

PROVERBES RECUEILLIS DANS LES AUTEURS FRANÇAIS DU XIIe AU XVIIIe SIÈCLE.

Proverbes recueillis dans les poëtes et les conteurs des XIIe, XIIIe, XIVe, XVe *et* XVIe *siècles.*

(Communiqués par M. FRANCISQUE MICHEL.)

AIDER. Tel nuist qui ne puet aidier.

(*Chanson anonyme*, Ms. du Roi, fonds de Cangé, n° 65, fol. 139 v°, col. 2.) XIIIe siècle.

— Tel nuist ki ne puet aidier, quant vient al jugement.

(J. FANTOSME'S *Chronicle*, p. 20, lig. 405.) XIIe siècle.

— Et messire Alain dist : « A belle heure mal tondre. »

(*Chronique de Normandie*, édition de Pierre Regnault, petit in-folio, chap. coté IX : XV. XVII..) XVe siècle.

AMI. Li escuiers dist : « Au besoing ce vous mand-on, » voit-ôn l'ami. »

(*Roman de Ham*, p. 257, lig. 24, publié pour la 1re fois par M. F. MICHEL, à la suite de l'*Hist. des Ducs de Normandie*, *etc.*, 1 vol. in-8°.)

— Au besoing voit-on son ami.

(*Li Jus de S. Nicholai*, édit. de Monmerqué, p. 69.) XIII siècle.

ANE. Li asnes chiet por la grant somme,
Fait Gauvains, ch'ai-je oï retraire.

(*Roman de l'Atre périlleux*, manuscrit de la Bibliothèque impériale, supplément français n° 548, fol. 38 v°, col. I, v. 4.) XIIIe siècle.

— Li asniers une chose pensse,
Et li asnes pense tout el (*tout le contraire*).

(*De la Borgoise d'Orliens*, v. 104 ; *Fabliaux et Contes*, édition de MÉON, t. III, p. 164.) XIIIe siècle.

— Mais on dit piecha que la soursome abat l'asne.

(*Chronique de Rains*, p. 238,) XIIIe siècle.

ARBRE. L'arbre bien sai ne voit-on pas verser à la première fie. (*fois*).

(*Chanson* du Ms 7222, fol. 156 r°, col. 1.) XIIIe siècle.

— Al premier cop arbres ne chiet.

(*Li livres de Cristal et de Clarie*, Ms. de l'Arsenal, B. L. F. 283, fol. 342 r°, ch. 4, v. 45.) XIIIe siècle.

ARRACHEUR DE DENT. On dit en commun proverbe : il ment comme un arracheur de dents.

(*Troisiesme Livre des Sérées de Guillaume Bouchet, sieur de Brocourt.* A Paris, chez Adrian Parier, M. D. XCVIII, petit in-12, p. 122.) XVIe siècle.

BARAT. Rutebuez dit, bien m'en souvient :
Qui barat (*ruse, tromperie*) quierz baraz li vient.

(*De Charlot le Juif, etc.*, v. 132; *Fabliaux et Contes*, édit. de MÉON, t. III, p. 91.) XIIIe siècle.

BESOIGNEUX. On dist que besoigneus n'a loi.

(*Roman de Fregus*, p. 118.) XIIIe siècle.

BESOIN. Besoin fait vieille troter.

(*Roman de Trubert;* MÉON, *Nouveau Receuil de Fabliaux*, vol, Ier, p. 245.) XIIIe siècle.

— Douce raisons vilains aïre (*irrite*),
Mainte fois l'avons oï dire;
Mais uns diz nos enseigne et glose :
Besoins fait faire mainte chose.

(*Li Lais de l'Oiselet*, v. 249; *Fabliaux et Contes*, édit. de MÉON, t. III, p. 122) XIIIe siècle.

BIEN. Li biens est bons que l'en prent de premier.

(*Li Moniage Guillaume d'Orange*, fol. 271 r°. col. 1, v. 33.) XIIIe siècle.

— Ne sest qu'est bien qui mal n'essaie.

(*Roman d'Erec et d'Enide*, manuscrit de la Bibliothèque impériale, n° 7498^4^, Cangé 26, fol. 19 v°, col. 1, v. 13.) XIIe siècle.

BIENFAIT. Si cum li reproches retrait,
De bien fait m'unt rendu col frait.

(*Chronique de Benoit*, t. I, p. 535.) XIIe siècle.

BOIRE. Que il est bien droiz et reson
Que qui le brasse si le boive.

(*Li Diz dou Soucretin*, v. 352; MÉON, *Nouveau Recueil de Fabliaux*, t. I, p. 359.) XIIIe siècle.

Bouche. Et le capitaine respondit : il n'en faut pas faire la petite bouche.

(*Roman du Jouvencel*, fol. 58.) xve siècle.

Captivité. Li veilains bien le dist, e si est verités :
Mius nos vient à honor avoir le ciés coupés
Que longement soufrir trop grant caitivetés.

(*Roman de Godefroiy de Bouillon*, manuscrit de la Bibliothèque impériale, 540/8, fol. 105 r°, col. I, v. 42.) XIIIe siècle.

Chanter. En reprovier a dit li lous : mal chanter fet devant mengier.

(*Dou Lou et de l'Oue*, par Jean de Boves, v. 40. *Fabliaux et Contes*, édition de Méon, t. III, p. 54.) XIIIe siècle.

Chasser. L'en dit : « Qui bien chace bien trueve. »

(*Le Dit du Buffet*, v. 264; *Fabliaux et Contes*, édit. de Méon, t. III, p. 272.) XIIIe siècle.

Chaussé. Car ce sevent grant et petit
Que l'an dit pieçà en respit :
« Qui bien est chauciez n'est pas nuz. »

(*Des Cordoaniers; Lettre au Directeur de l'Artiste*, touchant un manuscrit de la bibliothèque de Berne, n° 354, p. 18.) XIIIe siècle.

Chat. De castiier cat qui est vieus
Ne puet nus hom venir à cief.

D'instruire un chat qui est vieux ne peut nul homme venir à bout.

(*Roman de Ham*, p. 314, lig. 18 du vol. publié par M. F. Michel, pour la Société de l'Histoire de France, sous le titre de *Chronique des ducs de Normandie*.)

— Kar on dit bien pour voir que plus estraint plus gelle,
Et que là où kas n'est li souris se revelle.

(*Roman de Charles le Chauve*, Ms. La Vall., n° 49, fol. 3 r°, col. I, v. 12.) XIIIe siècle,

— Li vilains reproche du chat
Qu'il set bien qui barbes il leche.

(*Des trois Dames qui trouvèrent un anel*, v. 196; *Fabliaux et Contes*, édition de Méon, t. III, p. 226.) XIIIe siècle.

Chateau. Lors feras chatiaus en Espaigne.

(*Roman de la Rose*, t. I, p. 99, v. 2,454.) XIIIe siècle.

Et le songer fait chasteaux en Asie,
Le grand desir la chair rassasie.

(*Menus propos* de Pierre Gringore.) XVe siècle.

CHÈVRE. Mais on dist pour cest examplaire,
Ensi com j'ai oï retraire,
Que chievre ne doute coutel
Devant qu'il la fiert en la pel;
Et se dist-on, si com je pense,
Mout remaint de çou que fox pénse.

(*Roman de la Manekine*, p. 157, v. 4,689.) XIIIe siècle.

CHIEN. Ki volentiers fiert vostre chien,
Ja mar querés qu'il vus aint bien.

(*Lai de Graelent*, v. 547; *Poésies* de MARIE DE FRANCE, t. I, p. 526.) XIIIe siècle.

CHIEN. Vous resemblez le chien qui crie,
Ainz que la pierre soit cheue.

(*Roman du Renart*, v. 1,363.) XIIIe siècle.

COEUR. Et pense cuer que ne dit boche.

(*Roman d'Erec et d'Enide*, manuscrit de la Bibliothèque royale, n° 7498⁴, fonds de Cangé, n° 26, fol. 25 du roman, r°, col. 1, v. 13.) XIIe siècle.

— Car li vilains dire le suit (*a coutume*)
Que iex ne voit al cuer li duit.

(*Li Romans des Sept Sages*, Tübingen, 1836, in-8°, p. 43, v. 1,095.) XIIIe siècle.

CONSEIL. A nouveau fait fault nouveau conseil.

(*Roman du Jouvencel*, fol. 81 r°.) XVe siècle.

CONSCIENCE. Et on dist piecha : cui conscience ne reprent,
Plus tost au mal qu'au bien entend.

(*Chronique de Rains*, p. 235.) XIIIe siècle.

CONVOITER. Mais li vilains dit plainement
Que cil par jugement desert :
Qui tut coveite tot pert.

(*Chronique des ducs de Normandie*, par Benoît, t. I, p. 414, v. 9,597.) XIIe siècle.

— Li proverbes dist en apert :
Cil qui tout covoite tout pert.

(*Li Lais de l'Oiselet*, v. 419; *Fabliaux et Contes*, édition de MÉON, t. III, p. 128.) XIIIe siècle.

COURAGE. Et g'ai oï en reprouvier
Que fol corage ocist somier.

COUTUME. Car coustume rend maistre et devient nature.

(*Roman du Jouvencel*, fol. 80 r°.) XVe siècle.

CUIDER. Mais on dist : cuidiers fu un sos.

(*Roman de Cleomadès*, manuscrit de l'Arsenal, B. L. F. in-folio, n° 175, fol. 3 v°, col. 2, v. 40.) XIIIe siècle.

CUIR. D'autrui cuir font large corroie.

(*C'est li Mariages des filles au Dyable*, manuscrit de l'Arsenal, belles-lettres franç., in-fol., n° 175, fol. 292 v°, col. 2, v. 16.) XIIIe siècle.

DAME. On sert le chien por le seignor;
Et por l'amor le chevalier
Baise la dame l'escuier.

(HERBERS, *Roman de Dolopathos*, Ms.) XIIIe siècle.

DÉBAT. Qui cherche argent cherche debat.

(*La farce du Poulier.*) XVIe siècle.

DEUIL. Per so fon dih ben à rason :
« Autrui dol albadallas son. »

C'est pourquoi l'on dit avec raison que le deuil d'autrui n'est qu'aubades.

(*Flamenca*, manuscrit de Carcassonne, 681, fol. 38 v°, v. 13.) XIIIe siècle.

DIEU. En poi d'ure Deu labure, ço dit li mendiant.

(J. FANTOSME'S *Chronicle*, p. 72, l. 1583.) XIIe siècle.

DIRE. Et on dit en proverbes : qui biau dit bel oye.

(*Livre de discipline des quatre âges*, manuscrit de la Bibliothèque impériale, fonds de Compiègne n° 62, fol. 150 v°, col. I, lig. 32.) XIIIe siècle.

— L'an dist toz jors, se Diex me saut :
Pout sert dire que rien ne vaut.

(*Des Changeors*, v. 1 ; *Lettre au directeur de l'Artiste*, touchant le manuscrit de la bibliothèque de Berne, n° 354, par ACHILLE JUBINAL, p. 13.) XIIIe siècle.

DOMMAGE. Quar souvent a oï mentoivre,
Et dire et conter en maint leu,
Que domage qui bout au feu
Vaux miex que cil qui ne fet aise.

(*De la Grue*, v. 102; *Fabliaux et Contes*, édition de 1756, t. III, p. 199.) XIIIe siècle.

ENNEMI. Il y a ung proverbe commun que chascun dit de toute ancienneté qu'on ne doit rien faire à l'entreprinse de son ennemy.

(*Roman du Jouvencel*, fol. 63 v°.) XVe siècle.

ENTREPRENDRE. Sagement entreprendre fait bien executer.

(*Roman du Jouvencel*, fol. 40 v°.) XVe siècle.

ETREINDRE. Et en dit bien en reprovier :
Que trop estraindre fait chier.

(*Dou Pet au Vilain*, v. 49; *Fabliaux et Contes*, édit. de MÉON, t. III; p. 69.) XIIIe siècle.

FAIRE. Li vilains dist, s'est chose veire,
Toz jorz que qui mal fait ne l'creire.

(*Chronique de Benoît*, t. II, p. 44.) XIIe siècle.

FELONIE. Entre rous poil et felonie
S'entreportent grant compaignie.

Entre un poil roux et méchanceté il y a de grands rapports.

(*Roman de Cristal*, fol. 332 v°, cl. 3, v. 15.) XIIIe siècle.

FEMME. Femme est un cochet à vent
Qui se change et mue souvent.

(HERDERS, *Roman de Dolopathos*, Ms.) XIIIe siècle.

FOL. C'est voir que j'ay oy nuncier :
Qui, sans donner, à fol promet
De noyent en joie le met.

(*Théâtre français au moyen âge*, p. 381.) XIIIe siècle.

FORTUNE. On dit communement que Fortune aide au hardi.

(*Roman du Jouvencel*, fol. 82 v°.) XVe siècle.

FOU. Fols est qui fol conseil demande.

(*Le Fabel d'Aloul*. v. 882, *Fabliaux et Contes*, édit. de MÉON, t. III, p. 354.) XIIIe siècle.

— Ains disoient en leur deffense :
Molt remaint de ce que fox pense.

(*La prise d'Alixandre*, manuscrit de la Bibl. du roi, n° 43, *Suppl. franç.*, fol. cc. xxiiij r°, col. 2, v. 13.) (*Roman du Renart*, suppl., p. 10.) XIIIe siècle.

— De fol et d'ivre se doit l'en bien garder.

(*Rom. de G. d'Orange*, Ms. 6985, fol. 203 r°, col. 3, v. 14.) XIIe siècle.

— Molt remaint de ce que fox pense.

(*Du Segrétain moine*, v. 370; *Fables et Contes*, t. I, p. 254.) XIIIe siècle.

GATER. .... En adjoustant que le proverbe aucien montroit bien le malheur où nous sommes, quand il dit : un advocat en une ville, un noyer en une vigne, un pourceau en un bled, une taupe en un pré, et un sergent en un bourg, c'est pour achever de gaster tout.

(*Sérées de Guillaume Bouchet, juge et consul des marchands à Poictiers. Livre premier*. A Paris, chez Gab. Buon, 1585, in-8°, neufiesme sérée, fol. 108 r°.) XVIe siècle.

GUERRE. Communement on dit que qui a le prouffit à la guerre il en a l'honneur.

(*Roman du Jouvencel*, fol. 60.) XVe siècle.

— La guerre est de telle condition qu'on y doit avoir bon pié, bon œil.

(*Roman du Jouvencel*, fol. 58 r°.) XVe siècle.

GUILLOT. Tel penso guiller Guillot, que Guillot lou guille.

Tel pense tromper Guillot qui est trompé par Guillot.

(*Prov. provençal*, cité par BOREL, dans son *Trésor des Recherches et Antiquités gauloises et françoises*, etc., Paris, 1655, in-4°.) XIIIe siècle.

HARENC. Car on dit communement
En ung proverbe bien souvent :
Se harenc put c'est sa nature,
Si fleure bon c'est aventure.

(*La Vie de saint Hareng martyr.*) XVe siècle.

HERMITE. Li abis ne fait pas l'ermite.

(*Li Diz de freire Denise, cordelier*, par RUTEBEUF, v. 1; *Fabliaux et Contes*, édit. de MÉON, t. III, p. 76.) XIIIe siècle.

HOMME. On dit communement qu'il n'est sens que d'omme oiseux, quand il est bien appliqué.

(*Roman du Jouvencel*, fol. 24.) XVe siècle.

— Hom privez mal achate, ce tesmoigne li briés.

(*La Chanson des Saxons*, t. I, p. 246, coupl. CXXX.) XIIIe siècle.

— Sox hom toz sox chemine, ce dit an reprovier.

(*La Chanson des Saxons*, t. I, p. 251, v. 9.) XIIIe siècle.

HONNEUR. Et si dist l'on une parole
Communement qui est moult fole
Et la tienne trestuit pour vroie :
Que les honors les meurs remuent.

(*Roman de la Rose*, v. 6,297.) XIIIe siècle.

— Les honneurs changent les meurs.

(*Bréviaire de Jacques Amyot.*) XVIe siècle.

JETER. Li vilains dist trestout sans glose :
Cil ki gete as piés la chose
Que il puet à ses mains tenir,
On ne devroit pas consentir
K'il abitast entr'autre gent.

(*Li Romans des Aventures Frejus*, p. 95, 96.) XIIIe siècle.

LARRON. .... Car ayse faict larron.

(*Statuta Synodalia ecclesiæ Nannetensis. Thesaurus novus Anecdotorum*, t. IV, col. 946, D.)

— Or puis-je bien dire et entendre
Que li proverbes voir dira :
Qui le larron torne de pendre,
Jà li lerres ne l'amera.

(*La Complainte et le Jeu de Pierre de la Broce*, p. 30.) XIIIe siècle.

LECHER. Et quant il fu hors de la porte,
Si dist à soi : Qui siet il seche ;
Et puis si dist : Qui va il leche.

(*Le Dit du Buffet*, v. 258; *Fabliaux et Contes*, édition de MÉON, t. III, p. 272.) XIIIe siècle.

Mais on dit .j. parler assés communument :
Qui va par le païs il trueve bien souvent
Cose qui peu li plaist et de le mauvaise gent.

. . . .

Mais on dit .j. parler assés communaument :
La cose qui vient dur a bon definement.

(*Roman de Charles le Chauve*, Ms. La Vallière, n° 49, fol. 10 v°, col. 2, v. 25, voir avant.) XIIIe siècle.

MAISON. Faire de vieil bois nouvelle maison.

(*Roman du Jouvencel*, Paris, 1493, in-fol., goth., fol. 19 r°.) XVe siècle.

MAL. Ce tient li vilains à savoir :
Et un mal doit-on bien sofrir
Par son cors de pojor garir.

(*Li Romans de Brut*, v. 4,506; édition de M. LE ROUX DE LINCY, p. 212.) XIIe siècle.

— Car li vilains le dist et s'est vertés
Que trop vient tost ki mal doit aporter.

(*Roman des Lorrains*, Ms. La Vall., 63, fol. 8 r°, col. 2, v. 25.) XIIIe siècle.

MANGER. Mais maintes fois a esté dit
En esplanse et en reprouvier :
Tout duel repairent au mangier.

(FRECUS, p. 116, 117.) XIIIe siècle.

MARCHÉ. J'ai oït dire en reprouvier :
Boens merchiez trait de borce argent.

(*Chanson*. Ms. du Roi, fonds de Saint-Germain, 1989, fol. 127 v°, lig. 4.) XIIIe siècle.

MATIN. Pour ce, dit ung proverbe que j'ay oui compter,
Que l'homme qui a grace de bien matin lever
Poent bien grant matinet dormir et reposer.

(*Le Livre de Ciperis de Vignevaulz*, Ms. du Roi, n° 7635, fol. 62 v°, v. 5.) XIII° siècle.

MECHÉANCE. Mais autresi, cum dist li sage,
Folie, orguil et sorquidance
Portent od eus lor meschaance.

(*Chronique de Benoit*, t. II, p. 543.) XII° siècle.

MÉPRIS. Li vilains dist en son respit,
Que tele chose à l'en en despit
Qui moult vaut miex que on ne cuide.

(*Roman d'Erec et d'Enide*, par CHRESTIEN DE TROYES, v. 1.) XII° siècle.)

MONTER. Oï l'avés dire sovent :
Ki haut monte de haut descent;
Froit a le pié ki plus l'estent
Ke ses covretoirs (*sa couverture*) n'a de lonc.

(*Théâtre français au moyen âge*, p. 46.) XIII° siècle.

MORT. Mais je sai bien que menaciez
Vit plus que mort ne fait assez.

(*Roman de la Violette*.) XIII° siècle.

MURES. Aussi dit-on que qui ne cuelt des wertes il ne mangera ja des meures.

(*Roman du Jouvencel*, fol. 19 r°.) XV° siècle.

MUSART. Mais en siut dire que esperer et quidiers furent doi musart.

(*Chronique de Rains*, chap. X, p. 75.) XIII° siècle.

NAGER. Soef noe, biax niés, cui mentons est tenuz.

(*La Chanson des Saxons*, t. II, p. 58.) XIII° siècle.

OEUVRE. Dit-on communement que la fin couronne l'oevre.

(*Roman du Jouvencel*, fol. 37 v°.) XV° siècle.

OISIVETÉ. On dit en proverbe et si l'acorde drois :
C'uiseuse est moult nuiseuse, et ce dist li Englois
Que poi vaut sens repus ne avoirs enfouois,
Dont cis qui set le bien ne doit mie estre cois.

(*Roman d'Alexandre*, Ms. La Vallière. n° 69, *olim* 2703.) XIII° siècle.

OR. Uns proverbes dit et raconte
Que tout n'est pas ors c'on voit luire.

(*Li Diz de freire Denise cordelier*, par RUTEBEUF, v. 1; *Fabliaux et Contes*, édition de MÉON, t. III, p. 76.) XIII° siècle.

Ouvrier. Qui se fait bon ouvrier drois est c'al œuvre paire.

Qui est bon ouvrier il est juste qu'on s'en aperçoive à son œuvre.

(*Chronique métrique d'*Adam de la Halle, v. 233; *Chroniques nationales françaises*, publiées par J. A. Buchon, t. VII. Paris, Verdière, m. dccc xxviii, in-8°, p. 31.) xiii° siècle.

Oie. Qui mange de l'oye du roi
Cent ans après en rend la plume.

(Martial d'Auvergne, *Vigiles de Charles VII.*) xv° siècle.

Pain. Car on dit communement qu'on s'ennuye bien d'ung pain manger.

(*Roman du Jouvencel*, fol. 14 r°.) xv° siècle.

Paris. Qui queroit (*chercherait*) Paris à Nivele
Ce seroit bien queste grevaine,
Ausi est-ce parole vaine.

(*Roman de la Violette.*) xiii° siècle.

Patience. Compagnons, certes passience;
Comme on dit, passe science.

(*Moralité nouvelle, à deux personnages, sur la prise de Calais.*) xvi° siècle.

Payer. Li vilains dist en son proverbe
Que de grant folie s'esmaie
Qui bien acroit et rien ne paie.

(*La Patenostre du vin; Jongleurs et Trouvères*, p. 71, v. 18.) xiii° siècle.

Péché. Car on retrait et dist souvent :
Souvent compere autrui pecié
Teuls qui n'i a de riens pecié.

(*Roman de la Manekine*, p. 546, col. 2, v. 8, du *Théâtre français au moyen âge.*) xiii° siècle.

Pêcheur. De pechéor misericorde.

(*Le Fabel d'Aloul*, v. 943; *Fabliaux et Contes*, édition de Méon, t. III, p. 355.) xiii° siècle.

Et biaus fils, vous savez qu'on dit,
Et toute raison s'i acorde :
« De pechéur misericorde. »

(Guillaume de Machaut, *li Livre de la prise d'Alixandre* (Alexandrie), Ms. 7609, fol. 358 r°, col. 1, v. 16.) xiii° siècle.

Penser. Mais li vilains le dist piecha en reprouvé :
Que molt a grant discorde entre faire et pensé.

(*Roman de Fierabras*, Ms. du Roi, suppl. franç., n° 180, fol. 228 v°, col. 1, v. 13.) xiii° siècle.

PÉCHÉ. Viez peché fait nouvele honte,
Si com le proverbe raconte.

(*De l'hermite qui s'enivra*, v. I, fabl., t. II, p. 173.) XIIIe siècle. Voyez aussi le fabliau de Gaothier de Coinsy, de *l'Empereris qui garde sa chastée*, t. II, p. 101, des *Fabliaux*.

PERDRE. Quar d'un proverbe me sovient
Que l'en dit : Tot pert qui tot tient,
C'est à bon droit.

(*Renart le Bestorné*, v. 152. — *Le Roman du Renart, Supplément*, p. 36.) XIIIe siècle.

PEUR. Car so dizon nostr'ancessor
Que tals menasa c'a paor.

(*Roman de Jaufre.* — *Lexique Roman*, t. I, p. 61, col. 1.) XIIIe siècle.

PIERRE. Pierre volage ne queult mousse.

(*De l'hermite qui se désespéra pour le larron qui ala en paradis avant que lui.* Fabliaux.) XIIIe siècle.

PLAIE. De viés mesfait novele plaie.

(*Li Romans de Brut*, édit. de M. LE ROUX DE LINCY, t. I, p. 27, v. 540.) XIIe siècle.

POLICE. Bonne police est cause d'abondance

(Placard de Lyon sur le prix du pain. Voyez *Mélanges biographiques et littéraires*, etc. Lyon, 1828, p. 304.)

POT. Il n'est pas personne commune
En tant comme il est roy, c'est une;
Ains est un homme singulier,
Si que à tel pot tel cuillier.

(*Théâtre français au moyen âge*, t. I, p. 486.) XIIIe siècle.

Tant va li poz au puis qu'il brise.

GAUTIER DE COINSI, *de monacho in flumine periclitato, meritis beate Marie ad vitam revocato*. Capitulum XXXIII, Ms. du Roi, n° 7987. fol. 86 v°, col. 2, v. 1.) XIIIe siècle.

PRÉ. On proverbe dit-on que force peist le pré.

(*Chanson des Saines ou des Saxons*, par J. BODEL d'Arras, publiée par M. F. Michel, 2 vol. in-12, t. II, p. 12.) XIII siècle.

— Mais li vilains nous a conté
Que force paist adès le pré.

(*Roman du comte de Poitiers, Roman de Parise la duchesse*, p. 30.) XIIIe siècle.

PRUDHOMME. Et li vilains le dit en reprovier
Ja mavès hom n'aura prodome chier.

(*Li Moniages Guillaume*, Ms. 6985. fol. 261 v°, col. 2, v. 28.) XIIe siècle.

— On dist que qui preudomme sert,
Que son service pas ne pert.

(*Roman de la Manekine*, p. 229, v. 6,835.) XIIIe siècle.

PUCELLE Et pour ce dist-on quant aucun est à meschief d'avoir : Il est plus povres que pucele qui ist du baing.

(*Livre de discipline des quatre âges*, manuscrit de la Bibl. royale, fonds de Compiègne, n° 62. fol. 150 v°, col. 2, lig. 10.) XIIIe siècle.

Qui bien aime à tart oublie.

(*Chanson anonyme*, manuscrit du fonds de Cangé, n° 65, fol. 194 v°, col. 1.) XIIIe siècle.

Qui bien aime il het envis,
Voirs est chist dis.

(*Chanson de Ghilebers de Berneville*, manuscrit du Roi, *Suppl. français*, n° 184, fol. 85 r°.) XIIIe siècle.

RACINE. Car pieça c'on dist ce proverbe :
De pute racine pute herbe.
Et si redist-on à la fois :
Adès reva li leus au bois.

(*Roman de Cléomadès*, manuscrits de l'Arsenal, *Belles-lettres franç.*, in-fol., fol. 1 v°. col. 3, v. 6.) XIIIe siècle.

RESPIT. Un jour de respit cent mars vant.

(*Li Jus de S. Nicholai*, édit. de MONMERQUÉ, p. 68.) XIIIe siècle.

REPRENDRE. Assez remaint de ce qu'en pense,
Et tex cuide prendre qui faut.

(*Roman d'Erec et d'Enide*, manuscrit de la Bibl. du roi, n° 7498/4, fonds de Cangé, n° 26.) XIIe siècle.

RIME. Il n'y a rime ne raison
En tout quant que vous rafardez.

(*Farce de Pathelin*, p. 88.) XVe siècle.

SAGESSE. Mais l'on dit en commun proverbe que en ung tonnel de cuidance n'a pas un pot de sapience.

(*Chronique de Normandie*, édit. de PIERRE REGNAULT, petit in-fol. goth., chap. coté IX : XX. XVII.) XVe siècle.

SEIGNEUR. Li vilains dit par repruvier,
Quant tence à sun charier :
Qu'amur de seigneur n'est pas fieuz.

(*Lai d'Eliduc*, v. 61, *Poésies* de MARIE DE FRANCE, t. I, p. 404.) XIIIe siècle

SEMBLANT. Et on dist piecha : Biaus semblans fait musart liet.

(*Chronique de Rains*, p. 221.) XIIIe siècle.

SEMBR. Petit rechoit qui petit seme.

(*De Saint-Jehan Paulu*, manuscrit de la Bibl. Royale, 7595, fol. CCCXXX r°, col. 2.) XIIIe siècle.

SÉRAPHIN. Nous en aurons plus de cinquante
Aussi rouge que Seraphins.

(*La Farce du Poulier.*) XVIe siècle.

SERPENT. Et dit ainsi que qui vouloit tuer premier le serpent il li devoit escacher (*écraser*) le chief.

(*Mémoires de Joinville.*) XIIIe siècle.

SIRE. Car on dist, et voirs est, que privez sires fait fole mainsniée, et plus grant peril gist en privée dame que en privé seigneur.

(*Livre de discipline des quatre âges*, manuscrit du fonds de Compiègne, n° 62, fol. 162 r°, col. 1, lig. 30.) XIIIe siècle.

SOT. Et on dist piecha, que cius a grant disette de sot qui de luy meymes le fait.

(*Chronique de Rains*, p. 173.) XIIIe siècle.

Tels cuide avancier qui recule.

(*De Brunain la vache au Prestre*, v. 72; *Fabliaux et Contes*, édit. de MÉON, t. III, p. 28.) XIIIe siècle.

TEMPS. Sire, savez que dient vilain au reprovier :
Selonc tans tampréure ne fait à desjugier.

(*Chanson des Saxons*, t. II, p. 152, coupl. CCLXIV.) XIIIe siècle.

TRAHISON. Il est bien voir, et se l' dit-on sovent,
Qui trahison porquiert et antreprent
Qu'il est honiz au darrainnement.

(*Le Moinage Renuar*, Ms. 6985, fol. 245 v°, col. 2, v. 42.) XIIe siècle.

VENIN. Et touz jours dit-on que en sarpent ne puet on donner venin, car trop en i a.

(*Livre de discipline des quatre âges*, manuscrit de la Bibl Royale, fonds de Compiègne, n° 62, fol. 151 r°, col. 1, lign. 1.) XIIIe siècle.

— .... Tous jors dist l'en
C'aucune cose prent la bouche
De l'ort venin ki au cuer touche.

(*Li Roman des aventures Frejus*, p. 29 et 30.) XIIIe siècle.

VENT. Chevaliers ne fait pas sen preu
Qui tant parole qu'il anuie,
Que grant vens kiet à peu de pluie.

(*Roman de Ham*, p. 219; *Roman de Frejus*, p. 63.) XIIIe siècle.

VENTRE. Et ce propos dit-on en un commun proverbe que en ventre saoul n'y a ne saveur ne plaisance.

(*Roman du Jouvencel*, fol. 8 r°.) xve siècle.

VERGE. Et touz jours dit-on c'on doit ploier la verge tandis com ele est graille et tendre; quar puis qu'elle est grosse et dure, se on la veut ploier ele brise.

(*Livre de discipline des quatre âges*, manuscrit du Roi, fonds de Compiègne, n° 62, fol. 149 v°, col. 1, lig. 18.) XIIIe siècle.

VÉRITÉ. Riens taut ne greve mantéor
A larron ne à robéor
N'à mauvais hom, quiex qui soit,
Com Veritez quant l'apperçoit;
Et Veritez est la maçue
Qui tot le mont occit et tue.

(HERBERS, *Roman de Dolopathos*, Ms.) XIIIe siècle.

VEXATION. Vexation donne entendement, dit le sage.

(*Roman du Jouvencel*, fol. 20 v°.)

VILLE. Piecha c'on dist par mauvais oir,
Ensi l'avés oï retraire,
Dechieent villes et manoir.

(*Chanson de Jehans Erars*, manuscrit du roi, *Suppl. franç.*, n° 184, fol. 131 v°.) XIIIe siècle.

VILTEZ. Et de ce dit li vilains veritez
Qui le suen pert cheuz est en viltez.

(*Roman de Guillaume d'Orenge*, Ms. 6985, fol. 199 r°, col. 3, v. 42.)

VISAGE. Qui son nés coupe il deserte son vis.

(*Li Romans de Garin le Loherain*, t. II, p. 133.)

VOISIN. Por ce dist-on : Qui a felon voisin
Par maintes faiz en a mavez matin.

(*Fragment* cité par BEKKER, p. 174, du *Roman de Fierabras*. Berlin, 1829, in-4°.) XIIIe siècle.

PROVERBES CITÉS DANS MAISTRE PIERRE PATELIN.

(Texte revu sur les manuscrits et les plus anciennes éditions, avec une introduction et des notes par F. GÉNIN. Paris, 1854. In-8°.)

Maintenant chacun vos appelle
Partout avocat dessous l'orme.
(Vers 13.)

Autant que Charles en Espagne.
(Vers 27.)

Dea, en peu d'heures Dieu labeure.
(Vers 40.)

Qui emprunete ne choisist mie.
(Vers 79.)

Vraiement c'estes vous tout poché.
(Vers 146.)

Cestes drap est cher comme cresme.
(Vers 212.)

Et n'eussiez-vous ne croix ne pile.
(Vers 226.)

Que je suis bec jaune!
(Vers 263.

Or n'est-il si fort entendeur
Qui ne treuve plus fort vendeur;
Ce trompeur là est bien bec jaune!
(Vers 347.)

Le meschant vilain challemastre
En est ceint sur le cul.
(Vers 368.)

Ce fut par un denier à Dieu;
Et encore se j'eusse dit:
La main sur le pot, par ce dit
Mon denier me fut demouré.
(Vers 395.)

Ils en uevrent comme de cire.
(Vers 627.)

Onc lard es pois n'eschut si bien.
(Vers 747.)

Et cet advocat portatif,
A trois leçons et trois pseaumes,
Et tient-il les gens pour Guillaumes?
(Vers 770.)

Me voulez-vous faire entendant
De vecies que ce sont lanternes?
(Vers 800.)

Sus revenons à nos moutons.
(Vers 1191.)

..... Sommes-nous becjaunes
Ou cornards?
(Vers 1293.)

Il le me convient avaler
Sans mascher.
(Vers 1319.)

Je sçay mieux où le bas me blesse.
Vers 1357.)

Or est-il plus fol cil qui boute
Tel fol naturel en procès
Hé! sire, renvoyez-l'en ses
Brebis.....
(Vers 1395.)

Qui est aussi nu comme un vers
— C'est très-bien retourne le ver.
(Vers 1466.)

Et à qui vends-tu tes coquilles?
(Vers 1570.)

PROVERBES CITÉS DANS LES POÉSIES DE REGNIER.

(Édition VIOLLET-LE-DUC. Paris, 1853. In-18. Bibliothèque elzévirienne.)

C'est toujours le refrain qu'ils font à leur ballade.

De tout bois, comme on dit, Mercure on ne façonne.
(Satire I, p. 7.)

Cependant il vaut mieux sucrer nostre moutarde.
(Satire II, p. 13.)

Or laissant tout cecy, retourne à nos moutons.
(Satire II, p. 19.)

Le monde est un berlan où tout est confondu :
Tel pense avoir gagné qui souvent a perdu,
Ainsi qu'en une blanque où par hasard on tire;
Et qui voudroit choisir souvent prendroit le pire.
(Satire III, p. 27.)

Qu'on parle baragouyn et qu'on suive le vent,
En ce temps dujourd'huy l'on n'est que trop savant.
(Satire III, p. 29.)

Luy conter des chansons de Jeanne et de Paquette.
(Satire III, p. 33.)

N'en déplaise aux docteurs, cordeliers, jacobins,
Pardieu! les plus grands clercs ne sont pas les plus fins.
(Satire III, p. 38.)

L'on te fera la moue, et pour fruit de ta peine
Ce n'est, ce dira-t-on, qu'un poëte à la douzaine.
(Satire IV, p. 44.)

. . . . On verroit (cas estrange)
Les poëtes plus espois que mousches en vendanges.
(Satire IV, p. 45.)

Que mal instruit je porte en brouage du sel
Et mes coquilles vendre à ceux de saint Michel.
(Satire IV, p. 47.)

Que j'en paye l'escot rempli jusqu'à la gorge,
Et que j'en rende un jour les armes à saint Georges.
(Satire V, p. 58.)

Aussi selon le corps on doit tailler la robe.

On doit selon la force entreprendre la peine
Et se donner le ton suivant qu'on a d'haleine.

(Satire VI, p. 66.)

Du temps ny de l'estat il ne faut s'affliger.
Selon le vent qu'il fait l'homme doit naviger.

(Satire VI, p. 67.)

Et la fraude fist lors la figue au premier âge,
Et l'hipocrite fist barbe de paille à Dieu.

(Satire VI, p. 70-71.)

Relevez, emplumez, braves comme saint Georges.

(Satire VI, p. 75.)

Pensant avoir trouvé la feve du gasteau,
Et qu'au serail du Turc il n'est rien de plus beau.

(Satire VII, p. 80.)

Et sentant au palais mon discours se confondre,
D'un ris de Saint-Médard il me fallut respondre.

(Satire VIII, p. 87.)

Doux comme une espousée à la joue il me baise.

Que le laissant d'aguet j'eusse peu faire Gile.

Ce beau valet à qui ce beau maistre parla
M'eust donné l'angillade et puis m'eut laissé là.

(Satire VIII, p. 93.)

Qu'ils ont seuls icy bas trouvé la pie au nid.

(Satire IX, p. 102.)

Et laissent sur le vert le noble de l'ouvrage.

(Satire IX, p. 104.)

Et suis parmy ces gens comme un homme sans vert.

(Satire X, p. 120.)

Il faut en devinaille estre maistre Gonin.

(Satire X, p. 128.)

Qui sentis à son nez, à ses levres decloses,
Qu'il fleuroit bien plus fort, mais non pas mieux que roses.

(Satire X, p. 129.)

Par hazard disputant si quelqu'un luy replique
Et qu'il soit à quia.....

(Satire X, p. 131.)

Et le ciel qui des dents me rid à la pareille
Me bailla gentiment le lievre par l'oreille.
(Satire x, p. 131.)

L'autre estoit des suivans de madame Lipée (un parasite)
Et l'autre chevalier de la petite espée (un filou).
(Satire x, p. 132.)

De peur, comme on dit, de courroucer la fée.

Scachant qu'il en falloit payer les pots cassez,
De rage sans parler je m'en mordois la levre,
Et n'est Job de despit qui n'en eut pris la chèvre.
(Satire x, p. 137.)

Toujours à nouveaux maux naissent nouvelles peines,
Et ne m'ont les destins, à mon dam trop constans,
Jamais après la pluye envoyé le beau temps.
(Satire xi, p. 146.)

Moy qui n'ay pas le nez d'estre Jean qui ne peut.
(Satire xi, p. 147.)

Bien que maistre Denis scavant en la sculture
Fist-il avec son art quinande la nature.
(Satire xi, p. 150.)

Vous estes, je voy bien, grand abbateur de quilles.
(Satire xi, p. 151.)

Comme si nostre jeu fust au roy despouillé.
(Satire xi, p. 160.)

Tout de bon le guet vint, la quenaille fait Gille.
(Satire xi, p. 161.)

Vous qui tranchez du sage ainsi parmy la rue,
Faites-vous sus un pied toute la nuict la grue?

Il nous faisoit bon voir tous deux bien estonnez,
Avant jour dans la rue avecq' un pied de nez.

. . . . Et demande, estonné,
Si le moine bourru m'avoit point promené?
(Satire xi, p. 163.)

Il emporte la piece et c'est là de par Dieu
. . . .
Où le soulier les blesse.....
(Satire xi, p. 168.)

. . . . Corsaires à Corsaires,
L'un l'autre s'attaquant ne font pas leurs affaires.
(Satire XII, p. 172.)

Lasse enfin de servir au peuple de quintaine.
(Satire XIII, p. 173.)

Et disois à par moy : Mal vit qui ne s'amende.
(Satire XIII, p. 175.)

De propos en propos et de fil en eguille.
(Satire XIII, p. 177.)

L'honneur est un vieux saint que l'on ne chomme plus.

Aydez-vous seulement et Dieu vous aydera.
(Satire XIII, p. 179.)

Mais chaque age a son temps, selon le drap la robe.
(Satire XIII, p. 181.)

Le peché que l'on cache est demi pardonné.
(Satire XIII, p. 182.)

Il faut faire vertu de la necessité.

Ou lorsqu'on a du bien il n'est si decrepite
Qui ne trouve en donnant couvercle à sa marmite.
(Satire XIII, p. 183.)

Au reste, n'epargnez ni Gaultier ni Garguille.
(Satire XIII, p. 184.)

Ils sont matelineurs, prompts à prendre la chevre.

Plus d'argent que le roy n'en a dans la Bastille.
(Satire XIII, p. 187.)

Mais après, en cherchant, avoir autant couru
Qu'aux avents de Noël fait le moine bourru.

Les fous sont aux echets les plus proches des rois.
(Satire XIV, p. 191.)

Pour grain ne prenant paille, ou Paris pour Corbeil.
(Satire XIV, p. 198.)

Et ma philosophie y perd tout son latin.
(Satire XV, p. 202.)

Qui me repait de bayes en ses fous passe temps.
(Satire XV, p. 207.)

Et ne m'esmeus non plus quand leur discours fourvoye
Que d'un conte d'Urgande, ou de ma mère l'oye.

(Satire XV, p. 208.)

Experte dès longtemps à courir l'eguillette.

(Épître II, p. 235.)

Je fais des châteaux en Espagne.

(Épître III, p. 240.)

De rien je fais brides à veaux.

(Épître III, p. 243.)

Je me couvre d'un sac mouillé.

(Épître III, p. 244.)

Aussi penaut qu'un chat qu'on chastre.

(*Poésies diverses*, p. 329.)

Non comme ces petits mignons
Qui font de la saincte Nitouche.

(*Poésies diverses*, p. 333.)

Et m'en allay chez le voisin,
Moitié figue, moitié raisin.

(*Poésies diverses*, p. 335.)

PROVERBES CITÉS PAR LA FONTAINE.

Contes et Nouvelles.

LIVRE PREMIER.

Nos femmes, se dit-il, nous en ont donné d'une.

De tout un peu, c'est comme il faut l'entendre.

Une grisette est un trésor,

On lui dit ce qu'on veut, et souvent rien du tout.

De la chape à l'évêque, hélas! ils se battoient.

(*Joconde.*)

Il n'etoit lors de Paris jusqu'à Rome
Galant qui sut si bien le numero.

. . . . Et le drole et la belle
Verront beau jeu, si la corde ne rompt.

(*Richard Minutolo.*)

Force lui fut d'abandonner la place;
Ce ne fut pas sans le vin de l'adieu.

(*Le Cocu battu et content.*)

LIVRE DEUXIÈME.

Bon fait avoir ici bas un ami.

Moitié raisin, moitié figue en jouit.

. . . . Rendant à son époux
Feves pour pois, et pain blanc pour fouace.

(*Le Faiseur d'oreilles.*)

Et dans la vigne du seigneur
Travaillant, ainsi qu'on peut croire.

...... Il est bon qu'on vous dise
Qu'entre la chair et la chemise
Il faut cacher le bien qu'on fait.

On en va mieux quand on va doux.

(*Les Cordeliers de Catalogne.*)

La dame etoit de bonne emplette encore.

Gens trop heureux font toujours quelque-faute.

L'hotesse ayant reconnu son erreur
Tint quelque temps le loup par les oreilles.

(*Le Berceau.*)

. . . . Un bonheur, comme on dit,
Ne vient point seul.....

On gagnera; car c'est un bon apotre.

Le temps est cher en amour comme en guerre.

La petite oie; enfin ce qu'on appelle
En bon françois les préludes d'amour.

Renard n'en prit qu'une somme bastante.

(*L'Oraison de saint Julien.*)

Elle etoit fille à bien armer un lit.

En cet etrif la servante tomba.

Elle y prit gout ; le jeu lui sembla beau.

(*La Servante justifiée.*)

Il ne faut pas se lever trop matin.
Pour lui prouver que trois et deux font quatre.

Et dans son cœur se proposoit
De rehausser le linge de la fille.

(*La Gageure des Trois Commères.*)

Tel fait métier de conseiller autrui
Qui ne voit goutte en ses propres affaires.

Bartholomée, ayant ses hontes bues,
Ne se fit pas tenir pour demeurer.

(*Le Calendrier des Vieillards.*)

A femme avare galant escroc.

A bon payeur on fait bonne mesure.

(*A femme avare galant escroc.*)

C'est de m'avoir pour ami,
Je suis corsaire et demi.

(*La fiancée du roi de Garbe.*)

Gardez le froc, c'est un maître Gonin.

Vous n'auriez dit qu'il a mangé le lard.

(*L'Hermite.*)

Pretes chacune à tenir coup aux gens.

Se renvoyant l'une à l'autre l'éteuf.

Sans croix ne pile, et n'ayant rien en somme
Qu'un vieil habit.....

. . . . L'une voudra du mou,
L'autre du dur.....

(*Mazet de Lamporechio.*)

LIVRE TROISIÈME.

. . . . Je vous conseille
De dormir comme moi, sur l'une et l'autre oreille.

(*Les Oies du frère Philippe.*)

Et de quel bois se chauffoient leurs femelles.

Jette son plomb sur messer Nicia.

Toujours il va d'un excès dans un autre.

Ni roi ni roc ne feront qu'autre touche
Que Nicia jamais onc à ma peau.

(*La Mandragore.*)

Eux introduits, croyant ville gagnée.

Il est ecrit qu'à nul il ne faut faire
Ce qu'on ne veut qu'à soi-meme etre fait.

. . . . Et Circé
Au prix d'elle en diablerie
N'eut été qu'à l'A B C.

..... Il y fait bon, l'heure du berger sonne.

(*La Coupe enchantée.*)

Fille aimable autant qu'on peut l'etre,
Et ne tournant autour du pot.

Car il est homme, que je pense,
A passer la chose au gros sas.

. . . . Mais d'en mettre jà
Mon doigt au feu, ma foi ! je n'ose.

(*Vicaise.*)

. . . . Madame cependant
En a, comme on dit, la monnoie,

(*Le Petit Chien.*)

LIVRE QUATRIÈME.

Il est marchande et marchande entre nous.

(*Comment l'esprit vient aux filles.*)

Quand sœur Agnès, qui n'étoit de ce lieu
La moins sensée, au reste bonne lame.

(*L'Abbesse malade.*)

Adieu, mon homme, il va boire au godet.

(*Dindenaut et Panurge.*)

. . . . Femmes ont maintes choses
Que je préfère et qui sont lettres closes;
Femmes aussi trompent assez souvent.

Vous ne voulez chat en poche donner.

Pain qu'on dérobe et qu'on mange en cachette
Vaut mieux que pain qu'on cuit et qu'on achète.

J'ai grand regret de n'en avoir les gants.

(*Les Troqueurs.*)

Et par saint Jean! si Dieu me prête vie,
Je le verrai ce pays où l'on dort.

. . . . Où les gens autrefois
Firent la figue au portrait du Saint-Père.

Ça, ça, galons-le en enfant de bon lieu.

(*Le Diable de Papefiguière.*)

Esprits ruraux volontiers sont jaloux,
Et sur ce point à chausser difficiles.

(*Féronde.*)

L'un et l'autre y vient de cire.

Prendre la lune aux dents seroit moins difficile.

(*Le Roi Candaule.*)

Plus ne m'irai brûler à la chandelle.

(*Le Diable en Enfer.*)

Toujours souvient à Robin de ses flûtes.

. . . . Toutes, je te repond,
Verront beau jeu, si la corde ne rompt.

(*Les Lunettes.*)

Votre jardin viendra comme de cire.

(*Le Magnifique.*)

Ou je dirai quelque sottise
Qui me fera donner du busque sur les doigts.

Bacchus avec Cerès de qui la compagnie
Met Venus en train bien souvent.

(*Le Tableau.*)

LIVRE CINQUIÈME.

Mais l'appétit vient toujours en mangeant.

Tout vilain cas, dit-il, est reniable.
Ces serments vains et peu dignes de foi
Mériteroient qu'on vous fît votre sauce.

(*La Confidente sans le savoir.*)

Ciceron même y perdroit son latin.

(*Le Remède.*)

. . . . . . Ce couple si charmant. . . .
Se promettoit la vigne de l'abbé.

. . . . Le diable
Est bien subtil; bien malins sont les gens.

(*Les Aveux indiscrets.*)

Mieux vaut goujat debout qu'empereur enterré.

(*La Matrone d'Éphèse.*)

Je définis cet etre un animal
Qui, comme on dit, sait pêcher en eau trouble.

Il fut contraint d'enfiler la venelle.

(*Belphégor.*)

PROVERBES CITÉS PAR LA FONTAINE.

Fables.

LIVRE PREMIER.

La fourmi n'est pas prêteuse;
C'est là son moindre défaut.

(Fable I, *la Cigale et la Fourmi.*)

Mauvaise graine est tôt venue.

(Fable VIII, *l'Hirondelle et les Petits Oiseaux.*)

La raison du plus fort est toujours la meilleure.

(Fable X, *le Loup et l'Agneau.*)

Plutôt souffrir que mourir ;
C'est la devise des hommes.

(Fable XVI, *la Mort et le Bûcheron.*)

Honteux comme un renard qu'une poule auroit pris.

(Fable XVIII, *le Renard et la Cigogne.*)

A l'œuvre on connoît l'artisan.

(Fable XXI, *les Frelons et la Mouche à miel.*)

N'a-t-il point assez léché l'ours.

(Fable XXII, *l'Huître et les Plaideurs.*)

LIVRE SECOND.

La difficulté fut d'attacher le grelot.

(Fable II, *Conseil tenu par les Rats.*)

Hélas! on voit que de tout temps
Les petits ont pâti des sottises des grands.

(Fable IV, *les Deux Taureaux et la Grenouille.*)

Je suis oiseaux, voyez mes ailes.

Aux dangers, ainsi qu'elle, ont souvent fait la figue.

Vive le roi! vive la ligue!

(Fable VI, *la Chauve-souris et les deux Belettes.*)

Ce qu'on donne aux méchants toujours on le regrette.

Laissez leur prendre un pied chez vous,
Ils en auront bientôt pris quatre.

(Fable VII, *la Lice et sa Compagne.*)

Bat l'air qui n'en peut mais, et sa fureur extrême
Le fatigue, l'abat, le voilà sur les dents.

(Fable IX, *le Lion et le Moucheron.*)

Portoit, comme on dit, les bouteilles.

(Fable X, *l'Ane chargé d'éponges et l'Ane chargé de sel.*)

Il faut autant qu'on peut obliger tout le monde.
On a souvent besoin d'un plus petit que soi.

Patience et longueur de temps
Font plus que force et que rage.

(Fable XI, *le Lion et le Rat.*)

Faites-en les feux dès ce soir.

. . . . Le galant aussitôt
Tire ses grègues....

Car c'est double plaisir de tromper un trompeur.

(Fable xv, *le Coq et le Renard.*)

Tous les mangeurs de gens ne sont pas grands seigneurs.

Où la guêpe a passé le moucheron demeure.

(Fable xvi, *le Corbeau voulant imiter l'Aigle.*)

L'affaire est consultée et tous les avocats
. . . .
Y jettent leur bonnet.

(Fable xx, *Testament expliqué par Ésope.*)

LIVRE TROISIÈME.

Puis cet homme et son fils le portent comme un lustre.

Le plus âne des trois n'est pas celui qu'on pense.

Tandis que ce nigaud, comme un évêque assis,
Fait le veau sur son âne....

. . . . Est bien fou du cerveau
Qui prétend contenter tout le monde et son père.

(Fable i, *le Meunier, son Fils et l'Ane.*)

Quiconque est loup agisse en loup.
C'est le plus certain de beaucoup.

(Fable iii, *le Loup devenu berger.*)

Celui-ci ne voyoit pas plus loin que son nez.

En toutes choses il faut considérer la fin.

(Fable v, *le Renard et le Bouc.*)

Chacun a son défaut où toujours il revient.
Honte ni peur n'y remédie.

(Fable vii, *l'Ivrogne et sa Femme.*)

. . . . . Goutte bien tracassée
Est, dit-on, à demi pansée.

(Fable viii, *la Goutte et l'Araignée.*)

Le coup de pied de l'âne.

(Fable xiv, *le Lion devenu vieux.*)

Je ne suis pas de ceux qui disent : Ce n'est rien,
C'est une femme qui se noye.

(Fable XVI, *la Femme noyée.*)

Rien ne te sert d'être farine,
Car quand tu serois sac, je n'approcherois pas.

. . . . . . La méfiance
Est mère de la sûreté.

(Fable XVIII, *le Chat et le vieux Rat.*)

LIVRE QUATRIÈME.

Fille se coiffe volontiers
D'amoureux à longue crinière.

(Fable I, *le Lion amoureux.*)

Notre magot prit pour ce coup
Le nom d'un port pour un nom d'homme.

(Fable VIII, *le Singe et le Dauphin.*)

De loin c'est quelque chose et de près ce n'est rien.

(Fable X, *le Chameau et les Bâtons flottants.*)

Tel, comme dit Merlin, cuide engeigner autrui
Qui souvent s'engeigne soi-même.

(Fable XII, *la Grenouille et le Rat.*)

Nota. Ce proverbe se trouve effectivement dans le roman de Merlin en prose : « Ainsi advint-il de plusieurs, car tels cuident engingner ung » autre qui s'engignent eulx-mesmes. »

Prétend qu'elle en fera gorge chaude et curée.

Et souvent la perfidie
Retourne à son auteur.

(Fable XII, *la Grenouille et le Rat.*)

Et le proverbe dit : Corsaire à corsaire,
L'un l'autre s'attaquant, ne font pas leurs affaires.

(Fable XII, *Tribut envoyé par les animaux à Alexandre.*)

Belle tête, dit-il, mais de cervelle point.

(Fable XIV, *le Renard et le Buste.*)

Messer loup attendoit chape chute à la porte.

(Fable XVI, *le Loup, la Mère et l'Enfant.*)

Et ce dicton picard à l'entour fut écrit :
« Biaux chires leups, n'ecoutez mie
» Mere tenchent chen fieux qui crie. »
(Fable XVI, *le Loup, la Mère et l'Enfant.*)

Chacun se dit ami, mais fou qui s'y repose ;
Rien n'est plus commun que le nom,
Rien n'est plus rare que la chose.
(Fable XVII, *Paroles de Socrate.*)

Un païen qui sentoit quelque peu le fagot,
Et qui croyoit en Dieu, pour user de ce mot,
Par benefice d'inventaire.
(Fable XIX, *l'Oracle et l'Impie.*)

Il n'est pour voir que l'œil du maître.
Quant à moi, j'y mettrois encor l'œil de l'amant.
(Fable XXI, *l'Œil du Maître.*)

Ne t'attends qu'à toi seul, c'est un commun proverbe.

Il n'est meilleur ami, ni parent que soi-même.
(Fable XXII, *l'Alouette et ses petits avec le maître d'un champ.*)

LIVRE CINQUIÈME.

Petit poisson deviendra grand
Pourvu que Dieu lui prête vie.

Un tien vaut, ce dit-on, mieux que deux tu l'auras.
(Fable III, *le Petit Poisson et le Pêcheur.*)

Tourets entroient en jeu, fuseaux étoient tirés.
Deçà, delà, vous en aurez.
(Fable VI, *la Vieille et les deux Servantes.*)

Eh ! que n'es-tu mouton ! car tu me serois hoc.

Chacun à son métier doit toujours s'attacher.
(Fable VIII, *le Cheval et le Loup.*)

Travaillez, prenez de la peine,
C'est le fonds qui manque le moins.

De leur montrer avant sa mort
Que le travail est un trésor.
(Fable IX, *le Laboureur et ses Enfants.*)

Il m'a dit qu'il ne faut jamais
Vendre la peau de l'ours qu'on ne l'ait mis par terre.
(Fable XX, *l'Ours et les Deux Compagnons.*)

LIVRE SIXIÈME.

Plus fait douceur que violence.
(Fable III, *Phébus et Borée.*)

Garde-toi, tant que tu vivras,
De juger des gens sur la mine.
(Fable V, *le Cochet, le Chat et le Souriceau.*)

Quand le malheur ne seroit bon
Qu'à mettre un sot à la raison,
Toujours seroit-ce à juste cause
Qu'on le dit bon à quelque chose.
(Fable VII, *le Mulet se vantant de sa généalogie.*)

Notre ennemi, c'est notre maître.
(Fable VIII, *le Vieillard et l'Ane.*)

Il s'éloigne des chiens, les renvoye aux calendes.

. . . . Et pour écouter
D'où vient le vent.....
(Fable X, *le Lièvre et la Tortue.*)

Si tu veux qu'on t'épargne, épargne aussi les autres.
(Fable XV, *l'Oiseleur, l'Autour et l'Alouette.*)

Aide-toi, le ciel t'aidera.
(Fable XVIII, *le Chartier embourbé.*)

. . . . Avant l'affaire,
Le roi, l'âne ou moi nous mourrons.
(Fable XIX, *le Charlatan.*)

LIVRE SEPTIÈME.

La faim, l'occasion, l'herbe tendre, et je pense,
Quelque diable aussi me poussant.
(Fable I, *les Animaux malades de la peste.*)

La mouche du coche.
(Fable IX, *le Coche et la Mouche.*)

Quel esprit ne bat la campagne !
Qui ne fait châteaux en Espagne ?

Je suis Gros-Jean comme devant.

(Fable x, *la Laitière et le Pot au lait.*)

Vous savez que nul n'est prophète
En son pays.....

(Fable xii. *l'Homme qui court après la Fortune et celui qui l'attend dans son lit.*)

Deux coqs vivoient en paix,
Une poule survint, et voilà la guerre allumée.

(Fable xiii, *les deux Coqs.*)

Enfin quoique ignorante à vingt et trois carats.

L'enseigne fait la châlandise.

(Fable xv, *les Devineresses.*)

Un chat faisant la chattemitte.

(Fable xvi, *le Chat, la Belette et le petit Lapin.*)

LIVRE HUITIÈME.

La mort ne surprend point le sage.

(Fable i, *la Mort et le Mourant.*)

Il est bon de parler et meilleur de se taire.

Rien n'est plus dangereux qu'un ignorant ami,
Mieux vaudroit un sage ennemi.

(Fable x, *l'Ours et l'Amateur des jardins.*)

Le charton n'avoit pas dessein
De les mener chez Tabarin.

(Fable xii, *le Cochon, la Chèvre et le Mouton.*)

Laissez dire les sots, le savoir a son prix.

(Fable xix, *l'Avantage de la science.*)

Ce n'étoit pas un sot
Que le chien de Jean de Nivelle.

(Fable xxi, *le Faucon et le Chapon.*)

Si j'apprenois l'hébreu, les sciences, l'histoire.
Tout cela c'est la mer à boire.

(Fable xxv, *les deux Chiens et l'Ane mort.*)

..... Le peuple est juge récusable.
En quel sens est donc véritable
Ce que j'ai lu en certain lieu
Que sa voix est la voix de Dieu.

(Fable XXVI, *Démocrite et les Abdéritains.*)

LIVRE NEUVIÈME.

Tout fraîchement en cette ville
Arrive en trois bateaux exprès pour vous parler.

(Fable III, *le Singe et le Léopard.*)

Tel fruit tel arbre, pour bien faire.

(Fable IV, *le Gland et la Citrouille.*)

L'homme est de glace aux vérités,
Il est de feu pour le mensonge.

(Fable VI, *le Statuaire et la statue de Jupiter.*)

On tient toujours du lieu dont on vient.....

(Fable VII, *la Souri métamorphosée en fille.*)

Jamais auprès des fous ne te mets à portée.

(Fable VIII, *le Fou qui vend la sagesse.*)

Vous verrez que Perrin tire l'argent à lui,
Et ne laisse aux plaideurs que le sac et les quilles.

(Fable IX, *l'Huître et les Plaideurs.*)

Le chat et le renard, comme beaux petits saints,
S'en alloient en pélerinage.
C'étoient deux vrais Tartufs, deux archipatelins.

(Fable XIV, *le Chat et le Renard*)

Un homme n'ayant plus ni crédit, ni ressource,
Et logeant le diable en sa bourse.

(Fable XVI, *le Trésor et les deux hommes.*

Bertrand dit à Raton : Frère, il faut aujourd'hui
Que tu fasses un coup de maître.

(Fable XVII, *le Singe et le Chat.*)

Ventre affamé n'a point d'oreilles.

(Fable XVIII, *le Milan et le Rossignol.*)

LIVRE DIXIÈME.

L'un des deux chevaliers saigna du nez.....
Fortune aveugle suit aveugle hardiesse.

(Fable XIV, *les deux Aventuriers et le Talisman.*)

Mais les ouvrages les plus courts
Sont toujours les meilleurs.....

(Fable xv, *les Lapins.*)

LIVRE ONZIÈME.

Ces ânes non contents de s'être ainsi grattés.

(Fable v, *le Lion, le Singe et les deux Anes.*)

Et chacun croit fort aisément
Ce qu'il craint et ce qu'il désire.

(Fable vi, *le Loup et le Renard.*)

Il ne faut point juger des gens sur l'apparence;
Le conseil en est bon, mais il n'est pas nouveau.

Représentoit un ours, mais un ours mal léché.

(Fable vii, *le Paysan du Danube.*)

LIVRE DOUZIÈME.

Il ne trouva plus rien à frire,
D'un mal il tomba dans un pire.

(Fable vi, *le Cerf malade.*)

Les voilà sans crédit, sans argent, sans ressources,
Prêts à porter le bonnet vert.

(Fable vii, *la Chauve-souris, le Buisson et le Canard.*)

Toute peine, dit-on, est digne de loyer.

(Fable xxii, *un Fou et un Sage.*)

Mais le pauvret ce coup y laissa ses housaux.

(Fable xxiii, *le Renard anglais.*)

Tous chemins vont à Rome.....

(Fable xxvii, *le Juge arbitre, l'Hospitalier et le Solitaire.*)

Ni l'or ni la grandeur ne nous rendent heureux.

Rien ne trouble sa fin, c'est le soir d'un beau jour.

(*Philémon et Baucis.*)

PROVERBES CITÉS DANS LES COMÉDIES DE MOLIÈRE.

(Édition variorum. Paris, 1852, in-12. 3 vol. Bibliothèque Charpentier.)

La Jalousie du Barbouillé.

Joué le 24 octobre 1658.

LE BARBOUILLÉ. C'est que j'avois l'esprit en écharpe.....

(Scène I.)

LE BARBOUILLÉ. Et si elle court comme le cheval du Pacolet.

(Scène II.)

Le Médecin volant.

SGANARELLE. On dit en proverbe ordinaire : Après la mort le médecin.

(Scène II.)

SGANARELLE. Ah! l'hypocrite, comme il fait le bon apôtre!

(Scène XV.)

L'Étourdy. — 1658.

ACTE I.

MASCARILLE.

Poussez votre bidet, vous dis-je, et laissez faire.

..... C'est tomber d'un mal dedans un pire.....

Il se feroit fesser pour moins d'un quart d'écu.

(Scène II.)

TRUFALDIN.

Mettez, pour me jouer, vos flûtes mieux d'accord.

(Scène IV.)

MASCARILLE.

. . . . Eh Dieu! la belle proie

A tirer en volant.....

(Scène VI.)

Cessez de vous laisser conduire au premier vent.

(Scène IX.)

La mouche tout d'un coup à la tête vous monte.....

Jette dans le panneau l'un et l'autre vieillard.....

N'ayez point pour ce fait l'esprit sur des épines.

(Scène x.)

Quand nous serons à dix nous ferons une croix.

(Scène xi.)

ACTE II.

ANSELME.

M'auroit-on joué pièce.....

PANDOLFE.

De l'argent? dites-vous, ah! voilà l'enclouure.

(Scène v.)

MASCARILLE.

Je le donne en six coups au fourbe le plus brave.

Pour moi je m'en soucie autant que de cela.

(Scène vii.)

Oui, je vais me servir d'un plat de ma façon.

(Scène xi.)

Le sort a bien donné la baie à mon espoir.

(Scène xiii.)

LÉLIE.

J'ai conçu, digéré, produit un stratagème.
Devant qui tous les tiens, dont tu fais tant de cas,
Doivent, sans contredit, mettre pavillon bas.

MASCARILLE.

Vous avez fait ce coup sans vous donner au diable.

C'est-à-dire un esprit chaussé tout à rebours.

(Scène xiv.)

ACTE III.

MASCARILLE.

Mais quoi! que feras-tu que de l'eau toute claire.....

Et que c'est battre l'eau de prétendre arrêter
Ce torrent effréné.....

(Scène i.)

. . . . Il a pris l'hameçon,
Courage, s'il se peut enferrer tout de bon.
Nous nous ôtons du pied une fâcheuse épine.

LÉLIE.

C'est de l'hébreu pour moi, je n'y puis rien comprendre.
(Scène III.)

MASCARILLE.

Faisons l'Olibrius, l'occiseur d'innocents.

LÉLIE.

C'est ce qui fait toujours que je suis pris sans vert.....
(Scène V.)

MASCARILLE.

Et contre cet assaut je sais un coup fourré.....
(Scène VI.)

Et tirer les marrons de la patte du chat.....
Je sais où gît le lièvre.....
(Scène VII.)

LÉLIE.

Nous allons voir beau jeu, si la corde ne rompt.....
(Scène X.)

A quel saint me vouerai-je?....
(Scène XII.)

ACTE IV.

MASCARILLE.

Mais que j'avois tiré mon épingle du jeu.....
(Scène I.)

LÉLIE.

Quand il m'est inutile il fait le chien couchant.....
(Scène II.)

MASCARILLE.

Puisqu'en vous il est faux que songes sont mensonges.
(Scène III.)

ANSELME.

Les plus courtes erreurs sont toujours les meilleures.
(Scène IV.)

TRUFALDIN.

. . . . Puis pour ce bon apôtre
Qui veut m'en donner d'une et m'en jouer d'une autre.
Donnons-en à ce fourbe et du long et du large.

(Scène VII.)

MASCARILLE.

..... Si vous y manquez, votre fièvre quartaine!
Dessus l'avide espoir de quelque paraguante.....

(Scène IX.)

ACTE V.

MASCARILLE.

Il nous va faire encore quelque nouveau Bissêtre.

(Scène VII.)

Le Dépit amoureux. — 1658.

ACTE I.

ÉRASTE.

Ne laisse point mon âme en une atteinte secrette

GROS-RENÉ.

Et suis homme fort rond.....
Sur quoi vous-avez pu prendre martel en tête.....
Laissons venir la fête avant que la chomer.....
J'en rirai tout mon saoul.

(Scène I.)

GROS-RENÉ.

Vous m'avez fait trotter comme un Basque.....
Refuser ce qu'on donne est bon à faire aux fous.

MARINETTE

Alors comme alors.

(Scène II.)

ÉRASTE.

Quel diable de mystère est caché là-dessous?

(Scène III.)

MASCARILLE.

Vous tirez sagement votre épingle du jeu.....

Et me laissez tirer mes chausus sans murmure.....

. . . . Ma langue en cet endroit
A fait un pas de clerc. . . . .

(Scène IV.)

GROS-RENÉ.

Nous en tenons tous deux.....

ÉRASTE.

. . . . Et que c'est une baie.

MARINETTE.

Quelle mouche le pique.....

(Scène V.)

ACTE II.

ROSINE.

Le fond de cette intrigue est pour moi lettre close.

(Scène I.)

MARINETTE.

J'y perds mon latin.

(Scène IV.)

ACTE III.

MASCARILLE.

C'est de pousser ma pointe.....

(Scène I.)

VALÈRE.

Tu voudrois bien ici m'en donner d'une.....

D'un père contre moi vient d'échauffer la bile.

(Scène VII.)

ALBERT.

Digne maître d'un semblable valet.....

Ils s'entendent tous deux comme larrons en foire.

(Scène III.)

ACTE IV.

GROS-RENÉ.

Et mettons notre amour au rang des vieux péchez.....

Soit, pourvu que toujours je branle le menton.....

Et vous ferez le sot tout seul, je vous assure.

(Scène II.)

ACTE V.

MASCARILLE.

Suis-je un Roland?.....

. . . . L'un demande du mou,
L'autre du dur.....

La tête d'une femme est comme la girouette
Au haut d'une maison, qui tourne au premier vent.

(Scène I.)

Vous voulez tenter Dieu.....

On ne meurt qu'une fois!....

Que maudit soit l'amour et les filles maudites
Qui veulent en tâter, puis font les chattemites.

(Scène IV.)

Les Précieuses ridicules. — 1659.

MADELON. Prendre le roman par la queue.....
Voici bien du haut style.....

GORGIBUS. Il n'y a qu'un mot qui serve.....

(Scène V.)

MASCARILLE. Vous allez faire pic, repic et capot, tout ce qu'il y a de galant dans Paris.....
..... Et de traiter une âme de Turc à More.

MADELON. Je ne donnerois pas un clou de tout l'esprit qu'on peut avoir.

CATHOS. Vous avez plus de peur que de mal, et votre cœur crie avant qu'on ne l'écorche.

(Scène X.)

MASCARILLE. C'est un brave à tous poils... . C'est ce qui fait que je veux pendre l'épée au croc.....

Je dis que mes libertés auront peine à sortir d'ici les braies nettes..... Mon cœur ne tient qu'à un fil.....

(Scène XII.)

DU CROISY. Vous avez l'audace d'aller sur nos brisées.

(Scène XVI.)

GORGIBUS. Il faut que je boive l'affront.

(Scène XVIII.)

Sganarelle, etc. — 1660.

GORGIBUS.

Gardez d'échauffer trop ma bile.....

(Scène I.)

SGANARELLE.

..... Voilà vraiment un beau venez-y voir.

(Scène VI.)

LE PARENT.

Mais c'est prendre la chèvre un peu bien vite aussi.....

(Scène XII.)

SGANARELLE.

Et demeure les bras croisés comme un Jocrisse.....

Si je suis affligé, ce n'est pas pour des prunes.

(Scène XVI.)

SGANARELLE.

Vous apprendrez, Marouffe, à rire à mes dépens.

(Scène XVII.)

..... Suffit, vous savez bien où le bât me fait mal.

(Scène XXI.)

..... Prendrons-nous tout ceci pour de l'argent comptant?

(Scène XXII.)

L'École des Maris. — 1661.

ACTE I.

SGANARELLE.

Enfin la chair est faible.....

..... Et qu'il est doucereux! c'est tout sucre et tout miel.

(Scène II.)

LISETTE

Mais c'est pain bénit, certes, à des gens comme vous.

(Scène III.)

ERGASTE.

Je coquette fort peu, c'est mon moindre talent.

(Scène VI.)

ACTE II.

SGANARELLE.

C'est un trésor d'honneur que j'ai dans ma maison.

(Scène I.)

..... Croyez-moi, c'est tirer votre poudre aux moineaux.

(Scène IX.)

ACTE III.

SGANARELLE.

Il en tient, le bonhomme! avec tous ses phébus.

(Scène IV.)

ARISTE.

Mon frère, doucement il faut boire la chose.

SGANARELLE.

J'aurois pour elle au feu mis la main que voilà;
Malheureux qui se fie à femme, après cela.

(Scène X.)

L'École des Femmes. — 1662.

ACTE I.

CHRISALDE.

Une femme stupide est donc votre marotte?

ARNOLPHE.

Prêchez, patrocinez jusqu'à la Pentecôte,

. . . . Chacun a sa méthode.
En femme, comme en tout, je veux suivre ma mode.

Avec une innocence à nulle autre pareille,
Si les enfants qu'on fait, se faisoient par l'oreille.

CHRISALDE.

Pour en vouloir prendre un bâti sur des chimères.
(Scène I.)

ACTE II.

ARNOLPHE.

Mais je ne suis pas homme à gober le morceau.
(Scène I.)

GEORGETTE.

Si je n'ai la berlue.

ARNOLPHE.

Si j'y retombe plus, je veux bien qu'on m'affronte.
(Scène VI.)

ACTE III.

ARNOLPHE.

Du côté de la barbe est la toute-puissance.....
Ce que je vous dis là ne sont point des chansons.

LES MAXIMES DU MARIAGE.

On ne donne rien pour rien.
(Scène II.)

ARNOLPHE.

Une femme d'esprit est un diable en intrigue,
Et dès que son caprice a prononcé tout bas
L'arrêt de notre honneur, il faut passer le pas.
(Scène III.)

ACTE IV.

ARNOLPHE.

Me la vienne enlever jusque sur la moustache.

(Scène I.)

ARNOLPHE.

..... Ce ne sont pas des prunes que cela.....

Je ne suis pas un homme à vouloir rien pour rien.....

Aïez bien l'œil à tout.....

(Scène IV.)

ALAIN.

Vous verrez, quand je bas, si j'y vais de main morte.

(Scène IX.)

ACTE V.

ARNOLPHE.

Il faut qu'on vous ait mise à quelque bonne école...

Petit serpent que j'ai réchauffé dans mon sein.

AGNÈS.

Est-ce que j'en puis mais.

ARNOLPHE.

Et me mettez à bout.

(Scène IV.)

Un bonheur continu rendroit l'homme superbe,
Et chacun à son tour, comme dit le proverbe.

(Scène VIII.)

La Critique de l'École des Femmes.

CLIMÈNE. Mais ce le où elle s'arrête n'est pas mis là pour des prunes.

(Scène III.)

DORANTE. La caution n'est pas bourgeoise.

(Scène VI.)

CLIMÈNE. Tout cela ne fait que blanchir.

(Scène VII.)

L'Impromptu de Versailles. — 1663.

REMERCÎMENT AU ROI.

Mais il vaut mieux tard que jamais.

Don Juan ou le Festin de Pierre.

Comédie en cinq actes. — 1665.

ACTE I.

SGANARELLE. ..... Vous parlez tout comme un livre.

(Scène II.)

ACTE II.

PIERROT. T'as été au trépassement d'un chat, t'as la vue trouble.....

Il en avoit pour sa maine (sa mine) de fèves.....

Il faut, comme dit l'autre, que je débonde mon cœur...

Et tout ça comme si je me frappois la tête contre un mur.....

Oui, tu m'aimes d'une belle dégaine.....

T'es toujours là comme une vraie souche de bois.....

(Scène I.)

DON JUAN. Je vous aime, Charlotte, en tout bien tout honneur.

(Scène II.)

MATHURINE. ..... Ca n'est pas biau de courir sur le marché des autres.

CHARLOTTE. ..... Je veux que Monsieu vous montre votre bec jaune.

MATHURINE. Je veux que Monsieu vous rende un peu camuse.

(Scène V.)

ACTE III.

SGANARELLE. ..... Le moine bourru, qu'en croyez-vous?

(Scène I.)

ACTE V.

SGANARELLE. Sachez, Monsieur, que tant va la cruche à l'eau qu'enfin elle se brise..... L'homme est, en ce monde, ainsi que l'oiseau sur la branche..... Les bons préceptes valent mieux que les belles paroles..... La nécessité n'a point de loi.....

(Scène II.)

L'Amour médecin.

Comédie-Ballet. — 1665.

ACTE I.

SGANARELLE. Qui terre a guerre a..... Un malheur ne vient a mais sans l'autre.

Vous êtes orfévre, Monsieur Josse.

(Scène I.)

LISETTE. On dit bien vrai qu'il n'y a point de pire sourds que ceux qui ne veulent point entendre.

(Scène IV.)

ACTE II.

M. DESFONANDRÈS. C'est fort bien d'apprendre aux gens à vivre et de leur montrer leur bec jaune.

(Scène III.)

..... Et je vous prêterai le collet en tout genre d'érudition.

M. BAHIS. Ce ne sont pas ici jeux d'enfant.

(Scène IV.)

ACTE III.

M. FILERIN. Qu'il vente, qu'il pleuve, qu'il grêle, ceux qui sont morts sont morts.

(Scène I.)

LISETTE. Ma foi, Monsieur, la bécasse est bridée, etc.....

(Scène IX.)

Le Misanthrope. — 1666.

ACTE I.

ALCESTE.

.... Rayez cela de vos papiers.

PHILINTE.

Il faut bien le payer de la même monnoie.

ALCESTE.

Est de rompre en visière à tout le genre humain.....
Franchement il est bon à mettre au cabinet.

(Scène I.)

ACTE II.

ALCESTE.

Et c'est pour mes péchés que je vous aime ainsi!

(Scène I.)

CÉLIMÈNE.

.... Et l'on bâille vingt fois
Qu'elle grouille aussi peu qu'une pièce de bois!

(Scène V.)

ACTE IV.

DUBOIS.

.... Il faut d'ici déloger sans trompette.

(Scène IV.)

ACTE V.

ALCESTE.

Tirons-nous de ce bois et de ce coupe-gorge.

CÉLIMÈNE.

Sans qu'on nous fasse aller jusqu'à rompre en visière.

(Scène II.)

ORONTE.

.... Il faut parler et lâcher la balance.

(Scène III.)

Lettre de Célimène. — C'est un de ces mérites qui n'ont que la cape et l'épée.

(Scène V.)

Le Médecin malgré lui. — 1666.

ACTE I.

SGANARELLE. Qu'Aristote a bien raison quand il dit qu'une femme est pire qu'un démon.

(Scène I.)

SGANARELLE. Apprenez que Cicéron dit qu'entre l'arbre et le doigt il ne faut point mettre l'écorce.

(Scène II.)

LUCAS. S'il ne tient qu'à battre la vache est à nous.

(Scène V.)

SGANARELLE. Il y a fagots et fagots.

(Scène VI.)

ACTE II.

LUCAS. Il faut tirer l'échelle après celui-là.

(Scène I.)

JACQUELINE. Contentement passe richesse.

(Scène III.)

ACTE III.

SGANARELLE. Ils m'ont fait médecin malgré mes dents.

Un cordonnier en faisant des souliers ne sauroit gâter un morceau de cuir qu'il n'en paye les pots cassés.

(Scène I.)

THIBAUT. Mais tout cela n'a été que de l'onguent miton mitaine.

(Scène II.)

JACQUELINE. Là où la chèvre est liée il faut bien qu'elle y broute.

(Scène III.)

Le Sicilien. — 1667.

HALI. Il fait noir comme dans un four.....

(Scène II.)

Le Tartuffe ou l'Imposteur. — 1664.

ACTE I.

MADAME PERNELLE.

On n'y respecte rien, chacun y parle haut,
Et c'est tout justement la cour du roi Petaud.

Mais il n'est, comme on dit, pire eau que l'eau qui dort,
Et vous menez sous chape un train que je hais fort.

C'est véritablement la tour de Babylone
Car chacun y babille, et tout du long de l'aune.

(Scène I.)

ACTE II.

DORINE.

N'est pas un homme, non, qui se mouche du pié.

(Scène III.)

ACTE IV.

TARTUFFE.

C'est un homme, entre nous, à mener par le nez.

(Scène V.)

ACTE V.

MADAME PERNELLE.

La vertu dans le monde est toujours poursuivie,
Les envieux meurent, mais non jamais l'envie.

(Scène III.)

ORGON.

L'homme est, je vous l'avoue, un méchant animal.

(Scène VI.)

Amphitryon.

Comédie en trois actes. — 1668.

ACTE I.

SOSIE.

Me joue ici d'un vilain tour.....
Les ennemis, pensant nous tailler des croupières.....

(Scène I.)

MERCURE.

Comme avec irrévérence
Parle des dieux ce marot!

SOSIE.

Cet homme assurément n'aime pas la musique.

(Scène II.)

ACTE II.

SOSIE.

Mais je ne t'en fais pas le fin.

CLÉANTHIS.

Mais à tous mes discours tu fus comme une souche.

(Scène III.)

ACTE III.

SOSIE.

Le véritable Amphitryon
Est l'Amphitryon où l'on dîne.

(Scène V.)

SOSIE.

Le seigneur Jupiter sait dorer la pilule.

(Scène XI.)

George Dandin ou le Mari confondu. — 1668.

ACTE I.

LUBIN. ..... Et il aura un pied de nez avec sa jalousie...

Adieu; bouche cousue au moins.....

Je suis un fin matois.....

(Scène II.)

M. DE SOTENVILLE. Et je suis homme pour serrer le bouton à qui que ce puisse être.

Il n'est pas question d'aller faire ici un pas de clerc.....

Vous verrez de quel bois nous nous chauffons.

(Scène IV.)

GEORGE DANDIN. Je dis que ce sont là des contes à dormir debout.....

Vous pourriez bien porter la folle enchère de tous les autres.

(Scène VI.)

..... Vous l'avez voulu, George Dandin.

(Scène IX.)

ACTE II.

LUBIN. Il ne faut pas tant de beurre pour faire un quarteron.

(Scène I.)

..... Elle a de l'esprit comme quatre.

(Scène VI.)

Et je vous laisse sur la bonne bouche.....

Vous avez envie de me tirer les vers du nez.

(Scène VII.)

GEORGE DANDIN. Marchand qui perd ne peut rire.

(Scène IX.)

L'Avare.

Comédie. — 1668.

ACTE I.

LA FLÈCHE. Qui se sent morveux qu'il se mouche.

(Scène III.)

HARPAGON. C'est une occasion qu'il faut prendre vite aux cheveux.

(Scène VIII.)

Voilà de mes damoiseaux flouets qui n'ont non plus de courage que des poules.

(Scène VI.)

VALÈRE. Il est bon de lui tenir un peu la bride haute.

(Scène X.)

ACTE II.

LA FLÈCHE. Il faut essuyer d'étranges choses lorsqu'on est réduit comme vous à passer par les mains des fesse-mathieu.

(Scène I.)

CLÉANTE. Il me tient, le scélérat, le poignard sur la gorge.

LA FLÈCHE.. Mangeant son bled en herbe.

.... Je sais tirer adroitement mon épingle du jeu.

(Scène II.)

ACTE III.

HARPAGON. ..... Voilà leur épée de chevet, de l'argent!

VALÈRE. Il faut manger pour vivre, et non pas vivre pour manger.

MAÎTRE JACQUES. ..... Et que l'on n'est point plus ravi de vous tenir au cul qu'aux chausses.

(Scène V.)

HARPAGON. Mais mauvaise herbe croît toujours.

(Scène X.)

FROSINE. La plupart sont gueux comme des rats.

HARPAGON. A sot compliment il faut une réponse de même.

(Scène XI.)

ACTE IV.

FROSINE. ..... Quand je vois des gens qui s'entr'aiment en tout bien et en tout honneur.

(Scène I.)

Monsieur de Pourceaugnac.

Comédie-ballet. — 1669.

ACTE I.

NÉRINE. Et qui vient par le coche vous enlever à notre barbe.

J'y brûlerai mes livres, ou je romprai ce mariage.

(Scène III.)

SBRIGANI. Et qu'il est homme enfin à donner dans tous les panneaux qu'on lui présentera.

(Scène IV.)

M. DE POURCEAUGNAC. Ce pays-ci est un peu sujet à caution.

(Scène VII.)

L'APOTHICAIRE. Et ne va pas chercher midi à quatorze heures.

A quoi bon barguigner et tant tourner autour du pot?

(Scène VII.)

PREMIER MÉDECIN. Vous, dis-je, qui avez blanchi sous le harnais.

(Scène XI.)

ACTE II.

SBRIGANI. Tous deux également sont propres à gober les hameçons qu'on leur veut tendre.

(Scène III.)

M. DE POURCEAUGNAC. Je ne veux point mettre sur ma tête un chapeau comme celui-là.

(Scène V.)

Vous êtes-vous mis dans la tête que Léonard de Pourceaugnac soit un homme à acheter chat en poche?

(Scène VII.)

Les Amants magnifiques.

Comédie-ballet. — 1670.

ACTE I.

CLITIDAS. Il n'y a en amour que les honteux qui perdent.

(Scène I.)

Le Bourgeois gentilhomme.

Comédie-ballet. — 1670.

ACTE I.

LE MAITRE A DANSER. Ne dit-on pas toujours : Un tel a fait un mauvais pas dans telle affaire.

(Scène II.)

ACTE II.

LE MAITRE DE PHILOSOPHIE. Sans la science la vie est presque une image de la mort.

(Scène VI.)

ACTE III.

MADAME JOURDAIN. On diroit qu'il est céans careme prenant tous les jours.

NICOLE. Qu'il a pris aujourd'ui, *pour renfort de potage,* un maître à danser.

Cela vous rendroit la jambe bien mieux faite.

(Scène III.)

MADAME JOURDAIN. Il le gratte par où il se démange.

Cet homme-là fait de vous une vache à lait.

(Scène IV.)

J'ai la tête plus grosse que le poing et si elle n'est pas enflée.

(Scène V.)

NICOLE. Mais je crois qu'il y a quelque anguille sous roche.

(Scène VII.)

Ouais! quelle mouche les a piqués tous deux?

(Scène VIII.)

Notre accueil de ce matin t'a fait prendre la chèvre.

COVIELLE. On a deviné l'enclouure.

Ne m'en donnes-tu point à garder?

(Scène X.)

MADAME JOURDAIN. Est-ce que nous sommes, nous autres, de la côte de Saint-Louis?

(Scène XII.)

ACTE V.

MADAME JOURDAIN. ..... Voici justement le reste de nos écus.

(Scène I.)

COVIELLE. Si l'on en peut voir un plus fou, je l'irai dire à Rome.

(Scène VII.)

Les Fourberies de Scapin.

Comédie en trois actes. — 1671.

ACTE I.

SCAPIN. Que diable! te voilà grand comme père et mère...

Tu les aurois joués tous deux par dessous la jambe.....

(Scène II.)

ARGANTE. Prétendront-ils m'amuser par des contes en l'air.....

SCAPIN. Ils ne m'en donneront point à garder.

Ne jurons de rien.

Il n'a pas tant de tort de s'aller marier de but en blanc avec une inconnue.

(Scène VI.)

ACTE II.

ARGANTE. ..... Ceux qui veulent gloser doivent bien regarder chez eux s'il n'y a rien qui cloche.

(Scène I.)

Cinq ou six cents fièvres quartaines qui le puissent serrer!

SCAPIN. Oh! d'abord des choses par-dessus les maisons.

..... Qui ne soit capable de donner un soufflet au meilleur droit du monde.

Votre procureur..... vous vendra à beaux deniers comptants.

On dira des raisons qui n'en feront que battre la campagne.

(Scène VIII.)

GÉRONTE. Que diable! alloit-il faire dans cette galère!

Croit-il, le traître, que mille cinq cents livres se trouvent dans le pas d'un cheval?

(Scène XI.)

ACTE III.

SCAPIN. Il ne prétend à vous qu'en tout bien et en tout honneur.

(Scène I.)

SILVESTRE. Si Scapin vous fourbe, je m'en lave les mains.

ARGANTE. Et je ne prétends pas qu'on me fasse passer la plume par le bec.

(Scène VI.)

SILVESTRE. Les fils se pourroient bien raccommoder avec le père, et toi demeurer dans la nasse.

(Scène IX.)

ARGANTE. Quel diable d'étourdi qui suit toujours sa pointe.

(Scène XI.)

La comtesse d'Escarbagnas.

Comédie. — 1671.

JULIE. Et sa sottise tous les jours ne fait que croître et embellir.

(Scène I.)

Lettre de M. Thibaudin. La dureté de votre ame qui, par ses continuels dédains, ne me promet pas poires molles.

Puisque je vous présente des poires de bon-chrétien pour des poires d'angoisse que vos cruautés me font avaler tous les jours.

(Scène XV.)

M. THIBAUDIN. Bon droit a besoin d'aide.

(Scène XVI.)

...... On ne peut pas aimer le tronc qu'on n'aime aussi les branches.

(Scène XIX.)

M. HARPIN. Vous faites bien de pousser votre pointe.

Je ne suis point d'humeur à payer les violons pour faire danser les autres.

M. THIBAUDIN. Je vous ferai voir que je suis au poil et à la plume.

(Scène XXI.)

Les Femmes savantes.

Comédie en cinq actes. — 1672.

ACTE II.

MARTINE.

Qui veut noyer son chien l'accuse de la rage,
Et service d'autrui n'est pas un héritage.

(Scène v.)

CHRYSALE.

Guenille si l'on veut, ma guenille m'est chère.

(Scène VII.)

ARISTE.

Et vous faites mener en bête par le nez.

CHRYSALE.

Et je m'en vais être homme à la barbe des gens.

(Scène IX.)

ACTE III.

BELISE.

Il est vrai qu'il dit plus de choses qu'il n'est gros.

(Scène II.)

ACTE V.

MARTINE.

..... Mon congé cent fois me fut-il hoc,
La poule ne doit point chanter devant le coq.

Et nous voyons que d'un homme on se gausse
Quand sa femme chez lui porte le haut de chausse.

Je ne l'aimerois point s'il faisoit le jocrisse.....

Qui ne sache A ni B, n'en déplaise à madame.

(Scène III.)

Le Malade imaginaire.

Comédie en trois actes. — 1673.

ACTE I.

TOINETTE. Quitte à quitte, si vous voulez.

Chacun le sien, ce n'est pas trop.

Ils ont en vous une bonne vache à lait.

(Scène II.)

Ces choses-là parfois sont un peu sujettes à caution.

(Scène IV.)

ACTE II.

DIAFOIRUS. Les arbres tardifs sont ceux qui portent les meilleurs fruits. On grave sur le marbre bien plus mal aisément que sur le sable...

Enfin, à force de battre le fer... Il est fort comme un Turc...

Touchant la circulation du sang et autres opinions de même farine.

(Scène VI.)

ACTE III.

ARGAN. Voilà tout d'abord la pauvre femme en jeu.

C'est que vous avez, mon frère, une dent de lait contre lui.

(Scène III.)

M. PURGON. Et je ne voulois plus qu'une douzaine de médecines pour vider le fonds du sac.

(Scène VII.)

TOINETTE. Mais il me ressemble comme deux gouttes d'eau.

(Scène X.)

Il faut donc que les oreilles m'aient corné.

(Scène XIV.)

BERALDE. Puisqu'il faut parler à cœur ouvert.

TOINETTE. Souffrez que je lui montre son bec jaune.

TROISIÈME INTERMÈDE.

Facit *à gogo* vivere
Tant de gens omni genere.
Quæ sicut omnes maladiæ terminatæ en ique.
Facit à Galien la nique.

(Scène XVII.)

PROVERBES CITÉS DANS LES COMÉDIES DE REGNARD.

(Édition in-18. 1851. Chez Firmin Didot.)

Le Bal.

J'attends même encore un mien parent gascon
A qui j'ai fait le bec.....

(Scène IV.)

Une fille toujours a quelque fer qui loche.
— Oh! cousin, n'allez pas acheter chat en poche.

(Scène VII.)

L'on y taille en plein drap.....
. . . . Qui ne dit mot consent.....
Lui, par exemple, il a plus d'esprit qu'il n'est gros.

(Scène VIII.)

Valère n'est pas homme à quitter la partie.....

(Scène IX.)

Et le feu, comme on dit, ne va point sans fumée.

(Scène XV.)

Le Joueur.

Vous n'avez qu'à parler, c'est un homme tondu.....

(Acte I, scène VII.)

Il faudrait vous loger aux Petites-Maisons.....

Sortiras-tu d'ici, vrai gibier de potence!....

(Scène X.

.... Je ne sais point prendre en main des trompettes.....

(Acte II, scène IV.)

Ma sœur, tout doucement avalez la pilule....

Vous avez moins de cœur qu'une poule mouillée.....

(Scène XI.)

Oh! le vin est tiré, Monsieur, il faut le boire....

(Acte III, scène XI.)

Et Monsieur prend la chevre.....

(Scène XII.)

Tant va la cruche à l'eau.....

(Scène XIII.)

Et quiconque a joué, toujours joue et jouera.....

(Acte IV, scène I.)

A Valère de près j'ai serré le bouton.....

(Scène VIII.)

Coupez, rognez, taillez, je m'en lavé les mains.....

(Acte V, scène VI.)

.... Nous voilà bien achevés de peindre!

(Scène VII.)

Le Distrait.

Mais c'est une eau qui dort dont il faut se garder.....

(Acte I, scène IV.)

Et vous prendrez plutôt la lune avec les dents.....

(Scène VI.)

Mais à bon chat bon rat.....

(Scène VIII.)

Vous avez fort bien fait de lui river son clou.....

(Acte IV, scène VII.)

.... On hurle avec les loups.

(Scène IX.)

Les Folies amoureuses.

. . . . Il faut adroitement
Lui dorer la pilule.....

Le cas est trop vilain, je m'en lave les mains.....

(Acte I, scène III.)

Vous savez que l'habit ne fait pas la science.....

(Scène V.)

Je fais rubis sur l'ongle.....

(Acte III, scène IV.)

Un savant philosophe a dit élégamment :
Dans tout ce que tu fais hâte-toi lentement.....

Hippocrate dit oui, mais Galien dit non.

(Scène VII.)

Les Menechmes.

Et qu'il avale la pilule
Ainsi que Vulcain l'avala....

(*Prologue*, scène I.)

Que tu fais le docteur et que tu n'es qu'un sot.....

Que deux gouttes de lait ne sont pas plus semblables.....

(Acte I, scène II.)

Hélas! on n'est jamais trahi que par ses proches.....

(Scène VI.)

Peut à d'autres oiseaux tendre ses trébuchets.....

(Acte II, scène III.)

Le poisson de lui-même entre dans notre nasse.....

(Acte III, scène XIII.)

Le pauvre diable en a, par ma foi, tout son saoul.

(Acte IV, scène VII.)

Le Légataire universel.

Comment diable! Crispin, tu plaides comme un ange.....

(Acte I, scène II.)

Nous sommes but à but.....

(Acte II, scène X.)

Tout vieillard qui prend fille alerte et trop fringante
De son propre couteau sur ses jours il attente.

(Scène XI.)

C'étoit à soixante ans nous mettre à l'A B C.....

Je suis quand je m'y mets plus têtu qu'une mule.....

(Scène XII.)

Je sais que pour un sou, d'une ardeur héroïque,
Vous vous feriez fesser sur la place publique.

(Acte III, scène II.)

C'est fort bien fait : il faut apprendre à vivre aux gens.....

(Scène IV.)

Le fripon m'a joué d'un tour de son métier.

(Acte IV, scène VI.)

BIBLIOGRAPHIE DES PROVERBES.

PREMIÈRE PARTIE.

MANUSCRITS DE LA BIBLIOTHÈQUE IMPÉRIALE.

N° Mouchet, 4.

Proverbes de Seneke le philosophe.

Copie de quelques proverbes extraits des Œuvres de Sénèque en français, d'après le manuscrit n° N.-D. 274bis.

N° Blancs-Manteaux, 59.

Sentences et Maximes en français.

Recueil de proverbes français et italiens, par ordre alphabétique ; écriture du XVIIe siècle.

N° Suppl. franç., 201.

Proverbes françois par ordre alphabétique, en vers, 1 volume petit in-fol. sur vélin, orné de quatre miniatures, XVe siècle.

Voici le titre de ce recueil qui se trouve sur le premier feuillet, au bas d'une miniature représentant l'auteur des ouvrages qu'il contient : *Intitulation de ce Traité appellé Moralitez.* — « Cy sont aucuns bons motz de plusieurs » philosophes et grans clercs. Et les nomme-on Moralitez » qui ont esté reduittes de langaige corrompu en clerc » françois, par le commandement et ordonnances de très » haut et très puissant, et mon très redoubté seigneur » Phelippe, par la grace de Dieu, duc de Bourgongne, etc. » Et transcriptes à Lille en Flandres, l'an de l'incarnacion » Nostre Seigneur Jhesu Crist *mil quatre cens cinquante » et six*, en la maniere qui s'ensuit. »

Ce volume contient : 1° un Traité de morale extrait des *anciens philosophes*, c'est-à-dire des ouvrages de Cicéron, d'Horace, de Virgile, de Sénèque. Il se termine au fol. 43 r°; 2° un Traité ascétique sur la Passion. Il finit au fol. 65 r°, sur lequel on lit ces mots :

« Cy fine ung petit Traité contenant aucunes très » dévotes contemplations sur les .VII. heures de la Passion » de Nostre Seigneur Jhesu-Crist; lequel Traitié a esté » translaté de latin en françois, par *Jo. Mielot,* natif du » diocèse de Treves. » Mielot, qui se nomme ici comme l'auteur de ce recueil, était chanoine de Lille en Flandre, comme le prouve la suscription de l'ouvrage qui termine ce recueil.

Fol. 65 v° : *Cy après s'ensievent plusieurs proverbes en françois, et procedent selon l'ordre de l'a, b, c.* Ces proverbes très-curieux sont ceux que l'on trouve cités dans mon travail, sous le titre de *Proverbes de Jehan Mielot.*

Fol. 75 r°. Un petit traité sur la science de bien mourir, qui se termine par ces mots : « Cy fine le Traittié de » la science de bien mourir, translaté de latin en cler » françois par Jo. Mielot, chanoine de Lille en Flandres. » Et fu achevé l'an mil quatre cens cinquante sis. »

Fol. 114 v°. « Cy après s'ensievent une brieve doctrine donnée par saint Bernard, etc.

N° Notre-Dame, 204.

Règles et proverbes.

Recueil de différentes pièces écrites au XVIe siècle. On trouve sur huit feuillets quelques proverbes.

N° Notre-Dame, 274*bis.*

1 vol. petit in-4° sur vélin, écrit à deux colonnes, fin du XIIIe siècle, contenant différentes pièces de poésie.

Fol. 1 r° : les Proverbes de Salomon et de Marcoul, avec ce titre :

Cy commènce de Salomon
Et du Marcol son compaignon,
Si orrez la desputoison
Qu'entreux font, par quel occoison.

Cette rédaction est la plus libre des Proverbes de Salomon; elle a été imprimée t. II, p. 416, du *Nouveau recueil de Fabliaux et Contes inédits des poëtes français, etc.*, par MÉON. Paris, 1823, in-8°.

Fol. 6 r°. *Des Proverbes Seneke le philosophe.*

J'ai cité dans les *Recherches historiques* (t. I, p. XVIII), le prologue de ces proverbes. Ce sont plutôt des sentences extraites des œuvres de Sénèque que des proverbes. Voici les deux premières et les deux dernières sentences :

« Norriture et castoiemens font les coustumes as gens, » kar por ce scet chascuns ce qu'il a apris. »

« Mors despourvue avient souvent à ciax qui cuident » longuement vivre. Pour ce se doit-on ordonner tous les » jors qui viennent aussi comme le desrain. »

« La parole fait à proisier por sa bonté, non pas por » celui qui la dit..... »

« Grans destorbiers est de croire volentiers les mesdisans. »

« Garde-toi d'emprendre fol hardement, par coi tu » n'enchiees en mauvaise couardie. »

« Nous devons tous dis quidier ke on nos esgarde, si » en douterons plus le mal à faire. »

« Ki veut avoir los et prouesse si ait courtoisie et ne » sive perece. »

« Ne t'esmaie si un sos t'aprent; bon est li sens où » c'on le preingne. »

Fol. 10 r°. Cy comancent *Proverbes ruraux et vulgaux.*

C'est une collection d'environ cinq cents proverbes communs, la plupart encore en usage aujourd'hui, et que j'ai tous cités dans mon travail; j'en ai aussi parlé dans mes *Recherches historiques*, etc. Voyez t. I, p. XXVIII. Ils commencent :

Qui le bien voit et le mal prent
Il se folie à esciant.

Ils finissent :

On lie bien son sac ains qu'il soit plain.

N° St.-Vict. 554.

Proverbes des Sages, en vers.

Manuscrit sur papier du XVe siècle, contenant divers traités de morale et de religion. Au fol. 74 r° on trouve les *Proverbes des Sages.* Ils commencent ainsi :

N'est pas sires de son païs
Qui de ses hommes est haïs.

Cette pièce fort courte n'a qu'un feuillet.

N° St.-Vict. 561.

Proverbes des Sages, en vers.

Un volume petit-in-4°, sur papier du xv° siècle, formant un recueil de traités sur différentes matières en latin. Au fol. 123 r° commence une traduction d'un livre de Jean de Garlande. Elle a pour titre *Facet.* C'est un recueil de proverbes en quatrains qu'on retrouve dans d'autres manuscrits.

Le traducteur débute ainsi :

Qui de translater s'entremet,
Se il la matiere n'y met
Ensamble toute la substance,
Chacun doit savoir au fait en ce ;
Non pourtant si ne doit on mye
Si forment mettre s'estudie
A dire mot à mot la lettre,
Ains y doibt oster et mettre,
Et translater et transposer,
Et de jolis mots ajouster,
Pour plaire melx à l'escouter,
Et pour la chose melx entendre
A ceulx qui la veulent aprendre.
Pour ce vous ay ce devant dit
Que un livre à faire entendit
En latin *Jehan de Guellande,*
De qui l'ame à Dieu recommande.
Vous veuil en françois revister
Que autrement ne puet pourffiter
A ceulx qui latin pas n'entendent.

Au fol. 131 v°, on lit : « *Explicit Facet en françois.* » Ci commencent les *Proverbes des Sages.*

Cette version des *Proverbes des Sages* est plus complète que celle du n° St.-Vict. 554. Elle a six feuillets. Voici à quel auteur chaque quatrain est rapporté : Chaton, Juvenaux, Ypocras, Doctrinal, Exode, Tulles, Macer, Isilles? Virgilles, Lucanz, Sénèques, Boëce, Salmon, Thobie, Ovide, Marcon, Issidore, Jules, Battaux? Platon.

N° Latin, 603.

Anciens Proverbes en françois.

1 vol. petit in-4° sur papier, écriture du xve siècle. Il contient quelques proverbes français qui ne remplissent qu'un seul feuillet.

N° St.-Vict. 612.

Sentences et Proverbes.

1 vol. petit in-4° sur papier, composé de différents traités de morale et de religion. Fol. 137 r°, on trouve quelques proverbes et sentences en français, xve siècle.

N° St-Vict. 647.

Proverbes des Philosophes, en vers.

1 vol. petit in-4° sur vélin, écriture du xive siècle. C'est un recueil de différents ouvrages d'astronomie et d'astrologie judiciaire. Au fol. 43 r° recommencent les *Proverbes as Philosophes* divisés par quatrains.

Voici les noms de ceux auxquels chaque quatrain est attribué : Caton, Salemons, Virgiles, Tulles, Platon, Seneque, Boece, Ovides, Oraces, Mercons, Aristote, Isodore, Thobies, Ypocras, Julles, Doctrinal, Macer, Exodes, Lucans, Juvenaus, Silo? C'est d'après ce manuscrit que j'ai cité les *Proverbes aux Philosophes.*

N° St-Germ., 658.

Les Proverbes au Villain, en vers.

1 vol. petit in-folio, contenant 1° une Chronique universelle en prose ; 2° un Recueil des moralités des Philosophes en vers ; 3° Un livre des Vices et des Vertus en prose ; 4° Une Chronologie des Rois de France, et d'autres petits traités sur le même sujet ; 5° fol. CCLXXV r° *les Proverbes au Villain*, en vers.

Ils commencent ainsi :

Frans cuers vostre menaie
A tous tant que je l'aie
Ne n'ai soin de l'autrui,
Ains mepreim et reprein
Et si doint et si criem
Que je ne vous anui.
Qui bien atent ne soratent.

Ils se terminent ainsi :

Uns homs toute sa vie
S'entremet de clergie,
Ne pris ne s'en vient mestrie,
E mult s'en fait delivres
Qu'il ne sauroit escriro.
Ne sont pas tuit chevalier
Qui à cheval montent,
Ce dist li villains.

N° St-Vict., 726.

Quelques Proverbes françois.

1 vol. in-4° sur vélin, écriture du XIIIe siècle, contenant des commentaires en latin sur les différentes parties de l'Écriture. Ce manuscrit a 279 feuillets; au verso du feuillet 278 commencent quelques proverbes latins et français écrits sur deux colonnes.

Voici le commencement :

Ala covint le roy chascun est pour soy.

N° St-Vict., 886.

Proverbes françois, en vers. (Les mêmes, en prose, n° Mouchet 4.)

1 vol. grand in-4° sur vélin, écrit à deux colonnes, XIVe siècle.

Ce volume contient un certain nombre de traités de morale et de religion; il a dû servir de modèle à plusieurs autres manuscrits du XVe siècle indiqués ici. Les proverbes qui sont à la fin complètent une série d'instructions dont la matière est empruntée à divers ouvrages. Comme il m'a paru un des plus complets en ce genre, je donne ici la table qui se trouve au premier feuillet :

Les Lamentations saint Bernart. Fol. I.

Les Méditations saint Bernart. Fol. XII.

Les Contemplacions saint' Augustins. Fol. XXXVI.

Le livre saint Augustin, des seulz parlers de l'âme à Dieu.

Comment on doit Dieu amer.

La Voye par quoy nous devons aler en Paradis.

L'ordonance du char Hyele, etc., etc.

Les Enseignements que li bons roys Saint Loys fist et escript de sa main, et les envoya de Cartage où il estoit au roy Phelippe. Fol. CCXIII.

D'autres enseignements du même roy à la royne de Navarre sa fille. Fol. CCXIIII.

La fin du bon roy Saint Loys que il ot à sa mort, que l'évesque de Thunes envoya à Thibaut roy de Navarre. Fol. CCXVI.

Grant plenté de bons Proverbes et véritables qui ne sont pas en rimes ains sont en prose, que Sénèque les philosophes fist. Fol. CCXVII.

Les Diz et Proverbes des Saiges. Fol. CCXIX.

Les Diz des Philosophes de Alixandre quant il fut mort. Fol. CCXXII.

Le livre qui est appellé : Je vois morir. Fol. CCXXII.

N° Gaignières, 1014 5 6 7.

Recueil de Proverbes français historiques ou moraux, en 3 vol. in-4°.

Ce recueil contient : 1° l'extrait, et plus souvent la copie entière, de quelques recueils de proverbes du XIIIe siècle et du XIVe siècle, des *Mimes* de Baïf, du *Trésor des Sentences* de Gabriel Meurier, etc. ; 2° un grand nombre de proverbes recueillis dans les auteurs français, principalement dans ceux du XVIe siècle, Rabelais, Brantôme et plusieurs autres; 3° un grand nombre de proverbes historiques avec leurs explications, empruntées soit à Fleury de Bellingen, soit à d'autres écrivains. Ce recueil, dans lequel on n'a suivi aucun ordre, et qui n'a pas été achevé, n'en contient pas moins des documents de tout genre qui m'ont été d'un grand secours ; on le trouvera souvent cité dans le cours de mon travail sous le titre de *Manuscrits de Gaignières.*

N° St-Germ., 1239.

Recueil de pièces, en vers.

1 vol. in-fol., vélin. Écriture de la fin du XIIIe siècle, à trois colonnes.

Fol. 73 v°, *Proverbes au Vilain.* Rédaction un peu différente de celle que je publie, et très-libre.

Fol. 114, *Proverbes au Vilain.* Rédaction semblable à celle que M. Crapelet a imprimée, p. 68 des *Proverbes et Dictons populaires*, etc.

Fol. 117, *Proverbes de Marcoul et de Salomon.*

N° Suppl. Franç., 1316.

Proverbes d'Alain de Lille, traduits en vers français, par OUVRIER THOMAS.

Cette traduction du livre d'Alain de Lille doit être la première. Elle se trouve à la fin d'un volume in-4°, sur papier, qui contient divers traités de morale soit en vers, soit en prose, et qui remonte aux premières années du xve siècle.

Elle se termine par ces vers :

Gracez à Dieu cy la doctrine,
Des proverbes Alain define
De latin en franchois rimée.

. . . .

Par usanche prent brief congié
Ouvrier Thomas quant as forgié;
Vous qui ces proverbes lirés
Pour luy, s'il vous plest, prierés.

Cette traduction est suivie d'un autre recueil de proverbes de la même époque, écrit de la même main. Il commence ainsi :

Cum nichil utilius, etc.
Mieux vault assembler .I. tresor
De bonnes meurs que de fin or.

Sur le neuvième fol. v° on lit les trois derniers quatrains de ce traité et ces mots :

Explicit le Traictié Facet.

Sur les quatorze derniers feuillets de ce volume il y a un troisième recueil de proverbes, aussi en quatrains :

Chieux qui voelt faitis devenir,
Vie honneste et mœurs maintenir,
Bien me regarde, lise et note,
Et pense d'entendre ma note.

N° St-Germ., 1357.

Plusieurs Dits et Proverbes, en vers.

1 vol. in-4°, sur vélin, contenant un grand nombre de pièces relatives aux finances et à l'organisation du royaume. Au fol. 7 r°, côté *feuillet premier*, commence un petit traité comprenant trois feuillets dans lequel on remarque beaucoup de proverbes. En voici quelques-uns, fol. 2 v° :

A coup de langue escu d'oreille.
Au matin engoule le feu
Et au soir chauffe le lieu,
Et tu vivras à Dieu le veu.

N° St-Germ., 1830.

Proverbes au Vilain.

1 vol. in-fol. vélin, écriture du XIIIe siècle, à trois colonnes. Recueil de différentes pièces de poésies. On y

trouve : 1° fol. 71 r°, col. 2, le *Dit de l'Apostoile*, publié par M. Crapelet; 2° les *Proverbes au Vilain* que fist le comte de Bretagne, fol. 114 r°, col. 2; 3° les *Proverbes de Marcoul et de Salemon*, fol. 116 r°, col. 1. Ces deux ouvrages ont été aussi publiés par M. Crapelet, d'après ce manuscrit, dans son volume de *Proverbes et Dictons populaires*, etc. Paris, 1831, in-8°.

N° Suppl. Franç., 1941. t.

Proverbes de Marcou et de Salemon, que le comte de Bretagne fist.

Les Proverbes du Vilain.

Recueil de différentes poésies manuscrites copiées au XVIIIe siècle. 1 petit vol. in-8° sur papier.

N° B. Latin, 4641.

Plusieurs Proverbes des Philosophes, qui sont moult profitables à oïr et à retenir, en vers.

1 vol. petit in-fol. sur papier, écriture du XVe siècle. C'est un recueil de pièces historiques en prose et en vers. (Voyez le Catalogue des Manuscrits latins de la Bibliothèque royale, t. III, page 618.)

Fol. 139 r°, les *Proverbes des Philosophes*. F. 152 v°, *s'ensuit les Demandes de Salomon et les Responses de Marcoul.*

N° 7218.

Les Proverbes au Villain, en vers.

Recueil d'anciens poëmes et de fabliaux en vers français, dont le plus grand nombre a été publié. On y trouve : le *Dit de l'Apostoile*, fol. 225 v°, col. 2; 2° les *Proverbes au Villain.*

N° 7618[2].

Anthologie ou Conférence des Proverbes françois, italiens, espagnols, etc.

1 vol. pet. in-fol. sur papier, écriture du XVIIe siècle. C'est un recueil de nos anciens proverbes français, auxquels sont ajoutées quelques explications, et assez souvent les proverbes italiens ou espagnols analogues.

On trouve aussi dans ce recueil différents proverbes relatifs au droit français, avec des commentaires curieux. Je les ai recueillis et publiés.

Voici le titre exact de ce volume tel qu'il est rapporté au fol. 13 r° : *Anthologie et conférences des Proverbes françois, italiens, espagnols, Brocards et formules du droit françois, Métaphores et Comparaisons proverbiales, avec briefves Annotations d'exemples, Adages, Apophthegmes, et autres bons-mots grecs et latins, par ordre alphabétique.* Première partie contenant les Proverbes françois avec leur conférence et annotations.

Ce titre est précédé d'un avant-propos sur l'origine des proverbes et sur leur emploi chez les différents peuples. On y remarque le passage suivant sur l'origine du mot *proverbe* : « Et nous avons retenu le mot latin *Proverbe*, qu'on disoit jadis en françois *Reprouvier*, comme au *Roman de Jourdain*, manuscrit le plus ancien et le meilleur qui nous soit resté :

Pour ce dist li vilains souvent en reprouvier :
Ami pour ami veille....
Pour ce dist li vilains souvent en reprouvier :
Nul hom ne peut le sens d'un preudhomme prisier.

Au *Dit des Annellès*, aussi manuscrit :

Vous sçavez bien qu'on dit en reprouvier :
Qui est bien ne se meuve.

Et au *Dit des Planettes* :

.... On dit souvent en reprouvier,
Qu'à peine se peut-on de trahison guettier.

Et encore :

Par ce dit-on en reprouvier :
C'est à gras porcel le cul oindre.

« Le Gascon retient encore ce mot, et appelle le proverbe *Reproverbio.* »

N° 7272.

Des Proverbes Seneke le philosophe.

1 vol. in-fol. sur vélin, écrit à deux col., du xve siècle, avec de belles miniatures. On trouve à la fin de ce volume qui contient différents traités de morale en prose, 1° les *Proverbes de Senèque*, en prose ; 2° les *Dits* et *Proverbes des Sages*, en vers, divisés par quatrains.

N° 7593.

Recueil de Proverbes, en vers.

1 vol. in-4° sur vélin, écriture du XVe siècle. Ce volume contient plusieurs ouvrages en vers qui sont composés de proverbes. Le premier n'a aucun titre, c'est le poëme de Jehan de Meung, connu sous le nom de *Testament de Jehan de Meung*. Le second se compose de cette suite de quatrains appelés *Sentences* ou *Mots dorés de Caton*. Le troisième, les Enseignements que Christine donne à son fils. Le quatrième, ce sont les proverbes auxquels on a donné le nom des Enseignements des philosophes, et qui commence :

Il n'est sire de son pays
Qui de ses hommes est haïs.

N° 7595.

Che sont Proverbes dont Tulles dist, autrement *Proverbes des Philosophes.*

1 vol. in-fol. sur vélin, XIIIe siècle. Ce volume, composé d'un grand nombre d'ouvrages français en prose et en vers, qui, pour la plupart, ont été publiés, contenait les proverbes en quatrains, attribués aux différents philosophes; mais la plus grande partie de cette pièce a été lacérée. On ne trouve plus que le commencement.

N° Colb., 7618[33].

Recueil des Proverbes françois, avec des Commentaires latins.

1 vol. pet. in-fol. sur papier, écriture du XVe siècle, à deux colonnes. Sur le premier feuillet on lit : *Jac, Aug. Thuani.* C'est un recueil des proverbes communs français, avec de longs commentaires latins, semblables à ceux qui accompagnent le Digeste ou d'autres ouvrages de jurisprudence. J'ai souvent cité ce manuscrit dans le cours de mon travail, sous le titre de *Proverbia Gallica*, XVe siècle.

N° 7629.

Recueil de Proverbes, en vers.

1 vol. petit in-4° sur vélin et sur papier, du XVe siècle. Il contient différents ouvrages en prose et en vers. On

trouve à la fin deux recueils de proverbes dont voici le titre :

Ci après sensuivent aucuns bons et notables enseignemens moraulx que Christine de Pizan a baillez à son filz pour son enseignement et doctrine.

Incipiunt quinquaginta bona proverbia documenta philosophorum et sapientum condam hujus mundi, in rimis. Ces proverbes latins sont suivis des *Dits des Philosophes.*

Nº Lamare, 8207[2].

Recueil de proverbes et autres bons mots français, italiens, espagnols, par ordre alphabétique, avec quelques petites observations.

MANUSCRITS DES MOTS DORÉS DE CATON, EN FRANÇAIS.

On trouve la traduction des Mots dorés de Caton *dans un grand nombre de manuscrits de la Bibliothèque Royale. Je signalerai ici seulement les principaux.*

Nº Notre-Dame, 277.

1 vol. in-4º sur vélin, écrit à deux colonnes, XIIIe siècle, contenant différents ouvrages en prose et en vers.

Au fol. 197 rº, Distiques de Caton en latin avec la traduction en vers français d'Everard, moine de Kirkam; ce poëte vivait dans la première moitié du XIIe siècle. Dans ce manuscrit, chaque distique en latin et en français est précédé d'une grande lettre; mais les vers français ne sont pas séparés les uns des autres. J'ai donné dans mes Appendices nº I (voir plus haut page 439), le texte complet d'Everard, d'après ce manuscrit.

Nº 7209.

1 vol. grand in-folio, sur vélin, à deux colonnes, écriture du XIVe siècle.

Il contient : 1º un roman en vers sur les travaux d'Hercule; 2º le *Caton en vers français;* 3º une traduction de la Consolation de Boëce, en prose; 4º le *Roman de Troyes*, en vers français, par Benoît de Sainte More; 5º une suite en prose à l'histoire de Troie, contenant les faits d'Enée, de Romulus et de ses successeurs.

La traduction de Caton, en vers français, commence au fol. 17 rº.

Bien qu'elle ne porte pas son nom, c'est l'ouvrage d'Adam de Givency. Le texte est divisé, comme le latin, en quatre parties, mais la traduction de chaque distique est précédée du texte latin.

N° 7301.

1 vol. petit in-4°, sur papier, écriture du XVe siècle.

On trouve dans ce manuscrit : 1° une histoire de la Passion de Jésus-Christ ; 2° l'Opinion des docteurs que le roy a demandé touchant le fait de la pucelle envoyée de par Dieu ; 3° Lucidaire, en françois ; 4° Caton, en latin et en françois.

N° Laval. 4 (n° 2738 du Catal. imprimé).

1 vol. petit in-folio, vélin, sur deux colonnes, XIVe siècle. contenant différentes pièces en vers français pour la plupart.

La vingt et unième de ces pièces est une traduction des *Mots dorés de Caton*, par Jehan du Chastelet.

Elle commence par ces vers :

Seingnors, vous qui mettez voz oures
Es fables et es aventures
Que vos content cil losangier,
Por decevoir et losengier;
Dites moi combien vos profite
La fable quant el vos est dite;
Prandre i povez une risée.

. . . .

Ce dist Jehan du Chastelet,
Qui nos commance cest romans
De Chaton et de ses commans,
Mult par ot en Chaton preud'homme
Un des senateurs fu de Rome.

La traduction de Jehan du Chastelet est plus fidèle que le travail d'Adam de Givency; mais elle est beaucoup moins longue. Elle se termine par les vers suivants :

Ci endroit prennent finement
De Chaton le commandement.
Jehan de Paris fist ce livre
Au miex qu'il onques pot escrivre;
Les vers de latin mot à mot
Por tel le fist qu'il mult amot.
Riens n'i vust ajouster du sien,
Fors .I. commendement mult boen,
Et sachent tuit cil qui tendront
Sans dote à bone fin vendront;
C'est que nus ne face à autrui
Qui ne velt qu'aultre face à lui.

N° Suppl. Franç., 632[3].

Proverbes des Philosophes.

1 vol. petit in-folio, sur vélin, écriture du XIIIe siècle. Recueil de différentes pièces en vers, principalement de fabliaux. On trouve beaucoup de proverbes dans les poëmes suivants :

1° Fol. 1 r°. Un poëme, en vers, sur les philosophes. C'est une version abrégée du Roman des Philosophes.

2° Fol. 7 v°. Le dit du Cors (*Corps*), pièce morale en vers.

3° Fol. 11 r°. C'est li Roumans du Vilain Nengouste.

4° Fol. 20 v°. Li Abeces (A. B. C.) par ekivoque et la signification des Lettres.

5° Fol. 47 r°. C'est li roumans du Triacle et dou venin.

6° Fol. 89 r°. Uns Maistres ki parole à tout plain de gent.

C'est une traduction, en vers, des sentences connues sous le nom de *Proverbes de Sénèque le Philosophe.* Seulement ces sentences sont autrement disposées que dans l'ouvrage en prose; plusieurs même sont différentes.

7° Fol. 110 r°. Traduction, en vers français, des Distiques de Caton.

Les quatre parties du texte latin sont réduites en une seule ; on y retrouve presque toutes les sentences, plus beaucoup de proverbes ajoutés par le traducteur. Voici le début qui m'a paru curieux :

Seignour, ains ke je vous commans
Despondre Caton en roumans,
Vous deviser les sentences
Dont nostre maistre content en ces :
Car li un dient ci delivre
Que cis Catons qui fist cest livre,
Fust uns maistres de Roume nés,
De la cité des plus senés.
Et pour cou qu'il soit plus connus
Ot non Catons Censorinus.
Li aultre dient ce fu cil
Qui en Libe fu en escil,
Al tans que César conquist Roume,
E il devinrent tous si home;
Ce fu Catons Uticensis,
Qui tant fu sages e pensis
D'esgarder sa nobilité;
Car à Utic une cité

Tint-il, vousist Cesar u non,
Pour çou Uticensis ot non.
Encore dist l'autre partie
Que cil ne cis ne fu çou mie,
Mais uns maistres ki ot nom Tules
Qui ne fu ne fans ne entules,
Pour çou ke Catons fu preudom
Fist son livre apeler Caton;
Sages fu et bien escolés.
Prendés le quel ke vous volés.

N° 7068.

1 vol. in-4° magno de 214 feuillets, en vélin, écriture du commencement du XVe siècle.

Il contient : 1° le Livre des Philosophes, par Guillaume de Tignonville; 2° Choix de sentences morales; 3° Proverbes de Caton, en vers, par Lefèvre; 4° Theodolet, en vers françois, par Jean Lefèvre de Ressons; 5° Moralité des Philosophes, et d'autres ouvrages en prose et en vers.

J'ai parlé, dans mes *Recherches*, du *Livre des Philosophes*, par G. de TIGNONVILLE. Voyez t. I, p. XVIII.

Proverbes de Caton, en vers, par JEAN LEFÈVRE.

Voici le début de cette traduction qui remonte à la première moitié du XVe siècle.

Chaton fu preux chevalier et saige homme;
Maint bons conseils à la cité de Romme
Donna jadis pour la chose publique.
Ung livre fist vaillant et authentique;
Par grant amour lui mist son propre nom.
Jules Cesar, ung homs de grant renom,
Sur les Romains lors gouvernoit l'empire,
En ce monde qui va de mal en pire.
Adont Chaton, qui moult ama franchise,
Pour eschiver de Cesar l'entreprise,
En Lybie s'en ala o sa route,
Illeqs morut. De celle ystoire toute
Ne dirai plus pour les alongemens,
Car parler veil des bons enseignemens
Que Chaton fist pour son filz chastier;
Par son moyen les nous veult envoyer.
Si scey je bien que puis ça et ainçois
Que fusse né, ils sont mis en françoys.
Par maintez fois ay véu le rommans
Qui dist : Seigneurs, ains que je vous commans.
Ce qui est dit ne vueil je plus remordre,
Mais les bons vers repeteray par ordre.
Je suis *fevre*, je say bien le mystere
Que deux pevent forgier d'une matere, etc....

Chaque distique est paraphrasé en quatre vers; l'ouvrage se termine ainsi :

Chaton finist qui fu saiges et preux
Ses nobles vers accoupla deux à deux,
Mais je, *Fevre* qui ne scey le fer battre,
En ceste dictié en ay fait de deux quatre.

N° 7011[7].

1 vol. in-folio parvo de 223 feuillets, vélin deux col., écriture du XIVe siècle.

Il contient : 1° la Bible, en vers françois, par Macé de la Charité-sur-Loire; 2° Distiques de Caton, vers latins.

On peut voir encore d'autres textes, en français, des Distiques de Caton dans les manuscrits qui portent les numéros suivants : 7386, 7387, 7593, 7595[2], 7901, 7778, N.-D. 5, N.-D. 272, S.-G. 1622, St-Vict. 361, n° fonds Latin, 4483[33].

MANUSCRITS DE LA BIBLIOTHÈQUE DE L'ARSENAL RELATIFS AUX PROVERBES.

N° B. L. F., 15.

1 vol. grand in-4°, sur vélin, composé de 16 feuillets.

Il contient une traduction, en vers français, des Mots de Caton, de la fin du XV° siècle. Au recto du premier feuillet on lit :

« Cy commance le livre des Beaux Dits de Caton, » translatez par maistre Jehan Ackeyman, dit le Labou- » reur, natif de Nevele en Flandres; et par lui dediée » aux nobles enfans de Montmorency, fuix de monsei- » gneur Philippe, sire de Nevele et de madame Marie de » Horne, ses très honorez seigneurs et dames. »

N° B. L. F., 90.

1 vol. petit in-folio, sur vélin, écrit à deux colonnes, fin du XIIIe siècle. Recueil de différents ouvrages en prose et en vers.

Au fol. 237r° on trouve la traduction, en vers français, des Distiques de Caton. Voici quelques vers :

A tes amis done du tien
A la foie les sostien,
Si garde que tu ne t'ahaces
Tant comme tu as bon bien, te face.

N° B. L. F., 175.

1 vol. in-folio, composé de 321 feuillets, écriture de la fin du XIIIe siècle.

Ce volume contient un grand nombre de poëmes en vers, entre autres celui de Witiking de Saxe, publié par M. Francisque Michel, qui a donné une description détaillée de ce manuscrit. (Voir l'introduction de Witiking, t. I, p. LII, 2 vol. in-12, Paris, 1839.)

Au fol. 273 r°, col. 1re de ce manuscrit, on trouve une version des *Proverbes au Vilain;* elle commence ainsi :

Frans cuers, vostre mannie
Aten tant que je l'ai,
Ne si n'ai soing d'autrui
Ains me criem et recriem
Et si doute et si priem.
Qui bien atent ne soratent,
Ce dist li Vilains.

N° B. L. F., 283, in-fol.

1 vol. in-folio, sur parchemin, écriture du XIIIe siècle, à quatre colonnes, 365 feuillets.

C'est un recueil très-considérable d'ouvrages en prose et en vers, dont on trouve la table au verso du quatrième feuillet. Il a été écrit en l'année 1265.

Fol. 186 r° : *Ichi commence li livres estrais de Philosophie et de Moralité.*

Voici comment le trouvère, nommé Jean, explique le plan de son ouvrage :

Jou Jehan, qui pois ai de lettre,
.I. petit me voil entremetre
De faire .I. livre al miès que sai;
Car de maint bel mot le nombre ai.
Si voeil ramentevoir par rime
De ce que disent il méisme,
De lor sens et de lor renoms,
Or vos voldrai nommer les noms.

Tulles qui mult fu sages clers,
De totes clergies plus fiers
Que maint altres maistres de pris,
Est primes esleus et pris.

Après est només Salemons
Qui tant sot, ce juge li mons.
A maint autres en est grans mestiers.

Senckes est només li tiers,
Cil fu maistres de grant science.

Le quars oï nomer Terensce,
Et li quins maistres ot nom Lucans,
Cil fu soltils et conisans
De maintes clergies diverses.

Li sismes ot a nom Perses;
Poëtes est à pris només,
Cil n'est pas repris ni blasmés
Par faute de bone clergie.

Or me plaist-il que je vous die
Comment on apele l'oitisme,
Cicerons qui fist maint sophisme.

Après icest Diogenès,
Bon clers cortois, cointes et nès;
C'est cil en qui n'ot nule falte
De clergie sotil et halte.

N'i est pas obliés Orasses
Qu'en li ot mult de bones graces;
Après est només Juveñaus,
.I. maistre de clergie haus.

Socrates n'i doi oblier
Qu'en son grant sens me doi fier.

Ovides est ramentéus
Qui bons clers est et esléus.

Salustes n'i est pas laisiés,
Car par lui n'est pas abaisiés
Le poins de la halte science;
Et mult fu de grant provideuce.

Izidres et bon clercs soltils
Et en ses œvres ententieus.

Aristotes li entendans
En haltes œuvres et tendans
A tote riens c'à grant sens monte
Est ramentéus en mon conte.

O les altres est mis Catons,
Et uns maistres mult bons Platons.

Virgiles n'est pas mis ariere;
Car la science est mult pleniere
Por ce que il s'est entremis
De maint bel mot dire i est mis.
Macrobes n'i est pas remés
Or est li vintismes només.

Ce poëme est celui d'Alars de Cambrai, dont j'ai parlé dans mes *Recherches historiques,* p. XVI. Seulement le trouvère qui s'en est emparé l'a beaucoup étendu.

Outre le Roman des Philosophes, ce manuscrit contient encore d'autres ouvrages relatifs aux Proverbes :

1° Fol. 351 v°, col. 3. Le Doctrinal Sauvage.
2° Fol. 352 v°, col. 3. Le Dit de Droit.

N° B. L., 344.

1 vol. petit in-4°, contenant trois ospuscules dont deux sont imprimés.

Le premier se compose de 6 feuillets, sur chacun desquels se trouvent deux anciens proverbes copiés avec beaucoup de soin à la fin du xve siècle.

Fol. 1 :

Amour est bonne à maintenir,
Mais qu'on en puisse à bien venir;
Mais amour qui n'est maintenue
Loyaument n'est pas de value.

Tous ces proverbes sentencieux sont relatifs à l'amour.

DEUXIÈME PARTIE.

OUVRAGES IMPRIMÉS.

Adages et Proverbes de Solon de Voge, par l'Hétropolitain (JEAN LEBON) ; premier livre, deux, trois et quatriesme, reveue par l'autheur. Paris, Nic. Bonfons, 1 vol. in-16.

(Voyez au sujet de ce volume, mes *Recherches historiques*, t. I, p. XXXIX.)

Almanach des Proverbes pour l'année 1745, composé, supputé et calculé exactement, par le scientifique docteur Cartouchivandeck, astronome privilégié suivant les astres (par GRANDVAL, comédien, auteur du poëme de Cartouche), Anvers (Paris), rue des Quinze-Vingts, à l'enseigne des Rats, 1745, petit in-8°.

Almanach nouveau, fait aux dépens des temps passés, pour le profit des années presentes et à venir, ou Recueil proverbial des observations de nos pères sur ce qui depuis des années, des siècles, âges et temps, leur a paru arriver plus communément. Paris, V. Bouquet, 1812, in-32 de 96 pages.

« Ce recueil, publié sous le pseudonyme de *Philopère*, est rangé selon l'ordre des mois ; chaque jour de l'année a ses proverbes, tous sont relatifs à l'agriculture, etc. » (HÉCART, *Bibliographie parémiographique*, p. 38.)

Almanach perpétuel, pronosticatif, proverbial et gaulois, d'après les observations de la docte antiquité, etc. Paris, Desnos, 1774, in-18.

On attribue la composition de ce curieux volume au P. Daire, savant de la province de Picardie, mort en 1781, et qui a laissé plusieurs ouvrages remarquables sur cette province. Voyez *Essai sur la vie et les ouvrages du P. Daire*, ancien bibliothécaire des Célestins, par M. de Cayol, etc., etc. Amiens, 1838, in-8°.

Anthologie (l') ou *Recueil de plusieurs discours notables*, tirez des bons autheurs grecs et latins, par P. Breslay, Angevin. Paris, J. Poupy, 1574, in-8°.

Ballet des Proverbes, par Benserade, dansé à la cour.

Ce ballet fait partie des œuvres diverses de Benserade, publiées par P. Tallemant, Paris, 1697, 2 vol. in-12. Et il a été inséré en outre à la fin d'une édition des *Illustres Proverbes*, Paris, 1655, in-12.

Bibliographie parémiologique. Études bibliographiques et littéraires sur les ouvrages, fragments d'ouvrages et opuscules spécialement consacrés aux proverbes dans toutes les langues, suivies d'un Appendice contenant un choix de curiosités parémiologiques, par M. G. Duplessis. Paris, 1847, in-8°.

Voir au sujet de cet ouvrage excellent ce que j'ai dit t. I, à la fin de mon Avertissement; j'ajouterai que dans ce livre on trouvera des détails sur tous les livres anciens et nouveaux relatifs aux proverbes.

Bonne Response à tous propos. Livre fort plaisant et délectable, au quel est contenu grand nombre de proverbes et sentences joyeuses et de plusieurs matieres, desquelles par honnesteté on peult user en toute compaignie; traduict de la langue italienne et reduyt en nostre vulgaire françois par ordre d'alphabet. Paris, 1547, pet. in-8°. in-24

« Outre cette édition qui est dans le catalogue du roi, » n° Z 1802, nous connaissons celles de Paris, Le Tellier, » 1548, in-16; d'Anvers, Richard, 1556, in-16, cité » par Saint-Léger. L'ouvrage a aussi été imprimé en ita- » lien et en français. Paris, Jean Ruelle, sans date, » in-16; et à Lyon, B. Rigaud, 1507, même format. » (Brunet, *Manuel du Libraire*, t. I, p. 413.)

Bouquet (le) *proverbial* ou *Réunion complète de tous les Proverbes français mis en chanson*, par L. A. BOUTROUX (de Montargis). Paris, S. D., in-8° de 9 pages.

« Cette chanson qui se compose de cinquante couplets, paraît être devenue fort rare, M. de Lamésangère, à qui j'en dois l'indication, en cite deux couplets très-propres à la faire apprécier et à diminuer les regrets que pourrait inspirer sa rareté. » (G. DUPLESSIS, *Bibliographie parémiologique*, etc., p. 197.)

Brahme voyageur (le) ou la *Sagesse populaire de toutes les nations*; précédé d'un Essai sur la philosophie de Sancho, par FERDINAND DENIS. Paris, M. DCCC XXXIV, 1 vol. in-18. Une seconde édition de cet excellent travail a été publiée en tête de la première édition de mon livre des Proverbes.

Cato (Dionysius seu Valerius). *Disticha de Moribus*. Absque nota, in-8° goth.

« Ce petit livre qui n'a que quatre feuillets est très-
» probablement la première édition des Distiques de Caton ;
» et même, s'il faut en croire M. Dibdin, ce serait une
» production de la typographie antérieure à la célèbre
» Bible présumée de 1455. » (BRUNET, *Manuel du Libraire*, t. I. p. 583.)

Il existe d'autres éditions latines des Distiques; la plus complète et la plus recherchée est la suivante :

Dionysii Catonis Disticha de Moribus ad filium. Cum notis integris Scaligeri, Barthii, Daumii, scholiis atque animadversionibus selectis Erasmi, Opitii, Wachii et Metaphrasie græca Planudis et Scaligeri. Quibus accedunt Boxhornii Dissertatio, et Henrici Cannegieteri rescripta Boxhornio de Catone; nec non Joan. Hild. Withofii Dissertationes binæ de Distichorum auctore et vera illorum lectione. Recensuit, suasque adnotationes addidit Otto Arntzenius. Editio altera auctior et emendatior. Amstelaedami, M. D. CC. LIV, 1 vol. in-8°.

Cathon (le) en françois.

Au verso du dernier feuillet on lit :

« Cy finist le Cathon en françois, imprimé à Lyon, » l'an de grace MCCCC nonante deux (1492) le xxvj^e jour » de novembre. » Petit in-4° goth. de 77 feuil. à longues lignes.

Edition originale des Distiques en français. On peut consulter à cet égard le *Manuel du Libraire* de Brunet et la *Bibliographie parémiologique* de G. Duplessis.

Mots et Sentences dorés (les) *du maître de sagesse Caton*, en françois et latin avec bons enseignemens, proverbes et adages, par H. MACÉ. Lyon, Ol. Arnoullet, 1533, in-8° goth.

« Cette traduction n'est pas la même que celle qu'on » attribue à P. Grosnet. Paris, Longis, 1530, in-8° goth. » Il y en a un second volume. Paris, Denys Janot, 1553, » in-8° goth., mais on trouve rarement les deux tomes » réunis. Le premier a aussi été imprimé à Paris pour la » veuve Jean Bonfons, in-16. Le Catalogue de La Vallière, en 6 vol., n°s 12635 et 36, en cite deux éditions » de 1545 et 1551, in-16, augmentées des *épithètes et* » *figures de MM. du Parlement de Rouen*, *des bonnes con-* » *ditions que doivent avoir les gens à table*, *de la doctrine* » *des bons et loyaux serviteurs*, *et enfin des étrennes des* » *femmes et des filles*. On a aussi le *Miroir* ou *Régime et* » *gouvernement du corps et de l'ame*, par le sage Caton, » reveu et corrigé de nouveau. Paris, Groulleau, 1550, » in-16. » (BRUNET, *Manuel du Libraire*, t. I, p. 351, 3e édition.)

Les quatre Livres de Caton pour la doctrine de la jeunesse, par F. H. (FRANÇOIS HABERT). Paris, Bonfons, 1530, in-8°.

Les Mots dorez du grand et sage Caton, en latin et françois, avec plusieurs bons enseignemens, proverbes et dicts moraux des anciens, profitables à un chacun ; plus aucunes propositions subtiles, problegmatiques et enigmatiques, sentences, ensemble l'interprétation d'icelles. A Paris, 1577, 1 vol. in-8°.

Cet ouvrage est de Pierre Grosnet, comme le prouve l'épître dédicatoire. Il y a une autre édition postérieure de quelques années, petit in-8° pour la veuve Jean Bonfons.

Le second volume des Mots dorez du grand et saige Cathon, les quelz sont en latin et en françoys, avecques aucunz bons et utiles adaiges, authoritez et ditz moraulx des saiges, proffiables à ung chascung, etc. On les vend au premier pilier de la grande salle du palais, en la boutique de Denis Janot. Achevé d'imprimé le 28 mars mil cinq cens XXXIII, avant Pasques. Un vol. petit in-8° sur vélin.

Cet ouvrage est aussi de Pierre Grosnet, et a été composé avant le précédent, malgré le titre qu'il porte. C'est ce que prouve l'épître dédicatoire des *Mots dorés* qui commence ainsi :

A trez honorez seigneurs, messeigneurs Henry de Valois, Dauphin de France et Charles, duc d'Angoulesme, Pierre Grosnet rend très humble honneur et immortel salut.

« Après vous avoir escrit, addressé et dédié le second » volume des *Mots dorez du grand et sage Caton*, avec un » enchiridion des vertuz morales et intellectuables, en » moy j'ai considéré ce premier volume du dit Cathon, » voir, visiter, corriger et augmenter, et puis adresser à » vos très dignes Majestez. »

Comédie (la) *des Proverbes*, pièce comique. Lahaye, 1654, in-12. Autre édition, 1655, in-12.

« Ces deux éditions sont fort recherchées parce qu'on les fait entrer dans la collection elzevirienne ; mais il existe de cette comédie plusieurs autres éditions d'une date antérieure publiées à Troyes et à Paris. » (DUPLESSIS, *Bibliographie parémiologique*, etc., p. 173.) La *Comédie des Proverbes* a été réimprimée en 1856, t. IX de l'*Ancien Théâtre français*, de la collection Janet.

Voyez t. I, p. LXXV de mes *Recherches historiques sur les Proverbes*, ce que j'ai dit de cette comédie.

Curiositez françoises, pour servir de supplément aux dictionnaires, ou Recueil de plusieurs belles proprietez, avec une infinité de proverbes et quolibets, pour l'explication de toutes sortes de livres, par ANTOINE OUDIN. A Paris, M. DC. XL, 1 vol. in-18.

Dictionnaire comique, satyrique, critique, burlesque, libre et proverbial, avec une explication très fidelle de toutes les manières de parler burlesques, comiques, libres, satyriques, critiques et proverbiales, qui peuvent se rencontrer dans les meilleurs auteurs, tant anciens que modernes. Le tout pour faciliter aux étrangers et aux François même l'intelligence de toutes sortes de livres, par P. J. LE ROUX; nouvelle édit. revue, corrigée et considérablement augmentée. A Pampelune, M. DCC. LXXXVI, 2 vol. in-8°.

Dictionnaire des Proverbes françois, avec l'explication de leurs significations, et une partie de leur origine. Le tout tiré et recueilli des meilleurs autheurs de ce dernier siècle, par G. D. B. (Georges de Backer), G. DE BACKER, 1710, petit in-8°.

Dictionnaire des Proverbes françois, par J. PANCKOUCKE. Paris, 1749, 1 vol. in-12.

Dictionnaire des Proverbes, idiotismes et expressions figurées de la langue française avec les Proverbes allemands, par J. F. BELIN. Penig, Dienemann, 1805, in-8°.

Simple nomenclature distribuée par ordre alphabétique,

qui ne se recommande par aucun travail d'érudition, etc. (Duplessis, *Bibliographie parémiologique*, etc., p. 197.)

Dictionnaire des Proverbes français, par Lamesangère, seconde édition. Paris, 1821, 1 vol. in-8°.

Dictionnaire des Proverbes françois, par M. Dubois. Amsterdam, 1728. Ouvrage cité dans l'Avertissement de celui qui suit.

Dictionnaire étymologique, historique et anecdotique des Proverbes et des locutions proverbiales de la langue française, en rapport avec des Proverbes et des locutions proverbiales des autres langues, par P. M. Quitard, Paris, 1842, in-8°.

Dictionnaire (nouveau) proverbial, satirique et burlesque, plus complet que ceux qui ont paru jusqu'à ce jour, à l'usage de tout le monde, par A. Gaillot. Paris, 1826, 1 vol. in-12.

Dict (le) *des Pays joyeux*, avec les conditions des Femmes et plusieurs aultres Ballades, avec les dix commandements joyeulx (sans lieu ni date), petit in-8° goth. de 4 feuilles.

(*Manuel du Libraire*, t. II, p. 110.) Cet opuscule a été publié par M. G. Duplessis, p. 135, de la *Bibliographie parémiologique*, etc.

Dits (les) *de Salomon et aussi ceulx de Marcon*, contenant plusieurs joyeusetez mises en rymes franç., in-16 goth.

Ou encore :

Les Ditz de Salomon avec les Responses de Marcon, fort joyeuses (sans lieu ny date) ; caractères de la fin du xve siècle.

Édition originale de la version refaite de ces fameux proverbes. (Voir dans mes *Recherches historiques*, etc., t. I, p. ix.

Dans la *Bibliothèque française de Duverdier*, art. *Jean Divery*, on lit : « Jean Divery, médecin de Mante, natif

» d'Hiencourt en Bauvoisin, a translaté en rime le *Dia-*
» *logue de Salomon et de Marcolplus*, avec les *Dits des*
» *Sept Sages*, et autres philosophes de la Grèce. Imprimé
» à Paris, par Guillaume Eustace, en 1509. »

Il existe aussi deux éditions latines de ce dialogue imprimées à la fin du xve siècle.

Dictz des Sages (sans lieu ni date) en vers. Petit in-8°, goth., de huit feuillets, avec une gravure en bois sur le titre et une autre à la fin.

« Cet opuscule renferme soixante-deux maximes mo-
» rales, imprimées chacune en quatre vers de huit syl-
» labes, à l'exception des deux dernières, dont l'une a
» huit vers et l'autre six. Si cet ouvrage anonyme est
» effectivement de Pierre Gringore, comme le disent plu-
» sieurs bibliographes, ce doit être une de ses plus an-
» ciennes productions, car l'édition paraît avoir été impri-
» mée vers 1490. » (Brunet, *Nouvelles Recherches*, etc., t. II, p. 114.)

Dits (les) *notables* de M. Philippe de France, duc d'Anjou, frère unique du Roi, par le sieur Reverend son aumonier. Paris, 1655, in-8°, imprimé sur vélin. (Catalogue de La Vallière, n° 4308.)

Divertissement (le) *des Sages*, dédié à Mgr le Chancelier, par le R. P. Jean Marie, pénitent du couvent de Nazareth. Paris, Josse, 1665, 1 vol. in-8°.

C'est un recueil des proverbes français communs auxquels l'auteur a ajouté de longs commentaires moraux. On peut voir, au sujet de ce livre, Goujet, *Bibliothèque française*, t. I, p. 289.

Encyclopédie (petite) *des Proverbes français*, recueillis, annotés et publiés par Hilaire le Gai. Paris, 1852, in-24.

Hilaire le Gai est le pseudonyme pris par G. Duplessis, auteur de la *Bibliographie des Proverbes* que j'ai signalée dans mon Avertissement. Le même auteur avait déjà publié l'année précédente un autre recueil sous le titre suivant :

La Fleur des Proverbes français, recueillis et annotés par M. G. Duplessis. Paris, 1851, in-32.

Essai sur quelques expressions proverbiales et sentences populaires relatives à la médecine, présenté et soutenu à l'École de médecine, par M. G. M. Couche, D. M. Paris, 1808, in-4°.

Étymologie (l'), ou *Explication des Proverbes françois*, divisée en trois livres, par chapitres, en forme de dialogue, avec une table de tous les proverbes contenus en ce traité, par Fleury de Bellingen. A La Haye, M. DC. LVI., 1 vol. in-12.

Cet ouvrage a été réimprimé en 1665 sous ce titre :

Les Illustres Proverbes nouveaux et historiques, expliquez par diverses questions curieuses et morales, en forme de dialogues, qui peuvent servir à toutes sortes de personnes pour se divertir agréablement dans les compagnies, divisez en deux tomes, etc., etc. Paris, René Guignard, 1665, 2 vol. in-12.

Voyez au sujet de ces deux ouvrages, t. I, p. XIII, de mes *Recherches historiques sur les Proverbes*, etc.

Fleur (la) *des sentences certaines, Apophthegmes et Stratagèmes*, tant des anciens que des modernes, enrichie de figures et de sommaires françois et italiens propres à chacune sentence, par Gilles Corrozet. Lyon, 1548, in-16.

Voyez *Manuel du Libraire*, t. I, p. 781.

Florilegium ethico-politicum nunquam antehac editum; nec non P. Syri ac L. Senecæ sententiæ aureæ, recognoscente Jano Grutero. Ad Ms. Palat. et Frising. Accedunt Gnomæ Parœmiæque Græcorum, item Proverbia Germanica, Italica, Belgica, Gallica, Hispanica. Francofurti. Anno CIↃ IↃ CX, 1 vol. in-12.

Forest (la) *et Descriptions des grands et sages philosophes du temps passé*, contenant doctrines et sentences merveilleuses, 1532, in-8°.

Harangue en proverbes, faite à la reine par un notable bourgeois de la ville de Pontoise, deux jours après le départ de Mazarin, etc. Paris, 1652, in-4° de 32 pages.

Mazarinade dans laquelle l'auteur anonyme a fait entrer le plus grand nombre de proverbes possible.

Hécatomgraphie, c'est-à-dire les descriptions de cent figures et histoires contenantes plusieurs apophthegmes, proverbes, sentences et dits des anciens et des modernes, par GILLES CORROZET. Paris, Denis Janot, 1543, in-8°. *Idem*, 1550, in-8°.

Histoire des Proverbes, rédigée par le traducteur de la *Galerie angluise*. Paris, 1803, 1 vol. in-12.

Au sujet de ce livre, voyez Duplessis, *Bibliographie parémiologique*, p. 195.

Histoire générale des Proverbes, Adages, Sentences, Apophthegmes, dérivés des mœurs, des usages, de l'esprit et de la morale des peuples anciens et modernes, accompagnée de remarques critiques, d'anecdotes, et suivie d'une notice biographique sur les poëtes, les moralistes et les philosophes les plus célèbres; cités dans cet ouvrage, et d'une table des matières, par M. C. DE MÉRY. 1828, 3 vol. in-8°.

Jardin de Récréation (le), auquel croissent rameaux, fleurs et fruicts très beaux, gentilz et souefs, soubz le nom de six mille proverbes et plaisantes rencontres françoises; recueillies et triées, par GOMÈS DE TRIER; non-seulement utiles, mais délectables pour tous esprits désireux de la très-noble et copieuse langue françoise; nouvellement mis en lumière. A Amsterdam, par Paul de RAVESTEYN, anno 1611, 1 vol. petit in-4°.

« Recueil de proverbes empruntés à toutes les nations, » mais particulièrement à l'Italie. Les exemplaires de ce » livre sont très-rares, les amateurs ne l'ignorent pas;

» mais ce qu'ils savent moins, peut-être, c'est que ce » recueil, auquel Gomez de Trier a mis son nom, n'est » autre chose que la traduction française d'un Recueil » italien publié à Londres, en 1594, par G. Florio, et » que le sieur Gomez de Trier s'est approprié sans façon. » M. Brunet, qu'on retrouve toutes les fois qu'il s'agit » d'un fait curieux pour l'histoire littéraire, avait, avec sa » sagacité ordinaire, soupçonné ce larcin. Nous nous » sommes assuré, par une comparaison exacte de ces » deux ouvrages, que ce soupçon est parfaitement fondé. » Note de M. Duplessis, p. 132 du Catalogue des livres composant le fonds de librairie de feu M. Crozet, etc., seconde partie. Paris, 1841, in-8°.

Jardin (le) *d'honneur*, contenant plusieurs apologies, proverbes et dits moraux. Paris, Est. Groulleau, 1548, in-16, 1 vol.

Matinées (les) *sénonaises* ou *Proverbes français*, avec leur origine, leur explication, leur rapport avec ceux des langues anciennes et modernes, etc., etc., par l'abbé Tuet. Paris, 1789, in-8°; et avec un titre daté de l'an III de la République, dont on a supprimé les mots *Matinées sénonaises*.

Menus (les) *Propos*, 1 vol. petit in-4°, goth.

Sur le dernier feuillet on lit : « Cy finent les *Menus* » *Propos*, imprimés nouvellement à Paris, par Jehan Tre- » perel, demourant sur le grand pont Nostre-Dame, *à* » *l'Image Saint-Laurens.* » C'est un volume composé de proverbes débités entre trois interlocuteurs désignés par *le Premier*, *le Second*, *le Troisième.*

Mimes, *Enseignements et Proverbes*, reveus et augmentez, par Jean-Ant. de Baïf. Paris, 1597, in-12.

Miroir (le) *de Prudence*, contenant plusieurs sentences, apophthegmes et dits moraux des sages anciens. Rouen, 1546, in-18, figures. (Catalogue La Vallière, n° 430.)

Nomenclature (la), dialogues, proverbes et heures de récréation, contenant diverses rencontres, histoires plaisantes et contes facétieux, nécessaires à ceux qui désirent parfaitement parler et escrire les langues françoise, italienne et espagnole, par le sieur JULIANI, reveus, corrigez et augmentez et divisez en deux parties. Paris, M. DC. LXVIII, 1 vol. in-18.

Origines (les) *de quelques Coutumes anciennes*, et de plusieurs façons de parler triviales, avec un vieux manuscrit en vers, touchant l'origine des chevaliers bannerets (par DE BRIEUX). Caen, M. DC. LXXII, 1 vol. in-18.

Prémices (les) ou *le Premier livre des Proverbes épigramatizez ou des Epigrammes proverbializez*, c'est-à-dire signez et scellez par les proverbes françois : aucuns aussi par les grecs et latins ou autres, pris de quelcun des langages vulgaires, rengez en lieux communs, le tout par Henri ESTIENNE. M. D. LXXXXIIII, 1 vol. petit in-8°.

Proverbes anciens flamengs et françois, correspondants de sentences les uns aux autres; colligés et ordonnés par M. François GOEDTHALS. Anvers, 1568, 1 petit vol. in-8°.

Proverbes (les) *basques*, recueillis par le sieur d'OIHENART, avec les poésies basques du même auteur. Paris, 1657, in-8°.

Livre curieux et très-rare; l'exemplaire de la Bibliothèque Royale passe pour être unique. Les proverbes basques qu'on y trouve sont au nombre de cinq cent trente-sept, et Oihenart, dans sa préface, déclare ne pas avoir recueilli tous ceux qui existent. Voici, d'après le même Oihenart, la traduction de quelques-uns de ces proverbes. J'ai choisi ceux qui se rapportent à des noms de lieux :

N° 6. « Le riche qui vit sans se faire des amis est

» comme un voyageur qui s'endort au bord du Picatu (1). »

N° 28. « Ancho est un grand faiseur d'aumosnes; il » donne au pauvre les pieds du pourceau qu'il a dérobé. »

N° 66. « A Baygorri (*Bagnère-de-Bigorre*) la vaisselle » est de terre; lorsqu'on parloit de m'y marier elle estoit » toute d'or. »

N° 117. « Le malheureux est surpris de la nuit à Cicur (2). »

N° 180. « Behorleguy porte la peine de la faute com» mise par Garacy (3). »

N° 262. « Jauregui a son pourpoint tout couvert de » galons, mais le dedans n'est qu'estouppe. »

N° 263. « Jauregui mesprise ce qu'il ne peut com» prendre. »

N° 295. « Il va à Castro pour fuir le travail, néan» moins là aussi la viande ne luy viendra pas d'elle» mesme à la bouche. »

N° 372. « L'oiseau qui s'est nourri à la montagne » d'Orhi ne se plaist que là (4). »

N° 373. « Le soleil est bien chaud à Orhi! *Réponse.* » J'y ai esté et ne fais qu'en venir. »

« On ne récite plus ce proverbe entier, mais seule» ment la fin qui est la response, et on s'en sert lorsque » quelqu'un s'apperçoit qu'un autre exige de luy quelque » chose, à dessein de le tromper, car le conte de vieille » porte que jadis, au temps que les oiseaux parloient, un » oiseau, en hyver, estant tout gelé de froid, aborda un » nid, et l'ayant trouvé occupé par un autre oiseau, dé» sirant l'en faire sortir, il luy voulut persuader que le » soleil estoit bien chaud en la montagne d'Orhi; mais » l'autre connoissant la fourbe, luy repartit qu'il ne faisoit » qu'en venir, et qu'il sçavoit bien le temps qu'il y faisoit. »

---

(1) Le mot *Picatu* est le nom propre donné à un précipice dans les monts Pyrénées.

(2) *Cicur* est un petit village à trois quarts de lieue de Pampelune, cité principale de Navarre.

(3) Le mot *Garacy* est le nom propre d'une province basque, et le mot *Behorleguy* celui d'un village de la même province.

(4) Orhi est le nom d'une haute montagne dans les Pyrénées, laquelle est presque toujours couverte de neige

Voici quelques autres proverbes communs : N° 46. « L'estranger a la main aspre et rude. » N° 49. « Pays » d'estranger pays de loup. » N° 58. « Le plaideur ordi- » naire est l'écuyer de la misère. » N° 134. « Les pré- » sens brisent les rocs. » N° 139. « *Eneco*, saisis-toy de » l'ours, afin que j'aye moyen de fuir. » N° 152. « Nour- » ris le corbeau, il te crèvera les yeux. » N° 171. « La » maison vide est pleine de noise. »

Cent (les) *nouveaux Proverbes dorez*, imprimé à Paris.

Au dernier feuillet on lit : « Cy finissent les cent nouveaulx Proverbes et dorez (*sic*) moraulx. Petit in-8° goth.

« Pièce composée de cent stances de sept vers de dix » syllabes. Elle est attribuée à Pierre Gringore. » (BRUNET, *Manuel*, etc., t. I, au mot *Cent*. Voir aussi DUPLESSIS, *Bibliographie parémiologique*, etc., p. 131.)

Proverbes (les) *communs*, petit in-4°, goth., sans date, de 12 feuillets.

Au bas du verso du douzième feuillet on lit : « Cy » finissent les proverbes communs, qui sont au nombre » environ de sept cent quatre-vingts. »

M. Brunet, dans son *Manuel*, t. III, p. 850, indique une édition en 17 feuillets, et donne sur cette première édition des *Proverbes communs* quelques détails bibliographiques.

Ces proverbes ont été réimprimés en 1839, par M. Silvestre, sous ce titre : *Les Proverbes communs*. Au recto du dernier feuillet : « Explicit les Proverbes communs, qui » sont en nombre de mil cent et quinze. » Imprimé nouvellement à Paris, petit in-8° goth. Voyez au sujet des proverbes communs, G. DUPLESSIS, *Bibliographie parémiologique*, etc., p. 117.

Notables Enseignemens, Adages et Proverbes, faitz et composés par Pierre GRINGORE, dit VAULDEMONT, herault d'armes de haut et puissant seigneur M. le duc de Lorraine; nouvellement reveuz et corrigez, avec plusieurs aultres adjoustez, outre la précédente impression. On les vend à Lyon, cheulx Olivier Arnoullet.

Au verso du dernier feuillet on lit : « Fin des notables » enseignements et adages faitz et composez par Pierre » Gringore, dit Vaudemont, avecques plusieurs autres » nouvellement adjoustez et imprimez à Lyon, par Olivier » Arnoullet, le XVIII de mars, l'an M. CCCCC XXXIII, 1 vol. » petit in-8°, goth. »

C'est un recueil de quatrains composés avec les ouvrages des anciens et des modernes, comme le déclare l'auteur dans son prologue en forme de dédicace :

Comme la mouche à miel les fleurs resqueult
En champs, jardins, et prez au mieulx que peult,
Pour assembler en diverses provinces
La cire et miel pour Dieu servir et princes,
Et mesmement tout le peuple commun,
Considérant l'effet ainsi comme ung
Simple facteur, ay mis aucuns notables
Pour recréer espritz de gens notables,
Que ay recueilliz des sages anciens,
Pareillement des modernes sciens.
Avec ce que ay, moyennant la Dieu grâce,
Ymaginé dedans la terre grasse,
Où tes subjectz reigles, conduys et repais,
Et entretiens en bonne et seure paix,
Très-vertueux et puissant duc Antoine,
Prince et seigneur de Calabre et Lorraine;
Aussi de Bar, Vaudemont ton hérault
En fait présent à ton pouvoir très-hault.

A l'exemple de Grosnet, dans son travail sur les *Mots dorés de Caton*, Pierre Gringore met en quatrains d'anciens proverbes auxquels il ajoute des sentences morales :

Tout ce qu'on peut faire au matin ne faut
Jamais attendre au soir ne à lendemain;
Car le vouloir se mue, aussi soubdain
Comme le temps qui est froit et puis chault.

Par trop parler on est reputé sot;
Qui parle trop donne significance
Que de science a peu de congnoissance,
Sage se taist, le fol parle trop tost.

On ne congnoist l'homme à robbe ou sayon,
Ne le bon vin au cerceau de la tonne,
Ne moyne aussi se abbaye ne lui donne;
Les grans honneurs muent les conditions.

De beaux jardins diferens en couleurs,
Comme de fruictz, vignes, roses, florettes,
De chiens, d'oyseaux, d'armes et d'amourettes,
Pour ung plaisir on a mille douleurs.

Il y a temps de parler et soy taire,
Temps de plorer, de rire et jargonner,
Temps de semer, planter et moissonner,
Temps de assaillir et temps de soy retraire.

Il est breneux qui avec enfans couche,
Et chagrineux qui hante homme vieillart;
Mais si tu veux croire ditz de Lombart,
Diz de la bouche et de la main ne touche.

On souloit faire aux temps passés chevaulx,
Clercs seulement les liant de chevestre;
Et maintenant on fait les asnes prestres,
Dont il advient innumerable maulx.

Le volume se termine par une suite de quatrains en proverbès relatifs aux princes et aux femmes.

Cent nouveaux Proverbes dorez.

« Cy finissent les Cent nouveaulx Proverbes moraulx et » dorez, imprimez à Lyon, par Barn. Chaussard, petit » in-8°, goth., de 16 feuillets. »

Pièce en vers : le Catalogue La Vallière, en trois volumes (n° 2975), en indique une édition de Paris. L'ouvrage y est attribué à Pierre Gringore.

Proverbes choisis, explications étymologiques, prose et vers, dédiez à Mgr le duc de Berry. Paris, chés Pierre Ribous (1703), MDCCIII, 1 vol petit in-18.

La dédicace est signée d'un B.

Proverbes en rimes ou Rimes en proverbes, tirés en substance tant de la lecture des bons livres que de la façon ordinaire de parler, et accommodés en distiques, etc., etc., par M. LE DUC. Paris, 1665, in-12, 2 vol. Ouvrage utile et divertissant, à l'honneur de la langue françoise, et pour montrer qu'elle ne cède en proverbes, non plus qu'en son idiome, aux estrangers.

Proverbes et Dics sentencieux, avec l'interprétation d'iceux, par CHARLES DE BOUVELLES. Paris, 1557, 1 vol. in-12.

Cet ouvrage a été imité du suivant, qui est plus considérable.

CAROLI BOVILLI, Samarobrini, *Proverbiorum vulgarium* libri tres. Væneundantur à M. P. Vidoue, M. D. XXXI, 1 vol. in-18.

Proverbia, sententiæ, sales quequibus Galli tam dicta quam scripta condere solent, collectore DANIELE MARTINO SEDAN. Argentorati, 1625, in-12 de 86 pages.

« Ces proverbes, au nombre de onze cent onze, sont » imprimés sur deux colonnes en français et en allemand. » (HEGART, *Bibliographie parémiographique*, p. 71.)

Proverbia Gallicana, in ordinem alphabeti reposita et ab Joanne Ægidio Nuceriensi, latinis versiculis traducta.

Sur le dernier feuillet on lit : « Impressum Lugduni » per Jacobum Mareschal, anno Domini millesimo quin» gentesimo decimo nono, decima tertia mensis februarii. » 1 vol. petit in-4°.

Ce volume renferme le Recueil des Proverbes français, fait par J. de la Véprie, avec la version latine de Jean Gilles, natif de Nuits en Bourgogne, dont j'ai parlé dans mes *Recherches historiques, etc.*, t. I, p. XXXVI.

Il existe encore les éditions suivantes du même Recueil :

1° Proverbia Gallicana ab Jo. Ægidio Nuceriensi latinis versiculis traducta. Trecis. Joan. Le Coq, in-8° absque anno.

2° Proverbes communs et belles Sentences pour familierement parler latin et françois à tout propos, composé par Jean Nucerin. Lyon, Benoît Rigaud, 1558, in-16. Paris, Bonfons, sans date. A cette édition est jointe une seconde partie avec ce titre : les Proverbes notables et belles Sentences de plusieurs bons autheurs tant anciens que modernes, desquelles le latin précède le françois, en ordre alphabétique.

3° Proverbes communs recueillis et traduits en vers latins, par Jean Nucerin, avec un petit Jardin pour les enfants, lat.-franc. Rouen, 1612, in-8°.

4° Ænigmata et Gryphi veterum ac recentium; cum notis Josephi Castalionis in Symposium; ad hæc Pythagoræ symbola. Et Joan. Ægidii Nuceriensis Adagiorum Gallis vulgarium hac recenti editione auctorum in lepidos et emunctos latinæ linguæ versiculos traductio. Duaci, CIↃ IↃ CIIII (1604), 1 vol. in-18.

Proverbes et Dictons populaires, avec les dits des merciers et des marchands, et les crieries de Paris, aux XIIIe et XIVe siècles, publiés d'après les manuscrits de la Bibliothèque du roi, par G. A. Crapelet, imprimeur. Paris, imprimerie de G. A. Crapelet, 1831, grand in-8°, 1 vol.

Ce volume, exécuté avec un certain luxe, fait partie d'une *collection des anciens monuments de l'histoire et de la langue française*, publiée par Crapelet. Il contient : 1° Proverbes et dictons populaires au XIIIe siècle, ou Dits de l'Apostoile ; 2° les Crieries de Paris, par Guillaume de Villeneuve ; 3° Dits d'un mercier ; 4° le Dit des marcheans ; 5° Proverbes au comte de Bretaigne ; 6° Proverbes de Marcoul et Salemon.

Voir au sujet de ce volume G. Duplessis, *Bibliographie parémiologique*, etc., p. 113.

Proverbes dramatiques (de Carmontelle). Paris, Merlin, 1768, 1781, 8 vol. in-8°. *Nouveaux Proverbes dramatiques*, par Carmontelle. Paris, 1811, 2 vol. in-8°.

On cite encore une édition d'Amsterdam, 1770, 8 vol. in-12, moins complète que celle de Paris, 1781, et une autre édition de Paris, 1822, 4 vol. in-8°.

Recueil général des Proverbes dramatiques, en vers et en prose, tant imprimés que manuscrits. Londres et Paris, 1785, 16 vol. in-12.

Conversations de Madame de Maintenon, etc., Proverbes inédits de la même, publiés par M. de Monmerqué. Paris, 1828-29, in-18, 3 vol.

OEuvres de madame Durand. Paris, 1737, 6 vol. in-12.

On y trouve un certain nombre de comédies en proverbes.

Proverbes dramatiques, par Etienne Gosse. Paris, 1819, 2 vol. in-8°.

Proverbes romantiques, par A. Romieu. Paris, 1827, in-8°.

Proverbes dramatiques, de M. J. B. Sauvage. Paris, Ponthieu, 1828, in-8°.

Proverbes dramatiques de M. Théodore leclercq, collection complète, nouvelle édition, revue et corrigée par l'auteur. Paris, Aimé André, 1837, 8 vol. in-8°. *Proverbes dramatiques* de Théodore Leclercq, nouvelle édition, augmentée de proverbes inédits, précédée de Notices par MM. Sainte-Beuve et Mérimée, ornée de planches, Paris, S. D., 4 vol.

Au sujet du Proverbe dramatique, voyez à la fin de mes *Recherches historiques*, etc., t. I, p. LXXVIII.

Voyez pour d'autres recueils de proverbes dramatiques: Bibliothèque dramatique de M. de Soleinne, catalogue rédigé par P. L. Jacob, bibliophile. Paris, 1844. 5 vol. in-8°, t. III, p. 274.

A Polyglot of foreign Proverbs, comprising french, italian, german, dutch, spanish, portuguese, and danish, with english translations, and a general index, by H. C. Bohn. London, 1857, post-octavo.

Proverbes et Dictons rimés de l'Anjou, recueillis et mis en ordre, par Aimé de Soland. Angers, 1858, in-12.

Proverbes (les), *Dictons et Maximes du droit rural traditionnel*, considéré comme moyen de vérifier les usages locaux, d'en préciser les règles et d'en propager les principes parmi les populations agricoles, par M. J. L. Alexandre Bouthors. Paris-Amiens, 1858, in-12.

Quelques six mille Proverbes et Aphorismes usuels, empruntés à notre âge et aux siècles derniers, par le P. Ch. Cahier, de la Compagnie de Jésus. Paris, 1856, in-12.

Quéstions, Proverbes et Enseignements proffitables à un chacun, avec plusieurs belles sentences non encore imprimées. Paris, 1599, in-12.

Recueil de Proverbes françois, latins, espagnols, italiens, allemands, hollandais, juifs, américains, russes, turcs, etc., à l'usage des écoles publiques et des maisons d'éducation (par le citoyen d'HUMIÈRE, suivant Barbier, qui indique ce recueil comme un in-12). Se trouve à Paris, rue de Varennes, n° 650, au bureau de la correspondance des villes et des campagnes. Brochure in-8º de 72 pages.

Au commencement de sa courte préface, l'auteur déclare qu'il se propose d'augmenter beaucoup ce recueil, et d'en former même à la longue une *Concordance des Proverbes des différents peuples.*

Recueil des Proverbes météorologiques et agronomiques des Ardennois, suivi des pronostics des paysans languedociens sur les changements de temps, par M. L. A. D. F. (L. AUG. D'HOMBRES-FIRMAS, maire d'Allais), brochure in-8° de 56 pages. Paris, 1822.

Extraits des *Annales de la Société d'Horticulture.*

Recueil de Sentences notables et Dictons communs, Proverbes et Refrains, traduits du latin, de l'italien et de l'espagnol, par GABRIEL MURIER. Anvers, 1568, in-12.

Ce recueil a été réimprimé sous le titre suivant : *Trésor des Sentences dorées, Dits, Proverbes et Dictons communs* réduits selon l'ordre alphabétique avec le bouquet de philosophie morale, réduit par demandes et réponses. Lyon, 1577, in-16.

Réimprimé encore à Rouen, Nic. Lescuyer, 1578 et 1579, in-16 ; et Paris, Nic. Bonfons, 1582, in-16. Dans cette dernière le nom est écrit Meurier. (BRUNET, *Manuel du libraire*, t. II, p. 536.) Il est aussi écrit Meurier dans l'édition suivante.

Trésor des Sentences, dorées et argentées, proverbes et dictons communs, réduits, selon l'ordre alphabétique, avec le bouquet de philosophie morale faict par demandes et responses, par GABRIEL MEURIER. A Colgony, M. DC. XVII, 1 vol.

Recueil des plus illustres Proverbes, mis en lumière par JACQUES LAGNIET. Paris, 1657, 63 fig. in-4°.

Ce recueil se compose d'une suite de planches gravées représentant l'action exprimée par chaque proverbe. Voici le détail donné par Brunet (t. III, p. 22):

« Cet ouvrage est divisé en quatre livres : le premier » contient les proverbes moraux en cent quarante et une » pièces; le deuxième, les proverbes joyeux et plaisants » en cent six pièces; le troisième représente la vie des » gueux en trente et une pièces; le quatrième, la vie de » Tiel l'espiègle en trente-six pièces. » Voyez une notice curieuse et détaillée du Recueil de Lagniet, dans la *Bibliographie parémiologique* de G. Duplessis, p. 177.

Rencontres à tous propos, par proverbes et huitains françois. Paris, Est. Groulleau, 1554, in-12 obl.

Roses (les) *Estivales*, recueillies des douces espines des anciens, partie en françois, partie en latin, en prose et en vers, par M. G. THOMAS, Parisien, etc., en faveur de la jeunesse. Paris, MDCXXIV, 1 vol. petit in-12.

Sententiæ Proverbiales gallico-latinæ, formulæ item nonnullæ quæ speciem aliquam proverbii, aut metaphoræ insignioris habere videntur, selectæ ad studia studiosæ juventutis juvanda, authore MATHURINO CORDERIO. Parisiis, 1547, in-8°.

C'est un recueil des proverbes français les plus usités, traduits en latin, pour faciliter aux jeunes gens l'étude de cette langue.

Synonyma et Æquivoca gallica, phrasibus, sententiis proverbialibus, cum interpretatione latina, auctore DE LANOUE. Catalauni, 1663. (HÉCART, *Bibliographie parémiographique*, p. 78.)

Traité de la Prudence, contenant un grand nombre d'instructions, de sentences et de proverbes choisis. Besançon, 1733, in-12.

On lit après la table des matières : Fin du *Traité de la Prudence*, composé par ANTOINE DUMONT. Ce nom était le pseudonyme de l'abbé Arnoux.

Urbium Dicta, per JACOBUM CAVICEUM PARMENSEM. 1491, in-4°. (Catalogue La Vallière, n° 4305.)

Tome I, partie 2 du *Répertoire bibliographique* de L. Hain, on trouve le titre complet de ce livre :

Urbium Dicta ad Maximilianum I. Romanorum Regem triumphantissimum per JACOBUM CAVICEUM PARMEN. Expl. f. 5. B. l. B. : Ipse ppe die seqr. ex cella mea libraria decimo septimo. Kalendas. Aprile. Annõ Salutis Christiane. 1491, S. L.

VERGILIUS (POLYDORUS), Proverbiorum libellus. Venetiis, per Christoph. de Pensis, anno MCCCCLXXXVIII, in-4°.

Voir BRUNET, *Manuel du libraire*, *etc.*, au mot *Vergilius*.

TROISIÈME PARTIE.

OUVRAGES CITÉS DANS LE LIVRE DES PROVERBES.

Abrahi Golnitzi, Dantisc. Ulysses Belgico-Gallicus: Fidus tibi dux et Achates per Belgium, Hispan. regnum Galliæ, ducat. Sabaudiæ, Turinum usq. Pedemonti Metropolin., CIↃ IↃC XXXI, 1 vol, in-18.

Idem, 1 vol. in-18. Lugduni Batavorum, apud Franciscum Hackium, CIC IↃC LV..

Advertissement du sieur Bruscambille sur le Voyage d'Espagne. Paris, 1615, petit in-8°.

Annuaire de la société de l'Histoire de France, etc. Paris, 1847-1848, in-18, 2 vol.

Le calendrier de ces Annuaires contient les proverbes des laboureurs relatifs à chaque jour de l'année.

Apologie pour Hérodote, ou Traité de la conformité des merveilles anciennes avec les modernes, par HENRY ESTIENNE, nouvelle édition, faite sur la première, augmentée de tout ce que les postérieures ont de curieux, et de remarques, par M. Leduchat, avec une table alphabétique des matières. A la Haye, M. DCC. XXXV., 3 vol.

Bigarrures (les) *et Touches du seigneur des Accords*, avec les apophthegmes du sieur Gaulard, etc., etc. Paris, 1662, in-18.

Bringuenarilles, cousin germain de Fesse Pinte. On le vend à Rouen au portail des libraires, aux boutiques de Robert et Jehan Dugort frères. 1544, 1 vol. petit in-8°.

Cent Nouvelles (les) *nouvelles*, édition revue sur les textes originaux et précédée d'une introduction, par LEROUX DE LINCY. Paris, 1841, in-8°, 2 vol. in-18.

Chronique (la) *de Rains*, publiée par le manuscrit unique de la Bibliothèque du Roi, par LOUIS PARIS. A Paris, 1837, 1 vol. in-8°.

Chronique métrique de GODEFROY DE PARIS, etc., publiée par Buchon. Paris, 1827, in-8°.

Contes (les) *et Discours d'Eutrapel*, par le feu seigneur de LA HÉRISSAYE. A Rennes, 1585, 1 vol. in-12.

Contes (les) *ou les nouvelles Récréations et joyeux Devis de Bonaventure Despériers*, nouvelle édition, augmentée et corrigée, avec des notes historiques et critiques, par M. de LA MONNOYE. A Amsterdam, M. DCC. XXXV., 3 vol.

Contes populaires, *Préjugés*, *Patois*, *Proverbes*, *noms de lieux de l'arrondissement de Bayeux*, recueillis et publiés par FRÉDÉRIC PLUQUET. Rouen, 1834, 1 vol. in-8°.

Descriptio fluminum Galliæ, qua Francia est, PAPIRII MASSONI opera, nunc primum in lucem edita, christianissimoque regi dicata, Parisiis, CIↃ IↃ XVIII, 1 vol. in-12.

Dialogues (deux) du nouveau langage françois italianizé, et autrement desguizé, principalement entre les courtisans de ce temps; de plusieurs nouveautez qui ont accompagné ceste nouveauté de langage; et de quelques courtisanismes modernes, et de quelques singularitez courtisanesques, par HENRY ESTIENNE. A Envers, 1779, 1 vol. in-18.

Dialogues (les) de feu JAQUES TAHUREAU, non moins profitables que facétieux, où les vices d'un chacun sont repris fort aptement, pour nous animer davantage à les fuir et suivre la vertu. A Envers, 1568, 1 vol. in-18.

Dictionarie (a) *of the french and english tongues*, compiled by RANDLE COTGRAVE. — Whereunto is also annexed a most copious dictionarie of the english set before the french by R. S. L. London, anno 1632, in-4°.

Dictionnaire de l'Académie, sixième édition, publiée en 1835. Paris, 1835, 2 vol. in-4°.

Discipline de Clergie, traduction de l'ouvrage de Pierre Alphonse. Société des Bibliophiles français. Paris, MDCCCXXIV, 2 vol, in-12.

Dissertations sur la Mythologie française et sur plusieurs points curieux de l'Histoire de France, par M. BULLET. A Paris, M. DCC. LXXI, 1 vol. in-12.

Ducatiana, ou Remarques de feu Monsieur Leduchat, sur divers sujets d'histoire et de littérature, recueillies dans ses manuscrits et mises en ordre par M. F. A Amsterdam, M DCC XXXVIII, 1 vol. in-12.

Essai sur les Fables indiennes et sur leur introduction en Europe, par A. LOISELEUR DESLONCHAMPS, suivi du roman des *sept Sages de Rome*, en prose, publié pour la première fois, d'après un manuscrit de la Bibliothèque royale, avec une analyse, et des extraits du Dolopathos, par LE ROUX DE LINCY, pour servir d'introduction aux fables des XIIe, XIIIe et XIVe siècles, publiées par M. Robert. Paris, 1838, 1 vol. in-8°.

Études de philologie comparée sur l'Argot et sur les idiomes analogues parlés en Europe et en Asie, etc., par FRANCISQUE MICHEL, 1856, in-8°.

Fables inédites des XIIe, XIIIe et XIVe siècles, et *Fables de La Fontaine*, rapprochées de celles de tous les auteurs qui avaient, avant lui, traité les mêmes sujets, précédées d'une notice sur les fabulistes, par A. C. M. ROBERT. Paris, 1825, 2 vol. in-8°.

Fabliaux et Contes des poëtes français des XIe, XIIe, XIIIe, XIVe et XVe siècles, tirés des meilleurs auteurs, publiés par BARBARAN; nouvelle édition, augmentée et revue sur les manuscrits de la Bibliothèque Impériale, par M. MÉON. Paris, 4 vol. in-8°. M DCCC VIII.

Facétieux (le) *Réveille-Matin des esprits mélancoliques*, ou remède préservatif contre les tristes. Rouen, 1659, in-12.

Farce (la) *de maistre Pierre Pathelin*, avec son testament, à quatre personnages, nouvelle édition. Paris, M. DCC. LXII, 1 vol. in-12. Autre édition, publiée par M. Génin. Paris, 1854, in-8°.

Gazette (la) *françoise*, par MARCELLIN ALLARD. Paris, Chevalier, 1605, in-8°.

Glossaire étymologique et comparatif du patois picard ancien et moderne, précédé de Recherches philologiques et littéraires sur ce dialecte; par l'abbé JULES CORBLET, etc. Paris, 1851, in-8°.

Le chapitre VI contient les proverbes picards avec des commentaires historiques.

Kalendrier perpétuel (le) *aux bons Laboureurs, et Almanach pour l'an de grace mil six cens soixante et dix-huit*, composé par maistre ANTOINE MAGINUS, dit l'Hermite Solitaire, contenant toutes les prognostications générales et perpétuelles pour toutes les années. Commode et utile aux laboureurs, jardiniers et à toutes autres personnes pour toutes les remarques et observations véritables qui s'y rencontrent; et par lequel l'on congnoistra la stérilité, cherté avec l'abondance de bled, vins, argent et toutes autres utilitez nécessaires. A Rouen, in-12.

Institutes coutumières d'Antoine Loysel, ou Manuel de plusieurs et diverses règles, sentences et proverbes, tant anciens que modernes, du droit coutumier et plus ordinaire de la France ; avec les notes d'*Eusèbe de Laurière*. Nouvelle édition, revue, corrigée et augmentée, par M. Dupin et M. E. Laboulaye. Paris, 1846, in-12, 2 vol.

Martyrologe (le) *des faulses langues tenu au temple de Dangier*. Paris, 1493, in-4° goth.

Voir Brunet, *Manuel du libraire*, t. II, p. 449.

Meslanges historiques et Recueils de diverses matières pour la plus part paradoxalles et néantmoins vrayes. En ce livre sont traictées plusieurs matières et choses non vulgaires et desquelles le lecteur tirera non-seulement plaisir, aussi utilité et profit, par Pierre de Sainct-Julien. A Lyon, M. D. LXXXVIII, 1 vol.

Mémoires de l'Académie des Sciences, Inscriptions, Belles-Lettres, Beaux-Arts, etc., nouvellement établie à Troyes, en Champagne. A Troyes, MDCCLVI, 2 vol.

Moyen Age (le) *et la Renaissance*, article de M. Champollion-Figeac sur les manuscrits.

Moyen (le) *de parvenir*, contenant la raison de tout ce qui a été et sera. Dernière éditon, exactement corrigée et augmentée d'une table des matières. Nulle part, 100070038, 2 vol. in-18.

Noei Borguignon de Gui Barôzai, cinquième édicion, reveue et augmentée de lai note de l'ar de chécun dé Noei, etc. An Bregogne, M. D. CC. XXXVIII, 1 vol. in-12.

OEuvres de Clément Marot, Lahaye, 1700, in-18.

OEuvres comiques, galantes et littéraires de Cyrano de Bergerac, nouvelle édition, revue et publiée avec des notes, par P. L. JACOB, bibliophile. Paris, Delahays, 1858, in-18.

OEuvres complètes de Brantôme, accompagnées de remarques historiques et critiques, nouvelle édition. Paris, 1822, 8 vol. in-8°.

OEuvres de Guillaume Coquillart, revues et annotées, par M. CH. D'HÉRICAULT. Paris, 1857, in-18, 2 vol. (Bibliothèque elzévirienne.)

OEuvres de François Villon, avec les remarques de diverses personnes. A la Haye, M. DCC. XLII. 1 vol. in-12.

OEuvres (les) *d'Estienne Pasquier*, contenant ses recherches de la France, son playdoyé pour M. le duc de Lorraine, celui de Me Versoris, pour les jésuites, contre l'Université de Paris. — Clarorum virorum ad Steph. Pasquierium carmina, epigrammatum libri sex, epitaphiorum liber; iconum liber, cum nonnullis Theod. Pasquierii, in Francorum regum icones notis. — Ses lettres, ses œuvres meslées et les lettres de Nicolas Pasquier, fils d'Estienne. Amsterdam, M. DCCXXIII, 2 vol. in-fol.

OEuvres (les) *de feu M. Claude Fauchet*, premier président de la Cour des monnoyes, reveues et corrigées en cette dernière édition, supplées et augmentées sur la copie, mémoires et papier de l'hauteur, de plusieurs passages et additions à plusieurs endroits. A quoy ont encore esté adjoustées de nouveau deux tables fort amples, l'une des chapitres et sommaires d'iceux; l'autre des matières et choses plus notables, A Paris, M. DCX, 1 vol. in-4°.

OEuvres de maître François Rabelais, publiées sous le titre de *Faits et Dits du Géant Gargantua et de son fils Pantagruel*, avec la prognostication pantagrueline, l'épître du Limosin, la créme philosophale, deux épîtres à deux vieilles de mœurs et d'humeurs différentes, et des remarques historiques et critiques de M. Leduchat sur tout l'ouvrage. Nouvelle édition, augmentée de quelques remarques nouvelles. MDCC.XXXII, 6 vol. in-12.

Œuvres complètes de Régnier, etc., par M. VIOLLET LE DUC. Paris, Jannet, 1853, in-18. (Bibliothèque Elzévirienne.)

Patience de Griselidis (la). Miroir des femmes vertueuses, t. I, p. 278 de la Nouvelle Bibliothèque bleue. Paris, 1840, in-12.

Poésies de Marie de France, poëte anglo-normand du XIIIe siècle, ou Recueil de lais, fables et autres productions de cette femme célèbre; publiées d'après les manuscrits de France et d'Angleterre, avec une notice sur la vie et les ouvrages de Marie; la traduction de ses lais en regard du texte, avec des notes, des commentaires, des observations sur les usages et coutumes des François et des Anglois dans les XIIe et XIIIe siècles, par B. DE ROQUEFORT. Paris, 2 vol. in-8°, 1820.

Projet du Livre intitulé de la Précellence du langage françois, par HENRY ESTIENNE. A Paris, M. D. LXXIX, 1 vol. in-12.

Quatrains (les) *du S. de Pybrac*, conseiller du roy en son conseil privé, etc., etc. Lyon, B. Rigaud, 1 vol. in-8°, (1584) MDLXXXIIII.

Recherches (les) *du Blason*, seconde partie de l'usage des armoiries (par le père Menestrier.) A Paris, M. DC. LXXIII, 1 vol. in-18.

Recueil des plaisants Devis récités par les suppôts du seigneur de la Coquille, etc. Lyon, 1852, in-12. (Réimpression.)

Recueil de Chants historiques français depuis le XIIe *siècle jusqu'au* XVIIIe *siècle*, avec des notices et une introduction, par LE ROUX DE LINCY, ancien élève pensionnaire à l'École royale des Chartes. Première série, XIIe, XIIIe, XIVe et XVe siècles. Paris, Gosselin, 1841-42, 2 vol. in-18.

Rivières (les) *de France qui se jettent dans la mer Méditerranée*, dédiées à monseigneur le marquis de Royan, par le sieur Coulon. Paris, M. DC. XLIV, 2 vol. in-12.

Roman (le) *de la Rose*, par GUILLAUME DE LORRIS et JEHAN DE MEUNG, nouvelle édition, revue et corrigée sur les meilleurs et plus anciens manuscrits, par M. MÉON. Paris, M. DCCC. XIII, 4 vol. in-8°.

Roman (le) *du Renart*, publié d'après les manuscrits de la Bibliothèque du Roi, des XIIIe, XIVe et XVe siècles, par M. D. M. MÉON. Paris, 4 vol. in-8°, M. DCCC. XXVI.

Roman (le) *du Renard*, supplément, variantes et corrections, publié d'après les manuscrits de la Bibliothèque du Roi et de la bibliothèque de l'Arsenal, par P. CHABAILLE. Paris, M. DCCC. XXXV, 1 vol. in-8°.

Satyre Ménippée, de la vertu du catholicon d'Espagne et de la tenue des états de Paris, etc., etc. 1752, 3 vol. in-12.

Théâtre français (ancien), ou collection des ouvrages dramatiques les plus remarquables depuis les Mystères jusqu'à Corneille, par M. VIOLLET LE DUC. Paris, 1854-1858, in-18, 10 vol.

Cette collection importante fait partie de la Bibliothèque Elzévirienne. Le tome X contient un glossaire dans lequel tous les proverbes cités dans les neuf volumes ont été recueillis avec soin. M. P. Jannet, éditeur de cette Bibliothèque, est l'auteur de ce glossaire, qui m'a donné un grand nombre de nouvelles indications.

Traité théorique et pratique sur la culture des grains, suivi de l'art de faire le pain, par PARMENTIER, etc., Paris, an X (1802), 2 vol. in-8°.

Trésor de la langue françoyse tant ancienne que moderne, auquel entre autres choses sont les mots propres de marine, venerie et faulconerie, cy devant ramassez par AIMART DE RANÇONNET, vivant conseiller et président des enquestes en Parlement. Revue et augmentée en ceste dernière impression de plus de la moitié, par JEAN NICOT, vivant conseiller du Roy et maistre des requestes extraordinaires de son hostel; avec une grammaire françoise et latine, et le recueil de vieux proverbes de la France, ensemble le nomenclator de Junius, mis par ordre alphabétic et creu d'une table particulière de toutes les dictions, dédié à M. le président Bochart, sieur de Champigny, etc., Paris, M. DC. VI, 1 vol. in-fol.

ADDITIONS ET CORRECTIONS.

AVIS. Pendant le cours de l'impression de cette seconde édition du Livre des Proverbes, j'ai eu connaissance de plusieurs ouvrages qui n'étaient pas encore publiés, il y a quinze mois, quand j'ai commencé cette impression. J'ai donc jugé nécessaire de donner quelques pages de plus à cet ouvrage, déjà bien étendu. Je citerai principalement le travail de M. Aimé de Soland, qui a pour titre : *Proverbes et Dictons rimés de l'Anjou*, Angers, 1858, in-12, dans lequel j'ai trouvé une suite nombreuse de proverbes et dictons relatifs aux temps, aux saisons, et à la culture de la terre; je regrette de ne pas avoir pu les mettre à profit quand j'ai complété la série nº III. J'ai dû me contenter de reproduire ici quelques-uns des plus curieux. J'ai donné aussi un fragment assez long, tiré d'un ouvrage manuscrit composé par un auteur angevin; ce fragment, relatif aux proverbes qui s'appliquent aux différentes localités de cette province ou aux habitants en général, complète ce que j'avais pu recueillir à ce sujet et placer dans la série nº VII.

Je venais de terminer ces additions, quand M. Delahays, mon éditeur, m'a envoyé un ouvrage important, publié depuis quelques jours, et dont voici le titre : *Blason populaire de la Normandie*, comprenant les proverbes, sobriquets et dictons relatifs à cette ancienne province et à ses habitants, par M. A. Canel; Rouen, 1859, in-8º, 2 vol. Reprenant en sous-œuvre le travail de M. Pluquet, publié en 1834, M. Canel a réuni sur les Normands, la Normandie et les différentes localités de cette province, une série de proverbes, de dictons populaires, de sobriquets dont je n'ai connu qu'une très-faible partie. Le nombre de ceux qu'il a cités s'élève à plusieurs centaines; presque toutes les localités de la Normandie se retrouvent dans sa nomenclature. Chaque proverbe est suivi d'un commentaire historique étendu qui ne pouvait être fait que par un habitant de la province très-versé dans la connaissance de l'histoire, des usages, des mœurs de l'ancienne Neustrie. Je ne pouvais penser à reproduire dans cette édition les proverbes relatifs aux différentes localités ; à cet égard je renvoie au travail de M. Canel, d'autant plus que ce travail justifie ce que j'ai dit dans mon Avertissement à propos des proverbes historiques des provinces, villes et villages. Je me suis contenté de reproduire dans ces additions les proverbes et dictons sur la Normandie et les Normands que je n'avais pas connus.

Paris, 1er mai 1859.

TOME PREMIER.

Orme (p. 81). *Attendez-moi sous l'orme.* Se dit proverbialement quand on donne un rendez-vous auquel on n'a pas dessein de se trouver. L'origine de ce proverbe vient de ce que les justices seigneuriales, au moyen âge, se tenaient généralement aux portes des palais ou des hôtels du roi ou des seigneurs ayant fief, sous un orme qui y était planté. Il arrivait souvent que les parties assignées manquaient au rendez-vous et se faisaient attendre vainement. De là ce vers de la première scène de *Pathelin*, où Guillemette dit par moquerie à son mari :

Maintenant chascun vous appelle
Partout advocat dessoubs l'orme.

Janvier (p. 103). Janvier et février
Comblent ou vident le grenier.
En janvier près d'un bon feu
Fait bon y jouer quelque jeu.

(A. de Soland, *Proverbes et dictons rimés de l'Anjou*, p. 3.)

Mai (p. 109). L'on dit du mois de mai pour les chasseurs :

Le lièvre au croq,
La trompe au col.

C'est-à-dire qu'il faut laisser la chasse de l'oiseau pour chasser aux bestes fauves. Environ le milieu du mois on dit que les cerfs ont la moitié de leur teste allongée et commencent d'entrer en venaison.

L'on observe étroitement à Rome qu'on ne marioit aucune personne au moys de may, et tenoit-on les mariages infaustes faits en ce mois, combien qu'il n'y en eût aucune loi, sinon le proverbe rapporté par Ovide :

Majo mense malas nubere vulgus ait.

Ce qui a pris tellement racine qu'encore aujourd'hui on l'observe, et partant on dit :

Si comme le peuple dit vray,
La mauvaise s'épouse en may.

Et tient-on pour chose asseurée qu'une espousée de may sera la maîtresse, etc.

(*Kalendrier perpétuel aux bons laboureurs pour* 1618, in-12.)

MARS (p. 109). On dit qu'aux renouveaux
De mars on tond le veau.

C'étoit anciennement le 10 mars, qui revient au 20, auquel échera le jour saint Joseph, duquel on dira :

Joseph dit : Durant le cours
Après moy de trente jours,
Qui fait mettre le cizeau
Sur sa teste, c'est un veau.

(*Kalendrier perpétuel aux bons laboureurs* de 1678.)

Ce qui signifie que du 20 mars au 20 avril, il fait encore assez froid pour ne pas se découvrir ni se faire couper les cheveux.

J'adjouteray encore en cet endroit ces vers suivans, qui est le pronostic de mars, avril et may :

En may rosée, en mars gresil,
Pluye aboudante en mois d'avril,
Le laboureur est content plus
Que ne feroit cinq cens écus.

Nos bons vieux et anciens pères disoient :

Rosée de may, gresil de mars et pluye d'avril
Valent plus que le chariot du roi David.

(*Kalendrier perpétuel aux bons laboureurs* pour 1678, in-12.)

NEIGE (p. 112). De la neige les flocons
Sont les papillons de la saison.
Toute neige
Attend une autre neige.

(A. DE SOLAND, *Proverbes et dictons rimés de l'Anjou, etc.*, p. 2.)

Saint-Gervais (p. 122). S'il pleut le jour Saint-Gervais,
Il pleut quarante jours après.

Je trouve, au sujet de ce proverbe, une singulière anecdote dans un recueil manuscrit; en voici le résumé : L'année 1725 fut excessivement pluvieuse. Un banquier, natif du Languedoc, nommé Brulliot, se trouvant cette année-là au café de la Régence, près du Palais-Royal, le 19 juin, jour de Saint-Gervais, et voyant la pluie qui ne cessait pas de tomber, fit la gageure que cette pluie ne cesserait pas pendant quarante jours: Qu'on parie contre moi, dit-il, je suis prêt à mettre au jeu, et il jeta quelques louis sur une table. Les enjeux devinrent peu à peu très-considérables, on fit des engagements, on souscrivit des billets. Brulliot, après avoir vidé toutes les poches, proposa de recevoir comme enjeu les cannes à pomme d'or, les tabatières et les autres bijoux : il accepta jusqu'à des chemises de Hollande; si bien que les sommes engagées dépassaient *cinquante mille écus*. Brulliot satisfaisait à tout soit en argent comptant, soit en billets au porteur. Les valeurs furent déposées entre les mains des maîtres du café; pendant plusieurs jours une pluie continuelle sembla favoriser l'audace du hardi parieur. Mais le temps changea tout à coup, et Brulliot perdit. Tout l'argent fut remis aux différents parieurs; quant aux billets, la famille mit opposition à leur payement, et voulut faire considérer l'audacieux parieur comme un prodigue. Il y eut procès, et un arrêt du parlement, rendu en 1723, déclara nul tout le pari, dépens compensés.

Saint-Vincent (la) (p. 129).

A la Saint-Vincent
Petit bonhomme mets la serpe dans le sarment:
A la Saint-Vincent clair et beau
Autant de vin que d'eau.
S'il fait beau à la Saint-Vincent
Il y a du vin dans le sarment.

(A. de Soland, *Proverbes de l'Anjou, etc.*, p. 2.)

Dragon (p. 175). *Faire voler le dragon*, c'est-à-dire se mettre en campagne.

« Et s'en alloit avec les chasse-marées pour avec eux.....
» *faire voler son dragon*, et retourner en son pays. »

Cette locution proverbiale, suivant M. Francisque Michel, provient de l'usage où l'on était autrefois de porter un dragon devant le roi quand il se mettait en campagne. Il renvoie au *Glossaire* de Du Cange, et à ses *Recherches sur le commerce, la fabrication et l'usage des étoffes de soie, etc.*, t. II, p. 135 et 307, notes.

On employait encore autrefois, ajoute avec raison M. Michel, le mot *dragon* dans le même sens que nous donnons aujourd'hui à chimère : « Je me fais des *dragons* aussi bien que les autres. » Lettre de madame de Sévigné du 9 février 1671. Voir aussi Lettres du 8 septembre 1671 et de juin 1677.

Études de philologie comparée sur l'argot, etc., par F. Michel. 1856, in-8°.

Langue (p. 259). On dit communément : *Je m'ennuie à avaler ma langue*, c'est-à-dire au point de tenter quelque chose d'impossible; en effet, bien que certains voyageurs affirment que « quantité de nègres se donnent la mort en appliquant leur langue contre le palais, et en se fermant ainsi l'organe de la respiration », il est difficile de concevoir un pareil acte, ce qui justifie le proverbe.

Pampelune (p. 294). On dit d'un homme éloigné : *Il est à Pampelune, va-t'en à Pampelune.* L'origine de ce proverbe vient, dit-on, de la réponse que fit dom Pedre de Tolède, ambassadeur de Philippe III, à Henri IV, roi de France, qui lui parlait de ses droits sur la Navarre. Dom Pedre lui dit que son maître en jouissait par héritage. — Bien, reprit Henri IV, mais quand je serai à Pampelune, nous verrons qui la défendra contre moi. — L'ambassadeur courut aussitôt vers la porte. — Le roi lui demanda où il allait. « Sire, je vais à Pampelune, pour la défendre. » De là serait venu le proverbe (*Dictionn. ms.*).

(Série n° VII, p. 301.) *Nec est ulla universitas quæ non habeat sua impedimenta, cum apud nos in vulgari dicitur :* Les flusteux et joueux de pomme de Poitiers. — Les danseurs d'Orléans. — Les braguards d'Angiers. — Les crotez de Paris. — Les brigueurs de Paris. — Les amoureux de Turin. — *De Tolosanis tamen dicitur :* les bons estudians de Thoulouse. (Chassaneus, *catalogus gloriæ mundi ;* 1529. In-f°.)

Angers (la ville d') (p. 304).

« Les Angevins disent de celui qui prie un ami au sortir de prendre du vin : *Il est des gens d'Angiers qui prient de boire quand on s'en va.* »

Veulent-ils dire que quelque lieu est de nul revenu, ils diront : *C'est la cure de Saint-Evrault; cent solz de perte et bien servie.*

D'autant que cette cure, qui est en la cité, près du chasteau d'Angiers, n'a que fort peu de revenu.

Si en quelque traffic ou jeu, il se rencontre qu'aucun n'ait perdu ni gagné, ils l'appelleront incontinent :

Marchand de Sainte-Croix, qui n'aura ni perte ni gain. Sainte-Croix est une des douze paroisses d'Angiers dont les marchands aiment mieux bailler à prix de port et sans gain que de manquer à vendre.

Voyent-ils aucun qui n'assagisse aucunement, ils diront aussitôt : *Il est de Loricard,* c'est à-dire viel premier que d'être sage.

Loricard est la rue qui commence à la porte Chapellière, et conduit au port Ligné ; en cette rue furent défaits les quatre enfants de Conan, duc de Bretagne, suivis de plusieurs Bretons, par Foulques-Nerra, comte d'Anjou, lesquels enfants, pour être grands et âgés, monstrèrent qu'ils n'en estoient pas plus sages. Depuis, ce mot de *Loricard* et *Loricardos* a été usité en Anjou, pour un espion, et espier ou attendre l'occasion de faire ce que l'on desseigne, car les dits enfants de Conan et Bretons y *loricardoient* pour surprendre la ville et chasteau d'Angiers.

Lorsque les Angevins veulent acertener quelque chose avoir été promptement exécutée, ils disent : *Sont les matinnes de l'Esvière, aussitost sonnées aussitost dictes.*

L'Esvière est un prieuré qui dépend de l'abbaye de la Trinité de Vendosme, auquel les religieux se contentent, ou se sont contentés, de faire sonner mattinnes seulement, de façon que mattinnes y estant sonnées, elles y sont ou ont esté aussitost dictes.

Si quelqu'un a les joues plus grosses que les aultres, ou qu'il soit joflu, on dit en Anjou : *Il est de Joué, en non pas de Gonnord,* qui sont deux villages entre les Mauges et le fleuve de Loyon.

Si les Angevins se rencontrent avec quelque homme qui

fasse du sourd, ou bien qui se fasse tirer l'oreille à faire ce dont ils sollicitent, ils diront à l'instant : *Il est de Rochefort, il a les oreilles marsives.*

Rochefort est un haut rocher près la rivière de Loyre, sur la cime duquel il y a eu un fort château qui a donné beaucoup d'affaires à la ville d'Angiers et pays d'Anjou.

En l'an 1562, près la fête de l'Ascension, un gentilhomme appelé Marais se saisit du dict château de Rochefort; pilla et gasta le pays d'environ : il y fut assiégé, tua des assiégeants jusques six à sept vingts; enfin fut prins et par le commandement de monsieur de Montpensier rompu sur la roue au pillory d'Angiers. Aux premiers mouvements de la Ligue, qui furent en 1587, Arthus de Saint-Offange, Amaury de Saint-Offange, seigneur de la Houssaye, et François de Saint-Offange, seigneur de Hurtault, frères, s'emparèrent de cette place, en laquelle ils firent plusieurs volleries, mesmes jusques aux portes et fauxbourgs d'Angiers. M. le prince de Conti y mint le siége au mois de septembre 1592, assisté de Claude Bariot, seigneur de Moussi, premier président au grand conseil, et de plusieurs seigneurs d'Anjou. On commença à tirer contre le dict chasteau, le sixième jour de novembre en suivant. Le 12 décembre au dict an, où le dict siége fut levé sans avoir pu y faire aucune brèche. Enfin Henry le Grand a faict abattre ce chasteau en 1600, à la sollicitation et requeste de ceux d'Anjou.

Si l'Angevin aborde un homme de Chalonnes il l'appellera, par gausserie, *Marpalves.*

Chalonnes est un bourg sur la rivière de Loyre, distant de quatre lieues d'Angiers, auquel anciennement estoient adorés Mars, Pallas et Vesta. Un jour y fut trouvée une médaille sur laquelle estoit *Mar. Pal. Ves.* Un dudict Chalonnes qui s'estimoit des plus habiles et entendus, se mit à en faire la lecture, et sans prendre garde aux points, assembla le tout en un mot, et assura qu'il y avoit *Marpalves*, mot qui depuis est demeuré aux habitants de Chalonnes.

Si on estime gratifier un Angevin et luy faire quelque traict de récréation, il dira librement : *C'est la drôlerie des Ponts-de-Cé.*

Ponts-de-Cé est une petite ville distante d'Angiers d'une petite lieue, bâtie par Jules César, qui y fit faire un pont afin que son armée passât la rivière de Loyre, dont elle a été dicte Pont de César. M. Pierre Le Loyer donne une autre raison, que je laisse, pour me tenir à la plus commune et apparente. Cette ville est fort nécessaire à la ville d'Angiers pour l'entretenir de pain et de farine. Aussi qu'elle est toute remplie et environnée de moulins qui s'appellent moulins à bac et forain. Les meuniers donc de cette ville auront voulu faire quelque chose pour se récréer qui n'ayant eu la grâce requise à cette cause, aura été nommée *la drollerie des Ponts-de-Cé.* Un seigneur de Bueil y mit en déroute dix-huit mille Anglois, en l'an 1438. Le roy de France, Louis le Juste la prit, le septième d'aoust 1620, sur la royne sa mère, qui avoit quelque altercation contre Sa Majesté.

Ce furent lors de bonnes et vrayes drolleries qui doivent conserver cet ancien quolibet : *C'est la drollerie des Ponts-de-Cé, ils estoient quatorze à porter une ardoise.*

C'est-à-dire ils estoient assez de monde aux Ponts-de-Cé, toutefois ils ne firent rien qui vaille.

A ceux qui promettent à un créancier angevin qu'il ne doit craindre, d'autant que son débiteur est solvable, le créancier dira, s'il en doute : *Où prins sur la roche d'Erigné.* La roche d'Erigné est près des dits Ponts-de-Cé, sur laquelle se sème si augmente (*sic*) aucune chose par ainsi qui n'a recours que sur icelle, est assuré de perdre sa dette.

L'Angevin rencontrant une dame qui a quelque chose d'acquis, dira librement : *Elle est de Doué, car elle est bien godine,* pour ce que les femmes et filles de ce lieu ont je ne sais quelle mignotise particulière qui prend, aprend et surprend les esprits qui affectent, désirent et prisent la servitude, la science et la tromperie.

Si quelqu'un fait la condition la meilleure, on dit : *Il est des niais de Soulaines, il ne se trompe qu'à son profit.*

Voit-on en Anjou un homme qui écrive mal, on dira franchement : *Il est des clercs de Montreuil-Bellay, il boit mieux qu'il n'écrit* (1); il est à croire que les praticiens de cette petite ville se sont plus davantage aux collations et débauches qu'à l'écriture.

---

(1) Ce proverbe est cité par Tallemant des Réaux, t. III, p. 106 de ses *Historiettes;* édit. in-18.

Ceux de la ville de Saumur n'ont été exempts de leurs quolibets ; ils sont appelés *talonniers de Saumur*, parce que les Saumurois étant assis sur une boutique ou ailleurs, jouent incontinent du tallon ; aussi quand on veut rien promettre, donner, jouer, ni parier, on dit : *Je promets, donne, joue ou parie ce qui fut joué à Saumur.*

Sur la levée, quatre lieues de Saumur, y a un bourg appelé les Rosiers ; s'il y a quelqu'un en Anjou qui fasse mal ses affaires, on dira incontinent : *Il est logé aux Rosiers*, ou bien : *Il plante des Rosiers,* voulant signifier que cestuy-ci ou celuy-là fait plusieurs emprunts et ne craint de s'endetter. Le rosier a la fleur de l'épine ; la fleur est au prester ; l'épine au rendre ; c'est pourquoi l'Angevin dit :

Au prester cousin germain,
Au rendre fils de ......

Il y a en Anjou un village qui se nomme Vernantes ; l'Angevin qui se plaît aux syncopes dit que les femmes sont de *Venantes,* pour ce que les femmes sont sujettes de lascher leurs vents coulis qui se prènent plus tôt avec le nez qu'avec un quarelet.

Lorsque l'Angevin veut honorablement ne promettre rien, il dit : *Je promets, donne et gage ma rente de Baugé.* Si l'Angevin veut dire que quelqu'un est sans puissance, il le compare aux *reliques de Foudon qui n'ont ni force ni vertu.* Foudon est un village distant d'Angiers de trois lieues ou environ.

Les habitants de la Flèche, pour être gausseurs, rieurs et moqueurs, ont été dits *copieurs de la Flèche;* leur langage satirique est si subtil et prompt, que l'homme est plus que parfait qui s'en peut garantir.

Défunt M. de la Varennes a été cause qu'il y a des Jésuites et un présidial. Il dit un jour à défunt M. le prince de Guéménée, Louis de Rohan, qu'il rendroit la Flèche autant recommandable qu'Angiers, auquel le dit prince répondit incontinent encore qu'Angiers n'ayt que douze flèches aux fesses, il n'en courra pas moins fort.

Duretal n'est pas oublié, car on dit en Anjou que la teste de la femme est faite à Duretal. Après on va aux *Jobbes de Morannes*, qui est un des plus beaux bourgs d'Anjou; celui-là est reconnu pour jobbe qui manque d'esprit. De Morannes descendant le fleuve de Sarthe on vient en la paroisse de Briollay, en laquelle y a une tour fort ancienne bastie par les Anglois. Lorsque quelqu'un a de la pesanteur on dit : *C'est la tour de Briollay;* si on craint la privation de quelque chose, on a incontinent en la bouche : *j'aymerois mieux que la tour de Briollay fût tombée.* Le bourg de Cheffes, qui est de l'autre côté de la Sarthe, est recommandé à cause de ses oyes rouges, non pour ce que les oyes du lieu soient d'autre couleur que les autres, mais à cause que ledict bourg porte pour armes d'argent avec une oye de gueules. Si on veut dire que quelqu'un a beaucoup d'argent, on dit : *Il est d'Argenton*, qui est un bourg entre Sarthe et Maine.

Le bourg de Cherré est renommé à cause de son franc archer, dont les rodomontades sont imprimées comme celles du pionnier de Seurdre. C'est pourquoi je ne m'y veux amuser afin de prendre la route de la ville de Château-Gonthier, dont on dit : *Tourne-toy, vire, Château-Gonthier, tu voyras Craon.*

Craon est une petite ville principale du pays crannois, qui est la première baronnie d'Anjou; les branles du Crannois sont en grande vogue. Quand on veut dire qu'on a été promptement expédié en quelque affaire, on use de cette façon de parler : *Je suis de l'amenée de Craon, je suis des premiers depeschés.* Lorsque les assises d'Anjou tiennent elles durent quinze jours consécutifs, quatre fois l'an. Le ressort de Craon dict l'Amenée doit comparaître le premier jour desdictes assises; l'Amenée de Craon est la première expédiée. La seconde amenée est Chasteau-Gonthier, à cette cause on dict : *Tourne-toy, vire, Chasteau-Gonthier, tu verras Craon, où l'amenée de Craon qui est despechée il faut que tu ailles après*; car Château-Gonthier ne sauroit voir Craon pour être distant de quatre lieues ou environ. On dit aussi : *la guerre à Craon.* Les seigneurs de Craon ont toujours fait des leurs. Guérin, seigneur de Craon, par courroux qu'il eut contre Geoffroi-Martel, premier du nom, comte d'Anjou, fit hommage de sa baronnie de Craon au duc de Bretagne, dont sortit un subject de dire : *A la guerre à Craon,* d'autant que Geoffroy-Martel alla en armes jusques à Craon, pour réduire à la raison ledict Guérin.

Pierre de Craon ayant grands deniers pour secourir Louis Ier, duc d'Anjou, qui estoit en Sicile, n'apporta aune diligence, ainsi s'amusa à faire bonne chère en bonnes villes, qui fut cause que le duc en mourut de déplaisir quelque temps après. Il attenta à la personne d'Olivier de Clisson, connestable de France, étant en la ville de Paris; pour lequel attentat il fallut dire encore : *A la guerre à Craon.* En 1592, la ville de Craon étant de la ligue, au château de laquelle commandoit Pierre le Cornu, seigneur du Plessis de Cosme, fut assiégée par François de Bourbon, prince de Conti, et par Henri de Bourbon, prince de Dombres, assistés de messire Anthoine Ruilly et de plusieurs seigneurs d'Anjou. Le 12 may audict an, Philippe Emmanuel de Lorraine, duc de Mercœur, suivi de Urbain de Laval, seigneur du Bois-Daulphin, et don Juan de Aquila, Espagnol, mint en déroute ceux qui estoient audict siége, print treize pièces de canon et beaucoup de butin. Cette déroute donna subject au sieur de la Vallée, tué depuis devant Montauban en 1621, au mois d'octobre, en qualité de canonnier du roy, de faire un pique-mouche (1). Le neuvième juillet 1620, noble homme François Lasnier, lieutenant général de M. le sénéchal d'Anjou à Angers, lors maire de ladite ville, alla à Craon pour la réduire sous l'obéissance de la royne mère.

Quand on veut rire de quelqu'un, on dit en Anjou : *C'est une prophétie de Béné.*

C'est quand on attribue et donne
Plus qu'il ne faut à la personne.

Lorsque quelqu'un veut rentrer en un lieu qu'il a laissé, on luy dit :

Nous sommes de Saint-Lambert.
Qui sort de sa place la perd.

Après les rencontres qui se font des lieux, les Angevins n'oublient les personnes ni leurs actions.

Il y a eu en Anjou un maître Pierre Fayfeu tellement

(1) Ce pique-mouche est une suite d'injures obscènes sur la noblesse de France; aussi nous ne publierons pas ce passage du manuscrit de Bruneau de Tartifume.

recommandable pour ses facéties, que Charles de Bourdigné a faict imprimer à Angiers sa vie plaisante en 1532. On y dit encore : C'est un *mestre Pierre Fay-feu*, lorsqu'on veut recommander quelqu'un pour être de plaisante et joyeuse conversation.

(Extrait du manuscrit de Bruneau de Tartifume intitulé *Les Dits facétieux, satiriques, proverbes et actions joyeuses qui ont esté et sont en Angiers et pays d'Anjou*, publiés p. 167 des *Proverbes et dictons rimés de l'Anjou*, recueillis et mis en ordre par A. de Soland, Angers, 1858, in-12.)

Couesnon (la rivière de) (p. 341).

Si Couesnon a fait folie
Si est le mont en Normandie.

Proverbe qui se dit en Bretagne relativement aux délimitations des frontières de cette province et de la Normandie, rendues fort difficiles par les débordements continuels de la rivière de Couesnon grossie par la mer.

(Voyez d'Argentré, *Hist. de Bretagne, etc.*, 1618, in-fol., p. 36.)

La Flesche (p. 355). *Les copieux de La Flesche*, c'est-à-dire les badauds, les niais. G. Chappuis, dans les *Facétieuses Journées*, nouv. VIII, journ. IVe, emploie ce mot dans le sens de benet. Bonaventure Despériers, dans ses *Contes et joyeux Devis*, leur a consacré toute la nouvelle XXVI : *Des copieux de La Flesche en Anjou; comment ils furent trompez par Piquet au moyen d'une lamproye.* Voir au sujet de ce mot une note de La Monnoye, t. I, p. 257, de l'édition qu'il a donnée des *Contes et joyeux Devis* de Despériers. Paris, 1735, in-18, 3 vol.

Lohres (p. 359), lisez : *Loches.*

TOME DEUXIÈME.

Fugger (famille des) (p. 37). Riches banquiers de la ville d'Augsbourg. H. Fugger, chef de cette famille, rendit de grands services à l'empereur Charles-Quint; il se montra protecteur des sciences et des lettres et laissa une très-belle bibliothèque. Au seizième siècle la richesse des Fugger était devenue proverbiale : Rabelais, à la fin du chap. VIII, liv. I, de *Gargantua*, dit en parlant du prix fixé par de fins connaisseurs au diamant de l'anneau porté par son héros : Hans Carvel, grand lapidaire du roi de Melinde, les estimoit à la valeur de soixante-neuf millions huit cens nonante et quatre mille dix-huit moutons à la grand'laine; autant l'estimèrent les Fourques d'Auxbourg.

Dans les *Contes d'Eutrapel*, chap. V : « S'il savoit guérir de la goutte, il seroit plus riche que les Foucres d'Auxbourg. »

Normands-Normandie (t. I, p. 369).

Normands draschiers, c'est-à-dire Normands buveurs de bière (A. Canel, I, p. 3).

Normands Briois. La Brie, dit Pierre Pithou, a été autrefois pleine de bois et fôrets, qu'aucuns du pays tiennent avoir esté pour la pluspart descouvertes et essartées depuis quelques années en çà par Normands qui se vindrent habituer en ceste région fort dépeuplée par le moyen des longues guerres, comme en nouvelle colonie..... Encore aujourd'hui, en quelques endroits de la France, mesmement ès frontières, on appelle les Normands *Briois* (*Mémoires des comtes de Champagne*, p. 703, *des coustumes du bailliage de Troyes en Champagne.* — Troyes, 1628, in-4°).

Normands gamachés, c'est-à-dire porteurs de guêtres en toiles blanches appelées *gamaches* (p. 17).

Les ouivets de basse Normandie. On dit :

> Qui transit le flaquet (*la Seine*)
> Dicitur esse ouivet.

M. A. Canel cite plusieurs explications données à ce sobriquet; la plus probable est celle-ci : Ouivet, abréviation des deux mots, *oui*, *voir*, qui ne signifient dans ce sens ni oui ni non, manière de s'exprimer fort usitée, comme chacun le sait, en Normandie (p. 20).

Le pays de Sapience en Coardois. Noël du Fail, au chapitre XVII de ses *Contes d'Eutrapel*, assure qu'on nommait ainsi la Normandie, mais dans un sens satirique.

Boire de chipe en chope à la guise de Normandie. Dans un mystère du XVe siècle, on lit :

> A la guise de Normandie
> Je bef à vous de chipe en chope.

Cette expression proverbiable, qui paraît abandonnée, nous semble, dit M. Canel, être une allusion à l'usage généralement suivi par les buveurs normands de boire à petits traits et après avoir choqué leurs verres, etc. (p. 25).

Item il faut vivre, comme dit la coutume de Normandie, ou bien le premier article de la coutume de Normandie, c'est item il faut vivre.

Proverbe normand très-usité, bien qu'on ne trouve rien de semblable dans les coutumiers de cette province (p. 26).

Le Normand tourne autour du bâton, le Gascond saute pardessus (p. 61).

Normands et Bretons à vendre des chevaux attraperaient le diable (p. 67).

Quatre-vingt-dix-neuf pigeons et un Normand font cent voleurs (p. 69).

C'est une représaille, suivant M. Canel, du proverbe si connu fait contre les Champenois. (Voir mon tome Ier, p. 333.)

C'est un Normand, il tire tout à lui.

Les Normands naissent les doigts crochus.

Quand un Normand sort d'une maison et qu'il n'a rien emporté, il croit avoir oublié quelque chose.

En Normandie, si l'on jette un nouveau-né contre une glace, il trouvera moyen de s'y accrocher (p. 70).

Il y a de bonnes gens partout, comme dit le Normand (p. 89).

Adroit comme un prêtre normand (p. 89), c'est-à-dire maladroit. Cette misérable équivoque roule sur le mot *gaucher*. Le bréviaire de Rouen fait mémoire de saint Gaucher, prêtre de Normandie; on nomme gaucher celui qui a l'habitude de se servir de la main gauche pour faire ce que font d'autres avec la main droite (LAMÉSANGÈRE, *Dictionnaire des Proverbes français*. Paris, 1821, in-8°, p. 332.)

Sans le grand Saint-Gourgon
Le gros Saint-Pierre ès Loges
Et Saint-Michel-du-Mont,
Nous n'irions jamais voir
Ce que les Normands font.

« Ce dicton, cité dans l'*Avranchin monumental*, tome II, » p. 233, dit M. Mancel, est assurément très-flatteur pour » saint Gourgon, saint Pierre et saint Michel; mais il est » une nouvelle preuve de l'antipathie traditionnelle des Bre- » tons pour les Normands (p. 96). »

Saint Martin et sainte Marie
Se partagent la Normandie.

« Pris à la lettre, dit encore M. Mancel, ces deux vers » seraient quelque peu entachés d'exagération. Il n'en est » pas moins vrai cependant que saint Martin et la Vierge » Marie sont les patrons spirituels d'un très-grand nombre » de localités normandes. On peut juger de la raison d'être » du dicton par la note suivante que nous communique notre » ami G. Mancel :

» Sur six cent vingts paroisses qui composaient l'ancien » évêché de Bayeux, cent soixante-seize étaient dédiées à la » Vierge, soixante-douze à saint Martin. Partout, d'ailleurs, » où la Vierge n'avait pas été prise pour patronne, on lui » avait assuré une place d'honneur, comme c'est du reste » l'usage général. Ajoutons que beaucoup d'églises ont ad- » mis saint Martin comme second patron » (p. 96).

GODARD (t. II, p. 39). Servez Godard, sa femme est en couches.

L'explication que j'ai donnée d'après Oudin n'est pas très-satisfaisante. Voici ce que je trouve dans un recueil manuscrit : l'auteur du livre intitulé : *Amusement du cœur et de l'esprit* (t. V), prétend que ce proverbe vient d'un nommé *Godard*, hydrographe à Saint-Malo, dont la femme accouchait tous les ans, ce qui donna lieu à des quolibets de toute nature. Le nom de *Godard* fut même appliqué aux maris de toutes les femmes en couches. Quand un de ces maris assistait à quelque repas, on disait en forme de plaisanterie : Servez Godard, sa femme est en couches.

Annonciation (t. II, p. 91).

> Deux jours après l'Annonciation
> Se faut saigner du bras droict, ce dit-on,
> Afin d'avoir de nos yeux la lumière
> Du long de l'an pénétrants et bien claire.

(*Kalendrier perpétuel aux bons laboureurs pour* 1678, in-12.)

Le 27 mars.

Prince (p. 92). Jeu de prince qui ne plaît qu'à celui qui les fait.

D'Olivet raconte, au commencement de son histoire de l'*Académie française*, à propos de la visite que cette compagnie reçut de Christine, reine de Suède, le trait suivant : « Une chose assez plaisante et dont la reine se mit à rire toute la première, ce fut que le secrétaire voulant lui montrer un essai du Dictionnaire qui occupoit dès lors la Compagnie, il ouvrit par hazard son portefeuille au mot *Jeu*, où se trouva cette phrase : *Jeux de prince qui ne plaisent qu'à ceux qui les font*, pour signifier des jeux qui vont à fâcher ou à blesser quelqu'un. »

Andrieux termine ainsi la fable du *Meunier Sans-Souci* :

> . . . . Ce sont là jeux de prince,
> On respecte un moulin, on vole une province.

A (t. II, p. 108). La lettre A s'emploie dans plusieurs locutions proverbiales dont je trouve l'indication détaillée au commencement du *Dictionnaire historique de la langue française*, publié par l'Académie.

« Proverbialement, n'entendre, ne savoir ni A ni B, se dit pour ignorer les premiers éléments de l'instruction commune :

Tex (*tel*) ne set mie encore A, B,
Qu'avoirs (*argent*) fera encore abbé.
(*Fabl. et cont. anc.*, Méon, I, 294.)

Bonnet sceut la langue hébraïque
Aussi bien que la caldaïque;
Mais en latin le bon abbé
N'y entendoit ni A ni B.
(Du Bellay, *Jeux rustiques*, épitaphe de l'abbé Bonnet.)

. . . .

Il était naturel qu'on se servît de la première et de la dernière lettre de l'alphabet, pour faire entendre par métaphore le commencement et la fin : Je suis l'*alpha* et l'*oméga*, dit le Dieu principe de toutes choses, dans un verset célèbre de l'Écriture (Apoc. I, 8; xxii, 13; trad. de Sacy). On dit de même proverbialement, depuis A jusqu'à Z, pour du commencement à la fin.

Cette manière de parler a donné lieu à la périphrase satirique par laquelle la Bruyère désigne les dictionnaires : il y a des ouvrages qui commencent par A et finissent par Z (*Caract.*, c. II).

On s'est servi proverbialement de cette locution, *faire du B un A*, dans le sens de dire une chose pour une autre.

Ne sai que vous ferai ici du B un A.
(*La Vie de Bertrand du Guesclin*, v. 19,060.)

Proverbialement encore, on a dit : *Un homme marqué à l'A*, pour un homme d'une intelligence distinguée, d'une haute probité, d'un noble caractère. (Voir t. I, p. 258, au mot *Homme*, la citation de Pasquier rapportée ici par le Dictionnaire.)

Une panse d'A. C'est le trait arrondi qui forme le corps de l'*A* italique, et qui figure une espèce de panse ou de ventre.

A-t-il fait une panse d'A,
Tout le monde de crier : Ah!
(D'Assoucy, *Vers burlesques.*)

Cette expression proverbiale se prend ordinairement dans le sens négatif :

« Si je voulois recevoir tous les ans vos quatre mille livres sans jamais faire une *panse d'A*, ni œuvre quelconque de mes mains pour votre service, vous seriez l'homme du monde le plus propre à me laisser faire. »

(Voiture, Lettre 183 à Mgr d'Avaux.)

A s'emploie proverbialement, et en certains cas, d'une manière ironique, dans cette locution : Démontrer, prouver une chose par *A plus B*, c'est-à-dire avec toute l'évidence d'une démonstration mathématique :

« Le prix fut adjugé à un savant du Nord, qui démontra par A plus B, moins C, divisé par Z, que le mouton devait être rouge et mourir de la clavelée. »

(Voltaire, *Candide*, c. 22.)

. . . .

Bourreau (t. II, p. 119). *Paré comme un bourreau qui est de fête*, ou bien *qui fait ses Pâques.*

Ce proverbe vient de ce que le bourreau était forcé autrefois de porter sur son vêtement la marque de ses fonctions, un glaive, une échelle ou une potence; seulement il lui était permis de quitter ce vêtement le jour de Pâques, ou bien encore le jour où il communiait; auquel cas il avait grand soin de se parer. (*Recueil ms.*) Je lis dans le même recueil : En quelques endroits *mitre* signifie *bourreau*, parce que le bourreau portait sur sa tête un bonnet qui en avait la forme; les Normands appellent l'exécuteur : *Mon doux mitre.*

Latin (t. II, p. 134). Être au bout de son latin, c'est-à-dire être au bout de son savoir, ne plus savoir quel moyen prendre pour arriver à son but.

Et par elle le roi Latin
Étant au bout de son latin.

(Scarron, *Virg. trav.*, liv. vii.)

Manche (p. 174). *Du temps qu'on se mouchait sur la manche.*

Je trouve dans un recueil manuscrit l'explication suivante : « Ce proverbe vient de ce que, autrefois, on mettoit un mouchoir sur sa manche. Il en est resté une marque dans cet ornement ecclésiastique qu'on appelle manipule, qui étoit un vrai mouchoir. » De là ce dicton vulgaire : *Il ne se mouche pas du pied, il y paraît sur sa manche.*

Bassin (t. II, p. 154). *Cracher au bassin.* Donner de l'argent malgré soi.

On appelle bassins des plats oblongs et un peu creux qui servent dans les églises à recevoir les offrandes, soit aux différents offices, soit à l'adoration de la Croix ou des reliques. L'obligation dans laquelle on est à certaines occasions de déposer une offrande peut avoir donné lieu à cette locution proverbiale. Rabelais, qui l'emploie au Prologue de son livre IVe, l'explique d'une manière plaisante et satirique.

CASAQUE (t. II, p. 157). *Tourner casaque, changer de parti.*

La casaque étoit un vêtement assez large qui se mettait par-dessus le just'au corps. Ce fut, dit-on, Charles-Emmanuel Ier, duc de Savoye, qui donna lieu au proverbe, parce qu'il changea de parti plusieurs fois pendant la Ligue. Il avoit une casaque blanche d'un côté et rouge de l'autre. Quand il était avec les Espagnols, il portait sa casaque du côté rouge, et la retournait quand il servait la France. Ce prince bossu, spirituel et sans foi, a donné lieu au quatrain suivant :

Si le bossu mal à propos
Quitte la France pour l'Espagne,
On ne lui laissera de montagne
Que celle qu'il a sur le dos.
(*Recueil ms.*)

Aussitôt pris, aussitôt pendu (t. II, p. 243). On croit que la malheureuse destinée de Brisson, président au parlement; de Larcher, conseiller à la même cour; de Tardif, conseiller au Châtelet, a donné lieu à ce proverbe. Arrêtés par ordre des *Seize*, le 15 novembre 1591, à neuf heures de la matinée, ils furent confessés à dix et pendus à onze.

TURC (t. II, p. 299). *Il est fort comme un Turc.* Cette locution est employée par Bertrandon de la Broquière, dans sa *Relation d'un voyage en terre sainte, au milieu du XVe siècle.* Ms. de la Bibliothèque impériale, n° 10624.

FIN DU TOME SECOND.

TABLE DES MATIÈRES

CONTENUES DANS LE TOME SECOND.

SÉRIE N° VIII.

PROVERBES HISTORIQUES.

SÉRIE N° IX.

PROVERBES HISTORIQUES.

SÉRIE N° X.

SÉRIE N° XI.

SÉRIE N° XII.

SÉRIE N° XIII.

SÉRIE N° XIV.

APPENDICES.

BIBLIOGRAPHIE DES PROVERBES.

FIN DE LA TABLE DU TOME SECOND.

www.ingramcontent.com/pod-product-compliance
Lightning Source LLC
LaVergne TN
LVHW010517100826
845148LV00001B/27

* 9 7 8 2 0 1 2 5 6 9 2 7 0 *